KB150934

풍속의 역사

에두아르트 푹스(1870-1940)

개역판

풍속의 역사 IV
부르주아의 시대

에두아르트 푹스

이기웅, 박종만 옮김

까치

ILLUSTRIERTE SITTENGESCHICHTE VOM
MITTELALTER BIS ZUR GEGENWART:
DAS BÜRGERLICHE ZEITALTER

by Eduard Fuchs
(München: Albert Langen, 1912)

역자 소개

이기웅(李起雄)
성균관대학교 철학과를 졸업하고 현재 도서출판 열화당의 대표로 있다.

박종만(朴鍾萬)
부산대학교 영문과를 졸업하고 현재 까치글방의 대표로 있다.

풍속의 역사 IV : 부르주아의 시대

저자 / 에두아르트 푹스
역자 / 이기웅, 박종만
발행처 / 까치글방
발행인 / 박후영
주소 / 서울시 용산구 서빙고로 67, 파크타워 103동 1003호
전화 / 02 · 735 · 8998, 736 · 7768
팩시밀리 / 02 · 723 · 4591
홈페이지 / www.kachibooks.co.kr
전자우편 / kachibooks@gmail.com
등록번호 / 1-528
등록일 / 1977. 8. 5
1판 1쇄 발행일 / 1986. 4. 10
2판 1쇄 발행일 / 2001. 3. 24
    9쇄 발행일 / 2023. 9. 20

값 / 뒤표지에 쓰여 있음

ISBN 89-7291-291-3 94920
    89-7291-287-5 94920 (전4권)

IV 부르주아의 시대

차례

풍속의 역사 IV

1. 부르주아 시대의 육체적 인간

1) 부르주아적 이상미

역사적 발전의 특수한 시기에는, 앞의 책들에서 이미 증명했듯이, 그 시대 인간의 육체적 현상에 대해서도 특수한 미적 이상을 가지고 있다. 그러나 여기에서는 일반적인 것에 관해서 두세 가지를 추가하고자 한다.

각 시대의 이상이라는 것이 오직 관념 속에서만 존재한다고 가정하면 그것은 완전히 잘못된 견해일 것이다. 이상은 여러 가지 점에서 구체적으로 육체를 통해서 이해되고 또 증명될 수 있다. 왜냐하면 각 시대의 인간은 언제나 관념으로부터 탄생하고 결국 삶의 다양한 요구들로부터 만들어진다고 할 수 있는 이상적인 아름다움 ―― 이미 서술했듯이 그것은 시대에 따라서 다르다 ―― 에 가능한 한 적응하려고 노력하기 때문이다. 이러한 적응은 자세, 몸가짐, 동작, 복장, 다시 말하면 모든 생활양식에 의해서 표현된다. 인간이라는 존재는 큰가, 작은가 또는 개인적으로 뚱뚱한가, 말랐는가에 의해서보다는 오히려 그와 같은 생활양식의 특징에 의해서 근본적으로 구별되는 것이 확실하다. 따라서 이 사실에서 각 시대의 인간 역시 육체에 의해서 근본적으로 뚜렷이 구별되지 않으면 안 될 것이라는 점을 추론할 수 있다. 그리고 이것은 현재의 경우에도 적용된다. 르네상스 시대의 인간은 그 시대의 고유한 육체적 곡선을 가지고 있었고 18세기 색(色)의 시대의 인간 역시 그러했으며 근대 부르주아 시대의 인간도 그렇다. 즉 각 시대는 그 전형적인 현상에서 보면 매우 다르다.

원래 하나의 유형에서 다른 유형으로 이행하는 것은 오늘에서 내일로라는 것과 마찬가지로 뚜렷하게 드러나지 않는다. 각 시대의 인간이 그들의 육체적 현상에 의해서 만든 이상적인 아름다움은 그 운동법칙에 따라서 부단한 변화를 거듭하고 있다. 어느 정도 예리한 눈으로 사물을 볼 수 있는 사람은 특히 조각에서 매우 분명하게 이 부단한 변화를 찾아볼 수 있다. 그 이유는 그러한 변화는 작품 속에서 이른바 그날그날의 미에 대한 동경, 즉 오늘의, 내일의, 모레의 미에 대한 동경을 우리들에게 남겨주었기 때문이다. 역사에서는 그날그날이 같지 않기 때문에 그것은 영원한 변화이다. 물론 이와 같은 변화는 대개 사소한 뉘앙스에 지나지 않지만 우리들은 이러한 사소한 뉘앙스에 의해서 비로소 부단한 변화를 계속하는 역사적 상황의 잇달은 미학적 반영도 분별할 수 있다. 그러나 하나하나의 변화는 아무리 그 변화가 적을지라도, 중간과정을 생략하고 우리들이 서 있는 현재의 발전상황과 그 출발점을 서로 비교한다면 이전의 원형과는 점점 전혀 다른 이상이 이루어져왔다는 것을 보여주고 있다. 나아가 우리들은 긴 시대를 역사적으로 뒤돌아봄으로써 전체적으로 이 조그만 변화는 어느 일정 시기를 출발점으로 하여 언제나 같은 방향으로 나아간다는 것 —— 이 점이 가장 중요하다 —— 을 발견한다. 예를 들어서 살펴보자. 새로운 특수한 이상이 점점 나타난다. 그리고 우리들이 현재 신봉하고 숭배하고 있는 이상화된 목적에서 보면 그것은 항상 정반대이거나 이전에 신봉하던 원형에 적대적인 것이 되고 있다. 그러나 이 정반대의 곡선이 현재로서는 유일한 미로서, 또 새로운 미의 정수로서 선언되며 장래의 표준으로 규정될 것이다.……

그렇기 때문에 현재의 이상적인 미에 대한 동경은 조금 거슬러올라간 과거의 그것과는 원칙적으로 항상 다른 것이다. 그 이유는 앞에서 서술한 바에서 알 수 있듯이 이미 요구는 전혀 달라져 전혀 다른 목적과 목표가 인간에게 주어졌기 때문이다. 이 사실은 언제나 상당히 긴 기간에 걸쳐서 무의식적으로 작용하지만 어느 시기가 되면 의식적으로 명확히 드러나게 된다. 이미 제II권 「르네상스」(제1장 제1절)에서 보다 자세하게 설명했듯이 혁명이라는 일반적인 변혁의 시대가 바로 그것에 해당한다. 이런 의미에서 보면 혁명시대란 일반인들이 변혁의 역사적 필연성을 의식하는 시대이다. 그런데 수정(修正)이 무의식적이고 본능적일 뿐 아니라 완전한 계획을 가지고 하나의 법칙에 따라서 이루어지는 한, 이것은 점점 급진적으로 되며 더욱더 철저하게 된다. 인간은 바야흐로 길을 돌아가지 않고 곧장 목적지에 이른다. 이것이 혁명시대가 그토록 놀랍게 느껴지는 원인이지만 다른 한편으로는 혁명시대에 들어와서 비로소 새로운 형태가 탄생하듯이 잘못된 외관도 변화가 이루어진다. 그러나 혁명시대 자체는 사실상 장기간 줄곧 활동적이었던 세력에 최후의 매듭을 지어주든가 아니면 기껏해야 사물을 최단 거리로 그 목표에 도달하게 한 것에 지나지 않는다. 그리고 이 목표는 어느 시대에서나 실제로 변한 것은 아니고 결국 외관과 내용이 다시금 필요한 조화를 이루게 하는 것일 뿐이다.

때문에 육체적 인간에 대한 부르주아의 이상적인 아름다움 역시 프랑스 혁명과 미술을 통한 혁명의 해석자로서 유명한 자크 다비드에 의해서 비로소 만들어진 것이 아니다. 그것은 훨씬 이전에 영국에서 완성되어 있었으며 프랑스에서도 대체적인 특징이 이미 준비되어 있었다. 다만 틀림없이 가장 눈에 두드러진 특징과 곡선 중 두세 가지는 프랑스 대혁명 때 처음으로 추가되었다. 왜냐하면 가장 눈에 띄는 것은 어떻게 보더라도 대혁명에 의해서 막을 내린 과거, 즉 절대주의에 의식적으로 대립해서 나타났기 때문이다.

부르주아의 이상적인 미는 전체적으로 종합된 특징에서 보면 절대군주제의 이상적인 미에 정면으로 대립하고 있다. 르네상스의 이상적인 미가 일찍이 중세의 이상적인 미에 대립한 것과 똑같이 부르주아의 이상적인 미 역시 절대군주제의 이상적인 미에, 모순 투성이였을지라도, 정면으로 대립하지 않으면 안 되었다. 그 이유는 역사의 살아 있는 도구로서의 인간은 다시금 전혀 다른 목적을 완수해야 했으며 또 옛날과 전혀 다른 역할을 인생에서 연출했기 때문이다.

특수한 시대의 이상적인 미는 항상 정치적으로 권력을 장악한 계급 또는 적어도 정치를 지도하는 계급의 이해관계에 부응해서 형성되기 때문에, 절대주의 시대에는 빈둥거리는 생활을 할 수 있는 인간을 아름답게 여겼다. 이에 반해서 조직적인 노동을 상기시키거나 그에 적합한 듯이 보이는 인간의 외모는 무조건 추하게 여겨졌다. 루이 15세 시대가 되면 이러한 기생충적인 이상, 즉 관념화된 게으름뱅이가 육체미의 표준으로서 아주 정교하고 섬세하게 완성되었다. 이 게으름뱅이는 로코코 시대에 들어서면 사람들로부터 우레와 같은 박수를 받게 되는 가장 인기 있는 사람이 되었다(「색의 시대」, 제1장 제1절). 그러나 이미 이 시대에 정반대의 현상이 싹을 보였다. 왜냐하면 당시에도 일찍이 새로운 시대가 그 눈을 떴기 때문이다. 대공업에 의해서 박차를 가하게 된 자본주의의 발전이 사회조직을 변화시키고 그 변화에 따

샘 속의 여인(쿠르베, 유화)

라서 부르주아 사상이 점점 확산되자 바야흐로 전형적인 로코코풍의 이상은 변화하여 이미 혁명이 발발하기 전에 앞서 서술한 것과 같은 정반대의 대립물에 먹혀버렸다. 이와 같은 대립물은 어디에서 보아도 전체적인 삶에서 이제까지와는 정반대의 요구에 일치하고 있다는 점은 말할 것도 없다. 지배권을 장악하려는 부르주아 사회는 이러한 발전을 위해서 모든 분야에서 매우 힘들고도 복잡한 문제를 해결해야 했다. 인간과 인간의 모든 관계는 새롭게 통제되어야 했다. 의지와 함께 두뇌를 가진 인간만이 역사적 단계에서 탄생한 이러한 임무를 가장 잘 해결할 수 있었다. 의지와 두뇌라는 두 가지 힘이 한 인간에게, 나아가 될 수 있는 한 많은 개인에게 갖추어지는 것이 최고의 시대적 요구였다. 그 이유는 당시의 시대적인 문제를 해결하기 위해서는 이제야말로 만인의 협력이 요구되었기 때문이다. 따라서 시대는 특히 이러한 곡선, 즉 밝고 정력적인 눈, 긴장되고 똑바른 자세, 자신의 의지를 의식하는 몸짓, 자신에 찬 음성, 무엇인가 붙잡으려고 하고 한번 잡은 것은 결코 놓치지 않을 것 같은 손, 정력적인 걸음과 일단 차지한 지위에서는 꽉 버틸 수 있는 다리가 이상으로 간주되었고 마침내 이 모든 것이 냉정한 확신에 의해서 지배되고 조절되었다. 그것은 정교하게 구성된 인간의 의지기관의 유형을 만들어낸 곡선이었다. 이후 이 의지기관은 남성에 의해서만이 아니라, 어느 정도까지는 여성에 의해서도 표현되어야 했다. 새로운 인간의 정신적인 미의 이상 속에서 더욱더 중요한 요소는 마음의 아름다움이었다. 그러한 미적 곡선은 더 이상 기생적인 향락에 빠져 몸을 망가뜨리려고 하지 않고 좀더 높은 인생의 목적, 구체적으로 인류의 최고 이상을 후대가 아니라 당대에 보려고 하는 인간에게 어울리는 것이었다. 그것은 "고결하다고 할 수 있는 훌륭한 사상이 마치 황금빛으로 매일 몸을 씻는 태양의 독수리처럼 집을 지으려는" 자유롭고 높은 안목, 솔직함과 고귀한 인간애가 빛나는 눈과 득의양양한 눈매, 자기가 진실로 인식하고 있는 것을 최고의 정열의 불꽃으로 태울 수 있는 태도였다.

이와 같이 육체적인 곡선과 정신적인 곡선이 결합됨에 따라서 부르주아적 인간은 절대주의의 유형과 뚜렷하게 구별되었다. 왜냐하면 이러한 곡선은 절대군주제의 이상적인 미와는 전혀 다른 것이었으며 거기에서는 결코 발견되지 않던 유형이었기 때문이다.

이상적인 남성미. 육상선수 라이오넬 스트롱포트

한편 성적 도구로서의 인간도 역시 부르주아 사상에 의해서 상당히 심각한 변화를 겪었다. 인류는 부르주아적인 재생에 의해서 다시금 새로운 청춘을 경험했다. 인류는 중세 말기 이후 다시금 새롭게 변화되어 탄생한 것같이 느꼈다. 그 때문에 창조적인 것이나 체력 —— 건강, 행동에의 충동 —— 도 새롭게 승리했다. 이들은 어느 시대에나 싱싱한 젊음의 특유한 표시였기 때문이다. 남녀의 육체는 이제 로코코 시대처럼 모든 향락을 위해서만 기능하는 세련된 쾌락의 대상만은 아니었다. 정력과 쾌락은 인류의 원대한 목적을 위해서 펼쳐졌다. 쾌락이라는 것은 어느 시대를 막론하고 생식, 다시 말하면 인류의 혁신에 의해서 끊임없이 이어지는 것이다.

육체적 형태에서 보면 로코코 시대에는 어린아이 같은 미숙함, 즉 소년소녀적인 미숙함이 가장 멋있는 것인 양 극구 찬양되었지만 그렇게 세련되고 변태성욕적인 미의 이상은 저절로 몰락해버렸다(「색의 시대」, 제1장 제1절). 바야흐로 다시 혈기 왕성한 나이에 이른 남녀가 가장 칭송받게 되었다. 이제 남성은 지금까지와 같이 여성이 가지고 놀던 노리개감이 아니고 오히려 여성이 자랑스럽고 다소곳하게 우러러보는 광포한 정복자가 되었다. 여성은 힘에 넘치는 허벅다리와 종아리를 가진 남성과 그의 근육을 찬미하게 되었다. 1799년에 간행된 「유행의상 철학론」이라는 책은 이에 관해서 그 시대가 낳은 가장 기발한 표현으로 다음과 같이 쓰고 있다.

남자들이 목이 굵은 여자를 싫어하듯이……여자들도 장딴지가 빈약한 남자를 싫어한다. 왜냐하면 남자의 장딴지는 애정을 직접 표현할 때 기준이 되는 온도계이며 체력의 참된 기압계이며 사랑 수업의 계산대이며 여자에게 지불하는 금액을 적은 회계장부이기 때문이다. 친애하는 친구들이여, 여자라는 존재는 여러분들이 상상하는 이상으로 장딴지 전문가들이며, 우리 남자들의 눈이 위를 쳐다볼 때 여자들의 눈은 아래를 쳐다본다는 것을 명심하기 바란다.

독자들은 이 점에 관해서, 이런 경향을 더 확실하게 표현한 삽화들을 보기 바란다.

여자는 아이를 낳아야 하기 때문에 골반이 커야 한다. 더욱이 낳은 아이를 키워야 하므로 유방도 풍만하면서 단단해야 한다. 이러한 특징이 그 후 인간의 육체적인 이상미를 나타내는 유형이 되었다. 한마디로 말하면 목적미가 다시 육체적으로 승리를 한 것이다. 따라서 새로운 인간은 르네상스 시대의 인간과 아주 유사했다. 실제로 부르주아 사상에 근거해서 만들어진 이상형을 보면 르네상스 시대의 인간에게서 아름답다고 느낀 것과 같은 곡선이 많이 발견된다. 이것은 지극히 당연하다. 왜냐하면 부르주아 시대는 르네상스 시대의 진정한 연속이며 진정한 계승, 발전이었기 때문이다. 그렇지만 새롭게 탄생한 부르주아적 미의 이상형은 이지적인 것이 우세했으며, 특히 용모에서 정신적 것이 우세해짐으로써 르네상스 시대의 이상적인 미보다도 훨씬 뛰어났다. 이 점에 보면 부르주아적인 미의 이상형은 이전의 어느 시대와도 달랐다. 따라서 그것은 인간이 동경한 것과 지금까지 계속된 발전 중에서 최고의 것이었다고 해도 무방하다. 가령 독특한 조화가 나타나지 않았다고 해도 그것은 고대의 이상적인 미보다 훨씬 뛰어났음을 강조해두어야겠다. 고대의 이상적인 미는 결국 특수하다고 볼 수 있는, 생리적으로 이상적인 아름다움이었다. 이 때문에 두뇌도 육체의 다른 부분과 마찬가지로 취급되었다. 한편 부르주아적인 이상에서는 두뇌란 사고, 정신, 감정의 집합체로서 계통적으로 육체의 다른 부분 위에 놓여져 육체의 지배자가 되었다. 그러나 두뇌가 육체의 다른 부분보다 위에 있다는 점 때문이 아니라 두뇌의 본래의 목적과 기능이 최고 수준까지 발달했다는 점 때문에 부르주아적인 이상은 중세에 대립해 있었다. 그것은 육체에 대한 정신의 근대적인 승리를 의미했다. 그리고 현실적으로도 그렇지 않다면, 그것은 관념적으로 드러날 수가 없었다.

절대군주제에 대한 부르주아 계급의 대립적 입장이 새로운 부르주아적인 성 사상의 최초의 형태를 만들어냄과 동시에 이상적인 육체미도 만들어냈다. 우리들은 절대군주제가 찬미하고 숭배한 이상과 전혀 반대되는 현상이 어느 기간 동안 아름다움으로 과시되었다고 말할 수 있다. 더구나 이것은 인간에 대해서뿐만 아니라 모든 생활현상에도 적용이 되었다. 이로 인해서 지금까지 지배적 위치에 있던 이상적인 미는 경멸의 대상으로 내팽개쳐졌다. 그 가운데서도 사람들은 향기 높고 화사한 곡선을 가진 로코코풍을 배척했으며 심지어 마음 속에서부터 로코코풍을 증오했다. 로코코풍에 대한 부르주아 계급의 증오가 얼마나 심했는가를 여실히 보여주는 훌륭한 예는 그들이 자신들의 정치적 원칙을 이미 걱정할 필요가 없게 되어 겨우 안심하게 되었을 때 본래의 증오가 로코코풍에 대한 경멸로 변하여 그 후 75년 이상 계속되었다는 점이다. 이 긴 기간 동안 모든 국가, 특히 프랑스에서조차 로코코 시대의 미적 세계에 대해서 조예가 있는 연구가는 극히 적을 수밖에 없었다. 프랑스에서 이 방면의 연구가로 공쿠르 형제가 있다는

카리테스(장 르노, 유화)

것은 잘 알려져 있다. 그러나 이런 현상은 각국의 부르주아 계급의 이른바 몰이해와 문화에 대한 적대를 증명하는 것이 아니라 오히려 부르주아적 세계와 절대주의적 세계 사이에 존재하는 눈으로 볼 수 없는 커다란 모순을 증명하는 것이다. 이 두 세계는 어느 나라를 막론하고 전혀 일치되지 않았다. 다시 말하면 부르주아 계급은 절대주의 시대의 형식언어를 기껏해야 감탄하면서 응시할 뿐, 결코 찬미 따위는 하지 않았다. 그 후 부르주아 계급이 그것을 찬미하게 된 것은 로코코풍의 미술 속에서 다시금 내면적인 유대를 발견했기 때문이었다. 따라서 오늘날에도 나타나는 로코코풍의 미술에 대한 대단한 열광은 미술에 대한 이해와 스타일 감각이 크게 진보하고 세련되었다는 증명이면서도 오히려 그 이상으로 근대 자본주의의 발전이 점점 더 퇴폐적인 로코코 문화와 통하는 것을 많이 만들었다는 사실을 증명한다. 이전의 부르주아적인 투쟁력은 점점 더 뚜렷하게 향락을 지향하게 되었다. 부르주아적인 인간의 동경과 이해 또한 향락주의자가 그 이상형으로 묘사된 시대로 향할 수밖에 없었다. 오늘날 독일 부르주아지 사회에서 메스꺼울 정도의 괴테 숭배가 크게 유행하고 그의 저작이 신판이나 호화판으로 잇달아 출판되는 현상은 물론 꼭 일치되지는 않지만 이 계급에 어울리는 문학적 현상이다. 그들이 애독하는 책은 프로메테우스의 작가로서의 뛰어난 혁명가 괴테가 아니라 삶의 향락주의자로서의, 미학적으로 말하면 위대한 삶의 예술가로서의 괴테이기 때문이다. 그들은 이런 이유에서 기술적으로 가장 값비싼 미식으로서 괴테의 작품을 식탁에 올렸다. 원래 이 숭배는

세상에 이보다 더 아름다울 수 있을까?(드 브리아, 석판화)

온갖 미문, 가령 "독일 국민은 독일 최대의 아들을 예를 다해서 존경할 의무가 있다"라든가 "결국 이런 의미에서 괴테 숭배는 당연하다"와 같은 패턴으로 장식되고 있다. 이것이 실질적으로는 하나의 패턴에 지나지 않는다는 것은 독일 부르주아 계급이 오늘날 왜 레싱 같은 인물을 존경하지 않는가라는 반문으로써 아주 간단히 증명할 수 있다. 그 대답은 레싱은 뛰어난 투사였기 때문이라는 것이다. 독일 부르주아 계급 스스로가 아직 정치적 이상을 품고 열렬한 투쟁적 위치에 있었을 때에는 레싱을 존경하고 괴테 같은 사람은 안중에 두지 않았다.……

원래 부르주아적인 미의 이상의 독특한 모습은, 영웅적 용기를 필요로 하는 격렬한 투쟁 속에서 부르주아 계급의 지배가 비로소 확고해짐으로써 크게 영향을 받았다. 영웅이라는 존재는 시대적인 특수한 요구였다. 사람들은 영웅이 되고 싶어했으며 또 절대주의에 대한 마지막 승리자로서 자신을 영웅으로 생각했다. 따라서 그 시대에 나타난 최초의 이상적인 미는 영웅적인 것이었다. 시대는 언제나 사람들의 새로운 요구에 대해서 될 수 있는 대로 이전에 완성되었던 견해나 입장을 원하지만, 그것은 자신의 요구를 재빨리 선전하기 위해서일 뿐이고 아직 사상면에서의 새로운 해결이 보이지 않기 때문이다. 이 점에서 시대적 상황은 항상 그 시대와 같은 역사적 내용이 그에 알맞는 사상을 발전시킨 과거의 시대로 거슬러올라가서 거기에서 여러 가지 것을 빌려온다. 여기에서 비로소 루이 16세 시대에 프랑스 혁명을 성숙시킨 당시의 사람들이 왜 고대에 대해서 감격했는가를 설명할 수 있을 것이다. 그들은 고대 로마 공화정에서 자신들의 이상형인 영웅종족을 발견했다. 따라서 그들은 고대 로마의 육체형태를 최고의 미로 인정하고 그것을 자기들의 표준으로까지 추켜올렸다. 하나의 사건 때문에 자신의 생명을 몇 번씩이나 대담하게 내걸 영웅을 필요로 한 시대에는 이와는 정반대 성향의 남성이야말로 아주 경시해야 할 존재였던 것이 당연하다. 즉 영웅을 존경함과 동시에 영웅이 아닌 남성은 배척했던 것이다. 앙시앵 레짐 당시 인기 있던 남성 유형, 프티 메트르(petit maitre : 멋쟁이)에게는 영웅적인 곡선이란 하나도 없었다. 그것은 「색의 시대」에서 서술했듯이 마조히

스트적인 부인에 대한 봉사라는 절대주의 시대의
삶의 이상을 대표적으로 표현했기 때문이다. 따
라서 새 사상은 무엇보다도 먼저 프티 메트르에
대해서 철저하게 도전했다. 부르주아 사상이 광
범위하게 보급된 영국에서는 그때까지 인기 있었
던 여자 같은 남자가 맨 먼저 창끝에 올려졌다.
그런가 하면 여자 같은 남자와 함께 이들 "도금한
노리개"가 언제나 받들어모시던 여자들도 공격대
상이 되었으며 조소거리가 되었다. 1775년경에
간행된 「정사, 연애, 결혼의 사상」에서는 이 점에
관하여 이렇게 서술하고 있다.

세상에 이보다 더 추할 수 있을까?(C. J. 트
라비에, 석판화)

또 하나, 감정이 예민한 여성적인 사회에서나 존재하는 추방되어야 할 유형의 남성이
있다. 그것은 현대의 폽(fop : 멋쟁이)과 프리블(fribble : 경망스러운 짓을 하는 사람)로서의
프티 메트르이다. 이런 류의 아름다운 청년들은 분, 향유, 향수를 잔뜩 바르고 싸돌아다
닌다. 교양 있는 부인들이 경멸받아야 할 이런 종류의 남자와 친밀하게 교제함으로써 어
떤 행복을 기대하는가를 냉정히 생각해보도록 나는 말하고 싶다. 그런 남자들이 소중하게
생각하는 사람은 오로지 자신을 보호해주는 대상이다. 그의 모든 소망은 거기에만 집중되
어 있으며 모든 사고는 한번도 자신의 자아로부터 벗어나지 못한다. 숙녀들이여, 이런 사
람들이 여러분들의 빈정거림이나 조롱의 대상이며 당신들을 풍자하는 공격점이기도 하다.
폽은 가면을 쓴 남자이기 때문에 여러분들이 입을 모아 경멸하는 것은 바로 그 가면에 있
다. 그런데 여러분들이 이와 같은 도금한 노리개나 현란할 뿐 보잘것없는 사람을 상대하
는 평소의 태도는 이런 사람들에 대한 경멸과는 크게 동떨어져 있지 않은가? 여러분들은
이와 같은 "비단으로 만든 도깨비"를 경멸하기보다는 무비판적으로 찬미함으로써 이런
사람들의 허영심에 끊임없이 이용당하고 있다.

다음으로, 여기에서 덧붙여두고 싶은 것은 반면에 영국만큼 남성의 아름다움으
로 유명한 나라는 없었다는 점이다. 아르헨홀츠는 「영국 연보」에서 이것에 관해서
다음과 같이 쓰고 있다.

영국 여성의 아름다움은 대륙에서도 속담에 나올 정도이지만 영국에서는 여성보다 남

성이 더 아름답습니다. 해협 건너편의 아름다운 종족은 체격 면에서 볼 때, 상대적으로가 아니라 오히려 절대적으로 다른 나라보다 빼어납니다. 그런데 영국에서는 확실히 여성 쪽이 아름답다고도 말들을 하지만 그것은 여성 쪽이 아름답다는 것을 인정한 오직 남성들의 여성 찬미 때문이라는 사실을 증명할 수 있는 여러 가지 역설이 있습니다. 예를 들면 영국의 열병식 때 정면에 가까이 가보십시오. 그러면 균형잡힌 용모, 아름다운 눈, 한창 때의 홍안, 달걀형 얼굴, 날씬하게 다듬어진 체격이 나란히 서 있는 모습에 깜짝 놀랄 것입니다. 얼마나 남성답습니까? 더구나 아일랜드나 산악지대 출신 병사들은 키가 매우 크고 눈매에는 야성적인 그 무엇이 빛나고 있습니다. 그 눈매는 그러한 사람들의 직업에 딱 들어맞습니다. 그러나 그보다 더 아름다운 남자들을 꼭 보고 싶다는 생각이 드시면 런던에 주둔한 지원병 병단, 즉 어소시에이션에 가보십시오. 그것은 사실입니다. 이곳 사람들은 런던 남성들의 꽃, 즉 예술가, 실업가, 유복한 소매상인, 시민, 근교의 소작인 등입니다. 이들은 모두가 열 달 내내 어느 모태 안에서 평화의 예술을 위해서 만들어졌으며, 교육받았던 것입니다. 이와 같은 얼굴과 체격은 런던에 있는 다른 남성 단체에서도 얼마든지 볼 수 있습니다. 소방수들이 이따금 화려한 녹색 재킷을 입고 은으로 만든 커다란 방패를 들고 음악을 앞세우고 거리를 행진합니다. 이들이 어떻게 남성미 흐르는 사람들이 아닐 수 있을까요? 실제로 이런 사람들 가운데에서 체격이 좋지 않은 남자는 볼 수 없습니다. 더욱이 템스 강가의 선장, 런던에 있는 대공장의 노동자, 그 많은 석탄 운반꾼들이나 맥주 운반꾼들을 보십시오. 마지막으로 웨스트민스터 학교, 기독교 병원, 차터하우스, 런던 교구 내의 학교, 이튼 등에 있는 청년들을 보십시오. 우리들은 도처에서, 아마 터키를 제외하고 유럽에서 영국만큼 아름다운 남자가 많이 있는 곳도 없다는 것을 발견하게 될 것입니다.

이 기사에 대해서 또 하나 덧붙이고 싶은 말은 속담에도 나오는 영국 여성의 아름다움이란 사실상 이 나라에서 처음으로 찬미된 부르주아적인 이상미였다는 것이다. 이에 관해서는 다음에 자세하게 서술하고자 한다.……

프랑스의 경우, 부르주아 국가뿐만 아니라 부르주아 사상까지 모두 갖추게 되었을 때 남자들은 구식 프티 메트르와는 정반대로 강한 인간의 역할을 오랜 시간에 걸쳐서 거침없이 함으로써 외관으로도 그 모습을 자랑스럽게 보여주었다. 저술가 라쿠르는 총재정부(Directoire : 프랑스 혁명 후 1793년 10월 27일부터 1799년 10월 18일까지 존재했던 다섯 명의 총재들로 이루어진 정부. 1799년 나폴레옹 보나파르트의 쿠데타에 의해서 쓰러짐/역주)를 내용으로 하여 쓴 책에서 이와 같이 쓰고 있다.

숲속의 나체주의자들(마리 L. 슈미트의 사진)

육체적으로 건강한 것, 근육의 늠름함, 아름다운 체격, 넓은 가슴, 강한 팔, 강한 다리를 가진 것이 이들 청년신사들 사이에서는 상당히 중요시되었다. 이 때문에 청년신사들은 서커스나 체육 놀이를 좋아하고 체조를 했다.

이와 같이 모든 것은 앙시앵 레짐과 함께 뒤바뀌었다. 이와 동시에 이런 강력한 인간의 외모는 그것에 일치되는 동작에 의해서 최고로 받들어졌다. 레니에르는 이 점에 관해서 총재정부 시대의 상황을 다음과 같이 묘사하고 있다.

이런 청년들은 외모만을 보면 매우 친절하게 보였다. 그러나 그들은 문법과 철자법과 예의범절의 원칙 또한 전혀 모르는 것 같았다. 그들의 눈매는 뻔뻔스럽기 그지없었고, 사람을 대하는 태도는 난폭하고 소란스러웠으며, 목소리는 무례한 군인식인데에다 대화는 일반적으로 서툴렀다. 그들은 항시 모자를 쓰고 있었으며 마차를 타고 있을 때에도 모자를 벗지 않았다. 또한 언제나 장화를 신고 있었으며 밤에도 장화를 벗지 않았다. 손에는 떡갈나무 지팡이를 쥐고 있어서 마치 젖소떼를 모는 소몰이꾼과 같은 모습이다. 만약 좋아하는 취미에 심취해도 좋다고 한다면, 비분강개하거나 담배를 피우거나 노름을 하거나 술을 많이 마시는 일 이외에는 이렇다할 재주가 없다. 그들은 노인을 공경하지 않을뿐더러 부인들에게도 관심을 보이지 않는다.

이에 관해서는 제2장의 그림(p. 55)에서 살펴볼 수 있다.

이미 서술했듯이 독일에서도 절대주의 문화에 대한 진보적 청년들의 반항은 역시 "프티 메트르풍"의 인물에 대한 반항과 함께 시작되어 이제까지 귀부인들의 애인으로서의 프티 메트르를 조소하고 멸시하면서 줏대 없는 인물과 대조적으로 힘에 넘친 인간의 모습을 보여주는 방식으로 이루어졌다. 이 모드는 독일에서는 프랑스에서만큼 철저하지 않았지만, 그래도 독일 각지, 특히 학생층에서 자연스럽게 나타났으며 또 가장 오랫동안 유행하게 되었다. 라우크하르트는 기센 대학에서 보낸 자신의 학창시절에는 프티 메트르풍의 인물을 상기시키는 것은 모조리 금기되었다고 썼다. 그런 금기 가운데에는 특히 우아한 부인에 대한 봉사도 들어 있었다. 이에 관해서 그는 "기센 대학에서는 단추를 채우고 다니는 학생은 드물었다. 단추를 채우는 사람은 대학에서는 프티 메트르라는 말을 듣거나 대학생에게 어울리지 않는다는 말을 들었다"라고 쓰고 있다. "단추를 채운다"는 것은 당시 학생들의 은어로서 "귀부인에게 봉사한다"는 의미였다. 그 당시 대학생들은 귀부인에게 봉사하는 대신 이제는 힘을 단련하는 데에 열중하게 되었지만 힘의 단련은 한층 더 높은 문화가 아니라 오히려 그와는 다른 모든 것을 대표하고 있었다. 라우크하르트는 같은 책에서 이렇게 쓰고 있다. "기센 대학 학생들을 프티 메트르주의자라고 비난하는 사람이 있지만 이것은 터무니없는 말이다. 대부분의 학생은 —— 소곡에도 있듯이 —— 돼지같이 어슬렁어슬렁 걸어다녔다." 여기에다 나는 기센 대학의 학생들의 행동이 다른 도시의 대학생에 비해서 전혀 예외적인 것이 아니었을뿐더러 힘을 단련하는 것은 가는 곳마다 이처럼 거친 방법으로 이루어졌다고 덧붙일 수밖에 없다. 이 사실은 불유쾌하지만 그렇다고 이해할 수 없는 것은 아니다. 그중 일부는 기존의 우아함에 대한 피할 수 없는 반동이었다. 지금까지 남성들을 이끌던 남성의 유약성이 산산조각 나는 동안 남성들은 그 유약성에 대해서 이런 방법으로 항의했던 것이다. 힘의 단련에의 숭배는 어느 시대에나 재생에 대한 충동이었다. 그것은 무기력한 남자가 당시의 적대적인 세계를 정복할 수 있을까 하는 감정의 희화화에 지나지 않았다. 한편 우리들은 초기의 독일 신체단련 과정이 왜 과장되지 않은 다른 형태로 나타나지 않았는가를 생각해보아야 한다. 그 이유는 부패한 독일의 상황이 용솟음치는 힘을 부추기는 활동은 먼 장래를 생각하여 일체 금했기 때문이었다. 이와 유사한 힘의 단련은 그후 몇 번씩 얼굴을 내밀었다. 다시 말하면 국민이 정치적 해방을 향해서 새롭게 전진하려고 하면 반드시 이것이 그 얼굴을 내밀었다. 예를 들면 1813년의 독일의 통일전쟁 후와 1840년대에 발흥한 체육은 어느 쪽이나 결국 힘의 단련의 표현에 불과했다. 그런데 이 경우 힘이라는 것은 언제나 별로 효과적이지 못했기 때문에, 그 활동은 값싼 술집이나 절제 없이 시끄러운 곳에서는 사라지지 않았다. 더욱이 이런 시대에는 넓은 가슴, 튼튼한 근육, 게다가 팔자 수염 —— 수염도 남성다움의 최고 상징이다 —— 을 가진 남자로서 남성적인 힘이 넘치는 유형은 자신들의 해방을 위해서 싸울 계급에게는 특히 중요한 이상적인 미였다.

부르주아 계급이 투쟁의 무대에 등장했을 때 여성도 역시 영웅으로 변했다는 것은 이미 말한 대로이다. 우선 여성에게서도 재생이 시작되었다. 이때 여자들은 여러 면에서 절대주의 시대에 아름다움으로 간주되었던 것과는 정반대의 아름다움을 추구했다. 로코코 시대에는 조그만 꽃봉오리 같은 유방과 도기(陶器) 인형 같은 우아한 자태의 여자를 가장 찬미했으나 영국 부르주아 계급은 18세기 중엽부터 풍만하지는 않지만 당당한 투스넬다(Thusnelda : 게르만의 민족적 영웅인 아르미니우스의 아내/역주)의 체격을 가진, 화려하게 피어나는 건강의 상징으로서 신선한 느낌을 주는 아름다움을 찬미했다. 그 증거로서 영국인 피터스의 훌륭한 동판화 "유혹적인 자태"와 어스킨의 동판화 "비너스의 화장", 특히 호어의 "목욕하는 미인"을 살펴보자. 처음 두 그림에서는 아직 로코코 양식의 강한 영향이 느껴지지만 나중의 "목욕하는 미인"에서는 건강의 순수한 신선함이 나타나 있다. 그것은 역시 자극적인 쾌락의 도구가 되는 것만이 인생의 목적인 여성이 아니라, 남성의 품에서 모성의 존엄성에도 이바지하기를 원하는 여성이다. 그 유방은 오직 애인이 애무하려는 손만을 기다리고 있는 것은 아니다. 그것은 생명이 넘쳐흐르는 샘이다. 이 그림을 바라본 사람은 무엇보다 먼저 그런 것을 느끼기 때문에 그것은 어디까지나 생명의 샘이다. 즉 미술이 오늘날 묘사한 아름다운 유방은 항상 젖으로 가득 찬 임신부의 가슴을 상기시켰기 때문이다. 이와 같은 이상적인 미에 가까운 여성은 어느 나라에서나 매우 찬미되었다. 신문이 그런 여성을 자세하게 묘사함으로써 만약 그런 여성이 어떤 기회에 사람들에게 나타날 때면 찬미자들이 눈깜짝할 사이에 새까맣게 몰려드는 일이 다반사였다. 이러한 찬미에 대한 가장 대담하고 오래된 예는 「색의 시대」에서 잠깐 언급된 거닝 자매의 역사이다. 1751년 눈부실 정도로 아름다운 젊은 두 아일랜드 처녀가 런던으로 왔는데, 그녀들의 아름다움이 "발견되고"부터 두 사

목욕하는 미인(호어의 그림에 의한 동판화)

람은 오랫동안 일반인들의 흥미의 표적이 되었다. 유명한 호레이스 월폴은 1751년 6월 18일에 호레이스 만 경에게 이렇게 얘기하고 있다.

이 나라에서는 모든 사람들이 이 자매 얘기를 하고 이 자매를 세계 제일의 미인이라고 말하고 있습니다. 이 자매가 공원을 산책하거나 음악회장에 나타날 때면 순식간에 많은 사람들이 새까맣게 둘러싸기 때문에 자매는 그 장소를 서둘러 떠나지 않으면 안 될 정도입니다.

이러한 찬미는 단지 플라토닉한 것은 아니었다. 1년 후에 두 자매는 돈 많은 귀족과 결혼했다. 이와 같은 센세이션은 그로부터 수십 년 후, 나중에 넬슨 제독의 애인이 된 유명한 엠마 해밀턴 부인(1권 원색화보)이 일으켰다. 아르헨홀츠는 다음과 같이 그 부인의 육체 초상화를 만들었다.

부인의 체격은 크지만 발이 감추어져 있어 더할 나위 없이 훌륭한 균형을 이루고 있다.

골격은 꽉 짜여 단단하다. 부인은 아주 비만하며 아리아드네(크레타의 미노스의 딸/역주)의 유방을 가지고 있다. 모든 곡선, 그중에서도 머리 모양과 귀가 특히 우아하다. 치열은 비교적 고르며 치아도 매우 희다. 눈은 엷은 푸른 빛을 띠고 있으나 한쪽 눈에는 갈색 별 모양의 점이 있다. 그러나 이 결점은 부인의 아름다움이나 표정을 손상시키지 않는다. 눈썹과 머리카락은 검고 혈색은 연약한 인상을 주지 않는다. 표정은 생기에 차 있고 다양하며 보는 이의 관심을 자극한다. 부인의 말씨는 일상생활에서는 우아하지 않다. 목소리는 높으나 불쾌감을 주지는 않는다.……

괴테도 해밀턴 부인을 만날 기회가 있었다. 이 부인이 남편과 함께 이탈리아에 머물고 있을 때였다. 괴테는 특히 부인과 첫대면을 했을 때 느꼈던 마치 조각과 같은 자세의 고귀함과 우아함을 경탄했다.

프랑스에서는 대혁명의 승리와 함께 이와 아주 유사한 여성상이 그 이상형으로 나타났다. 앙시앵 레짐 시대에 가장 유명했던 화가조차도, 미술 방면에서 아직 활동하는 한, 이상적인 여성을 역시 새로운 시대의 정신에 따라서 묘사한 것은 재미있는 일이다. 이런 면에서 타고난 개성보다 더 강한 어떤 것, 즉 역사적인 보편적 상황이 존재한다는 점이 명확해진다.

특히 프랑스에서는 여성의 이상적인 아름다움 또한 영웅적 곡선을 갖추었다. 이 것은 현실과도 완전히 일치했다. 대부분의 프랑스 여성들은 혁명시대의 언어로써 가장 자랑스러운 의미인 영웅으로 인식되었다. 그로부터 수년 후, 공화국이 무너지고 나폴레옹에 의한 제정시대가 되었을 때 영웅적인 것은 더욱 위엄 있는 것으로 고양되었다. 이에 대한 훌륭한 예는 작자불명인 "물망초"의 복사본이다. 카노바의 작품으로서, 여러 방면에서 흥미를 돋우는 보르게세 후작부인의 조각상에는 이 시대에 사랑받던 위엄 있는 곡선이 가장 순수하게 표현되어 있다. 사람들은 신격화된 자신의 모습을 진심으로 보고 싶어했다. 그렇지만 카노바가 이 조각에서 창조한 것은 어디까지나 폴린 보나파르트의 육체가 아니라 그 조각에서 구체적으로 나타난 위엄이라는 개념이었다. 그 외에 그림(p. 15 참조)도 이 방면의 훌륭한 예이다. 그들 모두 사실적 인간은 아니다. 그들은 어디로 보나 고전적인 여신들이다. 로코코 시대에는 임신은 서툴게 굴다가 당하게 된 불행으로 여겨졌기 때문에 임신부는 모두 우스꽝스러운 느낌을 주었지만, 프랑스 혁명사상에 의해서 묘사된 임신부는 외경스러움을 불러일으켰다. 그 때문에 수태한 여성은 르네상스 시대에서처럼 다시

보르게세 후작부인(나폴레옹 1세의 누이동생인 폴린 보나파르트)

아름답다고 느껴졌으며 아름다움의 상징으로 줄곧 묘사되었다. 행복한 결혼생활은 우아한 남편이 산월이 된 아내를 황홀하게 바라보고 있는 부부 사이의 깊은 애정으로써 표현되었다. 많은 화가들이 그러한 광경을 묘사했다. 이에 관한 적절한 예로는 생-토뱅의 "행복한 결혼"이나 샬의 동판화 "혼례가의 동굴"이 있다. 프랑스에서도 이른바 젖이 팽팽히 차 있는 유방은 나폴레옹 제정 시대의 붕괴 후까지도 오랫동안 가장 아름다운 것으로 간주되었다. 어머니로서 이상화된 여성이 대개 아이들과 함께 있는 것으로 표현되었던 점은 이런 맥락에서 이론적으로도 일치한다. 어머니와 딸이 미와 건강으로 경쟁하는 것 같은 묘사는 소위 이 시대 여성의 최고의 신격화였다. 이에 대한 훌륭한 예는 1799년에 그려진 롤랜드슨의 동판화 "어머니와 아이"이다.

이와 같은 사고방식에서 더 나아간 결과는 건강한 여성의 육체는 절대주의 시대에 이상적인 미로 보았던 유방, 종아리, 허리의 삼위일체의 단순한 조립에 지나지 않는다는 사상을 분명하게 제거해버렸다. 이제 그것은 다시금 전체, 즉 육체, 감정, 정신의 통일체가 되었다. 아름다움의 이상형으로서 용솟음치는 건강은 또한 장밋빛의 건강함 같은 자연색의 부활로 찬미되었다. 여자들은 삼십대 정도의 한창 나

어머니와 아이(토머스 롤랜드슨, 1799)

이로 보이려고 하지 않고 오히려 신선하게 빛나 보이고 싶어했다. 그 때문에 지금
까지와 같이 머리카락에 하얀 분을 잔뜩 뿌리는 일은 사라졌다. 뿐만 아니라 앙시
앵 레짐 시대의 특유한, 분을 덕지덕지 바르는 관습도 사라졌다. 대신에 여자들이
그때까지도 분을 바를 경우에는 건강한 색깔을 발랐다.

　독일의 정치적 변혁은 프랑스보다 반세기나 늦게 일어났지만, 그럼에도 불구하
고 18세기 말부터 독일에서도 절대주의 문화가 타도되기 시작했다. 게다가 나폴레
옹 전쟁 역시 표면적으로는 절대주의 문화의 최후의 유물을 뿌리뽑았다. 왜냐하면
그것은 독일의 전역에 새로운 혁명사상을 심어줌으로써 독일을 민주화시켰기 때문
이다. 따라서 그 당연한 결과로 이 나라에서도 영국이나 프랑스와 매우 유사한 변
혁이 일어났다. 독일에서는 육체적인 면에서의 건강미, 다시 말하면 목적미의 이상
이 승리했다. 괴테의 시만큼 그것에 대한 뛰어난 증명은 없다. 괴테는 실러와 손을
맞잡고 시단(詩壇)의 최고봉에서 빛나는 부르주아 혁명을 일으켰다. 건강한 숨결이
이 나라 안에 얼마나 감돌았는가는 괴테의 아무리 퍼내도 마르지 않는 샘에서 흘러
나온 수백 편의 시가 증명하고 있다. 그가 크리스텔에게 바친 시는 이 방면에서 대
표작이다. 그는 크리스텔을 이렇게 노래했다.

무감각한 마음, 음울한 마음, 무어라 말할 수 없는
무거운 기분에 잘 길들여져 있으나
나의 크리스텔 곁에 있으면
웬지 마음이 밝아지네.
어디를 가도, 그녀의 모습이 아른거리네.
어떻게, 어디에서, 언제부터
왜 그녀가 마음에 들었는지
나로서는 전혀 알 수 없네.

장난기로 빛나는 검은 눈,
그 위의 검은 눈썹,
단 한번 보았지만,
나의 마음은 활짝 개이네.
이토록 사랑스러운 입매를,
사랑스럽게 포동포동 살찐 뺨을 가진 아가씨가 있을까?
아아! 그뿐 아니라 풍만한 가슴이 있네.
그것은 아무도 싫증낼 수 없는 것.

그것은 확실히 호색적인 관능이 아니라 어디까지나 건강하고 원기왕성한 관능이
었다.

2) 부르주아적 이상

최초의 부르주아적 미의 관념은 영국에서 탄생하여 그 후 프랑스 대혁명의 다른
여러 사상과 뒤섞여서 마침내 승리하고 자본주의적으로 조직된 세계 위에 펼쳐졌
다. 그 토대는 건강하고 조화 있는 인간으로서, 그러한 미의 관념은 부르주아 사회
에서는 공식적으로는 결코 사라지지 않는다. 그런가 하면 현대에도 그와 같은 사상
이 특히 독일에서 성행했던 나체문화 운동에 의해서 뚜렷한 목적을 가지고 선전되
고 있다. 그 선전방식은 정말 독특하다고 볼 수밖에 없다. 이 근대적인 나체문화
운동의 강령은 "조화를 이룬 아름다움을 통해서 더 한층 높은 도덕성으로"라는 것
으로서 참으로 훌륭하다. 나는 다음 장에서 이 운동에 관해서 쓸 작정이므로 여기

서는 그 이름만을 들어두겠다.

최초의 이상적인 미는 공공연히 비싸게 팔렸다는 점에서 보면 이것은 바로 이 방향에서도 도덕적 위선의 절대적인 지배가 드물지 않았다는 증거이다. 그것은 실천에서는 대부분의 경우 전혀 다른 이상이 추구되어 그 결과 남녀가 전혀 다른 특성을 열망하게 되었기 때문이다. 그것은 특히 여성에 대해서였지만, 남성에 대해서도 그러했다. 더 높은 의미에서의 인간적인 완성으로가 아니라 오히려 다른 방향으로만 발전하려고 하는 자본주의는 자신의 요구를 조직적으로 관철함으로써 승리를 차지해야 했다.

어머니와 아이

기업가, 그중에서도 특히 공장을 경영하는 기업가는 근대 자본주의 시대에는 세계의 주인공이었다. 그들은 눈 깜짝할 사이에 더 넓은 범위에서 세계의 주인공이 되었다. 그러나 이후로 그들은 흔한 존재가 되었고 결국 더 이상 고대적인 의미의 주인공은 아니었다. 그들은 용감하게 자기 생명을 건다거나 다른 사람을 위해서 희생하는 용기를 전혀 가지고 있지 않았다. 그런가 하면 그들은 될 수 있는 대로 많은 인간을 자신의 이익을 위한 수단으로 삼았으며 마음껏 돈을 벌려고 했다. 그들에게는 자기의 모습은 모든 활동범위에서 가장 중요한 인물로 생각되었다. 분명히 그들은 결코 인격완성의 최정상에 이른 인물들은 아니었다. 왜냐하면 그들의 능력은 오로지 자기의 이익에만 일방적으로 집중되었으며, 성공이라는 것은 오직 돈을 버는 것이었기 때문이다. 그리고 이때의 일방적이라는 것은 바로 계산을 말했다. 그들로 말하자면 자기의 손이 놀고 있는 시간의 일부를 쪼개서 즐기는 향락이란 거래에 관계되지 않는 모든 것, 즉 자기가 돈을 벌지 않는 것을 의미했다. 그렇기 때문에 사교생활, 과학, 예술, 정치, 체육 등도 모두 향락이었다. 실제로 이제까지의 역사에서 이렇게 일방적인 인간유형이 나타난 적은 한번도 없었다. 그런데 이런 기업가 유형이 부르주아 국가에서는 광범위하게 이상적인 남성형이 되었다. 그리하여 점점 더 분명하고 또 정확하게 형성되어 더욱 큰 세력을 가지게 되었으며 마침내 각국에서 독점적인 것이 되었다. 왜냐하면 이

유형은 이와 다른 모든 유형을 밀어내버렸기 때문이다. 예를 들면 국가라든가 인간을 문제로 삼는 한, 오늘날의 이상적인 인간유형을 시인이나 사상가의 유형으로 대표하는 것은 당치도 않기 때문이다. 시인이나 사상가 같은 유형이 남성의 이상형으로 간주되었던 때는 부르주아 국가 자체가 아직 인간의 머리 속에서만 그려져 있던 시대에 한했다. 그런데 부르주아 국가가 점점 현실적인 존재가 되자 그 담당자로서의 기업가가 인간의 이상형이 되었다. 이 이상형에서 가장 눈에 띄는 특징은 그 곡선에서 성적인 면이나 동물적인 면을 하나도 허용하지 않는다는 것이었다. 기업가는 표면적으로는 순수한 논리의 구성체였기 때문에 육체적인 것을 강력하게 에너지화함으로써 그것은 끊임없이 활동하게 되었다. 그것은 기계시대의 기계 바로 그것이었으며 공장에서 항상 돌고 있는 기계였다 —— 기계는 공장을 떠나서는 "자본화"되지 않기 때문이다. 그리고 이것은 삶의 경제적 토대와 결부되지 않은 결점이 없는지도 모른다. 그러나 모든 결과에서 보면, 이 유형이 아무리 일방적이었다고 해도 그들은 이미 돈이 있었다. 그들은 결코 빈약하지 않았으며 상당히 분화되고 복잡해져 있었다. 확실히, 더할 나위 없이 훌륭하게 움직이는 계산기라는 것도 아무리 단순할지라도 이 세상에서 가장 복잡한 기계이므로 그것은 언제나 기계의 이상이었다.

이 장의 서두에서 이미 서술했듯이, 최초의 이상적인 미에 대한 대립물에는 19세기 인간이 동경한 바가, 시대의 흐름 속에서 형성된, 여자의 육체적 변천이라는 화랑(畵廊) 속에서 뚜렷하게 드러난다. 여성의 이상적인 미의 변천은 남성과는 정반대였지만, 그것은 완전히 자본주의 발전의 요구에 일치했다. 그 때문에 여성의 육체 및 정신에 다시금 특수한 에로틱한 곡선이 나타나면서 이것이 그 후 줄곧 중요한 자리를 차지하게 되었다.

자본주의 발전은 여성을 다시 부르주아 계급의 남자들을 위한 고급스러운 사치품으로 전락시켜버렸다. 그런데 사치품이라는 것은 주지하듯이 어느 시대에나 물질적인 의미로서 향락을 누리기 위해서만 존재한다. 따라서 이러한 향락에 일치하는 공상적인 곡선이 아름답다고 입을 모아 찬양되었다. 그리고 그런 곡선은 여성의 에로틱한 아름다움에 지나지 않았다는 것은 말할 것도 없다. 그렇기 때문에 이러한 에로틱한 아름다움이 가장 강하게 표출되었던 것이다.

그리하여 유산계급은 여성을 다시 에로틱한 미식으로서 바라보고자 했는데 이와

환희(N. 모랭, 석판화)

같은 주문은 여성의 지위가 사회 속에서 실제로는 이전과 달라지지 않았던 까닭에 즉시 받아들여졌다.

자본주의적 관념이 절대주의적 관념에 승리함으로써 여성은 관념적으로는 남성과 동등한 권리를 가진 인간으로 승격했다. 그러나 남성에 대한 여성의 현실적인 지위는 옛날과 다름없이 노예에 불과했다. 더욱이 여성은 오직 법률상의 혼인으로 소위 자신의 천직을 실현할 수밖에 없었다. 그렇기 때문에 여성은 옛날과 같은 방식으로 남성에게 사랑을 구애야만 했다. 다시 말하면 여성이 임시로 가진 돈 때문에 남성으로부터 희망되거나 구애받지 않는 한, 여성 쪽에서 스스로 남성을 자기 올가미로 끌어들이지 않으면 안 되었다. 이 경우 여성은 흡사 암컷이 수컷을 유혹하는 것과 같은 방식으로, 바꾸어 말하면 확실한 전망하에서 특히 자기 생애에 이익을 주는 에로틱한 유쾌한 기분으로 남자를 유혹해야 했다. 미술은 이 점에 관해서도 남성의 특유한 동경을 묘사하고 있다. 여성을 묘사하는 모든 것은 이와 같은 경향에 의해서 생기를 얻었다. 나는 문학에서의 고전적인 실례로서 하이네의 천재적인 "아가(雅歌)"를 들어보겠다. 그것은 다음과 같이 이루어져 있다.

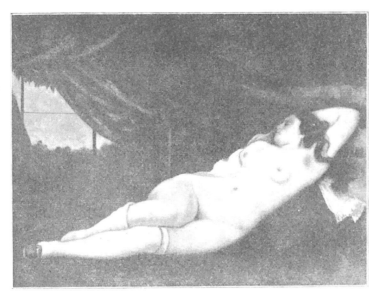

잠자는 여인(G. 쿠르베, 유화, 1865)

여성의 육체는 하나의 시이다.
마치 정신이 육체를 다루듯이,
자연의 거대한 족보 속에
신께서 써넣은 시이다.

시간은 신에게 유리했다.
훌륭한 영감으로
신은 다루기 힘들고 곤란한 재료를
매우 예술적으로 다루었다.

확실히 여자의 육체는
최고의 아가(雅歌)이다.
참으로 훌륭한 절(節)들은
날씬한 하얀 다리이다.

아아, 이 목, 이 하얀 목은
얼마나 거룩한 관념인가.

그 위에 조그만 머리와
이 생각 저 생각이 출렁이고 있다.

유방의 꽃봉오리는
경구같이 멋있다.
두 개의 유방을 가른
시의 단락은 뭐라 말할 수 없이 아름답다.

아랫도리의 평행선은
조형의 조물주를 계시한다.
무화과 나뭇잎을 붙인 삽입구도
역시 아름다운 곳이다.

그것은 추상적인 관념시가 아니다.
그 노래에는 살과 뼈, 손과 발이 붙어 있다.
아름다운 운(韻)을 담은 입술은
미소하고 입맞춘다.

거기에는 진정한 시가 호흡하고 있어
표현은 언제나 우미하다.
그리고 그 노래의 이마 위에는
완성이라는 표지가 찍혀 있다.

오, 신이여, 나는 당신을 노래하고 싶습니다.
그리고 당신을 진애 속에서 배례하고 싶습니다.
당신과 같은 하늘나라의 시인에 비하면,
우리들은 풋내기 시인에 지나지 않습니다.

오, 신이여, 나는 당신의 노래의
아름다움 속에 빠지고 싶습니다.
나는 그 시의 연구에
밤도 낮도 다 바치고 있습니다.

나는 낮이고 밤이고 연구하여

시간이 흐르는 것도 잊어버립니다.
나의 다리는 이렇게 수척해져갑니다.
너무 연구에 몰두하기 때문에.

이 묘사에서와 같이 여성은 매우 육욕적인 미식, 세속적인 쾌락의 담당자, 즉 아름다운 살덩이에 지나지 않는다. 남성이 여성에게서 탐색하여 발견한 미식의 연희에서 정신은 결코 그 모습을 보이지 않는다.

새로운 이상적인 여성의 미에서 이 특수한 에로틱한 곡선은 총재정부 시대, 즉 18세기의 전환기에 비로소 나타나 승리를 차지했다. 고전적인 여신은 이 시대에는 고대의 매춘부의 자극적이고도 사람들의 눈을 끄는 뉘앙스를 풍겼다. 그리고 이런 여성은 현실생활에서도 매우 아름답다고 느껴졌다. 이에 관해서는 냉정하다고 잘못 알려져서 품행이 엄격하다는 평을 받은 레카미에 부인(여류작가 스탈 부인의 친구로 미모와 문학 애호가로 유명하며, 나폴레옹에게 퇴짜를 놓아 더욱 유명해졌음/역주)(I권 원색화보)과 특히 총재 바라스의 여자친구였던, 남자 같은 탈리앵 부인(나폴레옹 부인의 친구로서 제정시대 파리 사교계의 스타. 남편은 자코뱅 당원으로 로베스피에르를 매장시켜 공포정치에 종지부를 찍었던 1794년 테르미도르 9일사건의 주역이었음/역주)만을 상기해도 좋다. 이 시대에는 영국에서도 이런 유형의 여성이 특히 아름다운 여성으로 인정받았다. 그 증거로서 롤랜드슨의 그림을 들 수 있다. 그는 자기가 그린 여성의 다양한 모습에서 이러한 특수한 이상적인 미만을 찬미했다. 독일 역시 이 이상을 받아들였다. 왜냐하면 당시의 독일은 정신적으로 영국과 프랑스에 의지하고 있어서 독일적인 이상을 발전시킬 수가 없었기 때문이다.

나폴레옹 제정이 붕괴한 후, 위엄 있는 형태가 완전히 쇠퇴하자 그 반동이 나타났다. 그런 형태를 대신해서 소시민적인 여성이 대두된 것이었다. 새로운 부르주아 사회가 탄생할 당시의 무서운 진통이 끝나자 인류는 휴식을 취하고 싶어했다. 남자들의 무릎에서 평안함과 조용한 가정적인 행복을 음미할 수 있는 여성은 남성에게 영원한 활동이나 강한 정열을 기대하지 않았다. 그 결과 사람들은 이러한 여성을 다음 세대의 이상으로까지 받들었다. 이때 또 하나 덧붙이지 않으면 안 될 것은 소심한 소시민 계급이 그 이후 긴 세월 동안 정치적으로도 —— 적어도 프랑스와 독일에서는 —— 지도적인 지위를 차지했다는 점이다. 그러나 당대는 진정한 의미로서의 근대를 향한 과도기에 지나지 않았으며 또 그 준비기간에 지나지 않았다. 다음 시대에 들어오면 자본주의는 그 꽃을 활짝 피워서 여성에 대해서도 시대에 어울리는 미를 요구했다. 그 이후 부르주아는 풍만한 곡선을 즐길 수 있는 신분이 되었다. 왜냐하면 그들은 하고 싶은 것은 무엇이든지 할 수 있는 돈을 가졌기 때문이다. 그들은 그야말로 색에 굶주린 인간처럼 정욕과 탐욕에 빠져서 향락을 즐겼다. 이렇게 굶주린 인간은 정력이 넘치는 졸부들이었다는 것은 이미 서술한 대로이다. 그들의 취미는 화려하고 사치스러운 것이었다. 이와 같은 상황이 프랑스 제2제정 시대의 여성에게 그 유명한 이상적인 미를 만들도록 했다. 이 시대의 여성은 낭만주의자들이 사랑한 그런 아름다운 육체뿐 아니라 남자들이 그 품에서 마음대로 몸부림칠 수 있는, 절정기를 맞이한 풍만한 육체였다. 풍만함은 또한 자만이기 때문에 사치를 즐기는 시대는 언제나 육체의 풍만함을 사랑한다. 새로운 미의 이상형은 강한 모습의 여성, 하이네가 묘사한 것 같은 "매우 여성다운" 모습의 여성, 곧 튼튼한 몸통, 코르셋에서 터져나올 정도로 풍만한, 몸에 비해서 작다기보다는 오히려 지나치게 큰 유방, 위엄 있게 빛나는 목, 탄력 있게 튀어나온 엉덩이와 허리, 당당한 허벅지를 가진 여성이었다. 또한 그것은 동시에 사방에 향기를 흩뿌려서 남자를 극도로 불안에 휩싸이게 하는 여성이었다. 남자는 그런 여성에게 굴복하여 많은 재산을 바쳤다. 요컨대 그것은 여성의 창녀 기질이었다. 졸라는 소설 「나나」에서 이런 여성의 유형을 매우 충실하게 묘사했다. 뿐만 아니라 그 시대의 화가 가운데 카바넬, 부주로, 롭스, 펠레, 비르츠, 샤플랭, 르죈도 그러한 여성을 많이 그렸다. 이 시대의 사람들이 여성에게 요구하고 기대한 것은 창가(娼家) 여성적인 향락이었다. 그렇기 때문에 이러한 그림에 묘사된 것은 모두 창녀와 같은 아름다움이었다. 여자들이 아무리 나체, 옷을 벗는 모습, 옷을 입는 모습, 르트루세나 데콜테의 모습으로 묘사되어도 그런 여자들은 모두 창녀 특유의 향기를 지니고 있었다. 막스 리버만은 일찍이 나에게 그것은 "매춘부의 연고로 묘사된 것이다"라고 말한 적이 있다. 독일에서 이러한 이상형을 묘사한 가장 유명한 화가는 카울바흐, 로소, 마카르트였다. 그들이 그린 여자의 육체는 대부분 매춘부 같은 분위기를 드러내고 있다. 이러한 사실은 독일 화단에 다시금 뛰어난 색채를 도입한 화가라는 불후의 명예를 로소와 마카르트에게 주었다는 점에서도 여실히 드러난다.

그것은 사교적인 매춘부의 이상형이라고 불러도 좋으며 그 후 수십 년에 걸쳐서

비교(F. A. 르죈, 유화)

모든 나라, 즉 프랑스나 오스트리아와 함께 영국과 독일까지도 지배했다. 앞에서
말했듯이 이 이상은 파리에서부터 확산되어 세계를 휩쓴 것인데 그 당시의 미의 이
상형을 만든 것은, 우리가 알고 있는 것보다 더 특징적이다. 그것은 단순한 민족적
인 종족적 특징도 아니었던 것이다. 관능적으로 유혹하는 풍만한 여성의 자태는 빈
의 유형에는 어울렸지만 파리의 유형에는 꼭 그렇지만은 않았다. 파리의 여성은 관

용모(마카르트, 유화)

능적인 둥그스름한 몸매였으나 민족적인 외관에서 보면 빈 여성보다 날씬했다. 한편 위엄이 있거나 화사한 풍만함은 파리 여성의 고유한 민족적 특징은 아니었다. 그럼에도 불구하고 이러한 이상적인 풍만함이 파리에서 발생하고 더욱이 곳곳에 울려퍼진 그 풍아한 노래가 언어와 회화에 의해서 파리에서 드높게 연주되었다는 것은 매우 당연했다. 그것은 갑작스레 부자가 된 부르주아의 당연한 이상이었기 때문이다. 그들은 연애를 음탕함 그 자체로 변화시켰고 방탕하고 난잡하게 마음껏 그것을 즐기려고 했다. 또한 프랑스 제2제정 시대의 파리는 이러한 방탕함에 안성맞춤인, 이른바 가장 유리한 역사적 단계에 있었다. 부르주아 왕정(부르봉 왕정을 붕괴시킨 7월혁명의 1830년부터 1848년까지 프랑스를 지배한 루이 필리프는 평민의 왕이라고도 불렸음/역주)하에서 시작된 눈부신 경제적 발전은 프랑스의 부르주아 계급을 대부호로 만들었는데, 이 발전은 제2제정하에서 한층 더 고양되었다. 따라서 방탕함에 대한 경제적 토대나 부르주아 계급이 사치스러운 생활에 빠질 수 있는 원인이 크게 존재했다. 이런 전제조건이 프랑스에서 아주 대담하게 실현된 반면 다른 나라에서는 실현되지 못했던 것은 역시 나폴레옹 지배체제(1848년 2월혁명 후, 1851년에 나폴레옹 3세의 쿠데타에 의해서 세워진 정권/역주)의 특수한 요구 때문이었다. 이 체제는 원래 합법적으로 세워진 것이 아니었다. 그것은 사제복과 칼의 동맹 위에 세워졌지만 왕당파 귀족들은 이 체제의 성립에 대해서 일치단결하여 반대했다. 이에 나폴레옹 3세는 정치적 이상과 돈이 있는, 부자가 된 진정한 부르주아 계급으로부터 사회적인 지지를 얻어야만 했다. 이와 같은 사정으로 인해서 나폴레옹 3세는 아무래도 사치의 보호자가 될 수밖에 없었다. 이것은 그가 잇속만 차리는 부르주아들로부터 인기를 얻기 위한 유일한 방법이었다. 왜냐하면 이 사람들은 사치에 대해서만 이해심이 깊었기 때문이다. 그 시대의 사치는 나폴레옹 3세의 궁정에서 그 절정에 이르렀는데, 궁정을 중심으로 한 사치가 파리를 밝혔고 동시에 살찌웠다. 그 때문에 이후의 파리는 동시에 전세계적으로 향락이 그 절정에 이른 도시가 될 수밖에 없었던 것이다. 그리고 이러한 것은 모두 매우 광범위하게 실현되었다. 제2제정 시대의 파리는 인생의 향락을 한없이 음미하고 싶어한 사람들에게는 하나의 메카였다. 앞에서 서술한 것과 같은 본질적으로 야비하고 저속한 미의 이상형은 이토록 숨막히는 사치와 향락의 욕구에 일치했다. 그 시대의 여성에게 육욕이라는 것은 육체적 욕구이면서 동시에 자기들에게 필요한 사치를 가져다주는 수단이었다. 이와 같은 향락의 기회는 다른 나라 유산계급의 생활에서는 주어지지 않았다. 그 때문에 창녀의 분위기를 풍기는 여자 초상화가 다른 나라, 가령 독일에서는 프랑스만큼 설득력이 없었던 것은 일리가 있었다.……

이러한 사상은 제2제정이 붕괴되어도 그 모습을 감추지 않았다. 다른 나라에서도 이와 같은 환경이 점점 발전하고 유지되었기 때문이다. 그것은 1880년대까지

팔 마사지

사라지지 않고 계속 유행했다. 세기말이 되자 새롭고 충분한 수정이 다시 이루어졌다. 육욕적인 향락은 점점 급속히 세련화되었으며, 그 결과 늠름한 모습 대신에 섬세함이 나타났다. 즉 포만감에 대해서 새로운 자극이 제공된 것이다. 그와 동시에 여성의 모습도 작아졌다. 오직 사랑의 왕성한 식욕밖에 나타내지 않는 여성의 유형은 이제 혐오스러운 것이 되었다. 이에 반해서 무(無)로부터 향락의 만찬을 계속 내놓는 연애 예술가가 훌륭한 인기인이 되었다. 진정한 연애 예술가가 되기 위해서는 섬세한 신경이 필요했다. 따라서 그런 여성 예술가는 신경만으로도 예술가가 될 수 있었다. 그 때문에 육체의 곡선은 섬세하게, 변덕스럽게 되었을 뿐 아니라 그와 결부되어 점점 더 화사하게 되었다. 이 발전의 절정이 바로 데카당적인 취미였다. 그 것은 유방과 엉덩이가 될 수 있으면 작은 여성, 즉 "좌골"을 아름답다고 했다. 오늘날은 바로 이런 사고방식의 정상에 서 있다. "취미" 이외에 또한 "포화된 윤곽"을 가진 현대의 사교계 부인은 열심히 마사지를 하면서 지내고 있다. 마사지는 엉덩이와 허리 같은 저절로 풍만해지는 곳을 작게 해주기 때문이다. 그뿐 아니라 사교계 부인들은 계획적으로 다이어트를 한다거나 살빼는 약을 먹거나 해서 가능한 한 화사하게 보이려고 한다. 신문광고란에서 매일 보는 살빼는 약, 예를 들면 아폴론 알약이라는 이름으로 파리에서 판매되고 있는 약 광고는 다음과 같다.

숙녀 여러분, 오늘부터 여러분은 아름답지 않은 것이 당신의 고민거리라고 변명하실 필요가 없습니다. 여러분은 어떤 약이 당신에게 맞는가를 걱정하지 않으셔도 좋습니다.…… 인생의 온갖 쾌락은 여러분에게 돌아갈 것입니다. 이 광고지를 버리시기 전에 꼭 생각해

생각하는 사람(오귀스트 로댕, 청동상)

보십시오. 본 회사는 당신의 불행한 인생을 행복하게 바꿀 수 있는 다시없는 기회를 여러분에게 제공합니다.

유방이 밋밋한 여성이나 엉덩이가 빈약한 여성이라는 이상적인 미의 유형이 미술에서는 옷을 입은 여성에 의해서 표현되는 것은 당연하다. 그 실례로서 세계적으로 유명한 메로데의 그림을 들 수 있다.

한편 현대라는 태내에서 이와는 다른 동경이 줄곧 움직이고 있는 것도 놓쳐서는

Bewahren Sie diese Bilder auf und beobachten Sie, wie sich an Ihrer eigenen
Büste die gleiche Umwandlung vollzieht.

가슴 만들기에 대한 신문광고

안 된다. 인류는 수십년 전부터 강한 힘으로 새로운 재생의 몸부림을 쳐왔다. 즉 건강함, 왕성한 혈기, 풍만함이 앞으로의 남녀의 특징이 되어야 했다. 왜냐하면 새로운 커다란 임무의 해결이 앞으로의 남녀에게 다가오기 때문이다. 독자들이 더 높은 진화를 향해서 몸부림치고 이러한 동경의 미술적 표현을 찾아보려고 한다면, 위대한 쿠르베의 유형이나 불후의 로댕의 유형을 보는 것만으로도 좋다. 이른바 몽덴(mondaine : 사교계 부인/역주)은 이미 이런 초상화에서 단 하나의 곡선도 모방하지 못했다. 쿠르베가 묘사한 여성은 생명을 낳고 보존하는 건강한 자연 그 자체이다. 한편 로댕이 "생각하는 사람"에서 창출한 남성은 이미 단순한 정신도 아니고 단순한 계산기도 아니다. 그것은 매우 고귀한 의미에서의 육체, 정신, 에너지의 훌륭한 결합체이다.

그런데 근대 여성의 이상적인 미는 과장된 화사함이 없는, 즉 허리, 엉덩이, 유방이 강조되지 않는 여성이 되었다. 그러나 커다란 유방은, 오늘날 대부분 여성의 말을 빌리면, 추한 것이지만 그럼에도 불구하고 유방이 너무 작거나 밋밋한 것을 자신의 가장 큰 불행으로 생각하는 여성도 많다. 대부분의 여성은 엉덩이는 아무래도 좋지만 탐스러운 유방은 가지고 싶어했기 때문에 축 늘어지고 탄력이 없는 유방을 자신의 가장 큰 불행이라고 느끼고 있다. 이와 같은 사실에 대한 가장 좋은 증거는 유방을 크게 하고 싶다는 여자의 욕구가 산업을 만들며, 그런 산업이 수십 년 전부터 각 도시에서 다양한 것을 제조하고, 신문광고에 범람한다는 사실이다. 어느 신문을 보아도 어떻게 하면 "이상적인 가슴", "멋진 가슴", "호화로운 가슴", "풍성한 아름다운 모양"을 가질 수 있는가, 어떻게 하면 축 늘어진 유방을 이전처럼 팽팽하게 회복할 수 있는가를 맹렬하게 선전하고 있다. 여기에서 광고되는 것은 내복용의 기묘한 알약, 즉 "동양환(東洋丸)", 유방 발육을 잘 되게 한다는 영양제, 바르는 유방 크림, 너무 작고 쭈글쭈글해진 유방을 자기 손으로 마사지할 수 있는 공기를 이용한 유방 마사지기 등이다. 그 특징을 설명하기 위해서 가장 흔한 광고 문을 들면 다음과 같다.

동양환을 복용하시면, 건강을 해치지 않고도 가슴이 잘 발육해서 단단하고 이상적인 모양이 될 것입니다.

그 뒤에 정가와 주문처의 주소가 쓰여 있다. 이와 마찬가지로 흔한 영양제의 광고에는 "호화로운 가슴! 유방의 영양제 '유노'를 복용하시면 여러분의 가슴은 반드시 단단하고 풍성해진 아름다운 모습으로 바뀌게 됩니다"라고 쓰여 있다. 부작용이 없다고 선전하는 바르는 크림 광고도 상당히 흔한 것인데, 그것은 "성공합니다. 유방 크림 '아글라야'는 가슴을 아름다운 모습으로 만들기 때문에 가장 효과 있는 크림입니다. 효과 확실"이라고 되어 있다. 그리고 "숙녀 여러분이 뒤발 박사의 유방 크림 '칼로데아'를 바르시면 가슴이 팽팽해져 단단하게 됩니다"라고 이어져 있다. 이른바 "공기를 이용한 유방 마사지기"의 광고는 다음과 같다.

이상적인 가슴! 만약 여러분이 특허신청중인 본 회사의 새로운 기기 "아리"를 사용하고도 간단하고 자연스럽게 솟아올라 단단하고 이상적인 가슴이 만들어지지 않는다면, 본 회사는 즉시 대금을 돌려드리겠습니다. 이 기기는 저명한 현대의 의사들이 사용하고 있는 이른바 울혈방법을 이용한 것으로 오늘날 가장 값이 저렴하고 우수한 것입니다.

부인층 신문독자들의 눈을 이런 광고로 유인하여 그 기기가 어느 정도 효과가 있는가를 실제로 보이기 위해서 이와 같은 광고에는 건강한 유방을 가진 숙녀의 그림이 반드시 그려져 있다. 그런 그림의 유방은 누가 보아도 정말 여자다운 "유방형"이라고 말할 수 있다.

이상 서술한 모든 방법은 유감스럽게도 한 가지 약점이 있다 —— 그것은 유방이 아니라 오직 상인의 주머니만 솟아오르게 할 뿐이라는 점이다. 이 방법으로 상인의

거울 앞에서(빈의 여인사진, 1890)

주머니는 어떤 경우에라도 솟아올라서 단단해지지만 이런 방법을 실행한 여성의 유방은 결코 솟아오르지 않는다. 즉 선전에 이끌린 사람만이 바보가 된다. 어디에도 구애받지 않는 의사의 말에 따르면, 마사지는 기껏해야 어떤 조건에서는 효과가 있을지 모르지만 집안에서 전해오는 비약(秘藥)이라든가 비반(肥胖) 요법 따위는 모두 효험이 없을뿐더러 오히려 어떤 것은 유해하기조차 하다고 한다. 월간지 「미」의 건강란에서는 이 문제를 여러 각도에서 취급하고 어느 부인의 특별한 질문에 다음과 같이 처방하고 있다.

유방의 미용술에 대해서 정반대되는 두 가지 입장, 즉 너무 커서 펑퍼짐한 유방을 작게 하면서 동시에 탄탄하게 하는 것이나 높게 하는 것이 요구되고 있다. 소수의 경우에는 어느 정도 효과를 볼 수 있을 것이다. 특히 후자의 경우는 유방, 즉 흉근의 전문적 마사지를 곁들인 체조를 하는 것이 좋다. 체조를 함으로써 근육이 발달하고 강해져서 그 결과 유방의 외관이 커진다. 구체적으로 말하면 첫째로 손체조, 즉 팔을 쭉 펴서 앞뒤로 이리저리 움직이는 체조, 특히 팔을 수평상태에서 좌우로 돌리고 나서 (힘을 줘서) 쑥 내밀기, 둘째로 어깨의 앞, 뒤, 위, 아래로의 상하운동, 셋째로 기계체조(철봉에 매달려서 팔을 쭉 펴서 상하운동을 한다)가 좋다. 마사지를 할 때는 혈액순환이 잘 되도록 가슴 근육의 마찰, 특히 목과 흉곽을 가볍게 마찰해주어야 한다. 유방 아래에서 유두를 향

프랑스의 사교계 부인 —— 부드럽게, 달콤하게(치어, 유화, 1905)

해서 방사형으로 마사지를 하는 것은 절대로 좋지 않다. 너무 큰 (아직 축 늘어지지는 않은) 유방을 작게 하기 위해서는 흡수성 가제로 만든 단단한 밴드로 죄는 방법이 좋다. 옛부터 내려오는 비약이나 비반 요법은 의학적인 견지에서 보면 (무의미하며, 때때로 유해하기 때문에) 모두 배척해야 한다. 그리고 심하게 늘어진 유방은 경우에 따라서는 성형외과 수술을 하거나 파라핀 주사를 맞아도 좋다.

의학박사 파울 물처

이러한 경고만으로는 뻔뻔스러운 속임수 요법의 영업을 방해하지 못할 것이다. 왜냐하면 유방이 빈약하거나 쭈그러들었다는 것은 대부분의 여성에게는 연애나 인생에서의 성공을 위한 경쟁에서 매우 손해이기 때문에 그들은 스스로 의심스럽다고 생각하면서도 점점 뻔뻔스러운 속임수 요법의 과대광고에 이끌리기 마련이기 때문이다. 정말 효과가 있을까? 조금은 효과가 있을까? 조금이라도 효과가 있다면 그것은 종종 인생의 행복에 커다란 플러스를 의미하게 된다. 그러한 만약을 믿고서 여자들은 여러 요법을 사용하고 있다. 따라서 이와 같은 종류의 광고는 여성 특유의 허영심의 기록이라기보다 오히려 여성의 운명의 기록이다.……

남성들이 오늘날까지 줄곧 유방의 아름다움, 특히 그 풍만함을 가장 선호하는 아름다움으로서 얼마나 높이 평가했는가는 미술이 가장 명백히 증명하고 있다. 19세기의 풍부한 미술사의 각 시대에 걸쳐서 유방의 특유한 아름다움을 묘사하는 것이 설령 중심 문제는 아니라고 해도 확실히 매우 중요한 문제의 하나였다고 말하는 미술가가 많이 있다. 이에 관해서는 이 책의 삽화를 훑어보기 바란다. 유방에 대한 남자들의 의견은 이 책의 삽화들 속에서 엿볼 수 있을 것이다. 왜냐하면 남자들의 의견은 대체로 미술에서 표현된 것과 아주 동일했기 때문이다.

3) 기계시대의 영향

여기에서, 도대체 현실은 이와 같은 이상에 대해서 개별적으로나 일반적으로 어떤 태도를 취했는가 하는 의문을 가지는 것이 매우 필요하다. 무엇보다 먼저 그리스인의 고대 미술이 그토록 훌륭하게 묘사한 것과 같은, 이상적으로 아름답고 완전한 육체를 가진 인간이 과연 오늘날의 세계에 있을까 하는 의문이다. 의문은 우리 주변에서도 흔히 제기되었지만, 그런 인간은 없다고 대답되는 것이 상례이다. 그리고 그런 사람은 없다는 증명으로서 항상 현대의 미술가를 증인으로 세워, 그가 그린 그림을 아무리 둘러보아도 고대 미술이 표현한 것처럼 완전한 육체의 묘사는 아니라고 말한다. 그런데 미술가들은 문명의 모든 죄악이 인간의 아름다움을 파괴해 버렸다고 주장한다. 아름다운 인간은 매일매일 새롭게 탄생한다. 오늘날에도 우리들 사이에서 비너스와 아폴론이 많이 걸어다니고 있다. 로댕은 이런 의견을 말이나 글을 통해서 매우 웅변적으로 표현했다. 이에 관한 로댕의 의견이 흥미 있다는 증거로는 미술 비평가 폴 그셀이 언젠가 로댕과 함께 여성의 아름다움을 주제로 했던 대담이 있다. 그셀은 「마탱」에 다음과 같이 쓰고 있다.

며칠 전에 나는 대예술가를 방문해서 그와 함께 주로 여성의 육체에 관해서 여러 가지의 리듬들을 묘사한 그의 많은 작품들을 관찰했다. 묻겠는데요, 선생, 아름다운 모델이 쉽게 발견됩니까? —— 발견되지요 —— 그럼 우리나라에서는 아름다움이 그리 드물진 않군요 —— 결코 드물진 않습니다 —— 선생이 말하는 아름다움이라는 것은 오랫동안 보존됩니까? —— 그것은 재빨리 다른 형태를 취하지요. 여성의 외모는 태양의 위치에 의해서 좌우되는 풍경과 같은 것이라는 비유는, 꼭 들어맞는 것은 아니지만, 점점 옳은 것이 될 것입니다. 진정한 청춘, 처녀답게 성숙한 나이, 육체가 싱싱하게 빛나고 넘칠 듯한 힘으로, 연애를 두려워하는 동시에 불러들이는 것같이 느껴지는 나이는 6개월 이상 계속되지 않습니다. 젊은 처녀는 어엿한 여인이 된 것입니다. 젊은 처녀는 독특한 아름다움이 있지요. 그 아름다움은 확실히 뛰어난 것이지만 순수하다고는 말할 수 없지요 ── 그런데 선생은 고대의 아름다움이 현대의 아름다움보다 훨씬 빼어나며, 근대 여성은 그리스의 피디아스(고대 그리스의 조각가/역주)의 모델과 같은 여성과는 전혀 비교도 되지 않는다고 생각지 않습니까? ── 저는 결코 그렇게 생각하지 않습니다 ── 그러면 그리스의 아프로디테 상과 같은 완전한 아름다움과 비교해서는…… ── 그 당시 예술가는 그것을 볼 눈을 가지고 있었지만, 지금의 예술가는 눈뜬 장님입니다. 그것이 중요한 차이입니다. 그리스 여성들은 아름다웠지만, 그 아름다움은 또한 그것을 표현한 조각가의 눈에도 있었습니다. 오늘날에도 그와 똑같은 정도로 아름다운 여성이야 있지요.

참으로 로댕이 옳다. 아직 비너스와 아폴론은 전멸한 것이 아니다. 그들은 지금도 끊임없이 태어나고 있다. 더욱이 로댕이 그리스 여성의 아름다움은 그것을 표현한 조각가의 눈에 있었다고 말한 점은 특히 옳다. 그것이 바로 그 시대의 아름다움의 이상형이었기 때문에 그 이상이 이런 아름다움을 창출했던 것이다. 한편 오늘날에도 많은 사람들이 의식적으로 절대적인 진리를 추구하고 있다. 그러나 로댕이 증명한 사실, 좀더 정확히 말하면 로댕이 주장한 점은 지금 문제가 되는 것과는 다른 면이다. 로댕의 비판은 타민족과의 혼혈이 일어나지 않는다는 가정하에서 결코 특수한 민족성이 근절되지 않는다는 점만을 증명하고 있다. 그런데 여기서 문제가 되는 것은 근대 문명이 이 자연의 관성을 어느 정도까지 지지하는가, 혹은 해치는가 하는 의문이다. 이 의문에 대한 답은 그리 진기한 것도 아니지만 한편으로는 매우 슬퍼해야 할 사실이다. 계속해서 자연의 손으로부터 그토록 빛나는 완전함으로 태어난 아름다움은 문명의 덕택으로 당연히 진화해나가겠지만, 그런 것은 보이지 않을뿐더러 아름다움은 수많은 위험에 위협당하고 있다. 그렇게 해서 태어난 아름다움의 거의 전부가 단기간 혹은 장기간에 ── 대개의 경우 짧은 기간에 ── 위험의 희생물로서 바쳐진다. 가령 유행복의 영향을 생각해보자. 그것은 대부분의 사람들의 몸매를 짧은 기간에 파손시킨다. 그것은 여성의 육체를 가장 심하게 파손시키지만, 남성의 육체 역시 파손시킬 것이다. 따라서 육체가 정말 아름다운 멋쟁이 여자는 한 사람도 우리 눈에 띄지 않는다. 유행복이 미치는 악영향을 조사한 의사들의 여러 보고는 이것을 뚜렷하게 증명하고 있다. 더욱이 결점 투성이인 식생활의 영향, 특히 과음이나 우리들의 문명과 끊을래야 끊을 수 없는 신경성 질병을 생각할 수 있을 것이다 —— 그 양태는 점점 음울하게 나타난다. 그러나 이 방면에서 이미 수만, 수십만 가지의 문제가 제기되었더라도 이와 같은 것은 대공업 위에 세워져 있는 현대 문화의 진정한 문제에 비하면 문제도 안 될 것이다. 눈뜬 장님만이 못 보았던 아름다움이 이제는 자본주의적 법칙에 의해서 움직이는 기계 때문에 일어나는 일방적이고도 과도한 노동파괴 작용에 의해서, 국민들 사이에 아직 남아 있는 육체의 아름다움이 말살되어간다. 그리고 말살되어가는 인간의 수는 이미 수만, 수십만이 아니라 수백만에 이르고 있다.

이탈리아의 사회학자 아킬레스 로리아는 최근 이 무서운 비극을 세밀히 연구했다. 이탈리아에서는 오늘날에도 아직 공업의 영향을 매우 확실하게 확인할 수 있다. 그것은 겨우 오늘날에 이르러 기계가 보급되기 시작했기 때문에 오늘날까지 아직은 자연 그대로의 소박한 생활을 하고 있는 사람들에게는 이제야 비로소 기계가 접촉되었기 때문이다.

옛날의 장인은 남성적인 아름다움으로 사람들의 눈길을 끌었지만, 오늘날 대부분의 노동자는 일반적으로 추하고 주눅이 들어서 아름답지 못한 모습들이다. 이러한 육체의 변질은 우리 나라에 열병같이 번지고 있는 공업의 죄이다. 이 공업이 어린 아이와 어른을 가리지 않고 모든 근대적인 인간에게 즐거움도 없고 획일적이며 무미건조한 노동을 끊임없이 부과하고 있다. 이 때문에 공업 노동자들은 시골사람에게서는 찾아볼 수 없는 균형을 잃은 모습을 보인다. 한편 시골사람들은 다양한 변화를 경험하는, 따라서 왜곡되지 않은 노동에 종사하고 있기 때문에 그 모습이 균형을 잃지 않았다. 세계 여러 나라에 가서 진정한 여성미를 찾아다녔다는, 아름다움에 열광적인 어느 여행가가 나에게 이런 말을 들려주었다.

"나는 완전한 아름다움을 이탈리아의 스칸노에서 발견했소. 그곳은 철도 연변에서도, 세계 교통에서도 멀리 떨어진 원시적인 곳으로 말하자면 아직 처녀같이 순진한 아브루치의 조그만 촌락이오. 황홀해져 있는 나의 눈앞에 검은 눈의 매혹적인 그리스풍의 옆 얼굴이 빛나고 있었다오." 그러나 그 얼굴은 얼마나 오래 계속될 수 있을까? 스칸노의 미인도 머지않아 어디에나 있는 평범한 얼굴로 변해버릴 것이다.

세계로부터 차단된 아브루치의 벽지 사람들까지도 머지않아 모두를 부패시키고 획일화할 공업을 배울 것이다. 그 날이 되면 고전적인 그리스풍의 옆 얼굴은 눈깜짝할 사이에 과거의 것이 될 것이다. 이것은 결코 공상이 아니라 사실로 굳어진 진리이다. 부란토의 여자

해수욕장(C. D. 기브슨, 부식 동판화)

들은 예전에는 몹시 근사한 미인들이었지만 이 지방에 방적공장이 세워지고부터는 과격한 노동으로 이전의 아름다움을 점점 잃어버렸다. 또 하나의 실례가 있다. 피에몬테 시나 밀라노와 토리노 중간에 있는 다른 도시에는 공장이 세워지기 전까지 젊은 여자들이 매우 아름답고 풍만해서 두 도시에서는 그 지역에서 많은 유모를 고용했었다. 그런데 공장이 서고부터 여자들은 완전히 쇠약해지고 체력도 떨어져서 보는 사람의 마음에 동정심을 일으킬 정도이다.

독일의 상황을 보아도 마찬가지이다. 상당히 일찍부터 대공업 발전의 중심지가 된 지역들에서도 이런 비극은 오래 전이 아닌 불과 수십 년 전에 끝났다.

국제적인 대공업의 이와 같은 비참한 결과는 노동계급에서만 일어나고 있다. 그렇지만 인간의 대표로서 상층 유산계급밖에 눈에 보이지 않는 맹인들은 현대의 육체문화의 장려에 대해서 가벼운 기분으로 찬성할 수 있다. 개인의 건강과 오랫동안 왕성하게 유지되는 정력에의 동경은 유산계급의 경우 스포츠 열광으로 널리 나타났다. 이 경우 스포츠가 개인 및 계급의 육체를 지속적으로 아름답게 유지시키는 데에 효과가 있다는 점에 관해서는 아마 언급할 여지가 없다. 사실상 이 점에서 지금까지 한번도 본 적이 없는 그러한 건강함, 힘, 우아함의 결합으로서 참으로 새로운 유형이 나타났다. 이 새로운 유형은 지금까지 미국에 의해서 가장 뚜렷하게 대표되고 있다. 이른바 기브슨 걸(Gibson girl : 미국의 화가 찰스 대너 기브슨[1867-

1944]이 그린 1890년대의 미국 소녀들/역주)이 그런 여성의 대표이다. 확실히 미국에서는 혼혈이 성황리에 장려됨으로써 매우 중요한 역할을 하게 되어 새 유형을 발전시키는 데 크게 공헌하고 있다. 그러나 이런 새 유형의 완전한 형태가 오로지 유산계급에게만, 즉 모든 종류의 스포츠에 자기 생활을 바칠 수 있는 계급에게만 한정되어 있다는 것은 결국 일방적인 노동으로부터의 해방이 진정한 미를 실현하는 데에 최후의 요소라는 것을 나타내는 중요한 증명이 된다. 과격하고 일방적인 노동으로부터의 해방 없이는 아무리 혼혈을 시행하더라도 그런 혼혈미는 발전하지 못하고 위축되어버릴 것이다. 한편, 대중을 분주하고 과격하며 일방적인 노동으로부터 조금이라도 해방하는 일은 사유재산을 토대로 한 자본주의 생산양식에서는 결코 해결할 수 없는 문제이다. 이윤율을 더욱 높이기 위해서는 온갖 책략을 동원하여 개인의 노동을 분주하고 일방적인 것으로 만들지 않으면 안 된다. 그러므로 자본주의의 이윤욕이 앞다투어 인간상의 싱싱한 아름다움을 파괴하고 미래를 좀먹어간 것을 모두 돌이켜서 바로잡고 보다 높은 완성의 길에 이르는 것은 인류진화의 보다 높은 생산단계에 이르러서야 가능할 것이다.

2. 부르주아적 복장

1) 복장에서의 민주주의

유럽 국민의 일반적인 생활형태의 본질인 민주주의는 프랑스 대혁명의 승리와 함께 전유럽 문명세계에서 움직일 수 없는 생활의 틀이 되었다. 그 후 과거의 권력과 타협한 것은 이 사실을 외관적으로는 감출 수 있었지만 정정할 수는 없었다. 일반적인 생활양식으로서의 민주주의는 근대 자본주의적 생산양식의 필연적인 사회적 결과였다. 왜냐하면 이미 제I권에서 설명했던 것처럼 근대 자본주의적 생산양식이 민주주의의 필수불가결한 토대였기 때문이다.

그때 이후 복장의 특수한 성격도 민주주의적으로, 즉 부르주아적으로 바뀌었다. 부르주아적 모드가 지금까지의 궁정적 모드를 대체해야 했다. 이것은 방금 설명한 이유에서 과거의 권력의 대표자들에게도 해당된다. 그러나 그들은 광범위한 서민층과 마찬가지로 부르주아적 모드에는 관심 밖이었다. 때문에 이것으로도 부르주아 국가에서는 삶의 이해관계만이 모든 사람들의 생활을 지배했다고 논리적으로 증명할 수 있다. 사람들은 제복이 표방하는 사상적인 경향에 자신이 동의하는 경우에만 스스로 제복을 입는다. 따라서 특수한 복장이란 특수한 지배적 관념을 독특한 형태로 나타낸 것이다. 이 때문에 사람들은 복장을 통해서 곧잘 반항을 표시한다. 각국의 궁정이 공식으로 군주정 체제를 선언했을 때, 구식의 궁정복과 결별하지 않았던 것은 어떤 의미에서는 새로운 부르주아 시대에 대한 항의였다.

궁정복이 스페인에서 처음으로 나타났던 것처럼 부르주아적 복장은 영국에서 탄생했다. 왜냐하면 절대주의가 스페인에서 시작되었던 것과 마찬가지로 부르주아 계급의 지배는 영국에서 처음으로 기정사실화되었기 때문이다. 그러나 부르주아적 복장이 오늘날까지도 남녀의 복장을 원칙적으로 지배하고 있는 주류의 형태를 확정한 것은 프랑스 제1제정의 붕괴 이후이다.

부르주아적 복장의 본질은 획일성이었다. 이제 세상은 동일한 권리를 가진 부르주아의 천하가 되었다. 그 때문에 이미 옛날처럼 어떤 것은 입어도 좋지만 다른 것을 입으면 형벌로 금지한다는 일정한 규칙에 의해서 사람을 차별하지는 않게 되었다. 어떤 복장이 자기 마음에 들면 누구라도 그 복장으로 치장을 할 수 있게 되었다. 이 획일성은 앙시앵 레짐 시대의 모드에 나타난 위엄과는 정반대의 것을 의미했다. 위엄은 우월에 있었다. 그러나 지금이야말로 사람들은 복장으로 전체의 일부가 되었고 전체에 소속하게 되었다. 더욱이 부르주아적 복장은 그것에 의해서 새 시대의 사회적 성격, 곧 전체적 이해관계의 연대성을 확실하게 나타냈다. 부르주아적 복장의 원칙적인 획일성은 국가적일 뿐만 아니라 국제적이었다. 사람들은 원칙적으로 영국에서는 프랑스에서와 같은 복장을 하고, 프랑스에서는 독일에서와 같은 복장을 하고, 독일에서는 미국에서와 같은 복장을 하고 있다. 오늘날 각국의 모드는 국제적이다. 이 경우에 각국의 차이란 기껏해야 각국의 특수성에 따른 사소한 것일 따름이다. 왜냐하면 근대 자본주의적인 생산양식은 국제적이고 따라서 그것은 모든 나라에서 인류의 평등한 사회생활을 만들어냈기 때문이다. 자본주의적인 공업화가 진행되어 각국의 궁벽한 시골까지 진출함에 따라서 특수한 국민복은 쓸모없게 되었고, 부르주아적 사회제도의 국제적인 제복이 나타났다. 이것으로부터 다음과 같은 사실을 추론할 수 있다. 만약 어느 곳엔가 소박한 국민복이 오늘날까지도 아직 남아 있는 지방이 있다고 한다면, 이것은 그 지방에서는 첫째로 공업화의 과정이 아직 진전되지 않았다는 것, 둘째로 수많은 특수 이해에 기초한 자연경제가 변함없이 잔존하고 있다는 확실한 증거로 보아야 한다. 완전히 공업화된 나라들의 한가운데 자리잡고 있는 엔클라베(Enklave, 飛地), 이를테면 독일 바덴의 슈바르츠발트 즉 흑림(黑林)에서 이러한 복장은 언제나 장식적, 예술적으로 보존되어야 할 전통으로서만 계속 유지되어왔다. 또한 현재 유지되고 있는 모든 복장도 미술이라는 방법에 의해서만 다가올 장래에 계승될 것이다.

국제적인 획일성이 부르주아적 복장의 가장 확실한 특징이라면, 절대주의 시대와의 차이는 우선 오늘날의 남자들은 복장의 특징적인 곡선을 통해서 갈랑트리, 즉 부인에 대한 봉사와 숭배를 나타내지 않는 점에 있다. 남자의 복장은 남성화되었다. 이것은 부르주아 문화의 본질과 일치했다. 부르주아 문화는 어디까지나 남성적인 문화였다. 왜냐하면 부르주아 문화는 모든 방면에서 생산적이었고 창조적인 것을 추구했기 때문이다. 이러한 이유 때문에 그것은 또한 남성에 의해서 대표되었다. 남자는 부르주아 문화에서 지도적인 입장에 있었고 실제로도 독재적인 위치에 있었다. 이에 비교하면 근대 자본주의적 생산양식에 의해서 행해지고 또 실현되었던 —— 비로소 불씨에 불이 붙었을 뿐인 —— 여성해방에는 자본주의적인 생산양식의 변증법적인 모순만이 나타났다. 그 때문에 남자의 의상은 여자의 의상이 여성스러운 것과 마찬가지로 특히 남자다워야 했다. 그리고 이 경향도 또한 영국에서부터 시작되었다. 게다가 부르주아 사상은 어떤 다른 나라보다도 영국에서 최고 수준으로 실현되었기 때문에 영국은 부르주아 사상의 탄생지였을 뿐만 아니라 런던은 계속해서 부르주아 세계의 미래의 중심지가 되었다. 그리고 파리가 여성의 모드를 결정하는 것과 마찬가지로 런던이 오늘날 남성의 모드를 결정하고 있다는 사실은 이것과 밀접한 연관이 있다.

앙시앵 레짐 시대의 복장과 비교해서 아마 외관상 가장 확실하게 차이가 나는 부르주아적 복장의 제3의 고유한 특징은 노동하는 인간, 쉬지 않고 활동하는 인간의 복장이라는 점이었다. 반면에 앙시앵 레짐 시대에는 놀고먹는 자의 전성기였기 때문에 사람들은 빈둥대는 생활을 하도록 운명지어지고 또 그러한 생활을 선고받았다. 이것은 확실히 복장에서도 나타났다. 사람들은 복장에 의해서만 포즈를 취했고 또한 그것을 표현했다. 자유롭게, 마음대로, 특히 민첩하게 운동을 하려면 그러한 복장을 하고서는 불가능하다. 사람들은 무게 있고 엄숙한 걸음밖에는 걸을 수가 없었다. 그 때문에 엄격하게 인습적인 동작만이 허용되었다. 말하자면 극장의 특등석이나 살롱에 적합한 동작만이 허용되었다. 이른바 상류계급의 남자들은 경쾌한 활보를 완전히 잊어버렸다. 그들은 춤은 출 수 있지만 걷는 것은 어려워서 언제나 마차를 필요로 했다. 여유가 있는 남자는 짧은 거리라도 가마를 이용했다. 또는 어떻게든 걸음을 걸을 수밖에 없을 경우에는 극장의 특별석에 있을 때와 같은 걸음걸이를 했다. 그들과는 대조적으로 부르주아 시대의 지배자는 정반대의 자세를 취했다. 그들은 방해받지 않고 걸어야만 했고 또한 경쾌하게 재빨리 걸어다녀야 했다. 왜냐하면 근대의 생활은 엄숙하게 인습적으로 행해지는 것이 아니라 점점 바쁘게, 끊임없이 변화하는 속도로 행해졌기 때문이다. 그때 복장은 그들을 방해하는 것이 아니라 오히려 도와주어야만 했다. 걸음걸이는 확고하고 확실하지 않으면 안 되었고, 몸놀림은 정력적이어야 했다. 그들의 생활의 가장 중요한 부분은 이제 살롱이나 극장의 특별석이 아니라 공장이나 사무실에서 행해졌다. 부르주아적 복장은, 말하자면 이윤을 나르는 쉬지 않는 활동이라는 그들 최고의 삶의 내용을 상징하는 것이어야 했다 ── 부르주아적 복장은 가능한 한 확실하게 그것을 상징했다. 모든 화려한 아름다움이나 장식은 없어졌다. 복장의 간소화가 그 특징이 되었다. 옛날과 같은 극채색은 없어지고 그것에 대신해서 계산문제처럼 무미건조한 색채가 나타났다. 이러한 것들이 부르주아적 복장의 본질이었다.

그러나 여기에서 가장 문제가 되는 것은 과거와 비교하여 가장 중요한 요소로서 전혀 다른 원칙적인 상위(相違), 결국 그 후 고양이의 눈처럼 바뀌는 유행의 변화이다.……

2) 유행의 변화

부르주아 시대의 복장 분야에서 특징적인 현상의 하나는 의심할 것도 없이 고양이 눈처럼 바뀌는 유행의 변화이다. 옛날에는 유행이 그다지 확실하지 않았고 그렇게 급격하게 바뀌는 일도 없었다. 반면에 지금은 어떠한 전형적인 곡선도 끊임없이 변화한다. 발명의 천재는 설사 아름다운 형태의 창조가 아니더라도 멋들어지고 새로운 배합을 다양하게 함으로써 세상을 경악시키기 위해서 몰두한다. 이렇게 끊임없는 유행의 변화는 확실히 여성의 모드에 적용되었지만 남성의 모드도 19세기에는 오늘날보다 더욱 빈번하게 변화했다.

부르주아 시대 이후 유행이 이렇게 끊임없이 변화하게 되었던 주된 원인은 의심할 것도 없이 외관상으로 나타나는, 하루도 멈추지 않고 진행되는 사회갈등의 영향이었다. 첫째로 신분차별이 공식적으로 폐지되었기 때문에, 둘째로 이론적으로는 모든 사람이 표면적으로 동일한 권리와 의무를 가진 시민이 되었기 때문에, 셋째로 군복을 제외하고는 노동자는 어떤 특정한 복장을 선택해서는 안 되고 그런 복장은 존경받는 사람들에게만 유보되므로 하녀나 소시민계급의 여자는 이런저런 재료나

얼굴 가리기(1800년대의 유행 모드)

장식을 이용해서는 안 되며 그런 것은 상류층 여성들의 "권리"라고 규정하는 법률이나 단속규칙이 없어졌기 때문에 상류층은 비천한 서민과 자신들이 확실하게 구별되기를 공공연히 바랐다. 다시 말하면 외관상의 평등에도 불구하고 사람들은 다른 사람들보다도 더욱 멋있고 고상하고 품위 있게 보이기를 원했다.

법학교수 예링은 이 경향에 대해서 아주 재미있는 이야기를 한다.

현대적 의미에서 모드는 개인적 동기가 아니라 사회적 동기를 가지고 있다. 내 생각으로는 모드의 본질을 이해하려고 한다면 모드의 사회적 동기를 올바르게 인식해야만 한다. 그것은 사회적으로 높은 계급을 사회적으로 낮은 계급, 정확하게 말하면 중산계급으로부터 구별하려는 노력이다. 이 경우 자신들이 하층계급과 혼동될 위험은 저절로 제거되기 때문에 여기에서는 하층계급은 문제가 되지 않는다. 모드란 끊임없이 다시 파괴되기 때문에 끊임없이 다시 이루어지는 제한을 의미한다. 이 제한에 의해서 상류계급은 중산계급과 자신을 구별하려고 한다. 그것은 신분적 허영심의 술래잡기이다. 이 술래잡기에서 똑같은 현상이 끊임없이 되풀이된다. 그것은 한편에서는 조금이라도 먼저 달려서 자신과 경쟁자를 구별하려는 노력이고 다른 한편에서는 새로운 모드를 빨리 몸에 걸쳐서 상대에게 뒤떨어지지 않으려는 노력이다.

프랑스 혁명기의 지팡이 유행(트레스카, 동판화)

여러 시대, 특히 복장의 일정한 부분이나 형태가 어떤 일정한 당파성을 드러내는 외관상의 상징이 된 시대에는 이러한 방법으로 계급차이를 눈에 띄게 만드는 것은 그다지 어려운 일이 아니라 오히려 제법 쉬운 일이었다. 이것은 단지 반동적인 절

프랑스의 유행의상(베르네의 그림에 의한 다레의 프랑스 동판화, 1795)

대지배의 일시적인 복고가 문제로 되었던 시대, 곧 독일에서는 빈 회의(1814)에서 부터 1848년까지의 포르메르츠(Vormärz : 1848년 3월혁명 전의 시대/역주)의 비극적인 시대, 그 후의 1850년대의 반동시대에도 해당된다. 이러한 시대에는 어떤 일정한 모드가 보수주의 및 정치적인 확신의 표현이었다. 한편 이러한 모드에 보란 듯이 거역하는 것은 반동지배에 대한 확실한 항의이자 반항의 공공연한 표현이었다. 남자의 복장 가운데서 특히 모자, 목도리, 프록코트는 그것을 말해주는 실례이다. 제1제정 시대에는 세상은 모두 나폴레옹에 대한 감격을 표시했다. 결국 남자들은 독특한 나폴레옹 모자를 쓰거나 —— 그의 승리를 기념해서 —— 혹은 유명한 나폴레옹 근위대의 곰가죽 모자와 비슷한 모자나 차프카(Tschapka : 창기병들이 쓰는 군모/역주) 따위를 썼다. 더구나 여자들도 예로 든 이들 모자들 중 후자의 모자를 쓰고 득의만면했다. 나폴레옹이 마지막으로 실각했을 때, 그의 권력의 상징이었고 그렇게도 대중화되었던 나폴레옹 모자는 승리자에게는 증오의 표적이 되었다. 그때 이래로 귀족, 외교관, 그밖의 대부분의 관리들은 실크 해트를 썼다. 이것과 마찬가지로 자신의 선량한 보수주의나 정통주의(왕당파)를 나타내려는 시민은 모두 자신의 위엄 있는 머리를 실크 해트로 장식했다. 이 경향과는 달리 변함없이 보나파르티슴에 열광했던 무리들은 계속 나폴레옹 모자를 쓰고 지지를 시위했다. 보나파르티슴의 그밖의 상징, 이를테면 그 시대의 여성복에서 당대의 대표적인 취향이었던 푸른 장식으로 사용된 월계관이나 독수리도 나폴레옹 모자와 똑같은 취급을 받았다. 그래서 실크 해트는 그때 이후로 줄곧 신뢰할 수 있는 국가주의의 상징이 되었기 때문에 이것과 다른 주의를 노골적으로 표방하는 사람은 계속 실크 해트와 정반대의 모자를 쓰고 그것을 시위했다. 그들은 1840년대 이후의 이른바 민주주의자의 모자, 즉 중절모로 자신의 의지를 드러냈다. 오늘날에도 배타적인 귀족계급은 중절모에는 "혁명의 좋지 못한 냄새"가 붙어다닌다고 말한다. 지나치게 엄격한 실크 해트와 마찬가지로 목둘레에 붙이는 딱딱한 흰 칼라도 오랫동안 보수주의의 증거였다. 왜냐하면 빈 회의 이후로 그것은 외교관의 모드가 되었기 때문이다. 그들은 그러한 칼라에 의해서 근접하기 어려운 인상, 원칙적으로 딱딱하고 위엄 있는 인상을 심어주려고 했다. 그 후 어깨가 높이 치켜올라간 프록코트가 추가되었다. 사람들은 모든 인습적인 것에 대한 집착, 종속, 완고한 고수 등을 복장을 통해서 표현했다. 그리고 실제로 이것은 복장에 의해서 사람들에게 불안한 위험을 가져오게 된다는 이유에서 진보를 의미하는 모든 것을 증오하는 주의(主義)를 참으로 멋지게 나타낸 것이었다. 따라서 시민계급 가운데 국왕에게 충성하는 사람은 머리에 실크 해트를 쓰고 목둘레에다 흰 신식 칼라를 붙이고 높이 치켜올라간 옹색한 프록코트를 입었지만, 진보를 사랑하는 사람들은 목도리를 바람에 펄럭이며 약간 앞이 열린 상의를 선택했다.

　이미 상세하게 설명했듯이 이러한 복장은 모드를 통해서 위와 아래, 좌와 우를 구분할 수 있는 대단히 간단한 형태였다. 그런데 재산이 세상의 평판이나 일반인의 평가기준이 됨에 따라서 사람들은 점점 정치적으로 신뢰할 수 있는 보수주의자나 더 나아가 막대한 재산가처럼 보이기를 원했다. 그리고 재산이 많은 것을 표현하는 것은 그것만으로도 아주 복잡했다. 이렇게 복잡했던 것은 "옷이 사람을 만든다"는 말에 따라서 중산계급이 외관상이나마 유산계급과 구별되는 거리를 될 수 있는 한 좁히려고 몰두했기 때문이다. 사람들은 세상의 눈을 속이고 부자로 보이기 위하여 만사에 부자처럼 행동했다. 1820년대에 어떤 신식 신사는 이렇게 호소했다. "위대한 신이여, 현대에는 극빈자라도 긴 제비꼬리를 붙인 상의(연미복), 맘루크

1818년의 모드

(Mameluk : 이 경우는 나폴레옹 1세의 군대에 편입되었던 이집트 기병/역주)풍의 긴 바지, 드리워진 섶이 달린 조끼, 미나(Mina : 나폴레옹에게 저항한 스페인의 게릴라 대장/역주)풍의 망토를 입을 수 있습니다. 따라서 군중 속에 파묻혀버리지 않으려면 우리들도 최신식 복장을 갖춰야 합니다." 위의 그림은 신식 옷을 입은 하인을 보여주고 있다. 이런 것은 신식주의의 어쩔 도리가 없는 복장의 증명이지만, 기괴한 형태의 복장에 의해서 일부러 자신을 눈에 띄게 하고 싶지 않은 사람들에게는, 첫째로 재산이 없는 녀석들이 뒤좇아오지 못하게 끊임없이 유행복을 바꾸고, 둘째로 최상의 우아한 복장을 해서 모두를 경악시키는 두 가지 방법만이 남아 있었다. 첫째 수단을 위해서 유산계급은 해마다 계절마다 모드를 바꾸고 그 변화를 전

문가가 보아서 지난 해의 최신 유행과 결코 혼동되지 않게끔 만들기로 작심했다. 둘째 수단을 위해서는 지금까지의 모든 상상을 초월한 사치가 나타났다. 사치와 우아함은 동시에 유산계급의 복합어가 되었다. 왜냐하면 진정한 우아함은 아무리 검소해 보일지라도 결코 값싸지는 않았기 때문이다. 따라서 우아함은 모드의 뉘앙스까지도 다르게 만들었다.

계급구별의 요구는 유행을 끊임없이 바꾸었기 때문에 매우 중요한 그 변화의 원인이 되었지만 자본주의적 생산방법의 특수한 요구도 원인이 되었다. 독자도 알고 있는 바와 같이 자본주의적 생산양식은 대량 생산인데 이러한 대량 생산은 당연히 대량 소비에 의해서만 지속될 수밖에 없었다. 기계제 생산의 경우에는 대중취향의 상품만이 공장주에게 이익이 된다. 따라서 보다 많은 사람들이 가지고 싶어하도록 모든 유행, 재료, 색채, 배합을 계속해서 대중화시켜야 한다. 어떤 것이 오늘 특별히 선택된 사람들의 유행이라면 그것은 내일이 되면 대중의 유행이 되어야 한다. 이것은 대량 생산을 토대로 한 제조방법의 요구이다. 그렇지 않으면 그러한 상품은 공장을 확장시켜주는 것이 아니라 거꾸로 공장을 종종 휴업시키거나 생산을 제한시킬 것이 틀림없다. 한편, 공장을 확장하는 가장 큰 목적은 이윤율의 상승이다. 그 때문에 이 법칙은 모드의 새로운 변화로 뛰어넘어간다. 기계는 점점 새로운 주문을 요구하기 때문이다. 그런데 그렇게 하는 가운데 시장은 항상 곧 그 상품으로 가득차버린다. 그렇다면 빨리 다른 형태의 것을 만들어야 한다. 그러한 것을 새로 사고 지금까지의 것을 빨리 버리는 것이 대중의 임무이다.

이러한 사실을 두고 본다면, 유행의 끊임없는 변화는 유산계급만이 아니라 대중에게도 근대 자본주의적인 생산양식과 끊을래야 끊을 수 없는 관계가 있다. 그것은 자본주의적 생산양식의 첫째가는 요구이고 따라서 의복만이 아니라 그밖의 무수한 생활 필수품에도 적용된다.……

모든 이러한 요소와 특수성이 의복에서의 에로틱한 문제 —— 남녀간의 소극적이지만 그 대신 끊임없이 계속되고 있는 육체적인 구애의 문제 —— 를 해결하지는 못한다는 것, 곧 영원불변의 법칙을 폐지하지는 못한다는 것은 물론이다. 그것은 이 영원의 법칙에 대해서 새로운 범위를 만들 뿐이다.

위선의 지배가 어떤 방법으로 이 문제를 해결하는가 하는 것이 이 장의 본래 목적이다. 따라서 이번에는 이 위선의 지배를 자세하게 설명해야겠지만 여기에서는 먼저 그 결과부터 이야기하기로 한다. 위선의 지배가 이 문제를 지금까지 문화의 모든 시대마다 가장 멋지게 해결했던 것이다.

남자는 남녀관계에서 능동적이기 때문에, 여자를 선정적으로 도발하는 성적 특징을 모드에 의해서 일부러 눈에 띄게 만드는 것은 각 시대의 여성 모드에서처럼 중요한 역할을 하지 않는다. 그렇다고는 하지만 이러한 목적은 남성 모드에서도 일정한 역할을 하고 있다. 왜냐하면 복장은 남녀에게는 서로간의 호의와 동정을 위한 구애경쟁에서 동맹자이기 때문이다. 오늘날의 견해로 보아도 르네상스 시대에는 대담하게 이것을 남성 모드에서 표현했던 것 같다. 또한 앙시앵 레짐 시대에도 남성 모드에서 여성의 관능에 에로틱하게 작용하는 면을 만들었다. 이 경우 그것은 소년풍에 대한 몰두나 여성에게 봉사하는 친절한 기사로서의 역할 따위로 행해졌다. 그러나 남성은 구애할 때 태어나면서부터 능동적으로 행동해야 했고, 말이나 확실한 행위를 보여주거나 요구하고 또한 공격할 수 있고, 또 그렇게 하는 것이 허용되며, 뿐만 아니라 그렇게 하지 않으면 안 된다. 한편 여성은 상대의 의사를 기다려야 하고 언제나 간접적으로 상대의 주의를 끌어야 한다 —— 이런 이유 때문에 남성은 여성이 복장을 통해서 자신의 성적 개성을 표현하는 것처럼 특수한 복장을 필요로 하지는 않는다.

이것은 왜 남성 모드의 변화가 여성 모드에서처럼 그렇게 주목을 끄는 대조적인 형태로 나타나지 않는가를 설명해준다. 여성 모드의 경우, 모든 새로운 모드는 종종 이제 막 지나간 모드와 확실하게 구별된다. 이것과 같은 이유에서 남성 복장의 진화는 여성 복장의 진화보다도 더욱 논리적이다. 그것은 여성 모드처럼 당치도 않은 역류를 나타내지 않고 생활의 중요한 요구에 적응하고 있다. 마지막으로, 이러한 이유 때문에 부르주아 시대에 모든 분야에서 승리를 거둔 위선과 그 법칙은 부르주아적인 남성 모드에서는 특별하게 눈에 띄지 않는다. 이 경우 지금까지의 것을 버리라고 강요되지는 않았다. 관능적으로 작용하는 색채, 즉 담청색, 눈부신 황금색, 진홍색은 일체 사용되지 않았으며 항상 중간색을 취했다. 이밖에 남성의 복장에서 성적 욕구를 표현하는 곡선은 일반적으로 정력을 표현한다는 이유에서 그것을 특수한 성적 특징으로서 쉽사리 눈에 띄게 하지는 않았다. 그러나 그것은 저절로 모든 사람들의 개인적인 특수한 직업적 특징을 강조하는 것으로서 해석되었다. 그

하이드 파크에서(루이 드뷔쿠르 프랑스의 동판화)

자전거 타는 여인들(J. 린더, 채색 동판화)

리고 그런 곡선은 대개 그렇게 이해되었다. 그 때문에 여자의 눈에 남자를 수컷으로 느끼도록 만들기 위하여 남자에게 어떤 일정한 개인적인 특징이 필요하게 되었다. 그러나 프랑스 대혁명과 나폴레옹 제정 시대의 모드만은 이 방면에서 달랐다. 그때에는 남성의 모드에서도 특수한 성적 특징이 훌륭하게 눈에 띄었다.

성적인 면에서 볼 때 남성의 복장에서 표현되었던 중립성은, 물론 각 시대의 남성 모드가 언제나 그 시대의 감정을 추구하고 그것에 적응하는 것을 방해하지는 않았다. 이를테면 1848년의 경우처럼 자유와 진보에 대한 동경이 시대의 혈관 속에서 고동친다면 남성 모드도 곧 남성적이 된다. 개인의 독립이나 자유분방함에 대한 동경, 일반적인 자립성에 대한 동경은 그것에 적합한 모드에 의해서 나타난다. 모드는 행동력과 행동요구를 확실하게 반영한다. 이미 설명했던 것처럼 딱딱한 프록코트는 공적인 생활에서는 편안한 형태의 양복으로 바뀌었다. 반동적인 몰락기에 들어서서 정치적인 감시에 의해서 정신의 시야가 좁아지고, 또 지배계급이 높은 이상을 버리고 마침내 관능적인 향락에만 몰두하여 이어서 곧 일반적인 권태가 몰려왔을 때 남성 모드의 곡선도 곧 여성적, 권태적, 퇴폐적으로 바뀌었다. 이를테면 나폴레옹 1세가 실각한 뒤인 절대주의적인 왕정복고의 시련의 시대, 1848년의 3월혁명의 봄에 도취하고 난 뒤의 긴 반동기는 이것에 해당되었다. 프랑스에서는 그것은 제2제정 시대나 세기말까지 이어졌다. 이 세기말에 부르주아 계급 그 자신은 자신의 지배의 자랑스러운 미래에 확신을 가질 수 없기 때문에 인간의 높은 이상 따위는 이미 옛날에 배금주의의 향락생활의 기름덩어리 속에서 교살되어버렸다.

1850년대의 반동기의 퇴폐적인 남성 모드의 특수한 성격은 슈바벤의 미학자 프리드리히 피셔가 모드에 관한 논문에서 참으로 훌륭하게 설명하고 있다.

이러한 남성 복장의 모든 특징은 게으르게, 게으르게라고 우리들에게 호소했다. 그러나 이러한 말도 충분하지 않다. 권태! 권태! 지옥과도 같은 권태! 고급스런, 매우 귀족적인 권태! 그것은 좋은 바지를 입은 원숭이에게서 규칙적으로 울려나오는 설교이다. 이 모드는 말한다. 무엇엔가 어떤 정열을 가지는 것, 무엇엔가에 조마조마해하는 것, 무엇엔가에 열중하는 것, 주식이나 증권 이외의 것에 어떤 긴장된 욕망을 보이는 것은 얼마나 시골뜨기 같고 촌스러운가. 아아, 우리들은 녹초가 되고 머리가 멍청해지고 마지막 신경까지 자극해 마비시켜버렸다. 오늘날처럼 세계를 질주하게 만든 것은 우리들이지만 모든 노력은 유치하다. 우리들이 어른이 된 증거로 모든 것은 우리들에게 일부는 드리워져 흔들리거나 길게 늘어지고, 일부는 바싹 말라 세차게 찌른다.

우리들도 소위 세기말의 모드에 대해서 이것과 똑같이 경멸적인 비판을 할 수 있을 것이다.

남자를 에로틱하게 도발하는 여자의 매력을 가장 효과적으로 그리고 그때마다 다른 방식으로 강요하는 것은 모든 여성 모드의 영원한 목적이다. 그것은 절대주의가 만든 틀에서나 부르주아 사회가 만든 틀에서나 마찬가지이다. 해결방법의 차이는 어떤 시대에는 기이하게, 어떤 시대에는 자연스럽게 해결된다는 것뿐이다. 모드에 의한 강요는 언제나 다음과 같이 나타난다. 남자를 에로틱하게 도발하는 여자의 여러 가지 성적 특징, 이를테면 유방, 엉덩이, 허벅다리, 장딴지를 될 수 있는 한, 별개로 눈에 띄게 만드는 것이다. 우리들은 오다가다 또는 살롱에서 조화된 아름다운 여인이 아니라 자극적으로 솟아오른 유방을 가진 젊은 여자, 모델처럼 멋진 허리를 가진 아름다운 여자, 살진 허벅다리를 가진 여자와 마주친다. 우리들은 그런 현상의 일반적인 본질에 대해서는 아무것도 모르지만 어떤 모드에서든지 우리들의 시선은 가장 정확하게 여자의 유방에 집중된다. 우리들은 그 유방이 풍만한지 빈약한지, 큰지 작은지를 안다. 때로는 그 유방이 사과형인가, 배형인가까지도 안다. 우리들은 그러한 것 모두를 안다. 왜냐하면 전체는 모드에 의해서 부각되고 더구나 그러한 부각은 제각기의 형태를 가지고 있기 때문이다. 나머지 전체는 배경에 지나지 않지만 이 배경에 의해서 전경(前景)은 더욱 두드러진다. 대개 여자들은 무의식적으로 더욱 간단한 방법에 의해서 그것과 똑같은 효과를 내고 있다. 왜냐하면 모든 여자는 어느 정도까지 본능적으로 수동의 법칙을 연출하고 있기 때문이다. 그것이 원시적으로 해결되는 경우 그것은 여성의 무의식적인 방식이지만 그밖의 모든 방법은 의식적으로 점점 세련되게 추구되고 있다. 여성들은 블라우스를 입을 때 거울 앞에서 열심히 연습한다. 프랑스의 저술가 장 리카르는 이것에 대해서 다음과 같이 설명하고 있다.

여자들은 참으로 경탄의 표정을 지으며 플라토닉한 연애에 대해서 말하지만 여자들의 옷, 모자, 구두, 허리띠 등 모든 것이 우리들의 플라토닉한 모든 속마음을 악마에게 쫓아보내도록 확실하게 계산한 것이다.

톨스토이는 이것을 더욱 강렬하게 묘사하고 있다. 그는 「크로이처 소나타」에서 이렇게 말하고 있다.

　여자는 자신을 남자의 육감에 작용하는 무서운 무기로 바꾸어버렸기 때문에 젊은 남자뿐만 아니라 나이 든 남자도 냉정하게 여자와 교제할 수 없을 지경이다.……사회의 안정을 파괴하는 행위, 이를테면 육감을 도발하는 행위, 오늘날 여자들이 하고 있는 것처럼 자신의 육체를 장식하는 행위를 허락한 사회가 어떻게 존재할 수 있었던가 하고 세상사람들이 깜짝 놀랄 시대가 언젠가 올 것이다. 이것은 공원이나 오가는 길에다 온갖 올가미를 걸어놓은 것과 마찬가지이다.……아니, 그것보다도 더욱 나쁘다!

그리고 톨스토이는 다른 곳에서 이렇게 말하고 있다.

　어머니는 어떤 미끼를 사용할 때 자신이나 딸에게 남자가 낚이는가를 잘 알고 있다. 우리들 남자만이 그것을 모르고 있다. 결국 알려고 하지 않기 때문이다. 그런데 여자들은 우리들이 말하는 참으로 고상하고 시적인 연애에서조차도 정신적인 아름다움에 좌우되는 것이 아니라 육체의 접근, 나아가 머리를 묶는 방법, 옷의 색 배합이나 입는 방법에 좌우된다는 것을 잘 알고 있다. 시험삼아 남자를 뇌살시키는 것을 목적으로 하는, 아니 오히려 그것을 승부로 생각하는 경험 많은 매춘부에게 이렇게 물어보라. 당신이 점찍은 남자 앞에서 당신의 허위, 잔혹, 더 나아가서 당신의 부정한 품행을 밝히는 것과 바느질이 잘못된 보기 흉한 옷을 입고 그 남자 앞에 나서는 것 중에서 어느 쪽을 선택할 것인가?
　어떤 여자라도 첫번째를 선택한다. 여자들은 우리들 남자가 고상한 감정이라고 말하는 것은 모두 거짓말이고 진정으로는 육체밖에 생각하고 있지 않기 때문에 남자는 다소의 결점은 허용하더라도 복장이 보기 흉한 몰취미에 대해서는 허용해주지 않는다는 것을 잘 알고 있다. 매춘부는 그것을 의식하고 행하지만 순진무구한 소녀는 동물과 마찬가지로 본능적으로 행하고 있을 뿐이다. 이러한 이유에서 몸에 밀착하는 보기 흉한 코르셋을 입거나 엉덩이를 받쳐주는 바대를 착용하고 어깨나 팔, 가슴까지 노출한다.

톨스토이는 그런 것은 여자의 행동 가운데서도 가장 부끄러움을 모르는 짓이라고 말한다. 따라서 그의 의견에 따르면 그런 몸가짐을 하는 여자는 모두 매춘부나 마찬가지이다. 톨스토이는 다시 이렇게 말하고 있다.

우리들이 파렴치한 상류계급뿐만 아니라 하층계급의 생활까지 있는 그대로 살펴보았을 때, 과연 그것을 하나의 커다란 매춘굴보다 낫다고 할 수 있을까?……우리 사회의 부인들은 매춘굴의 여자들과는 다른 흥미를 가지고 살아가고 있다고 당신은 말할 것이다. 그런데 나는 그렇지 않다고 당신에게 말하겠다. 나는 그것을 증명하겠다. 가령 인간이 생활의 목적이나 내용에서 제각기 다르다면 그 차이는 외면에 나타나야 하는 것은 물론 외면도 달라져야 한다. 그런데 경멸받고 있는 저 불행한 여자들과 가장 훌륭한 상류사회의 귀부인을 비교해보라. 어느 쪽도 훌륭한 몸 단장, 옷 입는 방식, 향수, 노출한 팔, 어깨, 가슴, 툭 튀어나온 엉덩이를 받치는 바대, 번쩍번쩍하는 값비싼 보석이나 장식품에 대한 끝없는 애착, 오락, 댄스, 음악, 노래 등에서 다르지 않다. 한쪽이 이런저런 수단으로 남자를 유혹한다면 다른 한쪽도 역시 같은 짓을 한다. 어느 쪽도 차이는 없다. 가령 우리들이 두 부류를 엄밀하게 구별하려고 생각한다면 한쪽 매춘부는 세상에서 평생 경멸당하지만 한쪽 매춘부는 반대로 평생 존경받는다고 할 수 있는 것이 고작이다.

그런데 도덕주의자라고 해서 모두 톨스토이만큼 무자비하지는 않았다. 예를 들면 가톨릭의 저술가 프리드리히 지베르트조차도 「성도덕」에서 이렇게 말하고 있다.

모름지기 처녀란 남자의 마음에 들려고 노력해서는 안 된다고 세상 사람들이 요구한다면 당치도 않다. 온갖 남자들이 어떻게든 가지고 싶다는 눈빛으로 자신을 응시하는 것을 매우 기뻐하는 아름다운 처녀가 참으로 많이 있다. 많은 처녀들이 자의식을 가질 때에만 사태는 좋아지고, 처녀가 자신은 성적으로 뛰어나다고 느끼는 때에만 자의식은 곧 좋은 방향으로 결부된다고 우리들은 믿고 있다. 처녀들이 스스로를 훌륭한 여자이고 그들의 미래의 남편은 인생의 기쁨을 맛볼 것이라고 생각하고 있다면 처녀성이 파괴되지는 않을 것이라고 나는 믿는다.

근대의 미학자들은 여자가 자신의 특별히 에로틱한 아름다움을 자랑스럽게 나타내보이는 일반적인 경향에 대해서 참으로 이해가 깊다. 이를테면 유명한 슐체-나움부르크는 「여성복의 기초로서의 여성의 육체문화」라는 책에서 이렇게 설명하고 있다.

여자는 남자를 성적으로 도발하는데, 아름다운 여자가 남자를 특히 강하게 도발하는 것은 당연하며 또한 자연스럽다. 그것은 마치 사과꽃이 피어 그 꽃향기가 공기를 감싸는 것과 같다. 희귀한, 위대한, 훌륭한 자연의 경이의 하나가 여기에 나타났다. 따라서 꽃을 자르고 짓밟는 것은 가치 없는 일이다.

근대의 미학자들이 이런 이유 때문에 본질적으로는 결코 비난해서는 안 되는 이와 같은 경향이 조잡하고 저열한 형태로서가 아니라 반대로 고상하고 우아한 형태로 나타나도록 노력하고 있다는 것을 여기에 한마디 덧붙여둔다.

19세기는 그 이전 시대와 마찬가지로 여성 모드의 에로틱한 도발작용을 깨끗하게 해결하는 데에는 아직도 전도가 요원했다. 조화적인 아름다움이 모두 파괴되었기 때문에 순수하게 미학적인 관능이 단 한 번이라도 승리를 거두기까지는 이 세상에서 외설적인 방법이 수없이 되풀이되어야 하는 형편이었다.

이전과 마찬가지로 부르주아 시대에도 계속해서 가장 품위 있는 대표적인 여성, 즉 상류계급의 유한여성을 일정한 유행을 만드는 발기인으로 간주해도 좋다는 것이 확실해지자마자 앞의 사실도 참으로 명확해졌다. 한편 이 역할분담도 그다지 놀랄 일은 아니다. 품위 있는 여자는 언제나 에로틱한 문제를 참으로 훌륭하게 해결한다. 이런 사실만으로도 유한여성을 유행의 경탄할 만한 발기인으로 치켜세우는 데 충분하다. 그런데 왜 유행에는 이러한 여자들이 원하고 바라는 것만이 고려되는지를 확실하게 설명해주는 증거가 또 하나 첨가된다. 상류사회의 유명한 유한여성은 파리의 일류 재봉사가 정직하게 고백하는 것처럼 언제나 최상의 단골손님이었기 때

뮌헨의 부르주아 부부(석판화, 1850)

문이다. 이 두 가지 이유 때문에 상류의 매춘부적 취미가 "흡사 신이 명령한 것처럼 3대륙의 여자들이 따르는 모범"이 되었다. 에로틱한 미식으로서 한눈에 남자를 뇌살시켰다는 "교태"라는 영원한 문제는 이 목적에 계속해서 많은 돈이 투자됨에 따라서 점점 능숙하게 해결되었던 것은 말할 필요도 없다. 그리고 투자량은 옛날보다도 요즈음에 더욱 커졌고 또한 매일같이 커지고 있다. 오늘날 수백만 명 가운데서 백 명 정도의 남자만이 자기 애인의 의상비로 2만, 3만, 10만 마르크, 혹은 그

몇 배의 돈을 쓸 수 있는 신분이다. 그리고 그 백 명의 남자들이 실제로 그 짓을 하고 있다.

이밖에 최근 문학계에 근대적인 사교극이 등장하고부터 여배우가 유행의 발기인으로 추가되었다. 여배우는 오늘날 상류층 유한여성처럼 모드 살롱에 옷을 주문하는 것은 어렵지만 어쨌든 돈 잘 쓰는 단골손님이 되었기 때문이다. 그러나 여배우도 유한여성과 똑같은 것을 주문하도록 강제되었기 때문에 모드의 에로틱한 본질은 여배우의 등장에 의해서 조금도 바뀌지 않았다. 여배우는 소박하고 천진한 보통 사람들이 입는 조잡한 복장으로는 사교여성, 허영심 많은 여성, 상류층의 매춘부의 역할을 다할 수 없다. 그렇게 한다면 관객은 그런 여배우를 조소할 것이기 때문에 그런 조잡한 복장 따위를 생각할 수 없다. 여배우는 더욱 자주 그것과는 정반대의 것을 추구한다. 대부분의 여배우는 무대만이 아니라 실생활에서도 자극적인, 허영심 많은 여성이나 상당한 수입이 있는 첩으로 생활할 수 있기 때문이다. 그러나 여배우는 자신이 바로 이 사람이라고 노리는 관계자들에게 최고의 기대를 불러일으킬 때에만 출세의 길이 열린다. 마지막으로 무대효과 면에서 어느 정도 여배우의 자태의 과장이 필요하다는 사정도 첨가된다. 그리고 이 과장은 언제나 도발적인 방향으로만 초점이 모아진다.

파리가 18세기와 마찬가지로 19세기에도 여성 모드의 중심지였던 것은 관능적인 것의 우세를 조건으로 하는 파리의 낭만적인 성격말고도 역시 파리의 문화 전체와도 결부된다. 파리는 유럽에서 가장 오래 되고 풍부한 문화를 가지고 있다. 더욱이 이 문화는 이미 설명한 것처럼 여성의 애정에 대한 숭배를 첫째로 꼽았다. 그 때문에 파리에서는 여성에게 관계되는 모든 것은 에로틱한 예술품으로서의 전통과 논리를 가지고 있다. 이것이야말로 이 방면에서 어느 나라의 어느 도시도 필적할 수 없는 파리의 훌륭함이다.

3) 혁명복

19세기의 여성복 경향은 두 개의 특징적인 점, 첫째로는 "옷을 입고서도 나체로 보이게 만든다"는 점과 둘째로는 그것과는 정반대인 크리놀린(crinoline) 모드로 절정을 이루었다는 점이다. 크리놀린이란 16-18세기의 라이프로크(속버팀을 하여 허

1814년경의 영국의 유행 모드(채색 동판화)

리는 가늘게 하고, 범종처럼 벌어지게 한 스커트/역주)의 시대처럼 여성의 하반신을 감추는 기이한 형태를 말한다. 그 형태나 그밖의 유사점을 보아도 크리놀린 모드는 절대주의적 과거에 대한 완전한 복고였다. 반면에 여성을 "옷을 입고서도 나체로 보이게 만든다"는 것은 부르주아 시대 특유의 새로운 업적이었다. 그리고 이러한 이유에서 후자는 부르주아 시대가 가장 교묘하게, 점점 새롭게 해결하려고 노력했던 중요한 경향이었다. 모드는 공적인 행위이다. 그것은 모두에게 보이기 위한 간판이다. 여자들은 그 간판에 의해서 자신이 공공도덕에 정식으로 따를 의사가 있음을 광고한다. 따라서 역사의 일반적인 경향은 언제나 모드 가운데서 가장 정밀한 공식을 찾아내야 한다.

"옷을 입고서도 나체로 보이게 만든다"는 것이 바로 이것에 해당했다. 왜냐하면 이것은 여성복의 유행이라는 문제를 위선에 적합하도록 해결한 것에 지나지 않기 때문이다. 그것은 머리에서부터 다리 끝까지 완전히 옷으로 감싸면서도 남자의 공상 속에서는 에로틱한 나체로 나타나게 했다. 그런데 이 문제의 최초의 해결, 즉 여성 육체의 에로틱한 나체를 실제로 극단으로 밀고 갔던 화제의 혁명복은 위선에 의해서가 아니라 전혀 정반대의 것에 의해서 만들어졌다. 왜냐하면 부르주아 시대의 지배적인 도덕으로서의 공적인 위선이란 그때로부터 대체로 30년 뒤에야 승리했고 지배적이 되었기 때문이다. 어디까지나 혁명복이었던 부르주아적 복장의 이 원형과 특히 현대는 물론이고 가장 가까운 과거를 포함한 그 후의 부르주아적인 모드와의 사이에 설사 여러 가지 관련이 있었다고 해도 혁명복은 근본적으로 달랐다. 따라서 혁명복은 따로 설명해야만 한다.……

육체의 새로운 아름다움에 대한 이상과 더불어 그 유명한 혁명복도 가장 깊은 뿌리는 영국에 두고 있다. 그러나 확실히 혁명복의 뿌리가 영국에 있고 로코코풍의 모드에 기본적으로 대립하는 최초의 곡선이 영국에서 그 고고지성(呱呱之聲)을 울렸다고 하더라도, 혁명복은 파리에서 프랑스 혁명 시대에 최초로 그 특징적인 형태를 발전시켰다. 그러나 파리에서도, 혁명복인 그리스식 복장은 유피테르의 머리에서 아테나가 태어났던 것처럼 이미 완성되어 나타났던 것이 아니라 혁명 훨씬 전부터, 곧 부르주아 사상이 사회의 전내용을 변혁하기 시작한 무렵부터 이미 그 싹이 보이고 있었다. 물론 그것은 일반적인 모드는 아니었지만 소수의 사람들에 의해서 확실하게 예상되었다. 프랑스 궁정의 티이 백작은 그의 회상록에서 1785년 무렵의 젊은 귀부인에 대해서 다음과 같이 보고하고 있다.

그 귀부인은 내게 유럽의 여성복(로코코풍의 복장)이란 자연을 배반한 것이며 우미함이나 쾌적함이 결여된 복장이며 그뿐만이 아니라 그것을 입을 경우에 건강조차 상하게 한다고 증명했던 최초의 여자였다. 그런데 이 귀부인은 지금까지의 모든 복장 대신에 앞 가슴을 장미색 장식으로 조인 길고 앞으로 늘어뜨려진 흰 튜닉(tunique : 고대 로마인이 입었던 소매가 짧고 무릎까지 내려오는 상의/역주)을 입고 있었다. 그녀의 머리 장식은 머리에 한송이 꽃을 단 것이었다. 나는 이다지도 아름다운 자태, 이다지도 기품 있게 묘사된 윤곽, 하나하나의 부분이 이토록 단아한 나체를 본 적이 없다. 그것을 보지 않은 사람은 그녀의 매력적이면서도 장식이 없는 화장을 이해할 수 없다. 그녀는 은총받은 여성으로 태어난 것처럼 보인다. 그녀는 친절하게도 나에게 선언문처럼 짧은 문장으로 자기 복장의 전체계를 요약해주었다. 나는 파리에 있는 여자친구 몇 명에게 짧은 글로 얘기했다. 그들은 그 당시 그리스식의 우미함과 합리성을 받아들일 용기가 결여되어 있었다. 그러나 우리들도 그런 복장을 받아들이기 위해서는 파리와는 다른 기후가 필요하다고 고백하지 않으면 안 된다. 만약 여자들이 파리의 거친 기후로부터 자신을 지켜줄 방어물을 가지지 않는다면 너무나 얇은 옷이 봄 동안에 많은 아름다움을, 일찍 핀 꽃처럼 말려 죽여버릴 것이다.

레카미에 부인(R. 콘웨이의 그림에 의한 영국의 채색 동판화)

새로운 부르주아적 복장을 실현하고 그것을 진전시킨 가장 큰 경향은 결국 인간해방이었다. 사람들은 방해받지 않고 자유롭게 행동하려고 했다. 그 때문에 그들은 몸에 착 달라붙는 절대주의 시대의 지나치게 엄격한 로코코풍의 복장을 점차 마지막 하나까지 벗어버렸다. 그것에 대신해서 느슨하고 행동하기 편한 형태의 옷을 입게 되었다. 더욱이 그들은 전세계에 선전포고를 했기 때문에 복장에서도, 자신에게는 그것에 필요한 근육과 탄탄한 장딴지와 굵은 허벅다리가 있으며, 자신은 건강해서 도제 인형이나 손발이 움직이는 인형 같이 연약한 사람이 아니라는 것을 나타내려고 했다. 이러한 경향이 남자로 하여금 가슴을 열어제친 쾌적한 연미복, 어깨에 느슨하게 걸친 숄, 몸에 꼭 끼는 바지, 부츠, 자신이 좋아하는 편한 형태로 만든 부드러운 펠트 모자를 쓰게 만들었다. 혁명 후기의 신식 신사, 결국 총재정부 시대의 앵크루아야블(incroyable : 멋쟁이/역주)은 이러한 모드의 마지막 모습을 보여준다. 여성의 복장에 대해서 말하면, 몸뚱이로써 세계를 굴복시킬 수 있음을 보여주는 경향이 조직적인 옷 벗기라는 방법에 의해서 저절로 달성되었다. 여자들은 종종 갑옷에 비교되곤 하던 코르셋, 페티코트, 라이프로크를 벗어버리고 바른 걸음걸이를 방해하는 기이한 하이 힐 대신에 샌들을 신게 되었다.

이상과 같은 부르주아적 복장에서의 큰 경향이 고전적인 테두리 내에서 실현되었던 것은 확실히 맥락이 통하는 것이다(제1장 제2절). 사람들은 나체에서 고대의 아름다움의 이상을 새롭게 발견했다. 그들은 자신들이 추구하고자 하는 영웅종족을 고대 로마에서 발견했기 때문에 나체의 아름다움을 실현하기 위해서 자신들의 옷을 한겹한겹 벗었던 것이다. 혁명복을 설명할 때 우리는 유명한 나체 모드를 생각하게 된다. 이 시대의 여성 모드는 마지막에 가서는 "그리스풍의 복장"이라고 불렸던 나체 모드로까지 발전했다. 오늘날과 마찬가지로 그 당시에도 신경이 날카롭거나 입이 험한 사람이 나체 모드에 퍼부었던 험담, 정확하게 말하면 저주는 그다지 뜻밖의 일은 아니었다. 왜냐하면 여성 혁명복에서는 곧 될 수 있는 한 얇게 입고서 모

나체 모드의 효과(뒤타이, 동판화)

든 사람 앞에 나서는 경향이 완벽하게 실현되었기 때문이다. 여자들은 옷을 입고서도 나체처럼 보이게 만들었을 뿐만 아니라 진짜로 나체를 보여주기도 했다. 덕분에 이 경우에는 부끄러움이나 소문도 잊어버리고 보란 듯이 나체를 내보였다. 여자들이 아름다운 육체를 조화와 운동의 미적 리듬 속에서 보여준다면 그러한 나체의 자태는 순수하고도 고귀하다고 할 수 있다. 게다가 그러한 나체의 자태는 어떤 경우에도 남녀에게 똑같이 적용되어야 할 것이다. 그런데 이 시대의 사람들은 전자는 추구하지 않았고 더욱이 후자는 생각할 수도 없었다. 남자는 끊임없이 옷을 입었고, 여자는 벗었다. 여자는 남자를 위해서 옷을 벗게 된 것이다. 여기에 문제가 있다. 혁명복을 입은 신식 여성은 단지 자신의 에로틱한 나체, 즉 유방, 무릎, 엉덩이의 아름다움과 허벅다리와 장딴지를 내보였다. 더욱이 이러한 여성은 이러한 아름다움에 남자의 시선을 끄는 방식으로 자신을 장식했고 또한 이런 모습으로 거리를 걸어다니거나 살롱에 나타나곤 했다. 덕분에 여름뿐만 아니라 겨울에도 이런 모습을 볼 수 있었다. 여기에서 한마디 설명해두어야 할 것은 남자는 옷을 입고 있었지만 그것은 어떤 의미에서는 역시 나체라는 사실이다. 이를테면 그 시대의 남자들은 피부처럼 몸에 착 달라붙는 홀태바지를 선호했다. 1795년 바이마르에서 발행되는 「사치와 모드의 잡지」에서는 그런 바지를 입은 신식 남성에 대해서 이렇게 설명하고 있다.

　　죽은 로마 교황이 자신이 사는 도시의 착실한 여자들의 분노를 막으려고 이런 홀태바지를 입는 것을 금지했을 때 그가 잘못했다고 할 수 있는가? ── 결코 잘못하지 않았다. 그런 바지를 입은 남자는 마치 나체처럼 보였기 때문이다.

　앞에서 설명했던 것처럼 여성 모드에 주어졌던 문제는 이 세상에서 가장 간단한 방법으로 해결되었다. 그것은 속내의까지 모든 것을 벗어버리고 속내의를 모슬린 망토의 형태로 대신하는 것이었다. 여자들은 처음에는 속내의 아래에 또 피부색 트리코(tricot : 편물로 만든 속내의/역주)를 입었기 때문에 육체의 굴곡을 훤히 드러내 보일 수 있었다. 풍기문란이 점점 모든 속박을 파괴함에 따라서 여자들은 대부분 트리코까지도 던져버렸고 마지막으로 남은 모슬린 속내의 안감은 될 수 있는 한 투명한 것을 사용했기 때문에 극비의 아름다움까지도 호기심 강한 남자들에게 보여주게 되었다. 한편 여자들은 자신의 나체를 장식했던 것과 똑같은 방법으로 이 극비의 아름다움의 에로틱한 작용을 한층 더 강화했다. 여자들은 금고리나 브로치로 팔이나 종아리, 허벅다리의 아름다움까지도 드러나게 만들었다. 게다가 남자들이 이러한 모든 아름다움을 더욱 확실하게 볼 수 있도록 여자들은 모슬린 망토의 좌우에 구멍을 뚫거나 망토의 일부를 걷어올리기도 했다. 그 때문에 적어도 금띠나 금고리를 두른 종아리는 언제나 모든 사람의 눈길을 멈추게 만들었다. 여자들은 발가락에도 금이나 보석을 박은 고리를 찼다.

그 시대의 여러 기사는 이러한 모드에 대해서 아주 자세하게 이야기하고 있다. 총재정부의 요직을 차지하고 있던 군인의 애인이자 남자 잘 호리기로 유명했던 미모의 탈리앵 부인이 가장 먼저 이런 모드를 입었다. 다음 기사는 이 부인이 그런 복장으로 처음 오페라 극장의 무도회에 나타났을 때의 광경을 묘사하고 있다.

탈리앵 부인의 그리스식 복장(1796)

　부인은 흰 공단으로 만든 그리스식 옷을 입고 그 위에다 로마식의 푸른 에이프런을 두르고 있었다. 거기에는 금실로 된 자수가 많이 박혀 있었고 뒤에는 금실로 된 꽃송이가 달려 있었다. 게다가 머리와 팔, 다리를 빼고는 온 몸에 금실로 된 자수가 가득한 붉은 띠를 두르고 있었다. 머리에는 흰 비단 카스케트(casquette : 차양이 없는 둥근 모자/역주)를 쓰고 있었는데 그것에는 온통 보석이 박혀 있었고 곳곳에 구멍이 뚫려 있어서 그 구멍으로부터 곱슬곱슬하고 아름다운 검은 머리칼이 보였다. 포동포동하고 아름다운 팔은 노출되어 있었고 손끝과 팔목 그리고 어깨와 팔꿈치의 중간에는 진주와 다이아몬드가 번쩍이고 있는 금팔찌를 세 개나 차고 있었다. 무릎은 견직으로 만든 살색 트리코로 감쌌고 발부터 종아리까지에는 십자무늬의 띠가 채워져 있었다. 발가락과 손가락에는 하나하나마다 값비싼 반지가 끼워져 있었다. 옷의 뒷자락은 무릎까지 좌우로 걷어올렸고 무릎 부근에서 다이아몬드가 박힌 핀으로 고정시켜놓았다. 그 때문에 아랫다리는 종아리까지 완전히 노출되었다. 귀걸이와 좌우 양어깨의 단추, 그밖의 모든 장식품에는 놀랄 만큼 값비싼 다이아몬드가 달려 있었다.

이런 복장은 대단히 사람들의 눈길을 끌었기 때문에 이런 복장을 한 탈리앵 부인의 동판화가 여러 개 만들어졌다. 그것의 가장 좋은 예를 그림으로 확인할 수 있다. 이런 모드는 총재정부 시대가 되자 드디어 전성기에 이르렀다. 이 시대에 관한 기사가 많이 있지만 그 가운데서도 작가 라쿠르는 다음과 같이 말하고 있다.

　코르셋도 벗어버렸다. 고래뼈도 빼버렸다. 속치마도 벗어버렸다. 뿐만 아니라 속내의도 벗어버렸다(그러나 속내의가 중요한 의류가 되지 않기까지에는 시간이 걸렸다). 이것에 대

저녁 산책(가바르니)

신해서 고대 로마의 옷을 모범으로 해서 만들어진 튜닉이나 더욱 좋은 경우에는 피부에 꼭 달라붙는 모슬린이나 린넬, 즉 얇은 긴 망토를 입었다 —— 그것이 전부였다. 게다가 목, 가슴, 머리카락, 팔에는 옥이나 무늬를 새긴 갖가지 보석을 온통 박아넣은 메달을 걸고 "발랑틴(ballantine : 흔들이)" 혹은 "리디퀼(ridicule : 손지갑)"이라고 불리던 작은 주머니를 손에 차거나 허리띠에 매곤 했다. 그 시대의 귀부인들은 사람들에게 자신이 밝은 희망에 차 있다는 믿음을 심어주는 것을 좋아했다.

앞에서 설명했던 것처럼 여자들은 이런 모습으로 외출하기도 했다. 여자들은 이런 옷을 입고 남자들의 눈이 즐겁도록 몇 시간씩 공원을 산책하곤 했다. 어떤 프랑크푸르트 사람은 파리에서 귀국하자 이렇게 썼다. "속내의도 입지 않은 미인이 이쪽으로 걸어오는 것을 보는 것은 참으로 유쾌했다. 우리들은 그런 아름다움을 마음껏 즐길 수 있다. 왜냐하면 미인들은 사방에서 자신에게 쏟아지는 추파에 의기양양해하기 때문이다. 미인들은 자신의 아름다움에 대한 남자들의 음란한 비평에도 즐거이 귀를 기울이고 있었다." 다른 기사에서도 "현대의 미인들은 대개 속옷 한 벌만 입고 다니기 때문에 조금만 바람이 불어도 진짜 아름다움이 길가는 남자들에게 온통 다 보이게 된다"라고 쓰고 있다. 이런 광경을 보는 것은 산보하는 남자들에게는 드문 일이 아니었다. 자기 미모에 어느 정도 자신이 있는 그 시대 여자들은 바람에 옷자락이 걷어올려져서 몸매가 중인환시리에 노출되더라도 그다지 부끄럽게 생각하지 않았다. 그런 광경은 되풀이해서 그림으로 묘사되었고 오랜 연대에 걸쳐서 그 시대의 삽화가나 만화가에게 가장 인기 있는 소재였다.

앞에서 설명했던 것처럼 총재정부 시대의 여성들은 신체의 어느 부위도 옭아매지 않았기 때문에 무도회에서는 나체 모드가 대단한 승리를 거두었다. 왜냐하면 댄스 홀은 몇천 개나 되는 초로 밝혀져 투명한 모슬린 망토는 종종 눈부실 정도로 빛나 보였기 때문이다.

저술가 쇼사르는 1798년에 발표한 「새로운 절름발이 악마」라는 책에서 자신이 참석했던 어떤 무도회에 대해서 이렇게 쓰고 있다.

환희(A. 아스터, 유화)   꽃(르친, 유화)

이 무도회에서는 청춘의 여신 헤베가 눈을 빛내며 달콤한 상념에 황홀하게 잠긴 채 이쪽으로 걸어오고 있었다. 나는 여신이 가까이 오자 그 모습에 황홀해지고 말았다. 비너스 앞에 무릎을 꿇고 우미(優美)의 세 여신에게 기도하며 유노를 찬미했고 플로라의 장미향기를 들이마셨다. 수정처럼 투명한 베일은 여신들의 멋진 자태 위에서 펄럭거리고 있었다. 나는 여성의 아름다움의 모든 종류, 모든 구석구석이 이 불멸의 무리에 의해서 대표되는 것을 알았다. 여기에는 백합처럼 흰 목이 있고 저기에는 디아나의 가슴이 있다. 여기에는 물거품에서 태어난 아프로디테의 다리가 있다. 저기에는……빛나는 아름다움, 청춘의 신선함, 우미함이 경쟁하고 있다!

여성의 혁명복의 이러한 최후의 결과 가운데 혁명에 의해서 파리에서 해방된 결실을 사람들이 보았을 때 그것들은 어느 것도 가짜는 아니었다. 이때 이러한 모드는 그 당시에는 한번도 국제적인 모드가 되지는 않았지만 그래도 대단한 범위에서 유행했다. 영국 여자들은 촌스러운 독일 여자들과 똑같이 감격하며 나체 모드를 즐기게 되었다. 뿐만 아니라 영국 여자들은 이른바 "나체 모드"의 발기인이기조차 했다. 이미 1794년에 런던에서 이러한 모드가 나타났는데 샤롯 캠벨 부인이 탈리앵 부인의 최초의 원형이었다. 1799년 런던의 신문기사에는 이렇게 쓰여 있다.

올 가을에 상류계급의 여성들 사이에서는 반나체로 자기 육체의 감추어진 아름다움을 노출하는 모드가 유행했다. 이 때문에 태어날 때부터 유방이 작은 여자들은 이 모드에 뒤떨어지지 않으려고 밀랍(密蠟)으로 만든 인조유방에 도움을 청했다.

이런 모드를 위해서 진짜 같은 인조유방은 여성들에게는 물론 없어서는 안 되는 도구였다. 이 때문에 인조유방은 이 시대에 발명되어 각국의 시장에서 팔렸다. 처음에는 밀랍으로 만들었지만 나중에는 살색과 비슷한 가죽으로 만들어서 그 표면에 혈관까지 그려놓고는 용수철 장치로 율동성 있게 출렁거리도록 만들었다. 진짜 유방과 비슷한 그런 걸작품은 가장 인기가 있었고 값도 비쌌다. 게다가 영국에서는 다른 나라에서 흉내낼 수 없을 정도로 아름다운 여성들이 나체 모드를 발표했을 뿐 아니라 나이 먹은 추한 할머니들까지도 멋을 부렸다. 1799년의 영국의 신문기사를 보자.

여자들은 모슬린으로 만든 투명한 옷을 입고 있었기 때문에 누구나 그 사지의 윤곽을 투시할 수 있었다. 고상한 취미를 가진 감상가라는 평판을 받는 바보들은 이러한 반나체의 아름다움을 보고는 기분이 좋아져서 나체의 우미함에 대해서 감탄의 소리를 지르고 광시곡적인 정열로 살이 통통하게 찐 둥근 어깨를 칭찬하며 부드럽게 솟아오른 유방의 미처 생각지도 못했던 아름다움이나 사지의 균형을 극구 칭찬했다. 미인이든 추녀든 간에 모두 우미하게 보여 남자들의 경탄의 눈길을 끌기 위해서 지금까지의 두꺼웠던 옷을 투명한 모슬린 옷으로 바꾸어야 한다고 믿는다. 그리고 며칠 동안 인기 있는 산책로인 뉴본드 스트리트, 팰 맬, 하이드 파크, 켄싱턴 가든은 반나체의 군중으로 꽉 차버린다. 살을 에는 듯한 북풍이 불어오면 그 차가운 바람에 실려 감기, 질병, 죽음이 얇은 옷 속으로 숨어든다. 그래도 이 모드는 조금도 쇠퇴하지 않는다. 덕분에 의사, 약제사, 장의사는 큰 돈을 번다.

독일에도 이와 같은 기사가 있다. 1795년의 「사치와 모드의 잡지」에는 유방 아래를 띠로 졸라매는 "긴 슈미즈"만의 복장에 대해서 이렇게 쓰여 있다. "우리들이 이 땅에서 볼 만한 것은 어머니들인가, 그렇지 않으면 유모들인가? 나는 답할 수 있다. 둘 다, 아니 젊은 처녀들은 그 이상으로 볼 만한 가치가 있다.……어떤 처녀라도 볼품없는 유방을 크게 부풀리는 기술을 알고 있다. 남자들은 감추어진 얼굴보다도 훨씬 먼저 유방을 보게 될 것이다." 이 나체 모드가 독일에 들어왔을 때 여자들은 베를린, 빈, 프랑크푸르트, 드레스덴, 한마디로 말하면 곳곳에서 그것을 따라했다. 이때도 여자들은 파리나 런던에서와 마찬가지로 극단을 달렸다. 1801년의 하노버의 모든 기사에는 "오늘 어떤 여자가 속내의와 브래지어만 걸친 채 지치지 않고 계속 산책하는 경기에 출전했다. 그녀는 일등상을 받았다"라고 쓰여 있다. 작센-마이닝겐의 게오르크 공작은 1810년 1월 3일의 일기에서 이렇게 쓰고 있다.

최근 교황 대리는 이탈리아의 온화한 하늘 아래서 로마 미인들에게 여성복의 윤리를 지키게 하기 위해서 그다지 도덕적인 것을 설교할 필요는 없다고 말했다. 로마의 자매들을 충실하게 따르려고 노력하는 이 땅의 젊은 여성들의 어떤 부류가 경험에 따라서(여성이 그러한 경험의 증인이다) 너무나 얇은 옷이 주는 육체적으로 유해한 결과가 건강을 망치는 영향을 아직 알지 못한다면 —— 결국 의사의 가르침이 없다면 —— 이러한 여성은 우리나라의 찬 공기 아래서는 일찍이 주의했다고 한들 아무 쓸모없게 될 것이다. 우리는 그것에 대해서 설교는 하지 않겠지만 여성에 대한 우정 때문에 또한 풍기에 대한 존중 때문에라도 나는 이러한 여성들이 차후로 너무 얇은 옷이나 개방적인 옷을 입고 나타나지 않도록, 만일 그런 여성이 궁정에 나타났을 때에는 나를 낭패시키지 않도록, 노이베 궁내부대신 부인에게 복장의 예의와 무례의 경계를 정하여 그러한 여성이 참석하는 것을 금지하도록 부탁해야겠다.……

이러한 복장이 국제적으로 유행했던 사실은 이러한 모드가 프랑스 혁명에 의해서 생겨난, 단순히 지나가는 것이 아니라 오히려 시대문화 전체에 뿌리를 둔 모드라는 것을 가장 확실하게 증명하고 있다. 따라서 그것에 대한 도덕적인 분개 따위는 아무런 소용도 없었지만 그렇다고 해서 그러한 분개가 없어도 좋은 것은 아니었다. 앙시앵 레짐의 숭배자나 부르주아 도덕군자들은 지당한 이유를 들어 여러 각도에서 이러한 모드를 비판했다.

도덕군자들은 남자들에게 자신을 그렇게 보이도록 하는 여자는 결국 자신을 판매하는 것이라고 말했다. 따라서 그러한 복장은 매춘부의 복장에 지나지 않는다는 것이다. 의사나 박애주의자는 이 모드는 사람을 죽이는 모드라고 하여 반대했다. 그들은 그러한 주장을 얇은 옷 때문에 발생한다고 추정되는 여러 급성병이나 사망 사례를 들어서 증명했다. 그러나 이미 설명했던 것처럼 도덕적인 분개나 이성도 나체 모드에 대한 여성들의 끝없는 열광을 막을 수는 없었다. 폴 라크루아는 총재정부에 대한 저술에서 이렇게 말하고 있다.

예의범절에 어긋나기는 하지만 몸에 꼭 맞고, 건강에 해롭기는 하지만 유혹적이어서 남자의 눈을 황홀하게 만드는 그리스-로마식의 멋부리기에 반대하는 여러 가지 논의가 있었고 글로 쓰여지기도 했지만 이 모든 반대도 그것을 바로잡을 수는 없다. 젊은 미인들이 이러한 복장에 승리를 안겨주어버렸기 때문이다.

그는 계속해서 말하고 있다.

　이러한 멋부리기가 이 세상의 모든 사람들의 수치심을 조소한 탓으로 우리들은 그 시대만큼 황홀한 미인은 없었다고 인정하지 않을 수 없다. 이러한 미인은 사람의 모습을 한 우미의 세 여신이었고 외관의 완성에서도 최고의 경지였다.

동시에 라크루아는 이러한 말로써 왜 여러 비판들이 표적을 벗어났던가에 대한 진정한 이유를 밝혔다. 혁명복이란 남자를 가장 유리하게 유혹하는 기회를 여자들에게 주는 복장 형태이다. 그것에 대해서는 실제로 두말할 여지가 없다. 다시 말하면, 이 시대는 의식적으로 앙시앵 레짐의 비자연으로부터 진정한 자연으로 돌아가려고 했던 것이다. 나체 모드는 어느 나라에서도 지배계급의 모드였다. 여성의 신분이 높아짐에 따라서 점점 그리스식으로 나체복을 입었다. 이것은 사실이다. 이를테면 소시민계급은 이러한 복장을 한번도 입지 않았고 그들의 가장 예의바른 형식만을 뒤쫓았다. 나체 모드에 대해서는 소시민계급으로부터도 참으로 맹렬하고도 실제적인 반대가 나타났다. 특히 "그리스식" 복장을 하고 외출한 여성은 희롱당하거나 바보로 취급받았다. 진짜 매춘부만이 상류계급의 여성들과 나체로 경쟁했다. 이름난 매춘부들도 유명한 모드의 여왕들의 뻔뻔스러움에는 도리어 무안할 지경이었다. 그 시대의 유산계급의 모드와는 전혀 달랐을 뿐만 아니라 혁명복의 본질이기조차 했던 모드에서의 해방의 경향은 유산계급에서는 부끄러움도 소문도 잊어버린 에로틱한 나체 모드로 바뀌어버렸다. 그러나 이 두 가지 사실은 지극히 합리적이다. 차이를 향해서 서로 밀치며 몰려드는 계급적 모드의 해결이란 언제나 그들의 특수한 관계 속에서 나타난다. 앞에서 설명했던 것처럼 새로운 시대의 최초의 착취자는 영국에서도 프랑스에서도 벼락부자였다. 이러한 벼락부자에게는 여성이란 오로지 향락의 대상일 뿐이었다. 왜냐하면 그들은 이미 정치적인 목적을 위한 투쟁에서 동지로서의 여성을 필요로 하지 않았고 뿐만 아니라 이미 그러한 정치적인 이상을 달성하고 있었기 때문이다. 게다가 처음에는 하층계급에게 자신들의 한층 높은 도덕성을 드러낼 이유도 아직 없었기 때문에 그들 모드의 일반적인 경향이 이전과 같이 육욕적 향락을 중심으로 하는 야비한 방향으로 발전하게 된 것은 당연했다. 한편 소시민계급은 이런 방향을 따라갈 수 없었고 또 따라가지도 않았다. 이것은 지극히 당연하다. 소시민계급에게는 생활조건도, 계급이익도 전혀 정반대였으며 무엇보다도 여성은 어머니이자 주부였고 또한 동료였기 때문이다.

나폴레옹의 제정시대가 되면 술 마시고 노래하며 방탕하게 떠들어대는 짓은 모든 방면에서, 따라서 모드의 방면에서도 점차 쇠퇴하게 되었지만 혁명복의 원칙만은 그대로 보존되었다. 그것은 당연했다. 왜냐하면 사회의 토대는 전혀 바뀌지 않았고 부르주아 계급은 지금까지와 마찬가지로 세계의 주인공이었으며 나폴레옹을 능가할 정도로 모든 나라에서 진짜 황제였기 때문이다. 게다가 그들은 자신의 의지를 관철시키기 위하여 힘과 근육을 필요로 했다. 따라서 그들은 이것을 모드를 통해서 상징해야 했다. 한편 나폴레옹은 새로운 시대의 우두머리였기 때문에 프랑스뿐만 아니라 전세계의 부르주아 계급도 프랑스에서 발흥한 모드의 위엄 있는 곡선을 즐겁게 받아들였다.

4) 크리놀린

부르주아적 복장의 최초의 중요한 목적의 하나는 앙시앵 레짐 시대의 여성 모드의 중요한 곡선을 만들고 있었던 육체의 세 단위 —— 유방, 무릎, 허리 —— 의 강조를 버리고 복장을 다시 조화 있는 통일을 향해서 변화시키는 것이었다. 이 목적은 이미 설명한 것처럼 혁명복에 의해서 달성되었다. 나폴레옹 제정시대의 모드의 종말에는 새로운 역전, 즉 이전 경향으로의 복고가 나타났다. 모드는 육체미의 이상이 반영한 이와 같은 사실, 곧 여성은 관념 속에서밖에 해방되지 않았다는 사실을 반영했다. 그러나 향락대상으로서 평가되는 특징에 의해서 본 여성은 어느 시대에나 유방, 무릎, 허리라는 세 단위에 지나지 않았다. 다시 말하면 시대는 또다시 이 공식으로 복귀했다. 왜냐하면 혁명복은 유방만 최대한 눈에 띄게 했고 게다가 그것을 극단적으로 추구했기 때문이다.

유방이 크게 솟아오르게 하기 위해서는 여자들은 몸통을 꽉 조이는 옷을 입는 것만으로도 충분했다. 혁명복에서는 유방 바로 아래만을 죄었지만 이제는 다시 점점

1808-13년의 여성복(므뉘, 석판화)

밑으로 내려가게 되었다. 이 목적은 1820년에 달성되었다. 여자들은 현대에야 비로소 전성시대를 구가한 코르셋에 의해서 갖가지 형태로 인조유방을 만들었을 뿐만 아니라 한술 더 떠서 엉덩이나 허리까지도 남자의 눈앞에 과시할 수 있었다. 여자들은 이러한 방법으로 또다시 몸을 상반신과 하반신으로 나누는, 이른바 꿀벌처럼 잘록한 몸매에 도달했다. 비더마이어 시대(독일 시인 아이히로트가 창조한 비더마이어라는 완고한 속물로서 대표되는 19세기 전반의 반동시대, 특히 1816-48년/역주)의 소극적인 호색은 비로소 고삐가 풀리게 되었다. 여자들은 코르셋 외에 스커트도 이용했다. 이 시대가 되면 엉덩이를 그로테스크할 정도로 크게 보이기 위해서 스커트를 몇 장씩이나 껴입기 시작했다. 그것에 의해서 여자들은 최대한 노골적으로 남자의 감각을 자극하려는, 점점 극단화되어가는 세속적 경향에 영합하고 있었다. 그 때문에 꿀벌처럼 잘록한 허리는 참으로 우미한 모양을 보여주었다. 그런데 그렇게 하는 가운데 여자들은 생각보다도 일찍 큰 벽에 부딪치지 않을 수 없었다. 왜냐하면 여자들은 스커트의 수를 자신이 좋아하는 만큼 늘릴 수 없었고 스커트의 수를 늘리면 옷의 무게가 너무나 무거워져 그들의 자태는 관능적이고 노골적으로 보이기보다는 오히려 어색하게 보였기 때문이다. 그래서 여자들은 다시 새로운 해결을 이전과 같은 라이프로크에서 구했다. 라이프로크는 1840년대에 스커트의 한 형태로서 다시 나타나 마침내 50년대에는 크리놀린이라는 이름으로 유명해졌다. 덕분에 엉덩이를 크게 하는 데에는 이미 거칠 것이 없어졌다. 그 때문에 크리놀린은 이미 설명했던 것처럼 프랑스 제2제정이나 황후 외제니의 발명품이 아니라 프랑스 혁명사상의 퇴조 이래 세력을 얻은 모드의 최고봉이었다. 크리놀린이 전세계로 퍼졌던 것은 이 이유에서였다. 19세기 모드 가운데서 크리놀린만큼 기이한 것은 없

1808-31년의 여성복(므뉘, 석판화)

었다 —— 그것은 오랫동안의 발전의 결과로서 참으로 유기적이고 또한 논리적이었다. 따라서 그것은 혁명복과 나란히 지금까지의 모드 가운데서 가장 큰 반향을 문학이나 회화에 남겼다. 각국의 많은 잡지가 그것에 관해서 썼을 뿐 아니라 크리놀린만을 소개한 단행본까지 수없이 출판되었다. 독일의 문헌으로는 미학자 프리드리히 피셔의 「비판적 산책」의 제3권에 실린 논문을 들 수 있다. 이러한 기사나 논문은 대개 크리놀린을 무취미의 절정, 평범, 유행의 착란 등으로 열심히 공격했다. 그것은 캐리커처의 작가에게는 "안성맞춤"의 소재였기 때문에 각국의 그들이 그것을 묘사했다. 파리의 캐리커처 잡지 「르 샤리바리」는 크리놀린의 캐리커처를 몇백 개나 실었다. 그중 가장 유명한 것은 도미에의 것이다. 크리놀린이 처음 나온 1856년에 「르 샤리바리」는 매주 두세 개씩 그 캐리커처를 실었다. 런던의 「펀치」도 이것을 열심히 묘사했다. 그 당시에 벽에 붙이는 장식으로 사용된 채색 석판화나 나중의 이른바 유화풍의 석판화에도 크리놀린의 기이한 형태나 그 영향이 수없이 묘사되었다. 필자는 그 실례로서 "1859년의 크리놀린"이나 "이동 무도회"를 들어둔다.

크리놀린이 어떻게 해서 이다지도 열광적으로 유행했으며 그 최후의 목적이 무엇인가에 대해서는 비평가가 그 누구이건 간에 한번씩은 언급했지만 그들 가운데서도 프리드리히 피셔가 크리놀린의 특징에 대해서 "과연" 하고 감탄할 만한 비평을 많이 내놓았다. 1848년에 남자를 여자처럼 연약하게 만든 정치적인 반동은 특수한 방법으로 크리놀린의 전제지배를 넓혔다고 말한 피셔의 지적은 참으로 정당하다. 그는 이것에 대해서 다음과 같이 설명하고 있다.

남자가 그처럼 연약하고 온순하게, 마치 죽처럼 부드러워졌기 때문에 여자들은 큰소리치고, 저주하고, 으름장을 놓을 수 있는 옷을 입게 되었다. 그 때문에 이들 남자들이 이런 저런 이유를 들어서 "큰소리치는" 옷을 입는 것에 대해서 말할 수 있는 권리조차 없게 된 것도 그다지 신기하지 않다. 한번 보기만 해도 그 옷은 짐승처럼 바보 같은 놈아, 또 한번 뻗어버려라, 나는 여기에 있다, 나에게는 두 놈, 네 놈, 여섯 놈 몫의 장소가 있다라고 외친다. 남자가 여자같이 되어버렸다면 여자도 남자처럼 경기병(輕騎兵), 용기병(龍騎兵), 중기병(重騎兵)이 된다고 해도 그다지 이상할 것이 없다. 지금 여자들이 터무니없이 큰 남자용 상의를 입고, 덕분에 단화나 장화에다 높은 굽을 달고서 마치 장난꾸러기 하인처럼 뽐내며 걸어도 별로 이상할 것도 없다. 여자들이 우리들의 실크 해트를 비웃기 때문에 흔들거리는 깃털이 달린 승마용 여자 모자를 귀 위에다 삐딱하게 써도 그다지 신기하지 않다. 당신들이 어떻게 그것을 비난할 수 있는가? 아버지나 남편이 그런 것을 허락하지 않았다면 여자들이 그렇게까지 정도에 벗어난 짓은 하지 않았을 것이다. 여자들이 도가 지나치다면 남자들은 애걸해야 할 것이다.

그는 계속해서 말한다.

1848년 이전의 분위기는 신선하고, 남성적이며, 진보적이고, 희망에 넘치고, 또한 환상에 차 있었다. 그것에 이어서 반동시대가 나타났다. 이 시대에 들어오면 사람들은 꿈과 희망, 남성적인 진보, 인류의 한층 더 높은 재산에 대한 신념, 모든 열정까지도 간단히 버려버렸다. 부르주아 계급은 공업과 돈벌이에 취했지만 귀족계급, 즉 상류계급은 다시 그 위에 정좌하고서 침체된 시대의 한가운데서 고상하게 즐기고, 권태의 빈정거림 속에서 가장 세련된 향락을 추구하기 위하여 자신의 동료들과 쾌락을 나누고 있다. 시비를 가리거나 제정신차리고 사는 것은 어리석은 짓이다. 그렇다면 복장은 어떻게 해서 무색으로, 칠칠하고 옹색하게 되지 않았던가? 그러나 그러한 시대, 즉 고귀하게 침체된 시대에는 또한 여성이 사교에서 상석을 차지하게 된다. 만일 여자들이 음탕한 지배와 함께 자신들에게 진정한 존경이 거의 주어지지 않는다는 것이 어떤 의미를 가지는가를 확실하게 알고 있었다면 상석에 앉는 것 따위는 그다지 즐겁지 않았을 것이다. 상석에 앉는 것이 라이프로크에 의해서 표현되는 것은 이번이 첫번째도 아니고 두번째도 아니고 세번째도 아니다.

카미유 펠탕도 제2제정에 관한 저술 「근대의 바빌론」에서 이것과 똑같은 생각을 설명하고 있다.

시대가 점점 정신생활을 잃어버림에 따라서 옷의 넓이가 점점 넓어지는 것은 부정할 수 없는 역사적 사실이다. 현대에는 옷의 넓이가 가능성의 한도를 뛰어넘었다. 여성이 이런

큰 옷의 한복판에서 몸의 중심을 가눌 수 있다면 그
것이야말로 곡예이다.

프리드리히 피셔가 크리놀린을 비난해서 그것
본래의 목적이라고 이름붙인 가장 신랄한 공격은
다음과 같은 말이다.

크리놀린(가바르니)

　　도대체 무엇이 우리들을 그런 방향으로 잡아끄는
것인가를 설명하고 그것과 동시에 생생한 가설도 설
명해준다.　의사들의 의견에 의하면 그렇게도 인기
있는 냉기(라이프로크를 의미함/역주)를 입음으로써
즉시 바람을 쐬게 되어 그 덕분에 유산이 되기 때문
에 임신을 감추는 것이 크리놀린 본래의 목적임을 알 수 있다.

　이것을 정확히 말하자면 크리놀린을 입으면 아랫배가 차가와져서 그 때문에 원치
않는 임신을 한 여자는 소망대로 유산하게 된다는 것이다.　그러나 이러한 효과는
특수한 경우에 한정되고 그것이 크리놀린 본래의 목적이 아니라는 것은 말할 것도
없다.　앞에서 설명했던 것처럼 복장의 경향은 이것과 전혀 다른 법칙에 따르고 있
다.　결국 모든 사람의 이익에 일치하는 것만이 언제나 유행하기 마련이다.　따라서
크리놀린이 이렇게 일찍 확산되어 그렇게 오래 계속되었다는 것은 그것이야말로 여
자의 교태에 필요하다는 멋진 이해관계에 의존하고 있었기 때문이라는 의견은 참으
로 타당하다.　왜냐하면 아주 예의바른 여성까지도 교태라는 문제 때문에 좋건 싫건
크리놀린을 입어야 했기 때문이다.　다시 말하면 이러한 넓은 라이프로크는 허리를
조일 때, 걸을 때, 입구를 통과할 때, 계단을 오를 때, 춤을 출 때에 반드시 걷어올
려졌다.　이런 때에는 그것은 언제나 짜부라지지 않으면 안 되었다.　그 때문에 여자
들은 언제나 라이프로크를 좌우 어느 편으론가 들어올렸다.　그때마다 가장 비밀스
러운 곳을 노출하게 되었다.　이러한 크리놀린의 "이익"은 당시의 풍자문학에서 분
명하게 설명되었다.　이를테면 저술가 프리드리히 빌헬름 겐테는 1858년에 출판한
「크리놀린의 변호와 공격」이라는 책에서 다음과 같이 설명하고 있다.

크리놀린(영국의 석판화)

그런데 크리놀린은 아름다울 뿐 아니라 예의바른 옷이다. 이런 이유에서 여성은 크리놀린을 입어야만 한다. 꽃을 보았을 때에 반드시 그 향기를 저장하고 그것을 저축하려는 사람이 있게 마련이다. 이에 대해서 가련한 꽃은 부분적으로만 후각이나 촉각에 수동적으로 저항한다. 허나 크리놀린은 왈츠나 그밖의 음란한 댄스에서도 예의바른 자세를 취하도록 요구함과 동시에 그것은 언제나 뻔뻔스러운 접근에 대해서 확실히 수동적으로 저항하게 한다. 크리놀린은 아름다운 육체를 볼 때 일어나는 육욕의 도발을 막아준다. 한편 추한 모습을 봄으로써 눈이 상하는 것을 막아주는 데에도 크리놀린의 예의바름이 있다. 그것은 그것을 입은 여성이나 그 여성을 바라보는 남자의 주의를 육체로부터 딴 데로 돌려서 스커트에만 집중시킨다. 그러나 사람들은 자신의 개성을 버리고 그것을 스커트 속에서 소멸시켜버리는 이와 같은 단념을 요구할 수 있을까? 크리놀린을 입은 여자들은 설 때, 허리를 조일 때, 걸어갈 때 한순간이라도 크리놀린을 입고 있다는 생각을 스스로 버릴 수 없다. 허리를 조일 때에는 세심한 주의를 기울여야 하고 걸을 때에는 때때로 뒤를 돌아보고 크리놀린의 테두리를 바른 위치에 유지해야 한다. 이 경우 이렇게 뒤돌아보는 것은 한편에서는 수놓은 양말을 보이게 만들기 때문에, 다른 한편에서는 여자다운 섬세함을 드러내는 세련된 증거가 되기 때문에 상냥한 교태를 노리고 있다고들 말하지만 필자는 이런 말

들을 중상모략이라고 단언한다. 나중의 여자다운 섬
세함에 대해서 말한다면 그것은 여자로서의 당연한
특성으로 전제하지 않으면 안 되기 때문이다. 크리
놀린은 가장 예의바른 복장이라고 말하는 것이 정당
하다.

크리놀린은 넓이가 가능한 한도에서는 가장 큰
것이기 때문에 그런 측면에서 말한다면 최후의 것
이었다. 따라서 크리놀린에 조종이 울렸을 때 사
람들은 이것과는 전혀 다른 목표로 방향을 전환해
야 했다. 이때 우리는 크리놀린이 처음으로 엉덩
이를 크게 보이는 문제를 해결했다는 것을 간과해

크리놀린을 입은 귀부인(펠리시앵 롭스, 석
판화)

서는 안 된다. 한편 허리를 효과적으로 눈에 띄게 만드는 기능은 크리놀린에 의해
서 방해받기 때문에 이전의 모드에 나타났던 것과 비교하면 버려진 것이나 마찬
가지였다. 수레바퀴형으로 된 스커트에서는 앞뒤의 구별이 가지 않았다. 그래도 여
자들은 역시 "뒤"는 확실하게 눈에 띈다고 생각했다. 뒤는 여자가 가장 뜨겁게 뜸
들인 아름다움이기 때문이다. 여자들은 이 부분을 확실하게 눈에 띄게 하려고 생각
했을 뿐 아니라 오히려 크리놀린에 의해서 감추어진 것을 모두 생생하게 만들기를
바랐다. 프리드리히 피셔는 여자의 교태가 가지는 이러한 미묘한 점을 크리놀린의
가장 큰 결점의 하나로 들고 그에 대해서 다음과 같이 설명하고 있다.

　나는 여기에서 어떤 사실을 설명하겠다. 그것은 미묘한 문제이고 말로 표현하기가 어렵
다. 여자들이 걸어가는 도중 갑자기 뒤돌아볼 때에는 확실히 교태가 있다. 그러나 여자가
이 무기를 가지고 남자의 심장을 충격적으로 정복하기 위해서는 오랫동안 교태를 부리지
않아도 좋다. 나는 도가 통한 사람에게, 여자란 스쳐서 두세 걸음만 걸어가면 앞으로부터
가 아니라 뒤로부터 자신을 보이게 만든다고 말할 필요가 없다. 스페인 사람들은 일부러
이것에다 대단한 가치를 부여하고는 이것을 독일어로는 표현할 수 없는 특수한 이름으로
부르며 그러한 운동으로 눈을 즐겁게 해준 데 대한 예의의 표시로서 지나가는 미인에게
경탄의 말을 속삭인다. 크리놀린으로 남자가 넋을 잃도록 뒤돌아보고 몸을 흔들며 비트는
것이 어떻게 가능하단 말인가, 두세 종류의 라이프로크만이 이러한 간헐적이고도 기하학
적인 회전을 허락할 것이다.

이상에서 설명한 것 외에도 점점 인위적으로 확산되는 부르주아적인 위선이 크리놀린과 같은 비교적 예의바른 복장을 추구하게 만들었다. 또한 그 효과라는 점에서 말한다면 이러한 예의바른 형태가 대단히 세련되어 있다는 것을 알면 알수록 한층 더 그것을 추구하지 않을 수 없었다. 따라서 이러한 원칙적인 역 코스는 어디까지나 그 맥락이 통하는 것이다. 그리고 방향을 바꾸기 위해서 지금까지와는 전혀 달라진 목표는 "옷을 입고서도 나체로 보이게 만든다"는 것이었다. 정치조직과 사회조직, 즉 크리놀린을 무로부터 창조한 것은 아니었으나 그것을 온존시키고 그것에 시대의 발자취를 남긴 프랑스 제2제정 시대가 흔들릴 때 이러한 역 코스는 시작되었다. 결국 공작이 몰락하면 공작이 입었던 외투도 언제나 함께 몰락하는 것이다.

5) 복장에 의한 나체

크리놀린의 쇠퇴는 결국 허리의 에로틱한 효과를 새롭게 하면서도 이전보다 더욱 노골적으로 눈에 띄게 하여 여자의 유혹술의 무기고 속에 추가하는 것으로부터 시작했다. 그 때문에 다음에 나타난 모드에서는 먼저 커다란 엉덩이의 아름다움을 기이하게 강조해야만 했다. 여자들은 가장 인기 있는 이러한 아름다움에 대해서 연구한 결과 엉덩이를 노출시킬 뿐만 아니라 그것을 모든 사람에게 광고하려고 했다. 여자들은 이 목적을 위해서 처음에는 리본, 여러 가지 색깔의 나비매듭, 장미꼴이나 그밖의 다른 장식을 발명해서 그것을 적당한 곳에다 붙였지만 그 후는 퀼 드 파리(Cul de Paris : 파리의 엉덩이/역주)나 이른바 투르뉘르(tournure : 여자의 엉덩이를 받쳐주는 바대/역주)를 발명했다. 그때 이후로 모든 여자들은 이러한 인공 혹으로 엉덩이를 장식했다. 여자들이 자랑하는 이 인공 혹은 시즌마다 커졌지만 그것은 확실히 아름답다고 할 수 없었다. 그것은 남들이 보기에는 크리놀린보다 더 노골적이었지만 그래도 여자들은 그것에 의해서 자신도 모르는 사이에 정확한 길을 통해서 목표에 도달했다. 그리고 이 숭고한 목표는, 말하자면 남자를 가장 매혹하는 방식은 곧 마치 옷을 벗은 것처럼 보이게 만드는 것이었다 —— 졸라가 지금까지 나나에 대해서 썼던 것처럼 "자연스럽게 옷 벗는 방식"은 1890년대 초에 드디어 여성의 모드가 되었다. 이 시대로부터 오늘날에 이르기까지 유행의 변화의 모든 경향은 여성의 육체의 이러한 나체 모드의 효과를 더욱 높여 그것을 점점 도발적으로 만드는 것으로 향했다. "자, 나의 모든 곳을 마음껏 확실하게 볼 수 있어요"라는 것이 이러한 모드를 열광적으로 선호했던 많은 여자들에게서 최고의 기쁨이었다. 예의바른 여성은 입으로는 조금이라도 예의를 손상시키는 말을 결코 하지 않았다. 그러한 여성에게는 길을 가다가 옷자락을 걷어올리는 것조차 죽고 싶을 정도로 부끄러운 일이라 진창에서도 스커트를 걷어올리지 않고 걸었다. 그런데 이런 여자들이 일류 재봉사에게는 태연하게 자신의 비밀스러운 부분을 빠짐없이 옷 위에 확실하게 자극적으로 모사하도록 당부하는 것이다.

먼저 유방과 허리의 노출이 문제였지만 마지막으로 아랫도리, 특히 허벅다리의 노출이 가장 큰 문제였다. 여자들은 교태롭게 보이기 위해서 위생학의 어떤 합리적인 학설에 의해서도 실행되지 않던 것을 실행했다. 예의바르게 감추어두면서도 솟아오른 유방의 비밀스럽고도 아름다운 도발성을 높이기 위해서 수많은 여성들이 스물 전후에 코르셋을 버리고 볼품없는 대용품으로 만족하려고 했다. 더욱이 유산계급의 여자들은 스포츠에 열광했다. 왜냐하면 요염한 운동복은 그것을 보는 남자들에게 "나는 이 아래에 아무것도 입지 않았다"는 것을 암시했기 때문이다. 교묘하게 만들어진 운동복은 유방의 형태뿐만 아니라 그 움직임도 확실하게 보여주었다. 인기 있는 휴양지에서는 둥근 유방을 가진 여자들은 모두 몸에 밀착하는 스웨터를 입었다. 스웨터는 말하자면 제2의 피부처럼 몸에 꼭 붙었기 때문에 그것에는 유방 사이의 움푹 패인 곳의 도발적인 아름다움을 눈에 띄게 만드는 장점이 있었다. 그리고 스웨터 덕분에 꽃봉오리 모양의 유두까지도 두 개의 화살촉처럼 도발적으로 선명하게 비치는 것은 참으로 충격이 아닐 수 없었다!

그런데 유감스럽게도 유방이란 여성의 아름다움 가운데서도 가장 일찍 시드는 것이었기 때문에 묘령의 처녀들만이 그러한 세련된 트릭을 과시할 수 있었다. 이 때문에 여자들은 유방과 달리 가장 오래 지속되고 그 멋이 중년이 되어도 퇴색하지 않는 아름다움을 될 수 있는 한 효과적으로 드러내는 것을 강조하게 되었다. 그것은 다름아닌 엉덩이가 큰 비너스의 아름다움이었다. 세속적인 도덕은 여성들에게 몇 개씩 스커트를 껴입을 것을 요구했기에 여성들은 자신의 육체를 흡사 몇 겹의 성채를 쌓은 요새처럼 감쌌다. 덕분에 여자들은 모든 공격으로부터 지켜지게 되어 아래쪽으로도 완전히 밀폐되었다. 이렇게 하면 돌풍이 불어도 껴입은 옷 때문에 육체의 벌거벗은 모습이 노출되지 않았다. 만일 여자들이 육체의 벌거벗은 모습의 일

영국의 선술집 주인(토머스 롤랜드슨, 1815)

부만이 아니라 그 전부를 보이려고 한다면 우선 몇 겹이나 되는 스커트를 벗어버려야 했다. 그래서 여자들은 모처럼의 효과를 방해하는 스커트의 악습을 버리게 되었고 마침내는 바지까지도 벗어버렸다. 이 방식은 말하자면 평상복에서 데콜테를 그만둔 것에 대한 보상이었다고 할 수 있다. 이에 대해서는 뒤에서 따로 설명하기로 한다. 이전에는 유방을 노출하는 방법으로 유방이 담당했던 역할을 이번에는 엉덩이가 하지 않으면 안 되었다. 그것은 위선이 만들어낸 도피처였다. 그리고 위선은 이러한 방법으로 앙시앵 레짐 시대나 르네상스 시대에 행동했던 것보다도 더욱 파렴치하게 행동했다. 왜냐하면 그 시대에는 유방의 아름다움을 변죽만 울리는 방식으로가 아니라 공공연히 과시했기 때문이다. 확실히 우리 육체에서 경멸해야 할 아름다움, 즉 그것 자체로서 음란하다고 할 수 있는 아름다움은 없다.

그리고 커다란 엉덩이의 아름다움을 지닌 여성은 그 멋을 부끄러워할 필요가 없다. 그러나 유방의 효과는 언제나 엉덩이의 그것보다도 더욱 순수하다는 의견에는 조금도 의문이 없다. 유방은 에로틱하게만 작용하는 것이 아니며 동시에 모성의 상징이다. 이에 반해서 허리의 아름다움은 이미 설명했던 것처럼 여성의 가장 도발적인 에로틱한 아름다움이다. 허리만큼 단도직입적으로 성교를 암시하는 것은 없다. 이제 모드는 바지나 그것에 관련된 몸에 꼭 붙는 스커트를 버림과 동시에 여자의 허리를 노출시키게 됨으로써 남자의 가장 직접적이고도 에로틱한 흥분만을 노골적인 방법으로 추구했다. 그러나 모드는 여자의 허리만을 노출시켰던 것은 아니다. 그것은 여성을 프리드리히 피셔가 그의 4행시에서 참으로 멋지게 노래했던 것과 똑같이 만들었다. 그 4행시는 "최근까지의 유행은/변함없이 지금까지 그대로이지만/이제 비로소/우리들은 전환기에 들어섰다네……"라고 읊고 있다. 이러한 비판에 올바른 순서를 매기기 위하여 우리들은 이러한 모드를 유행시킨 사실과 광신을 확실히 해야만 한다. 따라서 우리들은 이 아름다움뿐만이 아니라 무엇보다도 먼저 이 극비의 성적 특징을 현란하게 눈에 띄게 만들어서 남자의 시선을 억지로 그곳으로 끌리게 만들고 거기에다 옭아매는 모드가 수십 년에 걸쳐서 반복하고 또 반복해서 부활했다고 상상하지 않으면 안 된다. 몇십만이나 되는 남녀 재봉사는 점점 새로운 단순화, 지금까지 그 누구도 생각할 수 없었던 점점 새로운 효과를 만들기 위하여 이 문제에만 열중했다. 그들은 이 아름다움이 극비의 풍만함이나 곡선, 따라서 그 아름다움의 가장 에로틱한 특징이 옷 위에 될 수 있는 한 확실하게 나타날 수 있는 형태로 옷감을 재단했다. 그들은 스커트를 없애버렸을 뿐만 아니라 이것과 동시에 오버코트도 몸에 꼭 붙는 옷감을 택했다. 물론 이러한 모든 것은 그들이 의식적으로 추구한 경향이었다. 의상 예술가는 너무나 순수했고 일에만 몰두하여 이러한 것은 생각할 수 없었기 때문에 이것은 우연한 일치이며 편리한 해석일 따름이라는 가정은 어리석기 그지없는 것이다. 더욱이 여자들은 재봉사가 행하는 암살의 순진한 희생자일 뿐이며 그러한 복장 경향을 의상 예술가와 함께 추구하려고 하는 능글맞은 생각 따위는 조금도 가지지 않았다고 믿는 것도 역시 어리석기 그지없다. 여자

무도복(베르탈, 1874)

귀부인의 변신(베르탈, 1874)

들은 이 경우 무슨 일이 일어나는지를 참으로 잘 알고 있었다. 실상을 말한다면 여자들 쪽이 오히려 그 발기인이었다. 게다가 여자들은 걸을 때나 섰을 때, 반드시 그것에 적합한 동작을 취해서 이러한 목적을 참으로 교묘하게 실천에 옮겼다. 여자들은 옷자락을 걷어올리면 언제나 그것이 허리 주위에서 제2의 피부처럼 불룩해지는 것을 잘 알고 있었다. 여자들은 이런저런 방식으로 약동감 넘치도록 허리 주위를 불룩하게 만들어 남자의 눈을 그 불룩해진 곳에다 집중시키는 것도 잘 알고 있었다. 결국 말하자면 여자들은 이 엉덩이에다 자신의 표정을 살려주었던 것이다. 여자들은 재봉사의 기술로는 잘 살릴 수 없는 곳을 자신이 보충했다. 많은 여자들은 도시의 어디를 가나 이러한 엉덩이의 얼굴로 추파를 보냈다. 여자의 자세,

새우처럼 보이는 치마(토마시, 유화)

걸음걸이, 몸놀림 등은 남자 전체에 대한 호소였다. 이 아름다움을 인정해달라, 이 맛있는 요리를 당신의 공상 속에서 맛보아달라, 이 둥근 것을 보아달라, 이 고상함을 보아달라, 우리의 독특한 것을 보아달라고 호소하고 있다. 모든 여자는 동시에 모든 남자들에게 당신은 보아야 할 곳을 제대로 보고 있나요라고 묻고 있다.

옷을 입고도 나체로 보이게 만들기 위한 최후의 해결방법은, 아무리 대담해도 길거리에서는 하나의 시도에 지나지 않았지만 ―― 댄스 홀에서는 얼마든지 흉내낼 수 있는 시도였다 ―― 외관만은 혁명복으로 되돌아온 것이었다. 그 해결은 1908년에 모드 잡지의 주최하에 롱샹(Longchamp : 파리의 유명한 경마장/역주)에서 나타났다. 그 무렵 베를린의 일간신문의 소개자는 다음과 같이 보도하고 있다.

지나가버린 과거, 옛날 우리들에게 나타났던 모든 것은 다시 부활했다. 근대의 공상은 자기 창조적이라기보다도 오히려 장식적인 역할을 한다. 미녀들이 자신의 아름다움을 가장 많이 보일 수 있는 기회를 생각해냈던 것은 그다지 신기한 일이 아니다. 우리나라 기온은 그리스식 나체에는 적합하지 않기 때문에 여자들은 총재정부 시대의 줄무늬가 있는 옷으로 충분했다. 롱샹에서의 최초의 경마 때, 안장을 두는 곳에 젊은 여자 네 명이 나타났

다. 그것을 보았던 상원의원 베랑제는 무도병(舞蹈病)에 걸렸을 정도이다. 첫번째 여자는 흰 옷을 입었고, 두번째 여자는 푸른 옷을 입었고, 세번째 여자는 바나나 색 옷을 입었고, 네번째 여자는 —— 그런데 이 네번째 여자는 훌륭한 성공을 거두었기에 나중의 즐거움을 위해서 따로 취급하겠다.

그런데 앞에서 말한 세 미녀는 백, 청, 바나나 색의 옷을 입고 있었다. 결국 그들은 몸에 밀착한 트리코(그것은 어떤 여성이 필자에게 가져왔던 것처럼 무두질한 가죽 트리코였다) 위에다 더욱 몸에 밀착하는 로브(robe : 아래위가 내리닫이로 된 길고 푹신한 겉옷/역주)를 입었기 때문에 몸의 윤곽이 그대로 드러났다. 세 명의 미녀가 얼마간의 거리를 두고 몸을 흔들며 이쪽으로 가까이 왔을 때 그들은 흡사 백, 청, 바나나 색을 한 우미의 세 여신으로 보였다. 그런데 네번째 여자는 어떠했던가? 그녀는 탈리앵 부인과 꼭 닮았다. 이 미인은 찢어진 옷밖에 입고 있지 않았다. 그 옷은 엉덩이로부터 발 끝까지 열려져서 그 속의 연분홍색의 비단 트리코가 보였다. 기후는 비가 올 듯이 서늘했기 때문에 이런 옷을 입는 데에는 고대의 뻔뻔스러움뿐만이 아니라 그것 이상의 용기가 필요했다. 만약 이 미녀가 코감기라도 걸렸다면 세상 사람들은 이 미녀를 두고 어떻게 말할까?

이상의 것은 위선의 결과가 아니라 반대로 도덕 따위는 저주받아라라는, 다시 말하면 어떻게 해서든지 남자를 도발하려는 세련미의 승리였다. 그리고 그 후의 발전도 노골적으로 그러한 방향으로 나아갔다. 그러나 역사의 추세는 오늘날에도 변함없이 예의로서의 위선을 요구하고 있기 때문에 이러한 시도는 역시 당분간 시도 그 자체로서 머물러야만 할 것이다.

6) 데콜테와 블라우스

우리들은 이미 앞에서 데콜테는 부르주아 시대에 들어오면 일상생활에서 사라져버리고 댄스 홀에서만 한정되었다고 설명했다. 그러나 그것은 나폴레옹 제정 시대 이후에 다시 나타나게 되었다. 이에 반해서 혁명복이나 제정복은 일상의 사교복이나 외출복에서도 아주 극단적인 데콜테를 즐겼다. 젊고 아름다운 여자들은 대개 이러한 옷으로 가슴 전체를 상당 정도 드러낼 수 있었다. 만일 이 시대에 여자들 사이에서 되풀이해서 데콜테를 버리려는 경향이 나타났다면, 앞에서도 설명한 것처럼, 데콜테로는 특별히 가슴을 불룩하게 만들 수 없었기 때문일 것이다. 이러한 위조는 대부분의 여성이 데콜테를 버림으로써 즉시 가능했다.

댄스 홀에서의 데콜테의 정도는 천차만별이었다. 그 정도는 일반의 향락생활의 정도가 높아지면 언제나 커지기 때문에 1850년대에 비로소 충분하고 대담한 노출이 나타났다. 이 점에서는 어느 나라에서도 큰 차이가 없었다. 제2제정 시대의 파리 여자들이 가장 대담무쌍하게 가슴을 노출했다는 것은 모든 사람이 인정하고 있다. 그러나 새침한 앨비언(Albion : 영국의 옛 이름/역주)을 대표하는 이른바 가까이하기 어려운 여자들도 그 당시에 이 점에서는 솔직했다. 1855년의 영국의 모드 기사에서는 상류계급에서 찰스 2세 시대와 같이 "유방을 온통 드러내는" 복장이 다시 나타났다

영국의 매춘부(1796)

고 쓰고 있다. 이와 같은 현상은 독일에도 해당되었다. 프리드리히 피셔는 세상 사람들의 데콜테 열광에 반대해서 다음과 같이 말하고 있다.

당신들 —— 젊은 여자들 —— 은 마치 진열대 위의 빵처럼 유방을 값싸게 진열해서 당신들을 사랑하는 남자, 또는 당신들이 사랑하는 남자만을 기쁘게 해주려고 한다. 당신들은 참으로 철이 없기 때문에 당신들의 미래의 남편이 신혼 첫날밤, 점원들이나 상류의 슈벤크펠더(Schwenkfelder : 그리스도의 육체를 신성시한 독일의 이단파/역주) 교도가 이러한 멋진 부분을 보고 난 뒤 외딴 구역의 매춘부들이 사는 곳에서 그 유방에 대해서 이야기하고 농담을 지껄였을 것이 틀림없다고 생각하지 않을 수 없게 되어도, 당신들은 그러한 남편을 그다지 가엾게 생각하지는 않을 것이다.

이 시대의 회화는 앞에서 설명한 사실이 옳다는 것을 충분히 증명하고 있다. 오늘날의 사람들은 성서에 나오는 소돔이나 고모라의 풍속과 마찬가지로 제2제정 시대를 자신들의 모범으로 삼는다. 그러나 오늘날에는 그것이 전혀 다른 것으로 되어버렸다. 전혀 달라졌다는 것은 여자들이 옛날보다 더욱 조심해서 행동하는 것을 배웠다고 하는 의미에서만이다. 이전부터 유방의 여러 가지 형태, 체형, 연령에 대해서 가장 적합한 것을 고안하는 데콜테라는 과학이 있었다. 유방이 훌륭한 여성은 하트 형의 데콜테를 선택했다. 이 경우 코르사주(corsage : 여성복의 상체 부분/역

데콜테에 관한 연구(「라 비 파리지엔」에서)

주)는 손바닥 두 개의 폭 정도로 가슴을 덮고 그것을 어깨끈만으로 고정하지만 이 어깨끈은 몸을 움직일 때마다 두 어깨 위를 미끄러지곤 했다. 평평하게 내려온 어깨나 납작한 유방을 가진 여자들은 이른바 "둥근 데콜테"를 선택했다. 등이 아름다와서 그것을 눈에 띄게 하고 싶은 여자들은 앞과 뒤를 예리하게 자른 코르사주를 선택하게 되었다. 이러한 선택에 따라서 가슴둘레나 목둘레의 형태를 될 수 있는 한 이용하려는 기술이 발달했다. 모드나 그밖의 사정 때문에 아름다운 가슴에 대해서 자신이 이익이라고 생각하는 선보다도 코르사주를 더욱 높게 하는 것이 한순간 필요하게 되었다면, 또는 여자들이 적어도 자신의 파트너에게는 다른 남자보다도 더욱 많이 보여주려고 생각한다면, 여자들은 몸을 구부려서 코르사주를 될 수 있는 한 넓게 열리게 하여 아름다운 유방을 적어도 한순간만이라도 노출시키는 방법도 잘 알고 있었다. 마르셀 프레보는 그의 유명한 소설 「얼치기 순진이」 가운데서 무도회의 광경을 다음과 같이 묘사했다.

여자는 갑자기 마치 작은 산양처럼 가볍게 피아노 앞으로 달려갔다. 다음에 한쪽 발을 피아노 페달 위에 올려놓고 양손으로 피아노 키를 쓰다듬었다. 이때 여자가 아주 재빠르게 몸을 구부렸기 때문에 가슴이 아주 작았음에도 불구하고 앳된 유방이 환히 보이게 되었다.

어느 도시에서나 "남자의 굶주린 눈에 그런 선물"을 보여주는 무도회가 개최되었다. 한편 데콜테의 과학은 여자들 사이에서는 조용하게 지켜진 비밀로서 경험자로부터 미경험자에게 충분히 전수되었을 뿐만 아니라 오늘날 이른바 세계의 우아한 여러 잡지들도 그것에 대해서 자세하게 설명하고 또한 그것을 이런저런 삽화로써 묘사하고 있다.

유산계급은 언제나 데콜테의 무도복을 자신들의 특권으로 간주했다. 이 계급의 귀부인들은 하녀들이 데콜테의 모습으로 하사관의 무도회에 갈 때에는 도덕적으로 분개했으나 자기 계급의 딸들이 남자들의 호색에 속살을 노골적으로 내보이는 것은 당연시했다. 게오르크 히르트는 「예술에의 길」이라는 책에서 이 모순을 참으로 멋지게 설명하고 있다.

남자들은 특히 궁정이나 댄스 홀 등에서 아름다운 처녀나 부인을 자신의 머리 속에서 벌거벗겨 즐기는 기술을 배웠다. 댄스 홀에서의 여성 파트너는 상반신을 나체로 드러내는 것이 규칙이었다. 상류계급의 처녀들이 남자들에게 어떻게 그렇게 민첩하게, 또한 예외 없이 도발적인 노출에 익숙할 수 있는가는 놀랄 만한 일이다. 한편 만일 귀부인들이 하사관이나 하인의 무도회에서도 자신들의 가슴 깊숙한 곳까지 보이는 것을 허락했다면 상류계급 부인이나 딸들은 상을 찡그리고 경멸할 것이다. 이를테면 어느날 어머니가 무도회에 가는 자식들에게 자신들의 귀여운 자태를 보여주라고 말했을 때, 세 살 먹은 어린 딸이 그 어머니를 데콜테라고 부르는 것을 나는 들은 적이 있다. 한편 가난한 하녀가 자신의 가슴 깊숙한 곳을 아이들에게 보이게 했다면 마님은 그 하녀를 꾸짖을 것이다.

영국의 유행, 네글리제(뉴턴, 1796)

가난한 자들의 축제에서 진짜 데콜테를 만나는 일은 드물다. 이것은 물론 유산계급이 데콜테를 자신들에게만 허락된 특권이라고 생각하는 것과는 전혀 다른 원인 때문이다. 아름답지만 가난한 여자는 누구도 그러한 데콜테를 추구하지 않는다. 왜냐하면 부자가 아니면 그러한 데콜테를 할 수 없을 정도로 그러한 사치스러운 모드에는 아주 많은 돈이 들었기 때문이다. 한편 유산계급의 축제에서 데콜테의 선호가 점점 성행하는 것을 변호하기 위하여 오늘날도 잘 인용되는 말로 "아름다움에 대한 센스와 나체의 존경에 대한 센스가 점점 높아진" 증거라고 내세우는 것은 설사 온건하게 표현하더라도 납득할 수 없는 주장이다. 이러한 센스는 기껏해야 데콜테의 우아한 형태 가운데에서만 나타난다. 그러나 앞에서 든 인용문에서 히르트가 참으로 정확하게 암시했던 것처럼 데콜테는 오늘날에도 남자들을 유혹하여 그들의 파트너들을 머리 속에서 나체로 만들어 즐기기 위한 에로틱한 자극제로 이용되고 있다. 많은 여자들은 데콜테에 의해서 미의 제전을 축하하려는 것이 아니라 남자의 성욕을 가장 확실한 방법으로 도발하려고 생각했던 것이다. 이것은 첫째로 데콜테가 —— 아주 많은 남자들에 의해서, 동시에 아주 많은 여자들에 의해서 —— 소망되고 머리 속에서 즐겨진다는 것을 알고 있었고, 둘째로 이것은 그때그때 추구된 성공의 기회를 높였기 때문이다. 거기에 여자들이 데콜테로써 행할 수 있었던 순수한 아름다움의 "고상한 봉사"가 있었다. 결국 여자들은 이런 방법으로 모든 남자들에게 "우리들 몸의 멋진 것들을 더욱더 많이 맛보실 기회를 당신이 가지게 된다면 그

네글리제(클릭, 부식 동판화)

건 대단히 당신 마음에 드실 거예요"라고 말하고 있다. 우리들은 데콜테가 점차로 축제의 기회에 한정되어버린 범위 안에서만 데콜테에 대한 위선의 승리를 논할 수 있게 되었다. 1820년대까지는 아직도 때때로 외출복에 데콜테가 나타났다. 이 경우 데콜테는 적어도 공식적으로는 "이른바 에로틱한 것이 조금도 섞이지 않은 아름다움의 고귀한 봉사"로서 정의되었다.

위선은 여성의 최근의 업적인 블라우스에 의해서 점차 멋진 승리를 거두게 되었다. 블라우스는 몸 전체를 감추면서 반면에 될 수 있는 한 몸을 많이 드러내보였다. 일반적인 윗옷의 경우처럼 블라우스는 그 아래 감추어진 특별한 굴곡을 될 수 있는 한 확실하게 눈에 띄게 만드는 것뿐만 아니라 나아가 남자들이 보고 싶어 좀이 쑤시는 많은 비밀스러운 곳을 눈에 띄도록 만들어서 남자들의 성욕을 충분히 도발하는 것을 노리고 있었다. 그것을 위한 가장 좋은 방법이 자극적인 속옷이다. 여자들은 교묘하게 레이스로 테두리 장식을 한 쥐퐁(jupon)이나 때로는 양말의 레이스를 남자들의 근질근질한 눈에 노출시키는 것과 같이 블라우스를 통해서 자극적인 몸뚱이를 보여주었다. 더욱이 몸뚱이를 죄는 여러 가지 색깔로 만들어진 때로는 좁고 때로는 넓은 비단끈을 블라우스를 통해서 아른아른 보여주었다. 블라우스는 여자가 입고 있는 결이 고운 고급아마로 만든 속옷을 이미 눈에 띄는 요염한 레이스를 통해서 슬며시 보여주었다. 마지막으로 블라우스는 목덜미의 장밋빛 살결까지도 보여주었다. 이러한 모든 것, 나아가 그 이상의 것이 블라우스의 목적이었다. 그리고 이 문제는 10년 이상의 세월에 걸쳐서 추구되었고 마침내 여자들은 이른바 "창문이 달린 블라우스"에 의해서 이러한 고귀한 노력을 멋지게 해결했다. 그것은 주지하는 바와 같이 진짜 나체의 작용에 의해서 더욱 강렬한 반나체라는 작용의 비밀을 해결한 것이었다. 이 블라우스의 이상은 종종 투명한 블라우스의 윗부분을 깊이 파서 움푹 패인 곳에다 거친 망사로 된 가슴 장식을 붙이고 망사를 통해서 블라우스 속에 감추어져 있는 것을 모두 보게 만드는 것이다. 그 덕분에 추구되었던 것이 모두 실현되었다. 이제 남자들은 자신에게 그렇게도 흥미 있는, 또한 여자들은 남자를 그렇게도 기쁘게 만드는 것을 누구에게도 방해받지 않고 모두 찾아낼 수 있었다. 그리고 추구했던 목적이 어떻게 멋지게 달성되었는가는 민중이 블라우스의 이상에 붙여준 다른 이름, 곧 "엿보는 블라우스"가 가장 확실히 증명한다. 남자들은 그때 이후로 그곳을 엿보았을 뿐 아니라 먼저 그곳으로 호기심에 찬 눈을 돌렸다. 남자들은 자석에 끌린 것처럼 도발적으로 장식된 엿보는 창문에 빨려들었다. 왜냐하면 이 움푹 패인 곳은 그밖의 어떤 목적도 가지고 있지 않았기 때문이다. 교묘하게 만들어진 엿보는 창문은 여자가 고상한 속옷을 입고 있다는 것, 여자가 제공할 수 있는 것을 가지고 있다는 것, 여자가 자극에 대해서 예민한 센스를 가지고 있다는 것을 남자가 한점 의문도 남기지 않고 공부하게끔 만들었다. 여자가 될 수 있는 한 많이 보여주고 싶을 때에는 잡담 도중에 적당하게 앞으로 상반신을 구부리는 것만으로도 충분했다. 이때 여자에게 호감을 가진 상대 남자는 가장 깊숙한 곳까지 쉽게 보고서 자신이 흥미를 가지고 있는 것들을 확실하게 확인할 수 있었다. 여자들은 품위는 조금도 손상시키지 않고서도 이러한 도발적인 멋부리기를 여러 남자와 매일같이 즐길 수 있었다. 바꾸어 말하면 여자들은 전체 남자들에게는 전혀 육체를 노출시키지 않았으나 한사람 한사람의 남자에게는 육체를 전부 노출시킬 수 있었다. 그리고 여기에서 가장 중요한 것은 여자는 이때 품위를 손상당할지도 모를 위험은 전혀 범하지 않는다는 것이다. 남자들은 엿보는 것만으로 만족해야 한다. 엿보는 블라우스는 언제나 등덜미에서 잠그게끔 되어 있기 때문에 자신에게 호감을 가진 남자에게조차 가슴을 열어보일 수는 없었다. 그러나 그것이 엿보는 창문의 장점이었다. 남자들은 이러한 방법으로 멋진 것을 엿보았지만 그것은 남자에게 탐욕스럽고 게걸스러운 욕망만 자극했고 —— 따라서 마지막에 가서는 —— 구매욕만 돋우었을 뿐이었다. 다시 말하면 그것은 전체로서는 구매욕만을 노린 것이었다. 이것이야말로 위선의 가장 위대한 승리였다.

7) 여자의 속옷

우리들은 여자의 속옷(dessous)에서 과거와 현대의 관능생활의 큰 차이를 발견하게 된다. 과거는 현대와 비교해서 훨씬 소박했다. 현대는 과거와 비교해서 훨씬 발달되었다.

마담 사아레

일반적으로 말해서 겉옷의 목적은 언제나 모든 남자들에 대한 유혹이었지만 속옷의 목적은 특히 한사람 한사람의 남자에 대한 유혹으로서 바로 이 사람이라고 점찍은 상대 남자를 도발시키는 것이었다. 그 때문에 우리들이 여성의 옷을 그 깊은 곳으로 파고들어가면 들어갈수록 그것은 점점 복잡해지고 동시에 관능을 점점 어지럽게 만들어간다. 레이스, 자수, 허리띠, 나비매듭, 보드라운 고급 아마 옷감, 세련된 색채의 조화가 이것에 해당된다. 이러한 모든 것들은 참으로 감각을 가지고 있다. 왜냐하면 사교계 여성의 장롱과 코르셋 상점이나 여성 의상실의 진열대가 보여주고 있는 것처럼 공상에 호소하는 이러한 멋진 물건들은 결국에는 유희적인 변덕이나 아무래도 좋다는 경향만으로 만들어지는 것이 아니기 때문이다. 진실을 말하면 그것은 자연이 여성에게 준 임무, 즉 구애할 때 남자에게 어디까지나 수동적인 태도를 취하면서도 참으로 교묘하게 남자를 유혹하고, 특히 끊임없이 자신에게로 끌어들이는 임무의 가장 중요한 해결책의 하나였다.

총명한 오스카르 파니차가 얼마 전 「취리히 논쟁」이라는 책에서 이 문제를 자세하게 연구한 결과 여자의 속옷은 육체에 가까와질수록 점점 밝아지고 마지막에는 온통 흰색으로 된다는 사실로써, 여자들은 자신의 피부가 각별히 희다는 것을 남자의 검은 피부와 대비시킴으로써 눈에 띄게 만든다는 결론에 도달했다. 흰 것은 특히 남자의 성중추를 자극한다. 따라서 어떤 여자라도 이런저런 방법으로 "나의 흰 살결이여, 나의 흰 살결이여!"라고 외쳐 남자들을 불러들인다.

여자들에게 특히 속옷의 그러한 기능은 최후의 수단일 뿐이다. 이것은 우리들에게 과거에는 거의 상류계급에만 한정되어 있었던 속옷 산업의 생산품이 오늘날에는 어떤 의미에서 대중용이 된 이유를 확실하게 설명해준다. 그러나 "자기 내부에 어떤 것을 가지고 있는" 여자는 오늘날에는 위생이라는 목적을 위해서만 속옷을 입는 것이 아니라 적어도 에로틱한 도발용 —— 단지 이것만을 위해서는 아니지만 —— 으로 입는다. 그리고 오늘날의 우아한 여성은 건강을 상할 위험이 있는데도 겨울에 여름과 똑같이 종종 얇은 옷을 입는다. 이 두 가지 사실에는 역시 특별한 이유가 있다는 것은 말할 것도 없다. 그 가운데서도 가장 중요한 이유는 확실하게 남자를 손에 넣기 위한 영원한 경쟁이다. 여성이 오늘날에 한번 미끼에 걸린 남자를 놓치지 않으려면 옛날보다도 더욱 심하게 자신의 그물에 억지로 집어넣어야만 한다. 여성이 한번 손에 넣은 성공을 잃지 않으려면 이런 짓을 끊임없이 되풀이해야 한다. 나는 앞에서 여자들이 세련된 방법으로 겉옷에서도 이 목적을 추구했다는 것을 확실하게 설명했다. 그러나 여자들은 겉옷에서는 될 수 있는 한 언제나 고급품으로 자신의 목적을 살짝 드러낼 뿐이다. 그런데 속옷에서는 이것과는 달랐다. 이 경우 여자들은 누구에게도 방해받지 않고 참으로 제멋대로 유혹할 수 있었다. 왜냐하면 이러한 종류의 제멋대로의 유혹이란 공공도덕의 요소는 아니었기 때문이다. 그 때문에 여자들은 가능한 한 공상을 이용했다. 그리고 이밖에도 여자들은 공적인 처신에서 위선에 의해서 억압된 모든 것을 속옷으로 중화시킬 수 있었다. "슬기로운 여성"이 "나는 그런 위선적인 여자는 아니예요", 다시 말해서 자신의 본심이 결코 속물적이거나 내숭이 아니라는 것을 증명하기 위해서는 옷자락을 잠깐 걷어올리는 것만으로 충분했다. 대개의 여성이 옷 아래 감추어진 속옷이라는, 남자를 속이는 미관을 두고 우리들은 "언제나 격전에 대비해서 무장하고 있어요"라고 말한다면, 그것은 물론 위선의 논리적인 보충에 지나지 않는다.

여자들이 어떻게 해서 그렇게 사치스러운 속옷을 입게 되었는가 하는 두번째 중요 원인은 향락생활의 일반적 수준이 상승한 데에서 찾아야 한다. 남자들은 에로틱한 향락생활에서 최고의 것을 구했다. 따라서 여자들은 목 아래쪽과 복사뼈 위쪽에서 남자의 욕망에 대한 오직 하나의 승리의 길을 찾아야 했다. 대부분의 여자들이 이러한 욕망의 열광적인 집행자였다는 것은 여자들이 그렇게 함으로써 자신의 향락생활의 수준도 참으로 향상시켰다는 이유만으로도 알 수 있다.

마지막으로, 이 향기 높은 마술 가운데는 참으로 고상한 경향도 엿볼 수 있었다. 그것은 연애향락의 형식을 세련화하고 따라서 그것을 미학적으로 만들어냈다. 그것은 시골의 위선자나 점잖은 양반들을 당황하게 만들었을지도 모르지만 역시 즐거운 것이었다. 고상하고 순수한 연애는 색 바랜 양말, 어색한 플란넬 바지, 실용적인 보통 셔츠에서만이 아니라, 향기 좋은 고급아마 속옷, 자극적인 바지, 피부에 꼭 붙는 양말에서도 빛나는 것이다. 연애의 최고 목적은 수태이지만, 연애의 최저

신부의 속옷

실현은 자식을 만드는 행위 가운데서 단 하나의 목적을 구하는 것이다. 에로틱한 것은 언제나 자기 목적이다. 이 자기 목적 가운데서 남녀가 협력해서 고귀하고 영속적인 육체적 향락의 진정한 천국을 만드는 것은 사랑하는 남녀의 권리이다. 이 천국에 도달하기 위해서는 육체의 미학적인 복장은 어떤 경우에도 꼭 필요한 전제이다.

이 때문에 넓은 의미에서 여자의 속옷에 포함되는 모든 것 —— 스타킹, 스타킹 끈, 쥐퐁, 코르셋, 바지, 속내의 등은 육욕에 의해서만 만들어지고 영향을 받는다. 물론 여기에서는 그 형태나 색채의 도취를 자세하게 설명할 수는 없기 때문에 일반적인 것과 특히 눈에 띄는 증거만을 설명하는 것으로 만족해야 한다.

일반적으로 신발이 여자의 속옷에 포함되지 않는다는 것은 당연하다. 그러나 여자의 장화가 에로틱한 공상 속에서 어떻게 고급스럽게 작용하는가는 다음의 짧은 기사가 증명하고 있다. 이것은 수년 전에 여성들 사이에서 장화가 잠깐 유행했던 것에 대해서 설명한 것이다.

비오는 날에 새로운 유행의 첨단을 달리는 여자들이 무릎까지 올라오는 장화를 신고 길거리 여기저기에 나타난다. 여자들은 새로운 장화 덕분에 수치심을 느끼지 않고 스커트를 무릎까지 올릴 수 있었다. 그 때문에 남자들의 눈에 띄는 것은 예의바른 장화, 물론 독특한 모양을 한 장화뿐이다. 이것은 얇고 윤택 있는 가죽으로 만든 우아한 구두로서 가죽이 다리에 꼭 붙기 때문에 다리의 곡선이 그대로 드러나게 된다. 무릎에 해당하는 장화의 윗부분에는 검은색과 황금색의 비단으로 만든 매듭 리본이 달려 있다.

여자의 속옷 중 직접적 요소는 물론 스타킹이다. 스타킹은 어느 시대에도 여자의 모드에서 남자를 유혹하는 수단 가운데 참으로 큰 역할을 했다. 19세기에 가장 오랫동안 유행한 색은 흰색이었다. 1820년에 출판된 성 생리학 사전 「에로스」에서는 흰 스타킹의 효과에 대해서 다음과 같이 말하고 있다.

어부의 아내(B. 그리브, 채색 석판화, 1882)

결이 고운 흰 스타킹은 탄력성이 있어서 장딴지나 발에 꼭 붙기 때문에 이 부분은 아름답게 부풀어오른 부드러운 곡선으로 뚜렷하게 떠오른다. 그 때문에 이런 스타킹은 눈이나 그밖의 곳을 참으로 즐겁게 만든다. 그뿐만 아니라 때로는 황홀한 인상을 주기까지 한다. 검고 헐렁헐렁한 스타킹은 그 반대의 인상을 준다.

오늘날에는 적어도 검은 스타킹의 작용에 대한 의견은 이것과 전혀 다르다. 여자들은 대비작용에 대해서 큰 의의를 인정했을 뿐만 아니라 여러 가지 색깔, 이를테면 푸른색, 장미색, 붉은색, 갈색 등이 여러 곡선을 강하게 하기도 하고 지우기도 하는 데에 이런저런 영향을 미치는 것을 일찍부터 알고는 그 효과를 최대한 효과적으로 매일같이 이용했다. 경험이 풍부한 여성은 스타킹으로 하체 모양을 다채롭게 만드는 법을 알고 있다. 스타킹은 혁명복에서도 큰 역할을 했다. 곧 스타킹은 속옷 —— 속옷을 입은 경우에 한해서 —— 이 되었을 뿐만 아니라 게다가 무릎까지 보이게 한다. 그 시대에는 나체처럼 보이게 하기 위해서 살색 스타킹을 신었다.

남자를 도발하는 데에 가장 중요한 조건은 피부에 꼭 붙는 스타킹을 신는 것이었다. 이때 끈이 사용되었다. 따라서 우아한 스타킹 끈을 한순간 살짝 보이는 것은

스타킹에 관한 연구(「라 비 파리지엔」에서)

스타킹 끈

수십 년에 걸쳐서 교태의 으뜸가는 수단의 하나가 되었다. 여자들은 이런저런 기회에 스커트 자락을 교묘하게 걷어올려 그 끈을 얼핏 보이게 하는 법을 알았다. 스타킹을 피부에 꼭 붙게 하는 근대의 스타킹 끈은 무릎 아래 몇 개나 휘감는 이전 시대에 썼던 끈의 유혹하는 힘을 영구히 파괴해버렸다.

스타킹보다 더욱 큰 역할을 하는 것은 속치마, 더욱 우아한 이름으로 부르면 쥐퐁이다. 여성에게는 속치마란 유혹술의 으뜸패이다. 속치마의 훌륭한 색채의 조화는 흡사 불꽃처럼 남자의 감각을 자극한다. 자극적인 비단의 마찰음은 남자의 호기심을 불러일으킨다. 스타킹을 언뜻언뜻 보이게 만드는 레이스나 치마주름은 뭐라고 형언할 수 없는 예감에 불을 붙인다. 살짝 속치마를 걷어올리는 것은 희망을 불러일으킨다. 여자들은 쥐퐁의 매력에 의해서 참으로 대담하게 남자에게 아양을 떨 수도, 남자를 도발할 수도 있다. 그래서 오늘날 남녀교제에서 여자들은 끊임없이 속치마를 보여야 한다. 속치마는 말하자면 천국으로 가는 길의 최초의 정거장과 같은 것인데 이 정거장까지는 누구나 함께 가게 되어 있다. 쥐퐁은 어느 시대에나 여성 복장의 대표적인 형태에 따라서 속치마에 큰 역할을 했던 것은 말할 필요도 없다. 이 경우 쥐퐁을 버린 혁명복이나 제복복은 예외였지만 걷어올리기 작전, 즉 르트루세 열기가 높아짐에 따라 곧 부활해서 여자들의 쥐퐁의 작용을 점점 도발적으로 만들었다. 19세기 전반에 걸쳐서 속치마가 여성 복장에서 연출한 멋진 역할, 즉 오늘날에도 가장 검소한 여공들조차 아름다운 속치마에 열광하고 상류 여성들이 멋지고 호화로운 속치마를 입고 그것을 끊임없이 바꾸는 것은 속치마의 실용적인 목적이 그 에로틱한 도발작용에 의해서 완전히 파괴되어버렸다는 것을 확실하게 증명한다. 다시 말하면 그것은 르트루세에 얼마나 큰 의미를 주었으며 르트루세의 남자낚기 계산에서 참으로 중요한 수단 가운데 하나라는 것을 증명하고 있다.

이미 설명한 것처럼 구두, 스타킹, 쥐퐁은 여자들이 그 효과를 이용하고 동시에 세상 남자들을 홀리는 속옷의 일부분이다. 그외에 코르셋, 속바지, 속내의 등이 있

우아한 귀부인의 속옷

다. 이것들은 개인적인 구애나 유혹에서만 문제가 되는 말하자면 여자의 접근전이나 각개 전투에서의 여성의 무기이다. 이러한 모든 것은 우미의 세 여신에 대한 도취에까지 고양된 하나의 찬가이다. 모든 것은 향기 높은 매혹 가운데 감추어져 있다. 레이스의 진짜 기적으로부터는 유방과 무릎, 즉 레이스로 감추어진 여성 육체의 두 개의 극이 숨쉬고 있다. 투명한 아마 옷감 아래에서 장밋빛 살결이 어렴풋이 보이고 탄력성 있는 옷감의 안개 같은 부드러움은 유혹적으로 여체의 미묘한 곡선과 윤곽을 드러내고 있다. 그리고 이미 설명했던 것처럼 이러한 모든 것은 오직 하나의 색채적 조화로서의 흰색과 상호작용을 한다. 그러나 이 하나의 조화는 결코 단조롭지 않다. 그것은 무수하게 세련된 뉘앙스를 나타내고 있기 때문이다. 게다가 각 뉘앙스의 특수한 작용은 자극적인 다른 색깔의 띠에 의해서 가장 효과적이 될 것이다. 이러한 방법으로 모든 여성은 불꽃처럼 타오르는 훌륭한 관능의 시로 바뀐다. 이러한 시는 남자들에게 화려하게 또는 얌전하게, 기품 있게, 의식적으로 또는 있는 그대로 바쳐져도 그것은 언제나 하나의 것, 즉 이 흐름 속에 빠지는 것은 지상의 행복이 남자에게 바칠 수 있는 최고의 기쁨이라는 것을 알려준다.

이러한 향기 높은 기적에 대해서 이 복장의 실용적인 목적 따위를 생각하는 것은 우스운 일이다. 확실히 이 실용적인 목적은 코르셋에 있다. 만약 코르셋이 자신이 구하는 곡선을 훌륭하게 보여줄 수만 있다면 상류층 여성들은 기꺼이 그것에 얼마든지 돈을 지불할 것이다. 코르셋의 실용적인 목적은 중요하지만 그것은 코르셋의 유혹적인 모양에 의해서 감추어져 있을 뿐이다. 속내의나 속바지는 실용적인 것은

코르셋(N. 모랭, 석판화)

모두 버려지고 에로틱한 것이 나름의 세력을 차지하고 있다. 이 두 가지 의류는 결국에는 육체의 호색적인 장식에 지나지 않는다. 대부분의 여성의 속내의는 소매를 잘라버렸을 뿐만 아니라 사교복의 경우에는 유방의 융기를 해치지 않도록 속내의를 될 수 있는 한 깊게 내려가게 했다.

속바지도 마찬가지이다. 그것은 점점 짧아져 오늘날 우아한 여성은 그것을 무릎 근처에서 자른 뒤에 기껏해야 거기에다 레이스를 달고 있다. 그 때문에 이전에는 르트루세를 위해서 상당히 중요시되었던 속바지의 역할도 제거되어버렸다. 여성의 속바지는 일반적으로 크리놀린의 시대부터 비로소 대중화되었다. 당시는 어떤 여성도 자락이 넓은 속치마 때문에 어떻게든 속바지를 입어야 했다. 그래서 속바지는 종종 온통 들여다보였다. 확실히 여자들은 그 이전에도 속바지를 입었지만 그런 경우는 매우 드물었다. 우아한 여성이라도 대부분 속바지는 입지 않았다. 속바지는 종종 드러날 수밖에 없는 위선을 위해서도 이용되었고, 이 때문에 여자들은 발뒤꿈치까지 내려오는 긴 속바지를 입기도 했다. 여자 속내의의 본래의 보온 목적에 대해서는 별로 말할 것이 없다. 확실히 이것은 여자들이 그러한 목적을 주장하는 것을 방해하지는 않는다. 나이가 들어서 에로틱한 기쁨을 모두 잃었을 때, 비로소 여자들은 이성적이 되어서 속내의도 보온이라는 본래 목적을 찾게 되었다.

속옷은 겉옷처럼 그렇게 심하게 유행에 좌우되지는 않지만 그래도 다소간 그때그때의 유행의 영향을 받는다. 점점 극단적으로 되어가는, "옷을 입고서도 나체로 보이게 만든다"는 경향이나 풍만한 형태에 대한 퇴폐적 반발은 속내의에도 큰 영향을 주었다. 첫째로는 이미 설명했던 것처럼 여자들이 속치마를 전부 벗어버렸다는 점에 있었다. 한편 속내의나 속바지는 벗어버릴 수 없기 때문에 여자들은 될 수 있는 한 얇은 옷감이나 부피가 크지 않은 형태를 선택했다. 오늘날에는 취미가 고상한 여성은 언제나 소위 디렉투아르 쥐퐁(총재정부 시대의 쥐퐁)만을 입고 있다. 게다가 속내의의 여러 부분 대신 콤비네이션, 즉 셔츠 쥐퐁이나 속치마 쥐퐁 따위가 만들어졌다. 이러한 콤비네이션이 언제나 가장 비밀스럽고 에로틱한 자극의 법칙에 따라 이루어졌음은 말할 필요도 없다. 속치마를 입지 않는 것은 속치마의 매력을 전부 버린다는 의미가 아니라 그것을 쥐퐁으로 대신한다는 의미였다. 그리고 이것은 멋지게 성공했다. 그러한 쥐퐁은 북극의 발견보다도 더 중대한 것이었다.

신부의 속바지

그 때문에 수많은 전문가가 당장 이 숭고한 임무에 열중했다. 1906년의 파리의 모드 기사는 이 노력과 성공에 대해서 확실하게 설명하고 있다.

"멋부리는" 날은 오래 계속되지 않는다. 우아한 파리 여자들이 빼어난 솜씨로 끌어모은 의상 아래서 우미하고 사랑스럽게 돋보이던, 가장자리에 레이스가 달린 속치마에 대한 온화한 도취는 사라지기 시작했다. 크리놀린의 최후의 날부터 작은 변화를 주어 여성복을 몸 형태에 꼭 맞게 만드는 목적을 가진 모드의 발달사는 비단 속옷 앞에서는 정지하지 않았다. 파리에서는 혁명이 준비되고 있다. 속치마는 사라져버렸다. 수년 전부터 대사건의 조짐이 나타났다. 결국 속치마를 점점 짧게 하는 경향이 눈에 띄었다. 여성의 촌스러운 복장의 이상은 속치마를 대여섯 장씩 입는 것이었지만 오늘날에는 속치마를 몇 장씩이나 입는 것은 구식이고 시골뜨기 같은 취미가 되어버렸다. 우리들은 몸의 형태를 점점 화사해지도록 하는 모드도 이런 경우에는 정지하지 않을 것이라고 예상해도 좋았다. 지금 우아한 여성은 도발적인 속치마를 단연 그만두고 요염하게 장식한 퀼로트(culotte : 반바지/역주)를 입는다. 이것은 몸의 곡선에 꼭 맞는, 몸에 밀착하는 로브의 매력을 완전하게 하고 있었다. 파리의 아틀리에에서는 발명가나 수많은 숙련공들이 속치마에 비밀스러운 승리를 준 모든 우미한 장식을 반바지에 배합하기 위하여 열중했다. 값비싼 레이스가 반바지에 붙여지고 수백 프랑의 돈이 이미 새로운 속내의에 투자되고 있다.

그러나 이러한 최근의 발명은 저절로 다음의 발명을 준비하고, 다음의 발명은 최초의 발명을 발전시킴으로써 그것을 쓸모없게 만들어버린다. 결국 모드의 법칙이 그렇게 만드는 것이다.

여자의 속옷이 남자를 에로틱하게 유혹하는 목적을 가지고 있다는 의견은 제멋대로의 추론이 아니라 세상 사람들 모두 인정하는 것이다. 이에 대한 확실한 증명은 모드 기사나 고상한 세계로부터의 보고 이외에도 먼저 19세기의 100년 동안에 묘사된 회화가 가장 잘 보여준다.

남자의 눈앞에서 고급스러운 속옷을 노출하는 모습은 제1제정 시대의 고전적인
삽화 화가로부터 기욤에 이르기까지 모든 갈랑트리한 화가가 끊임없이 추구했던
주제였다. 그들은 그것을 즐겨 자극적인 장면의 여성 —— 속치마, 코르셋, 속바
지, 속내의를 입은 여성 —— 으로 표현했다. 그것은 끊임없이 발전하고 점점 세련
된 형태를 취했다. 동시에 우리들은 이러한 회화로부터 각 시대가 이러한 민네 봉
사에 대한 특수한 숭배에 얼마나 의기양양해했던가 알 수 있다. 내적으로는 호색적
인 구시대의 도덕도 스타킹이나 속치마 입은 여성의 도발성을 발견했다. 이 시대의
미녀가 우연하게 습격당했다면 그것은 언제나 속치마 차림을 하고 있을 때였다. 제
2제정 시대는 화려한 아름다움을 사랑했기 때문에 이 시대에는 그것과 나란히 코르
셋의 특별한 매력을 발견하고 그것에 심취했다. 19세기 말에는 마침내 속바지의 매
력을 발견하고 앞뒤 분별없이 그것을 찾았다. 그 시대의 회화를 보면 남자가 속바
지를 입은 미녀를 공상하는 것이 가장 도발적인 장면이었다. 갈랑트리한 화가가 길
거리를 오가는 여성을 묘사할 때에는 속옷이 노출되는 행복하고도 불행한 우연을
수없이 만들어내어 언제나 참으로 자극적으로 묘사하게 되었다. 그것은 옛날부터
의 변함없는 모티프였다. 이를테면 돌풍으로 윗옷이 위로 제쳐진다든가 귀부인이
위험한 장소를 걸어가야만 할 때 어쩔 수 없이 예의범절을 무시하고 치맛자락을
걷어올리는 장면을 묘사했다. 아름다운 여성이 말이나, 마차, 자전거를 타다가 떨
어졌다면 부근에 있던 사람은 도발적인 레이스나 색채의 기적을 누구의 눈치도 보
지 않고 마음껏 볼 수 있는 행운을 잡게 되는 것이다.……차례차례 살펴보아도 비

1898년의 모드(G. 라미, 동판화)

슷한 내용들이 반복되고 있다. 이 책에 소개한 많
은 회화는 이와 같은 세태를 확실하게 증명하고
있다.

모든 남자가 보고 싶어하는 아름다운 속옷에
대한 훌륭한 증명은 극장, 특히 30년 전부터 시작
되어 그때 이후로 여러 번 나타난, 무대의 옷 벗
는 장면이 제공하고 있다. 연극이나 레뷰는 우아
한 미녀가 침대에 들어가기 위해서 또는 요염한
자태로 몰래 화장하기 위하여 관객 앞에서 옷을
벗는 도발적인 장면을 보여주는 것 이외의 목적은

가지고 있지 않았다. 세상 사람들은 이런 방법으로 차례차례 여자의 속옷의 모든 비밀을 즐길 수 있었다. 그러던 끝에 최근에는 그러한 옷 벗는 장면에 대한 열광이 열병처럼 유행하여 특히 서커스나 버라이어티에서는 대담한 옷벗기도 행해졌다. 이를테면 경마장에서 안장이 없는 말을 탄 귀부인 역의 여배우가 달리는 말 위에서 한겹한겹 옷을 벗어나가다가 마지막에는 트리코 하나만 남는다. 그네타기나 줄타기 하는 여자 곡예사도 그것과 같은 트릭을 썼다. 관객들은 다년간에 걸쳐서 만원사례와 열광적인 박수갈채로써 그런 것이 자신들의 기호를 충족시키는 것을 증명했다.

8) 모드의 개량

어느 시대에나 유행복에 대해서는 이론적인 논쟁이 행해졌다. 이 논쟁은 19세기에 여성복에 대해서 가장 이론적으로 행해졌다. 19세기의 비판은 미의 법칙, 일반 여성복이 풍속을 문란하게 만드는 경향, 특히 대개의 유행복이 여성의 육체에 보건상 유해한 영향이 있다는 이유를 들었다. 이론적인 모드 비평가가 제기한 이유의 정당성을 검토하게 되면 어디까지나 그 이유의 대부분이 옳다는 것을 인정하지 않을 수 없다. 세상 사람들이 모든 유행복의 도덕적, 육체적, 미학적인 부자연스러움에 대해서 오늘날까지도 들고 있는 이유만큼 유력한 증거는 없다. 유행복에 대한 이러한 유죄판결은 각 시대의 가장 지당한 비판이었다. 그럼에도 불구하고 이러한 모든 이유는 여성이라는 대중에게는 전혀 효과가 없었다. 그 때문에 복장을 미학과 이성에 의해서만 개량하려던 모든 복장 개량가의 노력은 오늘날까지 모두 실패로 끝났다. 대부분의 복장 개량가는 이러한 당치도 않은 모순에 완전히 질려서, 이것은 이른바 선천적으로 타고났기 때문에 어쩔 도리가 없는 비이성적인 여성의 속성에 의해서만 설명할 수 있다고 했다.

그런데 비이성적인 것은 오히려 개량가들이었다. 그들은 확실히 사물의 한쪽은 보았지만 다른 한쪽에 이르는 길은 발견하지 못했다. 바꾸어 말

잘록한 허리의 유행(영국의 동판화, 1828)

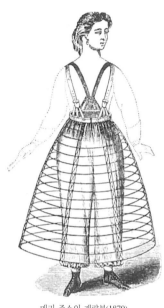
매리 존스의 개량복(1870)

하면 그들은 우연하게도 그 중심에 있는 것, 복장의 모든 부도덕, 모드의 모든 괴로움과 고민을 기꺼이 부담하게 만드는 것, 곧 이른바 여성의 영원한 비이성 가운데 감추어진 깊고 깊은 이성, 남자를 손에 넣기 위해서 이성적이지는 않지만 그래도 당장 어떻게 할 수 없는 경쟁의 논리를 간과하고 있다. 더욱이 그들은 모드의 문제는 앞에서 말한 것과 같은 이유 때문에 결코 큰 사회문제와 분리할 수 없는 요소라는 것, 따라서 원인이 남아 있는 한 결과는 철저하게 제거할 수 없다는 것을 간과하고 있다. 그런데 선의로 여자를 이성에 인도하려고 생각하는 이론적인 모드 비평가는 모든 것을 간과하고 있기 때문에 언제나 흡사 공상가처럼 행동하고 있다. 그들은 자신의 순진한 마음의 밑바닥으로부터 끊임없이 "될 수 있는 한 훌륭한 해결책"을 짜냈다.

여성복에 대한 가장 초기의 개량운동으로는 1860년대 뉴욕의 매리 존스 부인의 활동을 들 수 있다. 이 부인은 자신의 생각으로는 지극히 이성적이면서 동시에 모든 에로틱한 요소를 배제한 옷을 고안해서 그것을 직접 입어보았다. 우리들은 존스 부인이 자신의 목적 및 뉴욕에서 실패로 끝난 활동에 대해서 행한 강연으로부터 모드에서의 독특함과 동시에, 부인의 견해에 따르면, 더욱 이성적인 길을 걸으려고 하는 모든 여성이 그 시대에 어떻게 학대받았던가를 알게 된다. 부인은 다음과 같이 말하고 있다.

설사 여러분의 옷이 몸에 꼭 맞고 기분이 좋고 안목이 높아도, 또 여러분이 조용하고 남의 눈에 띄지 않도록 조심성 있게 자신의 일을 하려고 해도, 여러분은 여기저기 길모퉁이나 맥주 집 앞에 서 있는 비루한 사람들이 염치없이 빤히 쳐다보기 때문에 식은 땀을 흘리게 되고, 또한 종종 저속하게 흐르는 말을 듣게 되기 때문에 부끄러워서 구멍에라도 들어가고 싶은 기분이 된다. 타락한 여자들이 여러분 뒤에서 더러운 손가락으로 여러분을 가리키면서 줄줄 따라온다. 그런 여자들의 버릇없이 높은 웃음소리가 혼잡한 거리에 울려퍼지게 되면 길가던 사람들은 엉겁결에 뒤돌아보고 흡사 여러분들이 그런 여자들과도 다른 인종인 것처럼 빤히 쳐다본다. 여러분이 길을 걸어가면 모두가 이상한 눈으로 보고 어디를 가도 이상한 눈이 여러분을 뒤쫓는다. 사교계는 여러분을 차가운 눈으로 보고, 여러분이 오면 문까지 잠가버린다. 몹시 취한 남자들은 대낮에 여러분을 모욕하고, 고상하다고 생각하는 여성들은 여러분과 스쳐지나갈 때 마치 더러운 것에 부딪친 것처럼 여러분을 피한다. 경찰은 몇 발짝 뒤에서 여러분을 미행해서 산고양이 같은 눈으로 여러분을 감시하고 길모퉁이의 청년들은 —— 그런데 나는 그것을 표현할 말이 없다! 내가 뉴욕에서 개량복을 입기까지는 설마 이렇게 심한 타락이 있다고는

좋지 않은 날씨(채색 동판화, 1830)

믿지 않았다. 나는 어린이의 모습을 한, 그렇게도 타락한 작은 악마를 보고 결국 오늘에는 그 모든 것을 믿게 되었다고 고백하지 않을 수 없다. 여러분은 어느 길모퉁이에서도 그러한 악마와 만날 것이다. 악마는 여러분 뒤에서 무언가 외치고 환성을 지르고 소란을 피우면서 줄줄 따라와서 온갖 악담을 퍼붓고 온갖 희롱을 다 한다. 악마는 지옥에서의 소동처럼 대문이나 창문가에 서 있는 사람들에게 외친다. 악마는 오늘은 여러분에게 눈덩이를 던지고 내일은 사과 꼬투리를 던진다. 악마는 뒤에서 여러분의 옷을 잡아당기고 여러분이 꾸짖으려고 하면 이미 도망쳐서 자신의 분주하고 작은 두뇌로 발명한 모든 헛소문을 퍼뜨린다. 또 여러분이 정말 피곤해져 군중을 쫓아버리려는 희망으로 잠시 상점에 들어가 거기에서 꼼짝 않고 있으면 악마는 여러분이 나올 때까지 문을 열고 입구에 서서 기다리다가 다시 나오게 되면 또다시 조롱을 시작한다. 나는 작은 악마로부터 도망가려고 끊임없이 전세마차를 타야 했고 때로는 경찰에 보호를 요청하지 않으면 안 되었다.

오늘날에는 세상 사람들은 보다 관대해졌다. 그들은 모든 분야에서 개량적으로 되어버렸다. 최근 30년간에 걸쳐서 여성복의 이론적인 개량운동은 하루도 쉬지 않고 계속되어 최후로 1906년에 독일에서 개량복의 유명한 모드에서 실용적인 형태가 채용되고 나서부터는 모드 분야에서도 이러한 개량에 점차 친숙하게 되었다. 이 경우 "개량복 모드에서"라는 말에 주의해주기 바란다 —— 여성해방의 군복(軍服)은 개량복이었기 때문에 그것은 실제로는 모드에 지나지 않았다. 따라서 그것은 영속적인 승리는 아니었다. 왜냐하면 앞에서 설명한 이유 때문에 승리에 도달

나체문화 운동가가 스키로 여행을 떠나는 사진

할 수 없었기 때문이다. 분명히 이 모드의 곡선은 오늘날 흔적도 없이 사라진 것이 아니다. 이처럼 그것은 오늘날에도 아직 참으로 많이 남아 있지만 "영원"의 모드 경향에 충분히 적합하다는 방법적 차원에 의해서만 승인되었고 따라서 지배적이 되었다. 다시 말하면 개량복은 점차로 다른 모드와 마찬가지로 변함없이 "도발적으로" 만들어졌다. 이 때문에 개량복도 결국에는 개량가가 최초로 배척한 모드와 마찬가지로 비이성적이고 건강에 해로운 것으로 되었다. 이 이상으로 심한 개량사상의 패배는 찾아볼 수 없다. 오늘날도 어떤 해에는 꿀벌처럼 잘록한 몸통, 다음해에는 자연에 배반한 또다른 모드가 세계에서 제멋대로 유행하는 것을 제거할 수 있는 진지한 대중적인 저항은 보이지 않는다.

가장 근대적인 개량 경향으로서의 소위 나체문화 운동조차 이 운동의 찬성자의 숫자가 오늘날 표면상으로 제아무리 많아도 자연에 배반한 이런 모드를 제거하지 못할 것이다. 그들의 운동은 근대적인 개량사상의 가장 철저한 공식화이기 때문에 이러한 운동가는 결국에는 가장 비논리적이라고 말해도 좋다. 나체문화의 목적은 훌륭하고 그 비판에는 옳은 것도 많지만, 한마디로 말한다면 그것은 소박함으로 돌아가려는 혁명이다. 복잡한 복장은, 이를테면 자동차나 기차와 마찬가지로, 이제 와서는 폐기할 수 없는 문명의 산물이다. 다행하게도 인간은 이미 삼림에서 사는 동물이 아니다. 우리들 근대인은 완전히 벌거벗거나 허리에 풀잎을 두른 미개인처럼 그렇게 소박하지 않다. 우리들은 복장으로 에로틱한 공상을 불러일으킬 것을 바라고, 장식으로서의 또한 에로틱하게 자극하는 덮개로서의 복장도 좋아한다. 이것에 반해서 우리들이 바라지 않는 것은 이 모든 것을 저급한 상거래로 타락시키고 에로티시즘의 가장 고귀하고 신성한 경이를 매음굴의 농간처럼 이용하는 인류의 사회조직뿐이다. 사회적인 원인이란 조화되지 않는 것을 공연히 고상한 취미의 증거로까지 높이는 것, 거의 모든 모드를 건강에 해롭게 만드는 것뿐이다. 따라서 우리들은 이러한 것을 공격해야 한다. 그러나 이러한 공격이 성공하지 않는 동안은 유감스럽게도 이 방면에서의 어떠한 개량도 승리에 이를 수 없을 것이다.

3. 연애와 결혼

1) 계산결혼

나는 이미 제I권(제4장)에서 도덕적 재생의 조건과 형태를 자세하게 설명했다. 이 도덕적 재생은 부르주아지가 다른 모든 계급을 위하여 절대주의에 대해서 승리를 거두었음을 의미했고 그것은 참으로 숭고한 연애사상 속에서 확실하게 표현되었다. 그러나 곧바로 나는 이러한 숭고한 연애의 이상이 현실생활에서 어쩔 도리 없이 순식간에 완전히 대립물로 전화했음을 묘사해야만 했지만 그것에 대해서는 원칙적으로 큰 테두리밖에 설명할 수가 없었다. 그것의 자세한 내용, 즉 관념의 전화를 여러 방면에서 살펴보는 것이 이 장의 과제이다.

결혼의 의미를 새롭게 정립해서 성관계를 결혼생활 속에서만 합법적이고도 도덕적인 것으로 인정하는 것이 부르주아 시대의 최초의 요구였다. 그 때문에 부르주아 시대에는 결혼을 하면 결혼생활에 발이 묶이지만 연애가 꼭 결혼으로 이어지지 않아도 좋을 뿐만 아니라 오히려 연애는 깨어져야 당연하다고 가르쳤다. 그러므로 우리는 부르주아적 결혼의 비판으로부터 시작하지 않으면 안 된다.

부르주아 시대의 결혼은 엄밀한 의미에서 계산결혼이었다. 예외가 있었다면 그것은 노동자의 결혼뿐이었다. 그러나 일부 노동자의 결혼 역시 계산결혼일 뿐이었다. 대부분의 노동자는 독신생활보다 부부가 되어 가정을 가지는 편이 살아가기 편하다는 이유만으로 결혼한다. 그러나 우리들은 물론 이러한 것이 전형적인 일반 현상이었다고는 하더라도 진실한 연애결혼이 행해지고 있다는 것, 또한 인간이 지닌 천성

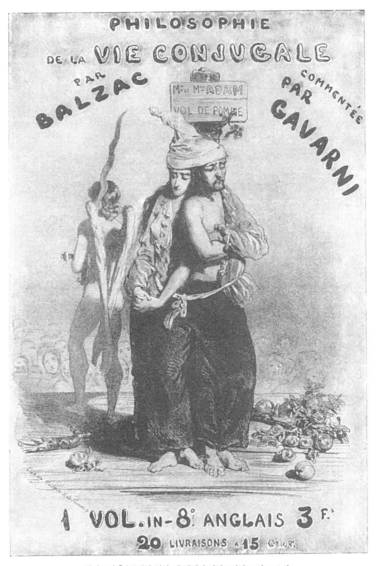

발자크의 「부부애의 철학」에 대해서 가바르니가 그린 포스터

은 끊임없이 가장 유혹적인 계산을 물리치고 있다는 것을 부정하는 것은 아니다. 그러나 여기서 중요한 것은 원칙과 경향, 큰 흐름이다. 그것은 바로 순전히 계산결혼을 의미하고 있다. 계산결혼은 부르주아 사상이 요구한 연애결혼 —— 마음의 밑바닥으로부터의 영혼의 공유를 위해서 물질적인 계산을 배척하는 —— 을 반대했고,

또한 한층 높은 의미에서의 인간적인 결합을 무시하고 간과해버렸다. 분명히 어느 시대에나 금전결혼은 있었다. 유산계급은 결혼할 때 항상 신분이라든가 연고를 가장 중요시했다. 그렇지만 연애를 상품화하는 현상이 근대 부르주아 사회만큼 거리낌 없이 나타난 적은 없었다. 따라서 연애의 상품성이 부르주아적인 결혼의 가장 두드러진 특징이었다. 이 사실에 반대하는 사람은 치렛말하기 좋아하는 사람뿐이다. 어떤 사람은 독립해서 사업을 해보고 싶어서, 또 어떤 사람은 자기 사업을 확장하고자 돈 많은 집안의 딸과 결혼한다. 아니면 빚이 많아 고통을 당하고 있는 남자라면 빚에서 벗어나는 유일한 길은 부잣집 딸과 결혼하는 길밖에 없다고 생각하기 일쑤이다. 남자는 일생을 살아가면서 머리 쓰는 일은 가능한 한 피하며 안전하게 살고 싶다는 생각으로 지위나 돈, 가능하다면 그 둘을 다 갖춘 여자와 결혼하고 싶어한다. 결국 여자는 돈이다. 이러한 계산적인 생각은 여자 쪽에서도 예외일 수 없다. 돈이 있는 여자는 자신의 미모를 상대의 지위와 맞바꾸기도 한다. 여자의 가문은 자신의 생활을 보증하는 자본이다. 계산이 맞아떨어지면 다른 모든 것도 맞아떨어진다. 이때에 대상이 되는 것은 미모라든가, 훌륭한 가문이라든가, 존경할 만한 여자 상속인인가 하는 조건 따위인데, 한마디로 그것이 바로 남자가 구하는 모든 것이다. 그 반면에 남자에게 요구되는 것은 건실한 성품, 훌륭한 사업능력, 늠름한 풍채 따위이다. 이렇게 해서 위선은 자신이 묘사한 환각에 의해서 자신을 구원한다. 이러한 현상은 앞에서도 말했지만 드문드문 나타나는 것이 아니라 전형적인 현상이다. 일반적으로 받아들여지는 도덕은 이러한 현상에 대해서 정당한 이유를 수없이 가지고 있다. 그러나 이때에 제시되는 이유란 어느 것도 언제나 똑같은 것이다. 결국 금전결혼의 증가는 사회가 자본화되는 과정에서 나타나는 필연적인 결과이다. 이 자본화의 과정은 이미 각각의 계급뿐만 아니라 점차로 모든 개인에게까지 스며들어 모두를 그 법칙의 노예로 만들어버렸다. 모든 사람에게 돈과 재산은 권력이나 영향력, 성공과 점점 같은 의미가 된다. 재산이 없다는 것은 곧 무자비하게도 권력, 영향력, 성공할 가능성이 없다는 것을 의미하게 되었다. 오늘날에는 유감스럽게도 개인적으로 제아무리 뛰어나도 돈이 없으면 성공할 가능성은 적어지고 그런 사람에게는 날마다 세상 모든 일이 점차 절망적이 된다. 반면에 아무리 머리가 나쁜 사람이라고 하더라도 돈만 있으면 성공이 저절로 굴러들어오므로 이런 사람에게는 하루하루가 근사하다. 재산이 있는 사람은 남을 지배할 수 있다. 그렇기 때문에 사람들이 재산

브르타뉴 지방의 연인(작자 미상. 석판화)

만 가지고 자신을 내세우는 것도 그다지 이상한 일이 아니다. 확실히 이것은 가장 저속한 진리이기는 하지만 유감스럽게도 그러한 저속함은 그 정당성이 줄어들지 않고 있다. 이런 상황 때문에 될 수 있는 한 손쉽게 돈을 벌려는 경향만이 인생을 지배했다. 그런데 오늘날의 세상에서는 돈과 돈의 동맹, 돈과 지위와의 동맹, 또는 돈과 돈을 만들어주는 연고와의 동맹이라는 형태로 결혼문제를 해결하는 것보다 더 손쉽게 재산을 만드는 방법은 발견되지 않는다. 금전결혼으로 나타나는 상거래의 경우 종종 당사자도 중요한 역할을 한다. 이것은 어떤 결혼에서나 마찬가지겠지만 금전결혼의 경우에는 어떻게 하면 많은 물질적 이익을 얻을 수 있는가 하는 입장에서만 거래가 이루어진다.

사물에 대한 이러한 입장은 피와 살로 이루어진 인간으로서의 개인을 점점 무시하게 되고, 그 결과 그러한 사고방식을 가장 자연적이고 도덕적이라고 생각하게 된다. 그 때문에 남자든 여자든 간에 자신들이나 부모가 하는 계산이 그때의 특수한 사정으로서, 유리하던 순간에 서로 존경하고 사랑하며 호감으로 맺어졌던 이전의 관계를 언제 그랬느냐는 듯이 파혼시키든가 아니면 한때의 젊은 기분으로 그랬노라고 자위하면서 해소시켜버린다. 남자의 계산이란, 가장 좋은 경우라도, 즉 그들이 "도덕적"이라고 느끼는 때에도, 결국 돈과의 "타협"이다.

2) 중매쟁이와 구혼광고

우리들은 상업적인 계산을 토대로 해서 청춘과 노년, 아름다움과 추함, 냉담과 정열을 무자비하게 서로 중개하는 순전한 계산결혼 및 금전결혼으로의 일반적인 발전을 자본주의 국가가 그러한 요구를 실현하기 위해서 설치한 여러 기관을 통해서 확인할 수 있을 것이다. 옛날에는 어디에나 있었던 무도회나 모임이 거의 유일한 공적인 중개시장이었지만 그것은 소경영의 형태였다. 확실히 "인육시장"이라고 매도되었던 이러한 공적, 사적인 무도회에서는 변함없이 많은 관계가 맺어졌다. 한편 직업적인 중매쟁이에 의한 소개도 점점 번성하게 되었다. 중매쟁이에게 사람들이 자신의 특별한 희망사항을 부탁하면 중매쟁이는 가장 중요하면서도 성가신 사전준비를 해준다. 그들은 이런저런 기회나 방법을 만들어주고 적당한 사람이나 한패를 가르쳐주고 상대의 가산, 가문, 성격, 육체상의 결점이나 장점에 대해서 신용할 수 있는 정보를 모아준다. 따라서 계산이란 처음부터 우연한 교제보다도 더욱 확실한 토대 위에 빈틈 없이 이루어지기 때문에 남녀 어느 편에도 기대에 어긋나는 일은 거의 일어나지 않는다. 반면에 우연한 교제는 언제나 종국에는 결함이 드러나고 모처럼 성사되었던 혼담이 종종 깨지기도 한다. 이러한 일은 어떤 경우에도 비참하다. 오늘날 각국의 직업적인 중매쟁이의 수는 참으로 많다. 옛날에는 중매쟁이들이 뒷구멍으로 거래를 했지만 오늘날에는 신문에다 자신의 거래를 당당하게 광고하고 있다. 그 가운데는 세계적인 연락망을 가진 회사도 있다. 소시민계급이 대부르주아 계급으로부터 분리되었을 때 이러한 회사가 각국에서 공공연하게 나타났다. 따라서 이러한 회사가 자신의 거래를 소개한 최초의 광고는 런던에서는 1840년대, 파리에서는 1860년대, 베를린에서는 1870–80년대에 나타났다. 일반적으로 세상 사람들은 이러한 회사의 활동이 얼마나 광범위하고 또 효과적인가, 또한 남녀 두 당사자가 무도회, 사교장, 휴양지, 테니스 코트 등에서 "우연한" 교제를 가지기 전에 이러한 회사가 대개의 경우에 얼마나 오래 사전준비를 하는가를 거의 모르고 있다.

그러나 일반인들이 모르는 것도 무리는 아니다. 그것은 성공을 위해서 사전준비를 최후의 순간까지 세상에 대해서 비밀에 부치기 때문이다. 직업적인 중매쟁이의 활동범위와 또한 그러한 중매쟁이가 알선하는 결혼에서 순전하게 물질적인 고려가 얼마만큼 많이 그들이 행하는 상담의 목적을 이루고 있는가도 비밀에 부쳐지고 있다. 한편 우리들은 근대의 구혼광고로부터 지금까지 설명한 모든 것에 대한 의문을 풀어줄 조직을 낱낱이 알게 된다. 그것은 비판정신을 가진 사람들에게 부르주아 시대의 결혼과 가족의 신성을 소름이 끼칠 정도로 노골적으로 설명해주고 있다.

제III권에서 이미 설명했던 것처럼 구혼광고는 18세기에 영국에서 처음으로 대거 나타났고 —— 최초의 구혼광고는 1695년에 있었다 —— 18세기 중엽부터 비교적 드물기는 했지만 각국에서도 나타나게 되었다. 그러나 오늘날에는 이 방면에서 조금이라도 다른 나라에 뒤떨어지는 나라를 찾기 어렵다. 신문을 한번만 훑어봐도 금

Setz Dich!

Habe den Kram wirklich satt, als da sind garniertes Filet und Fasan, und ewig dieselbe Sauce, dieselben Gebärden, dieselben Gespräche, dieselben Kochfrauen. Möchte derobhalben zwecks Ehe ein echtes wahres Weib kennen lernen, das aus der Alltäglichkeit herausragt, Grütze, Mutterwitz und Kindlichkeit besitzt und noch an Liebe glaubt. Ich verlange Antwort von allen, die dazu berufen sind in Europa, unter J. Z. an Hauptexpedition des Berliner Tageblatts. (Um Irrtümer zu vermeiden: Bin Protestant, akademisch gebildet, höherer Staats=knabe, recht groß und stattlich, was aber Neben=sache gegenüber meinen vorzüglichen inneren Werten.)

베를린의 구혼광고 전단

전결혼이 공적인 제도가 되어 있음을 우리들은 확인할 수 있다. 그러한 제도 밑에서 우리들이 때때로 보게 되는 관념적인 미화가 정신적인 장님들에게는 노골적인 상거래를 감추는 빈약한 장식보다도 더욱 크게 보이는 것이다.

근대의 구혼광고는 누구나 알고 있는 현상이므로 —— 베를린의 일간신문에는 매일 167개의 구혼광고가 실리고 있다 —— 이번에는 그러한 구혼광고의 특징적이고도 전형적인 실례를 두세 가지 들어보겠다. 나는 잡다한 여러 신문으로부터 그러한 구혼광고를 인용해보겠다. 상인이나 지주는 집을 가지고 있기 때문에 가장 유리한 "구혼"이 들어온다. 베를린의 일간신문에는 다른 구혼광고와 나란히 다음 세 개의 구혼광고가 실려 있다. 어떤 상인은 이렇게 광고하고 있다. "본인은 유대인 신사로 30세. 베를린의 블라우스 및 의류 전문의 대공장에 입사할 수 있는 처를 구함……연락 바람." 어떤 지주는 이렇게 광고하고 있다. "본인은 지주. 40세. 신교도. 재산이 있는 적당한 처녀와 교제를 원함. 결혼도 가함." 이것과 마찬가지로 더욱 욕심많은 지주는 다음과 같이 광고하고 있다. "본인은 좋은 가문의 출신으로 교육받은 관리인. 대토지를 관리한 적이 있음. 건강하고, 키가 크며 늘씬하고 체격은 훌륭. 38세. 그러나 재산은 조금밖에 없음. 결혼과 토지구입에 쓸 수 있는 재산이 많고 교육받은 처녀와 교제를 원함……로 연락 바람." 이미 설명했던 것처럼 사업을 확장하기 위한 자본은 결혼에 의해서 손에 넣는 것이 가장 유리하다. 그 때문에 상인이나 공장주는 다음과 같이 광고하고 있다. "본인은 공장주. 예비역 장교. 경우가바름. 31세. 성격은 성실, 풍채는 훌륭하고 사람들이 호감을 가짐. 적당한 기회가 없어 광고를 통해서 즉시 행복한 결혼을 하기 위하여 마음씨 고운 묘령의 처녀를 구함. 즉각 자유롭게 사용할 수 있는 재산 약 15만–20만 마르크를 원함. 본명으로 나이와 재산목록을 자세하게 적은 편지에다 가능하면 사진을 한 장 동봉해서 이 신문의 대리점으로 부쳐주기 바람. 사진은 곧 반송하겠음. 직업적인 중매쟁이는 사양하지만 친척의 중매는 환영. 상대방 비밀은 엄수할 것임을 약속함. 본인의 비밀도 엄수해주기 바람." 이렇게 행복한 "결혼"은 실제로 시세가 15만–20만 마르크이다. 오늘날의 대학교수는 처음부터 월급을 바라지 않는 편이 입신출세가 빠르다는 것을 알고 다음과 같이 광고를 한다. "구혼. 우아하고 부자이며 가정으로부터 독립한 상류계급 미망인과의 비밀교제를 원함. 본인은 대학교수임. 고독함. 성격은 쾌활, 풍채는 당당. 성실함. 중매쟁이는 일체 사양함……로 연락 바람." 물론 근대인들은 어떤 것에도 사로잡히지 않는다. 당장 가지고 싶은 돈이 눈앞에 있는 한에서는 ── 근대인들은 돈에만 사로잡힌다 ── 돈 이외의 모든 것, 곧 나이, 용모, 신앙 따위는 아무래도 좋다. 그들은 그밖의 모든 것, "옛사랑"의 결과까지 책임져야 하기 때문에 가볍게 보아서는 안 되는 "전력(前歷)", 한마디로 말하면, 전(前)근대인이라면 "결점"으로 생각하는 일까지도 확실히 알아보지도 않고 덤으로 받아들인다. 이러한 무리들은 이렇게 광고한다. "구혼. 졸업 예정인 법학도. 참으로 풍채 좋은 청년임. 예의바르고 성격도 친절한 노력파. 빚은 없음. 돈 많은 처를 원함. 본인은 용모, 나이, 신앙(기독교도나 유대인), 종종 결점으로 간주되는 다른 사정은 불문에 붙임. 미망인(자식이 있거나 없거나)이라도 상관없음." 오늘날에는 천재적인 예술가도 역시 같은 것을 생각하고 있다. 왜냐하면 돈은 천재성의 일부이기 때문이다. "본인은 천재적인 조각가. 35세. 결혼하기 위해서 미술에 취미 있는 여성과의 교제를 원함. 종교는 불문. 자식 있는 미망인이라도 상관없음. 진심으로 생각하고……로 연락 바람. 본명이라도 상관없음." 오늘날에는 목사도 이것과 똑같은 실용적인 감각을 가지고 있다. 신교의 목사는 이렇게 광고한다. "진심으로 생각하기 바람. 본인은 청년 목사. 튀링겐의 가장 훌륭한 자리에 봉직중. 적당한 여성을 알지 못하던 차에 급히 결혼하기 위해서 젊고, 교육받고, 미모에다 재산 있는 처녀와 교제하고 싶음. 만일 중매의 경우에는 친척을 통해서만 하고 싶음. 사진을 동봉해서 에어푸르트 중앙우체국 M. Z.로 보내주기 바람."

혼인 적령기에 이른 처녀의 경우 보통 아버지나 오빠 또는 친척이 대신 광고를

첫날밤을 보낸 후의 아침(N. 모랭, 석판화)

한다. 주의에 주의를 거듭하는 아버지가 광고하는 조건만큼 유혹적인 것은 없다. "구혼. 본인은 아버지로서 본인의 나이에 대해서는 모든 관계자에게 비밀로 해주기 바람. 본인의 딸은 신교도이고 나이는 25세. 용모는 예쁘고 체격은 훌륭함. 음악, 문예, 수예에도 뛰어남. 참으로 가정적이고 조용함. 마음씨와 성격은 만점, 배우자 감으로 풍채 좋고 체격이 건장하고 성격이 견실한 30대 초반의 대졸 청년을 구함. 이쪽이 희망하는 직업은 의사, 변호사, 고급관리, 교수, 약제사(재혼자는 사양함). 1년에 약 5,000마르크의 이자수입이 있는 은행예금을 지참금으로 붙이겠음. 쌍방

애정 깊은 부부(N. 모랭, 석판화)

의 비밀엄수……로 8일 내로 어디까지나 진실한, 가능하면 자세한 편지를 보내주기 바람. 처음에는 익명이라도 좋음. 만일 반송을 요구하면 대략 4일 내로 보내겠음."

이러한 계산결혼은 물론 애정결혼을 전제하지 않으면 안 된다. 결혼에 5만 마르크, 10만 마르크, 혹은 그 이상의 큰돈을 내놓을 때, 처녀가 어떻게 깊은 애정을 요구하지 않을 수 있겠는가? 그래서 잘 보살펴주는 친척이 이렇게 광고한다. "모든 것을 알림. 본인의 친척으로서 나이는 20세. 미모에다 블론드이고 총명함. 음악에 참으로 뛰어난 유대인 외동딸이 지참금 5만 마르크를 가지고 애정결혼을 바라고 있

운좋은 결혼(J. H. 람베르크, 동판화, 1802)

음. 훌륭한 마음씨와 명석한 두뇌에다 교양을 구비한 막대한 수입을 거두는 신사와의 교제만을 원함. 풍채 훌륭하고 가문이 좋고 대도시에 사는 사람이 좋음. 명예에 관한 사항은 비밀엄수. 사진을 동봉해서……로 보내주기 바람."

이미 초혼부터 사치스럽기 짝이 없는 생활을 보내고 그 후 이혼하게 된 우아한 미모의 여성이 장래에도 그러한 생활을 계속하고 싶은 것은 당연하다. 그래서 이러한 사치스러운 여성은 다음과 같은 광고를 낸다. "본인은 우아한 미모의 여성임. 용모와 자태 훌륭함. 나이는 한창 때이고 가문은 좋음. 전남편에게 공연한 트집을 잡혀 이혼당함. 우아한 토대에서 가정을 꾸리고자 희망하고 또 본인이 데리고 있는 자식들의 아버지가 되어도 좋다는 마음을 가진 돈 많은 신사와 재혼하기 원함. 사진과 이력서를 동봉한 결혼 신청서를……중앙우체국 '봄의 행복' 앞으로 보내주시기 바람." 여기에 한 가지 첨가되는 것은 자신에게는 사생아가 있다든가 돈 많은 친구들이 있고 결혼해도 이 친구들과 인연을 끊지 않을 것임을 알리기 위해서 여성들은 언제나 "선입견에 사로잡히지 않는 남자"나 "대범한 인생관을 가진 남자"를 원한다는 것이다.

지금까지 든 여러 종류의 광고는 참으로 흥미 있지만 장교의 구혼광고는 더욱 흥미 있고 또 문화사적으로도 가장 중요한 것을 보여주고 있다. 그러한 광고는 어쩌면 위계훈등(位階勳等)의 화폐성 및 상품성의 가장 특징적인 표현이다. 장교란 언제나 개인으로서의 자신에 대한 존경을 특히 과대하게 요구함으로써 국가와 사회에서 자신들의 특권을 쌓으려고 하는 계급을 대표하고 있기 때문이다. 그런데 아무리 작은 오점이라도 허락하지 않는 이 특수한 명예심도 장교들의 결혼이 이 세상에서 가장 야만적이고 노골적인 금전거래를 하고 있다는 사실을 부정하지 못한다. 왜냐하면 세상 사람들은 모두 입을 모아 군인들 세계에서의 결혼이란 거의 재산만을 토대로 해서 결정된다고 말하기 때문이다. 오늘날 거의 모든 장교들은 적어도 남편의 담보와 같은 존재이다. 독자는 그 증거로서 다음 광고를 읽어보기 바란다. "귀족출신의 장교. 30대 중반. 풍채 훌륭함. 결혼을 전제로 처녀와의 교제를 원함. 지참금은 적어도 30만 마르크 정도. 종교는 불문. 중매쟁이는 사양. 비밀은 엄수함. 본명으로 사진을 동봉해서 자세한 편지를……로 보내주기 바람. 사진은 받는 즉시 반송함." "기병장교. 크고 훌륭한 체격. 전통 있는 귀족출신. 27세. 금전결혼을 원함. 드레스덴 중앙우체국……로 연락하기 바람." 이 두 광고는 수일 동안의 신문에서 쉽게 모은 몇백 개나 되는 구혼광고의 견본이다. 어차피 다른 것들도 이것과 똑같기 때문에 이 두 개의 견본만으로도 충분하다. 따라서 계산적인 이 견본은 가끔 나타나는 현상이 아니라 전형적인 현상임을 보여주고 있다.

토머스 롤랜드슨의 풍자화

 장교들이 노골적으로 표시하는 물질적인 요구의 뻔뻔스러움은 상대를 저울질하는 접시에 자신의 이름이나 봉건적인 가문을 자꾸 던져넣음으로써 점점 심해지지만 이것은 상황이 이러할진대 당연한 것이다. 독자는 그와 같은 증거로서 빈의 「신자유신문」의 다음 광고를 읽어보기 바란다. "인습결혼. 외국인이며 대귀족(최고의 작위가 있음)으로 젊고 대단한 재산가이며, 사람들이 호감을 가지는 본인의 친구를 위해서 돈 많은 배우자를 찾고 있음(친구인 귀족은 그렇게 희망할 뿐이고 그다지 요구하지는 않음). 비밀엄수를 보증함. 빈 광고 대리점의 샤레크 씨……에게 연락 바람." 같은 신문에 이런 광고도 있다. "40대로서 영지(領地)를 상속하여 훌륭하게 관리하고 있는 독일 후작을 위해서 배우자(세례를 받은 유대인 처녀라도 상관없음)를 원함. 지참금은 적어도 200만 굴덴 정도 바람. 그 10분의 1은 남편의 독립을 보증하기 위해서이고 일부는 그의 이름으로 된 채무를 변제하기 위한 것임. 직접교섭으로 유리한 결혼을 서둘러서 확실하게 결정지을 사람은 본명으로 베를린의 광고 대리점……으로 연락 바람."

 또다른 예로는 페스터 로이드의 광고가 있다. "본인은 오스트리아의 후작. 40세. 오스트리아 황실 회계국의 관리. 참으로 성실하고 호감이 가는 인품이며 건강하고, 중키에다 보통 체격, 갈색 머리. 사람들이 좋아하고 인망(人望)이 있음. 결혼상대는 40세를 넘지 않은 호감이 가는 성격의 소유자로 오스트리아 화폐로 적어도 200

만 굴덴(혹은 400만–500만 프랑)의 지참금을 가진 여성을 구함. 종교와 신분은 불문. 본인에게 부채는 없지만 구혼자의 완전한 경제적 독립을 보증하기 위해서 결혼식 당일에 신부는 본인이 자유롭게 사용할 수 있는 재산으로서 오스트리아 화폐로 적어도 100만 굴덴의 동산(動産)을 양도해줄 것을 요구함." 이상의 세 개의 견본도 전형적인 실례에 지나지 않는다.

자본주의 시대에 들어와 부르주아 계급의 결혼이 노골적인 에누리 상거래로 발전함에 따라서 백작이라든가 후작이라는 작위도 종종 가장 많은 돈을 지불하는 구매자에게 판매하는 상품에 지나지 않게 되었다. 베를린의 일간신문에는 다음과 같은 두 개의 광고가 실려 있다. "모 백작이 돈 많은 사람을 양자로 들이기를 바라고 있음. 라이프치히가(街) 103번지의 본지 대리점……으로 연락 바람." "모 후작이 가명(家名)과 작위를 양도하기 위해서 양자를 맞아들이고 싶어함. 그렇게 하지 않으면 가문이 단절되기 때문임. 베를린 라이프치히가 103번지의 광고 대리점……으로 연락 바람."

이러한 상황의 당연한 결과로서 여성 당사자는 이러한 경우에 일반적으로 명의만 구하게 된다. 이러한 상거래를 호적 사무소에서는 듣기 좋게 "명의결혼"이라고 불렀다. 그러나 확실히 그것은 그다지 달갑지 않은, 옛날부터 행해져온 소위 "샨트데켈(Schanddeckel)"이라는 불쾌한 제도를 의미하고 있다. 결국 모 백작 혹은 모 후작이 어떤 돈 많은 처녀나 부잣집 영감에게 붙어사는 첩과 호적상으로만 결혼하는 방법으로 그 처녀나 첩으로부터 그것에 상당하는 보수를 받고 자신의 희귀한 가명(家名)을 교환해도 좋다고 서명하고 있는 것이 그 진상인 것이다. 이때 그 백작 혹은 후작은 돈 이외의 아무것도 요구하지 않기 때문에 결혼식 후에는 언제나 행방을 감추어버린다. 결국 그들은 상대 처녀와 터무니없이 이익이 많은 거래를 하기 위해서 자신의 가문을 이용한 것이다. 또한 마찬가지로 부잣집 영감은 자신의 첩을 모 백작 또는 모 후작의 부인으로서 최상류층의 사교계로 내보내 만천하에 알리기 위하여 돈을 쓴다. 그러한 첩이 에밀리 마이어라는 속된 이름보다도 메테르니히 후작 부인이라는 흔치 않은 이름으로 불리는 것은 영감에게나 첩에게도 기분좋은 일이다. 백작뿐만 아니라 후작까지도 사용하는 이러한 "샨트데켈"은 제Ⅲ권에서도 여러 가지 예를 들어 설명했던 것처럼 옛날부터 계속 행해지고 있는 제도이다. 그런데 이 제도는 옛날에는 오늘날처럼 성행하지 않았지만 오늘날에 와서는 사실 그것

금전결혼의 결과

은 누구나 알고 있는 관습이 되었다. 이 점에 관해서는 확실히 아무런 비난도 하지 않은 독일의 일간신문조차도 이것을 인정하지 않을 수 없었다. 이미 1906년에 봉건적인 신분의 이익을 대표하는 분노한 여성들이 부정할 수 없는 치명적인 사실에 대해서 점차 불안해진 끝에 "말(명의결혼) 뒤에 감추어져 있는 이름뿐인 거래에 대해서 법률적인 효과를 획득하기 위한 법적인 조치"를 진지하게 요구했다. 이러한 거래를 확실하게 보도하고 있는 신문기사는 다음과 같다.

20세기의 오늘날에도 변함없이 고상한 이름으로 불리고 있는 명의결혼이 도덕적인 독일에서도 성행하는 것은 확실히 독일의 건강한 발전의 증거라고는 할 수 없다. 본지는 여기에 최근에 일어난 두세 가지, 특히 심각한 사건을 소개한다. 작위를 가진 몰락귀족의 무리들이, 계속 돈을 대는 선심 좋은 남자친구들 덕분에 이러한 작은 멋부리기를 할 수 있는 신분의 여성들과 호적 사무소에서 명의결혼을 하기 위해서 비교적 적은 돈으로 자신의 이름을 빌려준다. 물론 명의상의 남편은 결혼식이 끝나면 신혼여행도 하지 않고 될 수 있는 한 일찍 그곳에서 자취를 감추어야 한다. 훗날 이혼을 하게 된다든가 또는 남편말고도 명의상의 부친을 요구하는 경우에는 서명을 하기 위해서 또 한번 호출되는 것은 실수이다. 이혼하게 되어도 명의상의 아내가 변함없이 자신의 가명과 작위를 사용할 때에는 명의상의 남편이 물론 그 책임을 져야 한다. N. G. C.에 따르면 베를린에는 이러한 명의결혼 상담실이 분명히 있는 모양이다. 그 비용은 겨우 2,000-3,000마르크의 지폐이다 — 그 덕분에 조금 전까지만 해도 합창단에서 노래를 부르고 춤추던 미체 슐체 양이나 삼류 사교계 여성인 그레테 뮐러 양이라도 갑자기 남작부인이나 후작부인이 된다.

미국의 백만장자의 외동딸과 유럽의 백작, 후작, 공작의 결혼은 항상 문제가 되지만 이것도 본질적으로는 마찬가지이다. 이러한 결혼은 최근 20년간 광범위하게 성행했기 때문에 미국에서도 자기 나라의 백만장자나 억만장자가 유럽 귀족의 침대로 옮겨가는 것을 어떻게 하면 효과적으로 저지할 수 있는가 하는 문제가 논의될 정도였다. 왜냐하면 이러한 백만장자나 억만장자의 결혼과 함께 거대한 재산이 유럽으로 이동해버리기 때문이다. 따라서 이러한 경우에 유럽 귀족의 역할은 본질적으로는 앞에서 설명한 "샹트데켈"과 마찬가지인 것이다. 왜냐하면 유럽의 귀족계급의 고귀한 대표자들은 예외 없이 돈으로 작위를 팔아 그 덕분에 귀족이라는 인물이 아니라 귀족이라는 가명, 곧 후작 혹은 공작이라는 상표가 돈으로 팔리기 때문이다. 한편 후작 혹은 공작이라는 인물은 참으로 귀찮게 느껴지는 곁다리이다. 독자는 덧붙여서 다음 두 개의 광고를 읽어보기 바란다 그것은 이 경우에도 전형적이다. "귀족계급에게 알림. 어떤 착실한 중개인이 며칠 뒤에 미국으로 여행함. 이 사람은 미국의 금융계와 깊은 관계를 맺고 있고 작위가 높은 소수의 귀족을 위해서 미국의 백만장자와의 결혼을 성사시키려고 계획하고 있음. 구혼자는 '달러 공주'에게 편지로 신청하기 바람." 이 광고는 빈의 「신자유신문」에 실린 것이지만 다음 광고문은 베를린의 주간지 「화보 스포츠」지에 실렸던 것이다. "한 미국 처녀가 급히 결혼하기 위해서 왕족 또는 참으로 전통 있는 귀족출신의 신사를 구하고 있음. 처녀는 20대 중반으로 고아이고 진짜 외톨이임. 연수입은 약 10만 마르크, 몸매가 좋고 용모는 아름다움. 취미는 스포츠와 음악……으로 연락 바람." 이 두번째 광고는 살펴보건대 암컷의 양마(良馬)를 위해서 족보를 가진 수컷의 종마(種馬)를 구하고 있는 듯싶다. 진짜 종마의 경우에는 족보 외에도 골격이 문제가 된다는 것만이 다르다. 한편 인간의 종마에게 문제가 되는 것은 이성적이고 따라서 정신적이다. 이처럼 미국의 달러와 유럽의 가문이 결합하는 현상은 미국의 여성이 종종, 달러를 손에 넣기 위한 야만적인 경쟁 가운데서 만들어진 문화보다는 더 수준 높고 조잡하지 않은 문화를 동경하는 데에서 유래하고 있다. 달러를 손에 넣기 위한 야만스러운 경쟁은 참으로 근엄한 사회형태에 의해서 간신히 숨겨지고 있을 뿐이다. 빈의 「신자유신문」은 이 현상을 논한 흥미 있는 사설에서 다음과 같이 말하고 있다.

미국의 백만장자나 억만장자의 딸들의 이러한 소망 —— 곱슬머리 위에다 큰 왕관이나 아니면 적어도 조그만 왕관이라도 써보고 싶다는 소망 —— 은 미국의 사회구조의 자연적인 산물이다. 프랑스 극작가들은 점잖은 부인들이 품성이나 재능, 그뿐 아니라 육체적인 매력에서도 남편보다도 훨씬 뒤떨어지는 애인에게 유혹당하는 것은 도대체 어떤 이유 때문인가 하는 의문을 제기한 적이 있다. 그런데 생활의 평범함이나 가정에서의 자질구레한 불쾌함, 집안일이나 걱정은 남편의 매력을 무디게 하지만 애인은 답답하기만 한 가정사로부터 해방되어 있어 늘 일요일 아침처럼 보이고 끊임없이 속삭이고 무엇인가 하려고 참으로 열심이다. 유럽의 귀족들이 억만장자의 딸이나 미망인에게 주는 영향력도 이것과 마찬가지일지 모른다. 이런 부류의 사람들의 손에는 힘든 노동으로 생기는 못 따위는 하나도 없다. 바로 이런 사람들이 하루하루 잔치 기분으로 생활하고 있고 대부분의 나라에서는 아직 큰 사회적 영향력을 가지고 있다. 그들에게는 자신이 땀흘려서 일한 달러의 땀냄새도 나지 않는다. 한편 그들은 젊은 여성에게 고풍의 저택이나 궁정의 훌륭함이라는 낭만주의적인 달콤한 엄숙함을 보여줄 수 있다. 확실히 그것은 귀족적인 경향이지만 이러한 경향은 강력한 상류계급이 경제적 지도력을 장악하고 있는 곳에서는 언제나 있었고 앞으로도 있을 것이다. 그때, 곧 그 아들들이 몇 세대 뒤에, 반더빌트 집안의 경우, 코모도어가 죽은 뒤에 일어났던 사태처럼 경제력에서 만족을 발견할 것이다(미국의 선박업자 코모도어 반더빌트와 철도왕이 된 그의 두 아들의 이야기/역주). 그런데 그 처녀들은 귀족의 세련된 생활양식을 원하고 있다. 이러한 귀족은 미국의 처녀들과 마찬가지로 고귀한 게으름뱅이로 교육받았고 사회적으로는 이러한 처녀들과 한통속이다. 부인들은 5번가의 저택 밖에서 트러스트(trust)의 먼지를 뒤집어쓰고 야만적인 금융전쟁에 의해서 조잡해진 남편으로부터 거의 본능적으로 떠나버린다. 이러한 부인들은 저녁 때에 남편과 얼굴을 대하기 전에는 무엇이 남편(언제나 명랑하게 요트장이나 오락장에 함께 가주는)의 마음을 무겁게 하고 고통스럽게 하는가를 결코 알 수 없기 때문에 자신도 모르게 그만 귀족계급 가운데서 민주공화국에서는 가질 수 없는 사회적 신분을 발견하게 된다.

매우 세련된 문화적 관습에 대한 동경은 확실히 사물의 일면이기는 하지만 결코 최후의 결정인자는 아니다. 그러나 미국의 백만장자 여성이 자신의 막대한 재산을 결혼반지를 중개로 해서 큰 왕관 혹은 작은 왕관으로 장식하려는 소망은 어디까지나 대자본주의의 부의 도덕의 야만적 본능의 표현이다. 여성들은 돈으로 모든 센세이션, 가장 고귀한 센세이션까지도 살 수 있고 따라서 또 가장 값비싼 센세이션인 왕관도 살 수 있다. 거기에는 두번째로 중요한 이유로서, 이러한 방법에 의해서 계급구별의 경향이 가장 잘 나타난다는 것이 또 하나 추가된다. 결국 여성들은 개인으로 최고이고 싶어하고 또 최고임을 사람들 눈에 띄게 하고 싶어한다. 그런데 후자는 절대군주제의 관념세계에서밖에 실현될 수가 없다. 바로 여기에 최고의 수완가나 천재라도 뛰어넘을 수 없는 한계가 있다.

따라서 이때 더욱 세련된 문화적 관습에 대한 고귀한 동경이 작용하고 있는 것은 흔히 찾아볼 수 있는 동기이다. 그리고 이 흔해빠진 동기란 막대한 재산의 지극히 당연한 결과이다. 이러한 막대한 재산이 순수한 이상과 진정으로 결합할 수 없음은 비극적인 논리이다. 왜냐하며 그렇게 큰 재산을 손에 넣기 위해서는 인간은 어떤 경우에라도 인류의 가장 원시적인 이상을 우선 짓밟지 않으면 안 되기 때문이다. 민중의 삶에 타격을 가하지 않고서는 100만 달러라는 재산을 모을 수 없다. 따라서 10억 달러를 모으기 위해서는 먼저 모든 인간을 가차없이 "납세" 의무자로 간주하지 않으면 안 된다. 가난한 사람들은 상대적 의미이든 절대적 의미이든 납세 의무자로 끊임없이 길러지고 있다. 그것은 자본주의의 냉엄한 논리이다. 한 백만장자가 대규모의 미술수집이라든가 혹은 과학 및 인도적인 사업을 위해서 막대한 기부를 하는 행위가 생각이 모자라는 사람들에게는 훌륭한 것처럼 보인다. 그런 사람들만이 그런 행위를 보고서 백만장자의 재산의 정당성을 발견한다.

계산결혼이나 금전결혼이 점점 성행하는 세태에서, 이러한 결혼의 묘사가 근대의 회화 가운데 자주 나타나고 특히 통속적 회화에서 가장 많이 나타나는 것은 조금도 이상하지 않다. 그 점에 대해서는 그림들을 보라. 한편 소위 대가의 회화에서도 이러한 결혼은 자주 선택되는 모티프였다. 매우 많이 복사되어 굉장히 대중화된 슐레징거와 프라파의 그림은 그것에 대한 훌륭한 증거이다. 그것은 미모와 재산, 발효하는 청춘과 감정이 무디어진 노년의 결합이다. 따라서 그것은 참으로 귀중한 풍속사적인 기록이라고 말하지 않을 수 없으며 이 점에서는 그 어느것도 그것을 뛰어넘을 수 없다. 프라파와 슐레징거의 그림은 1880년대의 것인데, 이 연대 역시 중요하다. 바로 이 연대는 프랑스와 독일에서 사회적 비판이 최후의 큰 분수령을 이룬 시대였다. 오늘날의 사람들은 그러한 그림에 대해서는 동정적으로 상을 찡그리는 정도가 고작이다. 사람들은 그러한 사실을 비웃을 수는 있지만, 그러나 훨씬 전

금전결혼(H. 슐레징거, 유화, 1882)

부터 이미 고치는 것이 불가능하다고 믿게 되었다.

　여기에서 설명해두어야 할 것은 대부분의 그림에서 만약 아내가 희생자로 묘사되었다면 그것은 사물의 자연스러운 이치에 합당했을 터인데 실제로는 종종 남편이 희생자로 묘사되었다는 점이다. 더욱이 이러한 모티프의 취급은 설사 풍자적이지는 않더라도 뜻밖에 풍자화가 되어버리는 것도 사물의 자연스러운 이치에 맞다. 이러한 이유에서 그 배경에는 동시에 늙은이의 재산에 에누리해서 팔려간 미인에 대한 확고한 복수심이 언제나 얼굴을 내밀고 있다.

　현대의 연애 및 결혼의 상품성과 화폐성은 특히 구혼광고라는 제도에서 노골적으로 나타난다. 그런데 우리들은 그러한 노골적인 것 가운데서 공적 위선의 부정을 보게 되기 쉽다. 그러나 그것은 결코 위선의 부정은 아니다. 그러한 모순은 전혀 찾아볼 수 없다. 구혼광고의 노골성은 익명성을 확보할 때에만 가능하다. 어떤 사람도 이런 광고에 본명을 뻔뻔스럽게 내지는 않을 것이고 서로 교제를 원하는 경우 일부러 상업적인 여러 가지 전제조건을 차마 입으로 말할 용기는 없을 것이다. 이에 반해서 순수한 애정결혼의 허식은 두 사람의 결혼 계약자에 의해서 상호간에 지켜지고 또 세상에 대해서도 비밀에 부쳐진다. 그것은 어느 가정에서나 딸을 유리하게 남자와 짝지어주려고 할 때 연출하는 대규모의 연속희극이다. 이때 모든 것은 예외 없이 친족을 몽땅 동원해서 공연될 것이다. 근대소설에서는 딸을 유리하게 "남자에게 짝지어주는" 희극, 즉 훌륭한 배우자를 낚아올리기 위한 낚시바늘이나 한번 미끼에 걸린 큰 고기를 딸의 침대로 무사히 끌어들이는 방법이 가장 인기 있는 줄거리가 되었다. 이것에 대한 훌륭한 예는 우선 첫째로 마르셀 프레보의 「청년에게 주는 충고」이다. 이 충고는 결혼 적령기의 젊은 벗들에게 주는 사교계 부인의 이야기이다. 결혼할 마음이 있는, 또 결혼을 유쾌하게 생각하는 구혼자가 부딪치는 일반적인 위선에 대해서 소설 속의 총명한 부인은 다음과 같이 말하고 있다.

갑자기 딸의 주위에 가지각색의 거짓말이 나타난다. 젊은 딸의 부모는 딸의 지참금과 성격 등 모든 것에 대해서 거짓말을 한다 ── 이것이 옛날부터의 관습이다.
남자는 미래의 가정생활을 공상 속에서 떠올리지만 그것은 마치 공연중인 발레와 연습 중인 발레가 전혀 다른 것처럼 현실의 가정생활과는 전혀 다르다. 젊은 처녀는 풍속, 습관, 재능을 속이지만 더욱 나쁜 것은 연애까지도 속인다는 점이다. 흔한 속임수를 잘 알고 있는 우리들은 요즘 처녀들이 "신부 실습"에서 여러 가지 술수를 부리는 것을 보면 오싹해진다. 처녀는 때로는 개방적이었다가 때로는 얌전한 태도를 취하지만 이 모두가 전부 거짓이다. 어떤 처녀가 순진하게 말하거나 부끄러운 듯이 저항하는 것은 다른 처녀의 버릇없는 지껄임이나 반승낙과 같다.
당신이 젊은 처녀에게서 키스를 훔쳤다고 해서 그 처녀가 눈물을 흘리며 당신을 비난하고 아버지나 어머니를 부르겠다고 협박할 때 ── 당신은 그것에 속아넘어가서는 안 된다.
젊은 처녀가 당신에게 키스를 당해서 갑자기 큰 기쁨에 황홀해진 것처럼 보여도 당신은 역시 그것을 믿어서는 안 된다. 처음이나 그 이후에 키스할 때도 승낙 또는 저항의 안색 가운데에는 말로 거의 표현할 수 없는 동일한 생각, 즉 "이번에야말로 저 사람은 내 미끼에 걸렸다"라는 속셈이 감추어져 있다.

한스 폰 카렌베르크는 「물의 요정」에서 이것과 똑같은 것을 더욱 자세하게 설명하고 있다. 이 소설은 널리 대중화되었지만 도중에 몇 번이나 당국에 의해서 압수와 해금이 되풀이되곤 했다. 그는 이 소설에서 편지형식으로 상류계급의 불유쾌한 위선을 참으로 대담하게, 따라서 참으로 정확하게 밝히고 있다. 이 소설의 사상은 다음과 같다. 자신의 결혼상대로는 상류가정밖에 없기 때문에 어떻게든 돈을 가진 남편을 붙잡아야 한다고 생각하는 어떤 상류가정 처녀가 안달을 하다가 도덕군자연하는 방탕아 헤르베르트 그륀달을 좋아하게 되었다. 젊은 처녀는 이 방탕아에게 완전히 미쳐서 —— 어차피 무미건조한 장래의 결혼생활의 양념으로 —— 남자와 대담하게 플러트를 즐기고 동시에 남자를 자신의 상담상대로 정했다. 처녀는 남자에게 자기 가정의 모든 비밀, 특히 비열한 책략들을 털어놓았다. 첫째는 어머니가 두 자매를 시집보내기 위한 책략이었다. 둘째는 마침내 미끼에 걸려든 돈 많은 귀족을 이번에는 멋지게 그물로 씌워 자신에게로 데려오거나 자신을 그 남자에게로 데려가서 두 사람을 결혼시키기 위해서 어머니가 온갖 수단을 다해 성사시키려는 책략이었다. 젊은 처녀의 사랑과 신뢰를 얻은 방탕아는 자신의 은밀한 체험과 처녀가 자신에게 고백한 비밀을 이번에는 그대로 친구인 귀족 아힘 폰 부스트로에게 정기적으로 털어놓았다. 이 이야기의 핵심은 두 사람 가운데 어느 편도 그런 줄 몰랐지만 아힘 폰 부스트로가 물의 요정, 특히 그녀의 어머니가 낚았던 그 돈 많은 시골 귀족이었다는 사실이다. 그륀달이 아힘 폰 부스트로에게 써보냈던 편지는 다음과 같다.

나는 고백신부가 될 재능이 있소. 이 가족은 흡사 펼쳐진 책처럼 내 앞에 펼쳐져 있소. 나는 그들의 모든 것, 심장과 콩팥까지 봤소. 그 어머니도 허영심이 강하고 야심가여서 적은 돈으로 사교범위를 넓히고 화장 비용을 충당하기 위해서 그(남편)를 밀어내고 끊임없이 재촉한다오. 그래서 이 집에서도 고통과 빈정댐이 끝이 없소. 이 집의 화제는 아침에도 낮에도 저녁에도 돈이오. 화합 이전에 우선 싸움이오. 남편은 이미 아무것도 탐내지 않는다오. 그는 늙었고 생활에 지쳐서 팔짱만 끼고 있소. 그는 아른스테트와 에베르스발트에 있는 네 채의 작은 집에서 장미를 재배하고 있소. ……그러나 그는 살아가오. 그는 프록코트를 입고 있소. 그의 허리는 구부정하고 다리는 절뚝거린다오. 이렇게 해서 그는 국장이 되었소. 물의 요정은 물론 어머니의 편이오. "어머니"는 여장부라오. 어머니가 바라는 것은 모두 실행되오. 그리고 어머니의 말과 행동은 언제나 옳소. 어머니는 두 자매를 운 좋게 팔아치웠소. 큰딸은 우물쭈물했소. 약혼기간은 참으로 길었소. 상대는 연줄이 없는 사람이었지만 장래에는 입신출세할 전망이 있었소. 가정은 비탄에 빠졌고 싸움이 일어났소. 어머니는 그 사람을 잘 보았기 때문에 마침내 한지붕 아래 두 사람은 다정하게 살게 되었소. 두 사람은 둥지에 틀어박혀서 거의 질식할 것 같았소. 그것은 어머니를 가장 화나게 만들었소. 물의 요정도 상을 찌푸렸소. "무엇인가 될 것 같은데, 두 사람은 진짜 '뭔가 될 것 같은데' —— 그런데도 아직 저 사람은 육군 소령도 되지 못했군." "뭔가' 될 것 같은

벌 받을 호기심(뒤크로의 그림에 의한 석판화)

느낌에 대해서 그녀는 꽤 확신하고 있는 것처럼 보였소. 의논이 격해질 때에는 추밀원 고문관 자리도 결코 먼 일이 아니었소. 둘째딸은 정말 미인이었소. 이 처녀는 자주 외출을 하고 짙은 화장이나 데콜테의 모습으로 높은 사람들이나 친척을 방문하곤 했소. 어머니는 해군에 복무하는 사촌과의 센티멘털한 작은 에피소드를 아주 유리하게 결말지었소. 그 남자는 추잡하고 음울한 남자였지만 돈을 많이 가지고 있었소. 다다는 그 보충인 셈이었소. 해군에 복무하는 사촌은 자신의 권리를 주장했소. 물의 요정은 나에게 그 전말을 털어놓았소. "아아, 당신은 그렇지 않아요."……두 사람은 이 거리의 어딘가에 집을 가지고 있소. 다다를 불쌍하게 여기는 사람은 없소. 언니는 어머니가 가장 귀여워하오. 언니는 품행이 나쁘고, 빚을 얻고, 노름하고, 추밀원 고문관의 사무실에서 일하는 사람을 포함한 귀부인들을 좇아다닌다오. 물의 요정은 그것이 참으로 즐겁소. 때문에 끊임없이 싸움이 벌어진다오. 돈 많은 형부는 돈을 빌려주지 않는다오. 어머니는 돈을 빌렸소. "그런 것은 우리집에서는 가끔 참을 수 없다는 것을 당신은 알고 있어요." 나는 그것을 진심으로 믿고 있소. 물의 요정도 최초의 남자사냥 여행에서 구혼자를 낚았소. 그 사람은 시골의 부자로서 고상한 이름을 가졌소. 그는 약간 지능이 낮은 것 같아 보이오. "그 사람의 손은 참으로 커요……당신처럼 곱지 않아요."……물론 그녀는 그 사람과 결혼하려고 결심했지만 그러나 마음속으로는 울었소. 물론 신부의 화관을 쓰고 또 한번 울 것이오. 아, 여자여, 불쌍한 자연이여, 당신은 어디에 있는가. 그녀는 "남자사냥"의 방법에 대해서 참으로 세세한 것까지 이야기했소. "물론, 당신은 언제나 전혀 아무것도 모르는 것처럼 행동하지 않으면 안 되지요. 그것이 중요해요. 남자가 오면 깜짝 놀라 머리를 땋기 위해서 도망한답니다. 엄마는 이미 아침부터 남자를 기다리고 있는 중이었어요. 그리고 나는 새 블라우스를 입지요.……그가 말하는 것은 모두 믿지만 이쪽에서는 질문은 한마디도 하지 않아요. 우리들은 그의 재산이 얼마나 되는지, 어디서 태어났는지를 숙모에게 전혀 묻지 않았던 것처럼 내숭을 떨지요. 엄마는 진짜 내가 어린애인 것처럼, 또 한번 여자 기숙사에 들어가야 한다고 언제나 말하지요. 그리고는 즉시 그의 기호에 맞추어 집을 준비했어요. 우리들이 결혼했다면 언니에게 내가 가진 것을 몽땅 줄거라고 당신은 생각하겠지요. 그렇지만 나는 우리집의 가난한 생활에는 지쳐 있었어요."

돈주머니 유형의 루크레티아 보르자(많은 애인을 둔 것으로 유명한 여자/역주)와 고네릴! 그런데도 그녀는 참으로 귀엽고 그녀답게 정열적이면서도 수줍은 작은 애정을 가지고 나의 머리카락을 작은 손으로 어루만지고, 키스를……자신을 위해서 그녀는 키스를 강요한다오.

흔히 남자사냥에 대한 최후의 묘사로서 톨스토이가 「크로이처 소나타」에서 그 방법에 대하여 일반적으로 설명한 것을 인용하겠다.

옛날에는 딸이 한 인간으로 성숙하면, 인생을 잘 알고 있으며 결코 첫눈에 사랑에 빠지지 않았던 부모가 딸에게 남자를 붙여주었다. 전인류는 그와 같은 일을 옛날이나 지금이나 변함없이 행하고 있다. 우리들처럼 타락한 존재의 100분의 1만이, 아마도 그보다도 더욱 소수의 사람들이 이러한 방식이 나쁘다는 것을 알고 새로운 방법을 생각해냈다. 그러면 이 새로운 방법이란 무엇인가. 그것은 결국 처녀들은 물끄러미 앉아 있고 남자들이 마치 백화점에서처럼 이리저리 걸어다니며 선택하는 것이다. 그리고 처녀들은 기다리면서 마음속으로 "네에, 나를 선택하세요, 아니 나를요, 저 여자는 아니에요, 자, 나의 어깨는 이렇게 아름다워요"라고 생각하지만 입으로 소리내어 말할 용기는 없다. 한편 우리들 남자들은 걸어다니며 유심히 살핀다. 그리고 여성학에서 귀동냥한 여성의 권리나 자유에 대해서 지껄인다. "자, 어쩌면 좋은가, 그러면 여자들에게 물어볼까?"라고 우리들은 말한다. 그것에 대해서는 나에게도 묘안은 없다. 그러나 평등을 주창한다면 그것은 완전한 평등이지 않으면 안 된다. 중매쟁이가 비굴하다면 오늘날의 방식은 몇천 배나 심한 것이다. 이전의 경우는 권리도 기회도 평등하지만, 지금은 팔려고 내놓은 노예와 같다. 만약 여자가 노예가 되기로 결심할 수 없고, 또 스스로 자문할 수도 없다면, 두번째의 더욱 두려운 거짓이 시작된다. 세상 사람은 그 거짓을 "사교계에 소개한다"라든가 "즐긴다"라고 부르지만 그것은 결국 남자사냥에 지나지 않는다. 만약 당신이 그 어머니나 처녀에게 "당신들은 신랑을 낚는 일만 하고 있군요" 하고 진실을 밝혀보라 —— 그것이야말로 대사건이고 어떤 일이 일어날지 모른다. 그런데 이것말고는 달리 할 일이 없다. 가끔 참으로 나이 어리고 순진한 소녀까지도 가엾게도 이와 같은 짓을 하고 있는 것을 보면 두려워진다. 그것도 정직하게 한다면 몰라도 적어도 모두가 거짓이기 때문이다. 아아, 이 얼마나 재미있는가. 아아, 릴리는 대단히 그림을 좋아하지요. 전람회에 가시겠어요? 진정으로 말입니다.……마차로 바람이나 쐴까요?……연극은?……음악회는?……정말 멋지군요.……우리 릴리는 음악에 도취하지요.……어째서 당신은 찬성하지 않나요?

이러한 말의 의미는 결국 한 가지이다. "나를 선택해달라! 나를, 우리 릴리를! 아니, 나를 잠깐 시험해달라!"

이미 설명했던 것처럼 언제나 처녀만이 희생자가 되는 것이 아니라 오히려 남자도 종종 희생자가 되기 때문에 남자의 행동은 결국 돈 많은 여자 상속인을 낚시하는 것이다. 앞에서 인용한 글은 역으로, 그대로 남자에게도 적용된다. 남자가 이 입장에 서면 완전히 모범생으로 변해서 건실한 인생관을 가지고 있고 모든 비합법적인 연애관계를 증오하며 단 하나의 동경, 곧 조용하고 아름다운 가정생활밖에 모르는 사람이 된다.

그는 건실하고 술마실 줄도 모르며 놀러다니지도 않고 특별한 사정에 따라 오직일과 진보밖에 모른다. 이러한 방법에는 어떤 뉘앙스가 있다. 그러한 뉘앙스는 각자의 사회적 이익에 따라서 결정되지만 그 본질은 재산이 결정적인 수단인 모든 계급에서는 모두 마찬가지이고, 결혼을 훌륭한 거래로 생각하지만, 이때 표면상으로는 언제나 가장 고귀한 원칙을 내세운다.

3) 교태

교태는 남자를 손에 넣기 위한 여자의 가장 중요한 무기이다. 그것은 예나 지금이나 여자의 자신만만한 연극에서 최고의 역할을 한다고는 할 수 없어도, 어쨌든 큰 역할을 연출하고 있다. 여자의 모든 행동은 무엇보다도 남자를 낚는 데에 집중된다. 이 점에 대해서 톨스토이는 「크로이처 소나타」에서 이렇게 말하고 있다.

우리들의 사회를 지배하고 있는 사고방식에 따르면 여자의 으뜸가는 역할은 남자에게 쾌락을 주는 것이다. 따라서 여자에 대한 교육도 그렇게 행해지고 있다. 처녀시절부터 여자는 어떻게 하면 자신의 매력을 돋보이게 할 수 있을까 하고 오직 그것만을 공부한다. 이것은 바로 자기 주인이 바라는 것을 만족시키도록 노예가 교육받는 것과 마찬가지이다 ── 그것은 노예의 교육과 조금도 다르지 않다. 우리나라의 모든 여자도 남자를 유혹하는 것을 배우도록 교육받고 있다 ── 오직 그것뿐이다. 당신은 나에게 이렇게 말할지도 모른다. 그런 것은 나쁘게 교육받은 처녀들에게만 해당된다고. 그런 처녀를 우리나라에서는 고상한 귀부인이라고 불러 경멸하고 있다. 한편 김나지움이나 라틴어 학교, 의과대학, 여자대학처럼 성실한 교육기관도 있지 않은가? 그러나 어림없는 말이다. 어떤 종류의 여자교육도 오직 하나의 목적 ── 즉 남자를 낚는 목적 ── 밖에 없다. 첫째 처녀는 음악으로, 둘째 처녀는 곱슬머리로, 셋째 처녀는 학문과 시민적 명예로 남자를 낚는다. 목적은 언제나 같고 이것 이외의 것은 없다. 남자를 포로로 하기 위해서는 남자를 뇌살시킨다는 목적 이외에 다른 목적은 없다.

그런데 남자를 손에 넣고 자신에게 묶어두기 위해서 여자가 남자에게 끊임없이 교태를 부린다면 여자는 남자를 자신에게 가장 단단히 묶어둘 수 있다. 그 결과, 여자의 가장 진지한 행동은 종종 그것이 교태의 다른 형태가 아니라면 어떤 요염한 뉘앙스를 포함할 것이다. 그럼에도 불구하고 이 사실은 여자의 교태의 형태는 우리들이 앙시앵 레짐 시대부터 알고 있는 것과 비교해서 차차 더욱 사려깊고, 따라서 더욱 고상해졌음을 인정해야 한다는 것을 부정하지는 않는다. 교태는 이미 대중현상도 아니고 또한 모든 여자에게서 가장 눈에 띄는 것도 아니다. 여자는 이미 옛날과 같은 방식으로 교태를 부리지는 않는다. 특히 그것은 이미 일반에게 공개되는 연극이 아니다. 여자가 독립함에 따라서 그러한 변화가 일어난 것이다. 왜냐하면

진실한 사랑(C. D. 기브슨, 뉴욕)

여자는 이미 남자로부터 독립하여 생계를 유지하고 있기 때문이다.

교태의 방법은 물론 개인공격에서도 대중공격에서도 낡은 방법이다. 따라서 새로운 방법이 나타났다. 다른 한편 교태의 한층 더 고상한 형태는 그 하나하나마다 옛날과 비교해서 근본적으로 세련되었다는 것을 부정하지 않는다. 특히 이 점에 대해서 몇 가지 증거를 들기 위해서 향수와 여자의 네글리제를 생각해보면 좋다. 향수는 그것 자체가 직접적으로 주의를 끄는 것이고 남자의 정신에 영향을 주려고 아주 신중하게 만들어진 것이므로 교태의 범주에 들어간다.

물론 향수는 무엇보다 유산계급 여성의 보조수단이다. 그렇기 때문에 영리한 여성은 향수의 선택에 의해서 가장 교묘하게, 가끔 가장 확실하게 자신의 특징, 기호, 요구를 암시함과 동시에 그것에 대한 남자의 반응을 도발시킨다. 19세기 화학공업의 눈부신 발전 덕분에 이것은 옛날과 비교해서 훨씬 쉬워졌고, 여성은 그 덕분에 다양하고도 참으로 세련된 뉘앙스까지도 표현할 수 있게 되었다. 한편 옛날의 향수는 참으로 일반적인 작용만을 노리고 있었다. 그러나 오늘날 대부분의 여성은 자기 자신을 복잡하고도 뭐라 형용할 수 없게 보이기 위해서 복잡한 향수를 선호한다는 것도 설명해두어야겠다. 따라서 단순한 식물성 향수는 향이 유행에 뒤떨어지게 되었다. 식물성 향수는 향이 단순하기 때문에 그것을 사용한 여성에게 단순하다는 인상을 준다. 그 때문에 그러한 향수는 사춘기 소녀들만이 좋아한다.

네글리제도 향수와 마찬가지로 여성의 잡다한 무기 가운데 하나였다는 것은 이미 앞 장에서 든 여성의 속옷의 여러 형태에서 설명한 바 있다. 그런데 최근에 여자들은 또다시 네글리제의 도발적인 효과를 사교복에다 즐겨 도입하고 있다. 그것은 실내복이나 외출복을 전체적으로 혹은 각 부분을 다르게 배치하여 요염하게 "네글리제풍"으로 만드는 것이다. 다시 말하면 여자들은 어떻게든 부자연스럽게 보이도록 만들었다. 앞에서 설명한 "엿보는 창이 달린 블라우스"도 결국 이 경향의 여러 가지 해결방법 중의 하나에 지나지 않을 것이다. 그러나 여자들은 이러한 방법을 친밀해질 수 없는 옷이라고 말하는 모피 옷에까지 응용했는데 그것도 성공했다. 이렇게 모피를 가지고 네글리제 효과를 낼 수 있었던 것은 이를테면 1908년에 고안되어 그 덕분에 보아(boa : 여자의 깃털이나 모피 목도리/역주)나 숄을 걸친 상류사회 여성들이 긴 모피의 한쪽 끝은 앞으로 늘어뜨리고 다른 쪽 끝은 뒤로 늘어뜨렸던 데에서 찾아볼 수 있다. 오스카르 비는 「새로운 전망」에서 "이 육감성은 남자를 철저하게 도발하는 것이다. 왜냐하면 그것은 고의로 네글리제를 노린 것이기 때문이다"라고 분석하고 있다. 오스카르 비는 이러한 형태로까지의 발전을 다음과 같이 설명하고 있다.

첫째 단계 : 보아는 목에서 시작한다. 그 첫째 매력은 (그는 나체에 대해서는 설명하지 않는다) 머리를 모피 혹은 깃털 속에 파묻는 것이다. 채플린의 미술사적 입장. 둘째 단계 : 수직의 부분으로서, 처음에는 보아의 양쪽 끝을 좌우 똑같이 만드는 것을 배운다. 이 의미에서 성직자의 스톨라 목깃에까지 발전한다. 이때 스톨라의 따분함은 지독하다. 셋째 단계 : 보아를 늘어뜨리는 취향을 배운다. 이를테면 보아의 양쪽 끝은 가볍게 맞부딪치게 하고, 특히 목덜미와 그 위에 탐스럽게 늘어뜨린 머리카락을 항상 흔들리게 하는 황홀한 취향과 함께. 넷째 단계 : 보아의 양쪽 끝, 폭이 훨씬 넓은 스톨라를 요염하게 네글리제풍으로 좌우에 늘어뜨리게 된다. 이때 어울리는지 않는지가 아니라 보아를 감는 것이 모티프이다. 보아는 인상파적이 되고 그 때문에 기능적인 것이 되고, 따라서 육감적이 된다. 보아의 대용품으로서의 스카프는 그 이상이다. 이것은 색깔 있는 속옷과 마찬가지로 농민의 목도리를 현대식으로 만든 것이다. 스카프를 가로로 맨 작은 처녀는 자신이 노리는 것에 자신이 있다. 네글리제 미학의 그밖의 예로는 손수건의 끝, 조끼의 풀어진 단추, 뒤꿈치를 접어 신은 구두, 어깨에 늘어뜨린 외투, 거칠게 맨 넥타이 등이 있다. 그것은 완전함은 무의미하다는 브룸멜의 낡은 학설이다.

수영장에서 만난 구면들

　네글리제가 노리는 전혀 새로운 형태는 근대에 들어와서 유행하게 된 해수욕이나 피서생활과 함께 성행했다. 왜냐하면 여성의 수영복은 확실히 네글리제에 포함시켜도 좋기 때문이다. 그것은 사교를 위해서 만들어진 네글리제를 모방한 옷일 뿐만 아니라 진짜로 네글리제의 모양을 하고 있다. 이 때문에 시간이 흐르게 되면서 참으로 고상한 형태의 수영복도 고안되었다. 여성의 근대적인 수영복은 무엇보다도 제2의 피부로서의 작용을 노리고 있다. 여성은 이 제2의 피부에 의해서 모두에게 "나체처럼 보이게 만드는" 것이 허락되었다. 일류 해수욕장 생활의 대부분은 이 목적에 이용되었고 해수욕은 많은 여성에게는 구실에 지나지 않았다. 이 사실은 프랑스의 트루빌, 벨기에의 오스탕드 등 일류 해수욕장에서 많은 부유한 여성들이 한번도 바다에는 들어가지 않고 우아한 수영복을 입은 자신의 도발적인 나체를 바닷가에서 몇 시간씩 전시하는 것만으로 만족하는 것을 보더라도 명확히 알 수 있다. 제2제정 시대, 즉 1850년대에야 해수욕의 습관이 비로소 등장했지만 그것과 동시에 그 이용도 시작되었다. 외젠 펠탕은 이 시대의 풍속기사에서 이렇게 말하고 있다.

　사람들은 종종 이 멋진 바닷가에서 많은 상류여성들이 파도 사이에서 떠오르는 비너스의 연극을 한다는, 일반적으로 유포되고 있는 편견에 대한 최후의 양보로서 한 겹의 트리코만 입고 해수욕에서 돌아오는 것을 볼 수 있다. 여성들은 경탄의 눈길로 바라보고 있는 청년들 사이를 유유하게 걸어간다.

이런 것은 훨씬 이전부터 각국의 국제적인 해수욕장에서도 아주 흔해빠진 풍경이었다.

4) 플러트

플러트라는 말은 근대에 나타났지만 그 본질과 내용은 참으로 오래된 것이다. 따라서 그것은 이미 제II권에서 자세하게 설명했던 것처럼 어느 시대에나 마찬가지였을 것이다. 따라서 앞에서 플러트를 증명하기 위해서 설명했던 것은 그대로 여기에도 적용된다. 단지 옛날과의 차이는 오늘날에는 옛날처럼 공공연하게 하지 않을 뿐이라는 점이다. 공중도덕의 엄한 감시는 교태의 경우와 같이 이것도 조심스럽게 굴도록 만들었다. 그렇다고 남녀가 조심하는 한계는 좁아지지 않았다. 오늘날에도 남녀는 플러트에서는 앙시앵 레짐 시대와 마찬가지로 참으로 대담하게 대개의 경우 최후의 한계까지 접근하고 있다. 그리고 플러트로 시간을 보낼 수 있는 계급의 수도 오늘날에는 옛날의 몇백 배나 되기 때문에 100년 전과는 비교도 안 될 만큼 많은 남녀가 플러트를 즐기고 있는 실정이다.

플러트가 증가하는 근본 원인은 앞에서 설명했던 것처럼 계산적인 결혼의 발전 때문이다. 무엇인가가 플러트로의 자연적인 경향을 강화하는 것처럼 보인다면 그 무엇은 확실한 계산 위에서만 결혼한다는, 요즘들어 더욱 기승을 부리는 경향 때문이다. 따라서 플러트란 결국 계산적인 결혼이 당사자로서는 어떻게 처치할 수도 없는 에로틱한 미식에 대한, 말하자면 사전에 먹고 마시는 대용품 같은 것이 되었다. 더욱이 유산계급의 남자의 평균 결혼연령이 점점 높아져가는 것도 역시 큰 영향을 주고 있다. 이것에 대해서는 나중에 자세하게 설명하기로 한다. 하벨록

전주곡(가바르니)

엘리스는 풍부한 자료에 기초한 근대의 성생활 연구에서 플러트를 정확하게 설명하고 있다.

플러트의 소박한 형태는 지극히 보편적이고 또한 자연스럽다. 우리들은 그것을 동물에게서조차 발견한다. 플러트는 접근이 아직 금지되고 있는 단계에서는 무엇보다도 구애의 시작이다. 그러나 우리들 인간에게서는 플러트는 종종 그것 이상의 것이다. 오늘날의 상황에서는 결혼이 어렵기 때문에 연애와 그것에의 접근은 참으로 진지한 것이 되고 있고 그것을 경조부박(輕佻浮薄)하게 취급하는 것은 허락되지 않는다. 플러트는 이러한 조건에 꼭 부합하고 있다. 플러트는 보통 구애의 전주곡이 아니라 완전한 성만족의 대용품이 되어버렸다.

그리고 사회는 이것을 전적으로 승인했다. 다시 말하면 사회는 이것을 합법으로 인정했다. 왜냐하면 사회는 이러한 요구를 참으로 환영했기 때문이다. 오늘날 세상 사람들은 남자만이 아니라 여자, 특히 어린 처녀에게까지도 플러트를 할 권리를 인정하고 있다. 특히 상류계급에서는 어린 처녀가 플러트하는 것을 아주 자연스럽게 생각하고 있다. 그 때문에 사람들은 플러트를 조직적으로도 지지하고 있다. 이미 다른 곳에서 인용했던 두 작가 마르셀 프레보와 한스 폰 카렌베르크는 플러트는 어떻게 행해지는가, 어떻게 해서 생기는가, 이때 여성은 어느 범위까지 협력하는가를 참으로 멋지게 묘사하고 있다. 프레보의 비판에 따르면 세상물정에 어두운 시골뜨기가 파리의 이른바 상류사회에 안내되었을 때 이 시골뜨기는 모두가 플러트를 하고 있다는 사실에 최초로 질겁했다고 한다. 그리고 미혼남녀의 친숙한 교제를 꺼리는 그들의 시골 도덕에서 본다면 도시의 플러트는 파리의 신참에게는 참을 수 없는 것이었다. 프레보는 이것을 다음과 같이 말하고 있다.

도대체 나는 전혀 다른 세계에서 태어났는가? 그것은 예의인가? 그것은 근대 사회의 이야기하는 방식인가? 그래도 이러한 싸구려 술집에서의 소동은 숨어서 하는 비밀 이야기에 비교하면 아직 참을 수 있다.……신사들과 숙녀들은 아무 생각 없이 결합하고 있다.……경조부박함을 끊임없이 부추기는 것처럼, 소곤소곤 울려퍼지는 말, "나의 플러트……당신은 플러트……를 하고 있다.……나도 플러트를 가졌다.……나의 딸의 플러트……"

크리놀린(베를린의 석판화)

의상실에서(G. 몰랜드, 영국의 부식 동판화, 1780)

물망초!(프랑스 제1제정 시대의 유화)

부부의 행복(생-토뱅의 그림에 의한 세르장의 동판화, 1790)

행복한 어머니(생−토뱅의 그림에 의한 세르장의 프랑스 동판화, 1790)

떠들썩한 모임. 1800년경 영국의 플러트(토마스 롤랜드슨, 동판화)

매혹의 구경거리(윌리엄 피터스의 유화에 의한 영국 동판화)

갈랑트리의 제공(프랑스 동판화, 1800년경)

보트에서의 인사(T. 롤랜드슨, 동판화)

노름꾼의 귀가. 새벽 네 시(T. 롤랜드슨, 동판화, 1788)

최후의 나르시즘!(드브리아, 채색 석판화, 1835)

장딴지 살펴보기(N. 모랭, 프랑스의 채색 석판화, 1832)

가시(베를린의 석판화, 1850년경)

르트루세(N. 모랭, 프랑스 석판화, 1828)

여탕과 훔쳐보기(오노레 도미에, 채색 석판화, 1839)

상류계급이 어느 정도로 플러트의 일반적 요구에 따르는가에 대해서는 상류계급의 집안 무도회에서의 요사스러운 준비를 묘사한 다음의 이야기가 증명하고 있다.

식기를 놓는 선반은 식당이나 그 옆의 끽연실에 놓여 있는 작은 테이블과 교환되었다. 사람들은 그 가운데서 몇몇 친한 사람끼리 작은 무리로 나누어 자리잡고는 흡사 음식점에 있는 것처럼 하인을 부르기도 했다.

그것은 확실히 근대 사교생활의 모든 발명의 최고봉이다. 젊은 처녀들이나 부인들이 자신들이 참으로 좋아하는 교태극을 대담하게 행하기 위하여 자신의 마음에 드는 신사들과 두 사람씩, 혹은 네 사람씩 짝을 지어 테이블에 걸터앉고 부모나 남편이 아무렇지도 않게 보고 있는 것은 생각만 해도 즐겁다.

이러한 기회에는 우선 첫째로 상호간에 플러트가 행해지기 때문에 이때 어떤 종류의 이야기를 주고 받는가에 대해서도 프레보는 훌륭한 예를 보여주고 있다. 세련된 탕아는 자신과 처음으로 자리를 같이하는 ── 이 점이 중요하다! ── 상대 여성에게 다음과 같이 이야기를 꺼낸다.

"오, 그대, 파리 사교계에서 교제한다는 것이 얼마나 잔혹한 것인가를 당신은 생각해보신 적이 있습니까? 우리들은 오늘밤 이렇게 만났습니다. 우연히 우리들은 친하게 이야기할 수 있습니다. 나는 당신을 본 순간에 온순하고 아름다운 당신이 내 것이라고 상상했습니다. 나는 당신에게 언젠가 멋진 애정의 세계가 열리리라고 생각합니다. 그러나 우리들은 다시 헤어져야 하고 아마 이것이 마지막 만남이 되겠지요.……그리고 다른 남자가 그 보석을 발굴할 것입니다. 이 아름다운 눈은 다른 남자를 위하여 베일로 가려지겠지요. 그 후로는 이 얼굴, 입술, 내가 직접 눈으로 보았던 것, 그 아름다움을 확인할 수 있는 그 나머지 모든 것도 다른 남자의 것이 되겠지요.……" "오, 그대!" 하고 잔은 눈을 감았다. 그녀는 상대의 눈이 마치 자신을 알몸으로 만드는 것처럼 느꼈다. 그녀는 금방 정신이 아찔해졌지만 신사는 아랑곳하지 않은 채 흡사 자신의 말에도 도취한 것처럼, 흡사 자신이 만든 함정에 빠진 것처럼 이야기를 계속했다. "나는 이런 행운을 누릴 자격이 없답니다.…… 그런데도 내가 당신을 꿈꾸는 것을 그 어떤 것도 방해할 수 없습니다. 나는 당신을 봅니다. 나는 당신을 꽉 붙잡습니다. 고독에 몸부림칠 때 꿈은 나의 당신을 내게로 데려다줍니다. 설사 당신이 내게서 멀리 떨어져 있다고 해도 당신의 젊은 아름다움은 모두 역시 나의 것입니다. 그것은 당신에게 숨겨야 할 만큼 가장 수치스러운 오점은 아니겠지요.……" 그는 젊은 처녀를 기쁘게 하려는 듯이 이러한 부드러운 말을 몇 번이나 되풀이했다. 그 말을

옥수수밭의 둥지(가바르니)

들으면서 처녀가 마치 애무를 받은 것처럼 몸을 떠는 것을 그가 보았음은 확실하다.

그러나 이것은 아직 순수한 편이다. 프레보는 「청년과 약혼녀에게 주는 충고」라는 다른 책에서 다음과 같이 확실하게 말하고 있다.

파리 건달들의 세계에서는 남녀가 이야기를 나누는 것이 보통이지만 대학의 학생처장이 그 이야기를 곁에서 들었다면 그런 대학생을 당장 퇴학시켜버릴 정도라는 것을 나는 알고 있다.

이렇게 두 사람만이 있는 경우에 참으로 수줍게 여자가 말했다고 해서 그녀가 어른이 아닐 것이라고 가정하는 것은 당치도 않다. 경험이 풍부한 여성은 다음과 같이 고백하고 있다.

나는 언제나 남자를 사로잡는 법을 알고 있었다. 남자를 흥분시키는 것은 내게는 즐거운 일이었다. 왜냐하면 남자는 처음에는 어른이 아니기 때문이다. 어떤 방탕아라도 자신의 순수한 부분을 흥분시킬 때에는 역시 흥분하기 마련이라고 나는 믿는다.

이러한 상호간의 흥분은 물론 말로서 만들어질 뿐만 아니라 그밖에 일반적으로 알려진 것처럼 다소 수줍은 애무, 키스, 에로틱한 호기심의 상호간의 충족에 의해서도 높아진다. 남녀는 그것을 위해서 몇백 번이나 기회를 노리고, 보고, 이용한다. 사교계에서의 댄스는 특별히 친밀해질 수 있는, 좀처럼 찾기 어려운 기회를 제공한다. 이 기회를 이용할 줄 모르는 남자는 종종 바보로 취급받아 올바른 여성들에게 웃음거리가 될 뿐이다. "적당한 순간에 여성에게 경의를 표할 줄 모르는 남자는 남자가 아니다"라고 말한다면 노골적인 것이지만 마음속으로는 종종 그렇게 생각하는 것이다. 앞에서 인용했던 한스 폰 카렌베르크의 「물의 요정」의 네번째 편지에는 베를린의 상류계급의 젊은 처녀들이 어떻게 플러트를 하는가가 참으로 자세하게 묘사되고 있다. 더욱이 이 편지에는 플러트가 인습적인 결혼에서는 결여되어 있는 순수하게 에로틱한 기쁨에 대한 보상임을 설명하기 위해서 앞에서 설명한 것도 빈틈 없이 설명되어 있다. 이것에 대해서 그뢴달은 아힘 폰 부스트로에게 다음과 같이 적어보냈다.

그 모험은 개인적인 측면에서보다는 오히려 심리적인 측면에서 나의 흥미를 끌기 시작했소. 나는 빈틈 없이 준비가 되어 있소. 그것은 손 작업, 곧 해부의 습관을 필요로 하오. 그런데 수요일에 아름다운 장밋빛 편지가 왔소. 그것은 여학생의 필체로, 딱딱하고 새침하고 변덕스러운 것이었소. "선생님, 내일 같은 시간에 저를 기다려주세요. 저는 혼자랍니다. 당신의 J로부터." 나는 직접 뜯어보았는데 그것은 웬일인지 신비스러움을 더해 흥미를 끌게 했고 기대에 차게 했소. 그녀는 검은 양모피가 붙은 진한 남색의 옷을 입고 얼굴이 상기되어 서 있었소. 물론 이번에는 내가 그녀에게 키스했소. 당신은 내가 키스를 하나의 기술로 생각하고 있다는 것을 알 것이오. 두세 사람, 이를테면 당신 같은 사람은 키스를 이해하지 못하오. 키스 가운데 모든 것, 질문, 승인 —— 한계……가 있소. 미래의 사랑의 멜로디는 약간의 계획에 달려 있소. 그런 경우에는 나중을 생각해서 바보스럽거나 꼴사나운 짓은 하지 않아야 하오. 그녀는 만족해서 대답도 하지 않고 침묵하고 있었소. 그녀의 심장은 공포 때문에 금방이라도 파열할 것처럼 두근거렸소. "이러다가 누군가 눈치채지 않을까요?" 나는 그녀를 진정시켰소. "이층에 사진사가 살고 있어. 당신이 계단에서 누군가와 만나면 당신은 그 사진사에게 가면 그만이야. 침실에는 정원으로 나가는 두 개의 출구가 있어. 또 마르틴 씨는 무덤처럼 입이 무거운 사람이야." 그녀는 모든 것을 가만히 생각했소. 그뒤 나에게 또 한번 기분좋은 키스를 허락했소. 그때부터는 도덕적인 보증. "저는 그것을 위하여 왔는데 당신은 설마 저를 나쁘게 받아들이지는 않겠지요?"(추신 —— 당신은 '……을 위하여'에 제대로 문법적인 격(格)을 붙이는 여자와 만난 적이 있는가? 여자는 신용해서는 안 되오. 여자는 사냥꾼의 속옷을 입고 침대 속에서 사색하오) "나쁘게 받아들이지 않는다고 말해주세요. 정말 나쁘게 받아들이지 않는다고. 나는 당신의 책을 읽었기 때문에 역시 그렇게 바란답니다 —— 집에서는 두렵도록 심심하답니다. 왜냐하면 당신은 정말 멋있기 때문에." 나는 "그렇지 않아"라고 말하고 그녀의 흰 목덜미가 붉어지도록 키스하고, 그녀의 귓불을 깨물었소. 그녀의 유방은 어떤가. 사과를 절반으로 쪼갠 것처럼 희고 단단하고 달콤하오. 그리고 목덜미는 정말 아름답소. 나에게 휘감기며 매달리는 팔은 비단줄처럼 가늘고 부드럽고……그것은 그녀의 목소리, 유혹과 비탄으로 사람의 마음을 움직이는 어린애 같은 행동이오. 그것은 바다의 요정 세이렌의 행동이오. 나는 이때 그녀에게 물의 요정이라는 이름을 붙였소. "물의 요정"은 그녀에게 꼭 맞는 이름이오. 그것은 호색적이며, 장난이 심하고, 사랑을 위해서 만들어졌지만 실제로는 사랑할 수 없는 여성의 특징이오. 물고기의 꼬리! 얼음 같은 차가움 —— 그것은 사랑의 모든 맹세에

항상 보다 나은 것을!(자크 비용)

도 불구하고 역시 그녀답소. 그것은 너무나 거침없이 진행되오. "저는 당신이 좋아요. 당신! 저는 당신이 좋아서 참을 수 없어요. 당신은 이 세상에서 오직 한 사람, 뭐라고 말할 수 없는 분이에요." 그런데도 그것은 역시 아름답게 울려퍼지오. 게다가 소리를 높이지도 않고 보기 싫은 행동도 하지 않지요. 언제나 청결하고 희며 향기로운 작은 처녀이고 완전하고 고상해서 다치기 쉬운 처녀라오. 나는 검은 비누의 향기와 면으로 짠 속치마에 황홀해지는 남자가 이해되지 않았소. 게다가 나는 상당한 미학자라오. 한편 그녀는 내게서 모험을 들었소. 그녀는 그것에 대해서는 만족할 줄 몰랐소. 강간, 근친상간, 부자연, 그것은 자신을 만족시키려고 하는 작은 괴물의 공상이오. 적어도 그녀에게는 전세계사, 모든 예술과 종교는 모험에 지나지 않는다오. 그녀 스스로 그것을 인정하오. 그녀는 그것을 놓치지 않는다오. 그녀는 그 어리석은 편향 가운데 장엄하고 두려운 어떤 것을 가지고 있소. 화살은 생명의 한가운데에, 심장의 한복판에, 아킬레우스의 발꿈치에 명중하오. "그것은 어리석은 짓이에요, 당신 —— 그것은 너무나도 따분해요. 나는 그것이 싫어요.……" 나의 독신생활의 구석구석이 그녀의 흥미를 끄오. 속임수, 마르틴, 낡은 수법 그리고 짬짬이 하는 키스! 샴페인은 그녀에게 그다지 감명을 주지 못하오. 게다가 그녀는 너무나도 세심해서 도리어 부자연스럽소. 그녀는 어린 고양이처럼 멋을 부린다오. 그녀는 키스하게 하고 애무하게 하고, 꽉 껴안게 만드오.……그때의 작은 뱀 같은 몸짓, 떨림, 갓난아기, 결혼에 대한 공포. 그때부터 그녀는 마치 장사꾼처럼 굴게 되오. "우리집에는 재산이 없어요. 엘리제와 다다도 결혼했어요." 그녀는 결혼에 대해서 어떤 환상도 가지지 않았소. 그것은 이성적인 것, 곧 일상생활이오. 그녀는 아마 진짜로 정숙한 주부가 될 것이오. 결국 우리들은 그런 여성을 나쁘게 말할 수 있을까? 잘못된 부자연스러운 교육, 비밀이 있음직한 태도, 벌레와 다름없는 인간들은 무엇을 바라는가? 자신을 조금도 자극하지 않는 남편, 자신이 선택조차 할 수 없는 남편, 자신에게 많은 돈을 줄 남편, 고급매춘부처럼 야비한 남편을 바라는 것이오. 그녀가 미리 샴페인의 거품을 권하기를 바란다면 나는 그것을 이상하게 여길 수 있을까? 그리고 그녀는 얼마나 영리하게 행동하는지. 작은 바보 같은 본능, 10페니히의 값어치도 없는 지혜, 동양 하렘의 귀부인처럼 진짜 교육받지 못한 태도! 그리고 작은 거위의 뇌수는 어디까지나 본능적으로 자기 자신에게 알린다오. "그 사람이 옳아, 그 사람은 사물을 이해하고 있어. 그 사람은 사랑할 줄 알아." "—— 만일, 그 일이 일어난다면." 그것이 그녀의 유일한, 달콤하고도 온몸의 털이 곤두서는 공포라오. 그때부터 그녀는 어리석은 사람이나 아빠, 엄마, 요 아래 길거리의 사람에게 킥킥 웃는다오 ── 그녀는 길 옆 아파트에서 타락한 청년과 함께 두 사람만 있게 된다오. 그녀는 이것으로 충분하오. "당신은 부도덕해요."……그때 나는 그녀에게 다시 키스했소. 그녀는 나의 목에다 팔을 감고 나를 천사라고 부르고, 귀여운 사람이라고 부르고, 달콤한 마음씨라고 불렀소 ── 그녀는 나를 영원히, 영원히 사랑하오. 작은 악당이여! ── 자, 그것이 그녀의 전부라오. 남자들은 어리석다는 것과 자신은 기적이 통하는 유일한 사람이라는 신앙만이 언제나 경탄해야 할 것으로 남는다오.

이상과 같은 이유에서 여성은 특히 플러트를 한다. 거기에 여성의 특별한 즐거움이 있다. 프레보는 「줄리엣의 결혼」에서 왜 여성이 될 수 있는 한 많은 남자와 플러트를 하는가를 이제 막 결혼한 부인의 입을 빌려서 다음과 같이 말하고 있다.

우리들은 모두 자신을 거울에 비추어보기를 좋아합니다. 거울에 비친 우리들의 얼굴은 우리에게 말합니다. "귀여운 줄리엣 양, 당신은 참으로 훌륭한 미인이오." 그것은 우리들의 귀에 기분좋게 들린답니다. 그렇다면, 거울이 직접 그렇게 말한다면, 그것은 더욱 기분이 좋을 텐데……자, 플러트는 말하는 거울과 같습니다.……나는 복도를 가득 채울 정도로 많은 거울을 가지고 있습니다. 그러한 거울은 다투어서 경쟁적으로 말합니다.

물론 여성은 이 때문에 플러트를 하지만 이때 남자들이 여성이 들어서 기뻐할 다른 것을 말하기 때문에, 또한 남자들의 관능적인 자극은 더할 나위 없이 흥미를 보여주었기 때문에 플러트를 하게 된다. 또한 앞에서 든 인용문에서 증명했던 것처럼 자신이 사귀고 있는 남자를 에로틱하게 도발하는 것도 역시 흥미를 돋우기 때문에 플러트를 한다. 이것에 대해서 젊은 부인은 필자가 방금 소개한 편지에서 여자친구들에게 이렇게 말한다.

내게 사랑을 호소하는 남자가 점점 깊이 빠져들어 결국에 가서는 어떤 순간을 이야기하는 것을 보는 것만큼 즐겁고 기쁜 일은 이 세상에 없다고 당신이 말하는 것은 옳습니다. 지금 남자는 당신에게서 뭔가를 빼앗으려고 합니다. 그리고 남자는 무엇인가가 되기까지는 거의 기다리지 않습니다.

이것과 같은 것은 매일 몇천 번씩 편지로 써지지는 않았지만 머리 속으로는 몇만 번씩이나 "가장 정숙한" 처녀들에 의해서 생각되던 것이다.

그렇다고 하여 젊은 처녀가 그토록 일찍부터 플러트를 시작할 수는 없다. 이제 막 학교를 졸업한 젊은 처녀는 최초의 무도회 날 밤에 구애자에게 다음과 같이 교태를 부린다.

"오늘밤은 제가 태어나서 처음으로 긴 옷을 입은 날이에요.……저는 한 사람의 여자가 되었어요." 자신의 옷이 진짜 긴가 어떤가를 확인하기 위해서 처녀는 두 다리를 재빨리 꼬기 때문에 오른쪽 장딴지가 위에까지 훤히 보일 정도이다.

대다수 전문가나 사회 평론가들은 오늘날 많은 젊은 처녀들이 종종 아슬아슬한 데까지 플러트를 한다는 것을 주장하고 증명하고 있다. 남자도 아슬아슬한 것을 결코 싫어하지 않는다는 것을 증명하기 위해서는 특별한 증거가 필요하지 않다. 여성은 모든 것을 허락할지라도 "그것만"은 허락하지 않지만 그밖의 모든 것은 되풀이해서 허락한다. 이때 "그것만"이라고 하는 것은 처녀막을 파괴해서는 안 된다는 의미이다. 바꾸어 말하면 플러트의 핵심은 처녀막을 상하지 않고 연애의 즐거움을 맛보는 데에 있다. 마르셀 프레보의 「반(半)처녀」에서는 이렇게 말하고 있다.

그는 젊은 처녀의 눈에서 동의하는 것을 읽었다. 그는 마치 주운 물건처럼 처녀를 날았다. 두 사람은 입과 입을 포개고 침대에 파묻혔다. 그녀는 순결을 잃지 않고도 최근 4년 동안에 두 번이나 남자와 접했다.……

또다른 곳에서 프레보는 순수한 반처녀의 특징을 다음과 같이 묘사하고 있다.

현대의 사회제도에 반대해서 이론투쟁을 하는 품위 있는 사람들처럼 처녀는 어떤 정의감을 가지고 넘어서는 안 되는 선을 스스로 긋고 있다. 처녀는 자신에게 가문과 재산을 줄 수 있는 남자를 위하여 최후의 은혜의 증거를 지키고 있다.

따라서 이 최후의 것이야말로 총명한 처녀가 합법적인 남편에게 바치기 위해서 소중히 간직해두려는 단 하나의 것이다. 이것 하나만 있으면 과거를 신랑의 침대에서 합법화하는 데에 충분하다. 의학박사 한나 파울 여사는 "처녀막의 과대평가"라는 논문에서 다음과 같이 옳게 설명하고 있다.

이미 어린 시절에 자위나 음탕한 생각 때문에 자신을 더럽힌 처녀가 많이 있다. 이러한 처녀들은 일찍이 정신적 순결을 잃어버린 것이고 이러한 처녀들에게는 벌써 미지의 것은 하나도 없지만……그러나……미래의 남편을 위하여……처녀막만은 착실하게 지키고 있다! 그렇기 때문에 어떤 경우에는 이러한 당당한 증거가 있다고 할지라도 처녀들의 순결을 의심해보아야 한다.

이어서 그녀가 이렇게 설명하는 것도 확실히 옳다.

한편 어린 시절에는 완벽하게 순결을 지켰으나 이제 격하게 치밀어오르는 불 같은 여자 다음과 눈뜬 성욕 때문에 연애 또는 단순한 정열에 의해서 남자에게 몸을 바친 처녀가 있다고 하자.……그때 모두가 일어나 "더러운 처녀를 보십시오"라고 외친다. 이때 정신은 더럽혀졌어도 처녀막을 보존하고 있는 처녀는 적어도 그 범주에 들어가지 않는다. 이러한 처녀는 가장 크게 소리를 지르고 가장 큰 돌을 던진다. 그러나 "더럽혀진 처녀"는 자연의 충동에 따라서 자위나 반처녀의 변태적인 흥분보다도 오히려 자연스러운 만족을 즐기는 건강한 성욕을 가진 건강한 여자이다. 이런 건강한 여자가 경멸당하는 것이다. 어느 남자도 이런 처녀와는 결혼하려고 하지 않고……오히려 반처녀나 자위를 하는 처녀와 결혼한다! 이러한 처녀는 아직 처녀라는 육체적인 증거를 가지고 있기 때문이다!

물론 "올바른" 생각을 가진 처녀는 금방 깨닫고 이렇게 행동한다. 교제를 좋아하는 젊은 처녀가 자신의 플러트 상대인 남자친구에게 설명하고 있다.

"나는 아직 어떤 경우에도 결혼하겠다는 기대를 가지고 진짜 모험을 한번도 하지 않았어. 그러한 모험은 나를 조금은 즐겁게 만들겠지만 그 반면에 십중팔구 나중에 많은 말썽을 일으키리라고 생각했지. 그런 나이는 졸업했어. 나는 감사해! 나는 결혼하려고 생각해. 그러면 나쁜 배우자라고? 천만의 말씀. 우리 집안은 훌륭하고 나는 자유롭게 쓸 수 있는 지참금을 20만 프랑이나 가지고 있어.……그것은 물론 큰 재산이 아니고 주머니돈에 지나지 않겠지. 그래도 이 살기 힘든 세상에서는 참으로 유쾌한 돈이야. 그렇게 말한다면 조금 경박할까? 천만의 말씀. 그것은 뭐니뭐니해도 내 젊디젊은 청춘에만 주어지지. 만약 결혼하려고 하는 경우 나는 주의해야 할 것을 반드시 깨닫게 되겠지. 그리고 더럽혀지지 않은 여자를 당신은 파리 전역, 그뿐만 아니라 오를레앙 전역에서 찾겠지. 당신……당신은 더

그녀는 얼마나 아름다운가!(발루, 석판화, 1835)

럽혀지지 않은 여자를 한 사람도 찾지 못할 거야. 그것은 당신 집의 하녀들보다도 오를레
앙의 처녀들이 더욱 그럴 거야.……신이여. 우리들은 황새가 아기를 데려오지 않는다는
것을 잘 알고 있습니다. 우리들의 벗 엑토르가 말하는 것처럼 저는 흰 거위가 아닙니다.

그런데도 저의 남편은……자신의 전생애의 제막식을 행하는 최초의 여성으로서 저에게 완전한 만족을 느낍니다."

그녀는 일어나서 또 한번 피아노 키에 손가락을 미끄러뜨리고는 마치 자신에게 타이르는 것처럼 덧붙였다. "제막식은 결코 따분하지는 않을 거라고 나는 확신해."

이 모든 것을, 말과 행동에서 최후의 한계를 그으면서, 아슬아슬한 데까지 행하는 플러트의 흔해빠진 프로그램은 확실히 남녀 누구에게나 플러트의 최고의 묘미로 느껴진다. 손가락을 한번도 불에 데지 않고 대담하게 되풀이해서 불장난을 하는 것은 이 세상에 둘도 없는 달콤한 즐거움이다. 그 때문에 점점 많은 남자들은 다음 순간에는 모든 것이 손에 들어온다는 것을 처음부터 알고 하는 친절한 이웃집 부인과의 교제보다 그런 즐거움을 더욱 멋지게 느낄 것이다. 그 덕분에 반처녀는 점차로 연애 경험의 변화를 동경하는 유부녀에게는 가장 두려워할 경쟁상대가 될 뿐만 아니라 진짜 고급매춘부들의 경쟁상대가 되기조차 했다.

그럼에도 불구하고 플러트를 하다가 처음의 의지에 반해서 최후의 것, 곧 예상하지 않았던 일이 일어나 성욕이 이성을 이기게 되면 ── 그런 일은 수없이 일어난다 ── 처녀들은 그런 것은 자신이 바라지 않았다는 이유에서 역시 그것에 대해서 진지하게 생각하지 않는다. 따라서 처녀들은 ── 적어도 자기 자신에 대해서 ── 충분히 자기 합리화를 하고, 한편으로 미래의 남편을 속이려고 시도한다.

그런데 부모의 입장에서 젊은 딸들의 플러트를 지지하는 데에는 남자와의 교제에서 "뒤탈이 없는 즐거움"을 즐기도록 허락하는 것 외에도 또다른 이유가 있다. 결국 남자를 낚으려는 딸의 노력에 대해서 관대한 마음을 가지고 딸을 응원하려는 것이다. 플러트를 이해하는 젊은 처녀가 가장 재빠르게 남자를 손에 넣는다는 것은 누구나 알고 있는 사실이다. 왜냐하면 이미 알고 있는 것처럼 그런 처녀는 세련되게 상대하여 남자를 대담하게 도발하고 종국에는 남자가 도망가지 못하게끔 가장 유리하게 사로잡을 수 있기 때문이다. 그것에 대해서도 노련한 프레보는 흥미있는 묘사를 하고 있다. 방탕아이며 독신주의자인 남자가 청혼을 하도록 유혹하는 것까지 체득하고 있었던 젊은 처녀가 그때 사용한 방법을 남자친구들에게 다음과 같이 말하고 있다.

나는 가슴을 조금 연 옷을 입었어요.……결국, 그 옷이 때로는 어떠한 작용을 하는가에 대해서 멋진 경험을 했던 것을 당신에게 말해주겠어요.……정확히 점심시간에 레스트랑주 씨는 일찍 뜨거워져버렸기 때문에 마실 수도 먹을 수도 없게 되었어. 이 사람은 그다지 호남도 아닌데 내가 왜 사랑하게 되었는지 당신은 이해할 수 있겠어요? 내가 이 사람을 어떻게 흥분시켰는가를, 내가 느꼈던 것을……한번 보라구요. 그런 것은 어떤 여자라도 할 수 있다고 당신은 내게 말하겠지요. 그렇지 않아요. 나는 어떤 여자보다 남자를 잘 흥분시킬 수 있어요. 식사가 끝난 뒤 온실로 들어갔지요. 르 테시에 씨, 당신의 온실, 특히 종려나무 아래는 플러트하기에 소설에서처럼 안성맞춤이었지요. 내 동생은 베를리오즈의 곡을 듣고 있었어요. 엄마는 혼자서 트럼프를 시작했고, 뤼크와 나는 별실에 있는 것처럼 함께 있었어요. 우리들은 걸터앉아 지껄였어요. 나는 그에게 언제까지나 젊은 처녀로 있는 것에 이미 싫증이 나서 어떤 다른 것을 동경하기 시작했다고 말해서 그를 약간 애타게 했지요. 나는 불안한 꿈을 꾼 것을 이야기했어요.……"당신은 정말 꿈을 꾸었소?" 하고 친구인 엑토르가 그녀의 말을 가로막았다. "물론, 꿈을 꾸었지요. 그것은 이야기에 나오는 익살꾼이지. 그런데 정말이야. 당신에게 그것을 이야기하면 총명한 친구인 당신까지도 흥분할 거라고 생각해요." 레스트랑주 씨는 그것을 듣고는 몹시 거칠어졌어요. 그 사람은 내 손을 붙잡고 성에 눈뜨기 시작한 열다섯 살 소년처럼 더듬거리면서, 자크린! 자크린! 하고 말했지요.……그때부터 나는 또 한번 그 사람에게 꿈에 본 것은 당신이었다고 고백했어요. "그게 정말이오?" "정말이에요. 당신은 안심해도 좋아요." ……마침내 나의 로미오는 완전히 녹아떨어졌어요. 그는 벌써 저항하지 않고 무의식중에 외쳤어요. "자크린, 당신은 내 것이 되어야 해! 내가 결혼에 대해서 정말로 공포를 가지고 있는 것을 당신은 알고 있어. 그래도 나는 당신과 결혼하고 싶어."

젊은 처녀의 최고급의 플러트는 국제적 현상이다. 종종 이야기하는 것처럼 그것을 특히 미국적이라든가 프랑스적 현상이라고 말하는 것은 어리석은 일이다. 이와 마찬가지로 프레보가 자신에게 쏟아진 비난, 즉 그가 파리 여자에 대한 부당한 악평을 전세계에 퍼뜨렸다는 비난 때문에 그가 "반처녀는 프랑스보다도 오히려 외국에서 대중화하고 있다"라고 제한했다면 그것도 물론 잘못이다. 플러트는 어느 나라에서나 광범위하게 확산되고 있다. 만약 앵글로-색슨계 나라들에 대해서 프랑스나 독일의 처녀들에 대한 것과 똑같은 노골적이고도 자세한 묘사가 없다면 그것은 이미 다른 곳에서 여러 번 설명했던 것처럼 앵글로-색슨계 나라들에서는 위선이 뿌리깊이 지배하고 있다는 이야기가 된다. 그러나 이러한 나라에서도 프랑스나 독일에서처럼 소설에 나타난 모든 묘사에 충분히 필적할 만한 기록이 무진장하다. 영국에 대해서는 제I권에서 설명한 베이커 대령의 사건을 들겠다. 이 사건은 전형적인 것을 보여준다. 영국의 상류계급의 처녀들은 참으로 플러트를 즐기고 아슬아슬한 곳에까지 행한다. 이러한 처녀들은 마주 껴안는 것을 가장 좋아할 것이다. 영국 처녀들은 기껏해야 다른 나라 처녀들보다는 귀의 처녀성을 지키고 있다. 그러나 처녀들이 귀의 처녀성에 의해서 피하려고 하는 것은 정신적인 것, 곧 교묘하게 도발하는 말말고 플러트를 한층 더 진행하는 변명의 말일 뿐이다.

미국 젊은 여성들의 플러트의 특징을 아는 데에는 하나의 실례로써도 충분하다. 그것은 수년 전 엘시 시걸 양의 살해사건이 생생하게 폭로한 것이다. 고상하게 교육받은 미국 여성은 황인종의 영혼을 구원하는 것을 가장 큰 기쁨으로 친다. 이 때문에 많은 미국 여성은 각 도시의 더러운 중국인 거리의 선교사를 지원한다. 그러나 변태적으로 신앙에 집착하는 이러한 많은 여성에게는 동시에 이러한 "황색의 악마"와 플러트를 하는 것이 한층 더 큰 기쁨이다. 이때 자신의 젊고 호색적인 육체와 "개종하려는" 중국인의 영혼을 교환한다. 미국의 현실에 대한 훌륭한 분석가이고 더욱이 미국의 풍기에 대해서, 성실한 교환교수가 생각하는 것보다 더욱 진지하게 생각하는 평론가인 헨리 프레드릭 어번이 이 점에 대해서 그 당시의 「베를린 매일신문」에서 참으로 정확하게 설명하고 있다.

그것은 참으로 불가해하다. 그러나 미국 여성을 알고 있는 사람은 그것을 쉽게 이해할 수 있다고 생각한다. 미국 여성은 신경질적이고 히스테리에 빠지기 쉽고, 안에서나 밖에서나 으스대고, 존경받는 것과 가정적인 견실함에는 거의 취미가 없고, 자신의 욕망에 대해서는 제멋대로이고, 남자에게 추파를 보내는 것(플러트)에 관해서는 노련한 대가이며, 어릴 때부터 남성과의 자유로운 교제에 익숙해 있다. 자신이 영혼을 구원한 — 그것은 전혀 잘못된 것이다 — 온순한 동양인에게 사랑받는 것은 낭만주의였다. 영혼을 위한 영혼, 육체를 위한 육체는 참으로 자연적인 결과였다.

그런데 열성적인 여성 선교사는 영혼을 구원하려고 노력할 때와 마찬가지로 플러트를 할 때에도 정조에 대해서 그다지 까다롭게 굴지 않는다. 그녀들은 첫번째 남자와 즐겼던 것을 두번째 남자와는 망설이지도 않고 해버린다. 그녀들은 경우에 따라서 아시아적 질투가 기브슨 걸(p. 46 참조)의 도발적 향락을 잔혹하게 짓밟는 위험을 범하게 된다 — 엘시 시걸 양의 살해사건은 이 경우에 해당했다. 그녀는 몇

몇 중국인 이교도와 동시에 가장 깊숙한 플러트를 하는 것을 자신의 가장 큰 즐거움으로 삼았던 덕택에 어느날 벌거벗은 채로 질투심 많은 그녀의 중국인 친구의 방에 있는 트렁크에서 변사체로 발견되었다. 그런데 이때 경찰관은 일찌감치 도망한 살인범 레온 링의 방에서 아름다운 여성 선교사들이나 그밖의 젊은 미국 여성들이 레온 링에게 보낸 참으로 혐의가 짙은 연애편지를 몇백 장이나 발견했다. 게다가 그러한 여성들의 사진도 많이 발견되었다. 그 가운데는 참으로 기묘한 형태의 사진도 있었다. 플러트를 즐기는 여성들은 남자친구들에게 속옷 한 장이라든가 벌거벗은 모습을 보이는 것을 참으로 자극적으로 생각했다. 만약 연애편지나 사진을 보낸 여성의 이름이 발표되었다면 뉴욕은 가장 충격적인 스캔들을 기록했을 것이다. 물론 이러한 스캔들은 일어나지 않았다. 왜냐하면 미국 경찰은 다른 나라와 마찬가지로 상류계급의 수많은 여성에게 공연히 의혹을 품는 직무를 행하지 않았기 때문이다.

이 기회에 백인 여성들이 유색인종의 남자들과 플러트를 즐기는, 국제적으로 확산되고 있는 기호도 생각해보기로 하자. 미국 여성이 "황색의 악마"에게 쏟는 특수한 총애는 유럽에서는 흔히 볼 수 있는 구경거리로서 도시를 활보하는 외국인 남자들이 누리고 있다. 1870년부터 1871년(보불전쟁)에 걸쳐서 부상으로 프랑스에서 송환된 바 있는 독일 병사들은 자비심 깊은 귀부인들이 흑인 알제리 병사에게는 선물을 계속 주면서도 그들에게는 이러한 선물을 거의 주지 않는다고 전해주었다.

러시아의 상류계급에서는 최근에도 플러트가 공공연히 조직되고 있다. 복잡한 예비교섭을 줄이기 위해서 그들은 각 도시에 방해받지 않고 동시에 될 수 있는 한 세련된 플러트를 할 목적만으로 소위 사랑의 집을 만들었다. 그 가운데는 특히 중학생과 여학생이 출입하는 사랑의 집조차 있었다. 1908년의 「베를린 정오신문」에 어떤 소식통이 6월 12일자로 상트 페테르부르크에서 보낸 다음과 같은 기사가 실려 있다.

대러시아 제국에는 여러 가지 형태와 이름으로 불리고 있는 사랑의 집이 어느 도시에나 있다. 상트 페테르부르크나 모스크바에는 "일분간", "향락", "순간"이라는 클럽이 있다. 키예프에도 "도레파"나 "마취셰의 연인"이라는 유명한 클럽이 있다. 민스크나 오렐에는 최근까지 중학생과 여학생만이 가는 "일깨워주는 집"이라는 클럽이 있었지만 오늘날에는 보통 사랑의 집으로 확장되었다. 니콜라예프, 보로네슈, 폴타바, 예카테리노슬라프 등에서는 자유연애의 연맹이 맹위를 떨쳐서 그 회원이 날로 증가하고 있는 형편이다. 특히 미성년 소녀와 중학생이 클럽의 에로틱한 집회에 오도록 권유받는다는 두세 장소에서 경찰은 연애 소굴을 적발하는 데 성공했지만 그밖의 소굴에서는 점점 회원이 증가하여 번창하고 있다.

　　최근 「상트 페테르부르크 신문」의 기고가 한 사람이 상트 페테르부르크 상류계급의 사랑의 집에 잠입해서 거기에서 벌어지는 소동에 대해서 유익한 기사를 발표했다. 그것은 사랑의 집에 입회했다가 얼마 뒤 탈퇴한 다수의 목격자에 의해서 한층 더 완전해졌다. 신문기자가 보도하는 것처럼 상류계급의 한 주택가에 있는 어떤 신식 건물에서 하루에 두 번, 즉 오후 1시부터 6시 사이, 밤 1시부터 6시 사이에 연애집회가 열린다. 회원은 여성이 20세부터 35세까지, 남성이 25세부터 45세까지가 보통인데(가장 젊은 처녀는 18세이다) —— 될 수 있는 한 남의 눈에 띄지 않게 마차를 타고 다니고 옷에도 사치스러운 물건을 붙이지 못하게 되어 있다. 회원들은 회장의 환영을 받으며 마치 훌륭한 저택의 보통 손님처럼 큰 응접실 문을 통과한다. 그 방에선 곧장 참으로 예의바른 담화가 시작되지만 그러한 담화는 곧 성적인 것으로 옮겨간다. 남자회원과 여자회원은 서로 접근해서 친해지기 시작하고 45분쯤이 지나면 회장이 즐기시오라고 명령을 내린다. 그때 비로소 음악이 조금 울리고 시의 낭송이 조금 행해지다가 마침내 모두의 난장판이 시작되어 거기에 있는 사람은 누구 한 사람 그곳으로부터 도망가는 것이 허락되지 않는다. 그 광경은 필설로 형용할 수 없을 정도라고 한다. 마침내 회장의 눈짓에 의해서 모든 손님은 올 때와 마찬가지로 눈에 띄지 않게 조용하게 그 집을 떠나 다음 집회 때 또 만나기로 한다.

이러한 사실은 플러트가 소위 러시아의 상류계급에서 얼마나 큰 역할을 하고 있는가를 확실하게 증명한다.……

그런데 우리들이 플러트의 차이를 논할 수 있는 한에서는 이 차이는 계급에만 있다. 따라서 그 차이는 결코 사물의 본질의 차이는 아니고 결국 세련된 정도의 차이일 뿐이다. 농민은 공장 노동자와 마찬가지로 촌스럽게 플러트한다. 그들을 자극하는 말은 어디까지나 확실하게 노골적인 것이고 행동은 어디까지나 거친른 포옹이다. 한편 소시민계급의 대중은 부르주아 계급이나 귀족계급보다는 보기좋게 플러트를 한다. 더욱 정확하게 말하면 소시민계급의 대중은 부르주아 계급이나 귀족계급처럼 세련되어 있지 않다. 그것은 이미 다른 곳에서 설명했던 것처럼 그 자신의 생활조건 때문이다. 앞에서 설명했던 것처럼 소시민계급과 중산층에서는 물론 위선이 참으로 큰 역할을 하기 때문에 이러한 계급에서는 플러트는 가장 순진한 형태로 행해진다. 공장 노동자계급에서도 플러트는 조잡하기는 하지만 역시 순수하다. 어느 쪽도 그것을 순수하게 생각할 수밖에 없다. 노동자는 아침부터 저녁까지 작업대 뒤에 걸터앉아, 혹은 기계 앞에 서서 일해야 하므로 가끔씩이라도 일에서 눈을 뗄 수 없다. 따라서 그들에게는 어떻게 하면 에로틱한 즐거움을 도발적으로 높일 수 있는가를 생각할 여유 따위가 없다. 그뿐만 아니라 그것을 실현하기 위해서 필요한 시간조차도 없다. 플러트에는 무엇보다도 시간이 필요하다. 이때 더욱 세련된 형태에 도달하기 위해서는 기회가 적기 때문에 어떤 기회도 놓쳐서는 안 된다고 강제할 수 없다. 이것과는 반대로 기회를 선택해서 그 기회를 서서히 발전시키지 않으면 안 된다. 독신 노동자에게는 플러트란 가끔 소위 일요일의 즐거움으로서, 따라서 휴양과 같은 것이다. 그리고 도덕적으로는 어디까지나 정당한 휴양이다 —— 이 점을 가능한 한 확실하게 해두지 않으면 안 된다. 앞에서 인용한 가톨릭 저술가 프리드리히 지베르트는 「성도덕」이라는 책에서 설명하고 있다.

아침부터 저녁까지 일주일 내내 단조로운 미싱 작업을 하는 처녀는 주위에 비참, 빈곤, 걱정거리밖에 없기 때문에 대학생이 자신을 산보에 데려가는 일요일을 이제나 저제나 하고 동경한다. 큰 행복은 체념하도록 배웠지만 저 불가사의한 즐거움의 떨림 때문에 어떤 것을 맛보는 것을 배운 처녀는 역시 그 큰 행복도 맛보려고 생각한다. 많은 처녀들에게는 연애관계란 그녀들 자신이 노동력으로서 평가되지 않고 인간으로서 존경받는 유일한 관계이다.

그런데 진짜 유산계급에서는 사정이 전혀 다르다. 이 계급에서는 플러트를 방해하는 것은 하나도 없을 뿐만 아니라 특히 이 계급의 여성에게는 플러트를 재미있게 만드는 참으로 강한 자극이 수없이 많다. 이러한 여성의 대부분은 절실한 직업을 가지고 있지 않다. 그 때문에 그들의 대부분은 인생을 될 수 있는 한 즐겁게 보내는 것 이외에는 아무런 소원도 가지고 있지 않다. 그리고 인생은 플러트라는 방법에 의해서만 즐거워진다. 그래서 플러트는 확실히 그들의 가장 중요한 인생 프로그램이 된다. 결국 플러트는 아침부터 저녁까지 심심하면 행하는 그들의 직업적인 작업이다.

이제 우리들은 그밖에 부르주아 시대의 각 시기마다 차이를 설명해야 한다. 앞에서 든 플러트의 묘사는 누구나 알 수 있는 것처럼 플러트가 절정을 이루고 있는 오

밤의 여행(린더, 채색 석판화, 1856)

늘날 및 가장 가까운 과거에서 찾을 수 있다. 그것은 일반적인 실행에서도 그 형태의 세련됨에서도 그러하다. 그것은 소위 소부르주아 시대와 우리들이 여기저기에서 자세하게 설명한 순수한 부르주아 시대와의 필연적인 차이이다. 한 사람의 소시민이 플러트의 방면에서 당연히 소극적인 것처럼 부르주아 시대도 일반적으로 플러트에 대해서 소극적이었다. 이 시대에는 독신자 상호간의 플러트도 대개의 경우 전형적으로 순수했다. 상냥한 추파, 굳은 악수, 가벼운 접촉도 그들 대다수에게 도가 지나친 것으로 간주되었다. 이것은 대화에도 적용되었다. 이때 남녀는 순수한 호의나 소박한 겉치레 인사를 서로 주고받는 것에 한정되었다. 대화를 나눌 때 추잡한 말이나 노골적인 음담은 남녀 쌍방으로부터 가장 큰 범죄로 생각되었다.

다시 한번 말하면 일반적으로 특수한 소시민 시대의 남녀는 마치 특수한 소시민 계급의 남녀가 과거에 행했고 오늘날에도 아직 행하고 있는 것처럼 플러트를 했다. 만약 정치적, 경제적 구조에서 현대와 어딘가 유사한 시대가 있었다면 이 시대의 플러트의 형태와 범위도 현대와 꼭 같았을 것이다. 그러한 시대는 프랑스 제2제정 시대였다. 우리들은 진심으로 받아들일 수 있는 이 시대의 회상록 —— 물론 그 수는 적지만, 그것은 저자가 공공연히 사물을 그 올바른 이름으로 부르고 그 진실을 망설이지 않고 확실하게 설명할 수 있는 용기를 준 회상록이다 —— 을 읽고는 그 시대와 현대와의 사이에 거의 구별이 없는 것을 발견하게 된다. 그것은 어떤 경우에도 과거는 현대보다도 더욱 소극적이었다는 의미는 아니다. 만약 독자가 빌 카스텔의 기분나쁜 일기를 읽어보면, 예를 들어 그 당시 파리의 상류계급 남녀는 오늘날의 상류계급 남녀와 똑같이 말과 행동으로 확실히 플러트를 했음을 발견할 것이다. 우리들은 5분도 안 되어 한 처녀와 허물 없는 사이가 된 신사가 그 처녀에게 딴 사람이 들어서는 곤란한 일에 대해서 "당신과 이야기하는 것이 나의 최대의 소망입니다"라고 속삭인다면 그것은 젊은 처녀에게 겉치레 인사로 느껴졌을 것임을 알고 있다. 이것과 마찬가지로 우리들은 많은 여성이 자신에게 플러트를 하는 신사의 에로틱한 호기심을 마음껏 자극적으로 도발하는 것을 최고의 충격으로 생각했던 사실도 알고 있다. "우리들 처녀들의 스커트는 극장의 막과 같은 것이어서 대부분의 스커트는 매일 저녁 몇 번이나 올라갔다 내려갔다 한다" —— 이것은 제2제정 시대의 노골적인 이야기였다. 나아가 우리들은 사교에서 이러한 극비에 대해서 지껄이는 것이 각 방면에서 고상한 것이 되고 그것에 따라 상호의 행동도 고상하게 되었던 것을 발견할 것이다. 확실히 빌 카스텔 백작은 마음씨 나쁜 중상모략가이다. 그러나 이와 대조적으로 참으로 대담하지만 그로테스크한 도덕의 묘사 때문에 가장 정확한 시대의 풍속도라고 해도 좋은 졸라의 「나나」를 읽어보면 빌 카스텔 백작이 중상모략가가 아니었다고 인정할 것이다.

물론 이러한 것은 파리, 런던, 빈과 같은 그 당시의 대도시들에서만 문제가 되고 있었다. 그 당시, 속담처럼 되어버린 나쁜 소문은 이러한 대도시들에서 유래하고 있었다. 시골의 속물들은 이러한 대도시의 가장 나쁜 소문을 듣는 것만으로도 대도시의 마녀의 가마솥 속에서 널리 행해지고 있는 극악무도함에 공연히 주먹을 쥐고 분개했지만, 그러나 마음속으로는 하다 못해 한번 정도는 슬며시 그러한 나쁜 소문에 나오는 마녀의 가마솥에 들어가보고 싶다는 비상한 동경심을 일으켰을 것이다.

플러트란 "사회적으로 재배된 관능의 꽃"이라고 이름짓는 것이 옳다. 그것은 플러트의 가장 발달한 형태는 언제나 프레보나 카렌베르크의 묘사가 충분히 증명하는 것처럼 가장 고상한 형태라는 의미는 아니다. 이에 반해서, 우리들은 앞의 사실로부터 자연적으로 플러트는 과거에나 오늘날에나 독신자에게만 한정된 것은 아니라는 사실을 알게 된다. 결혼한 남녀도 미혼 남녀와 마찬가지로 열심히 플러트를 하고 있

위험한 승마(N. 모랭, 채색 석판화, 1832)

고 미혼 남녀에 비해서 몇 배나 더 열심이다. 그것은 미혼 남녀와 같은 원인 때문이다. 다시 말하면 플러트는 인습결혼이 부부의 한쪽 혹은 양쪽으로부터 박탈한 쾌락의 보상이다. 또한 여자는 동시에 두 남자를 진지하게 사랑할 수 있다. 여자는 이미 결혼한 상태에서 비로소 두번째 남자와 알아가는 경험이 추가된다. 이 사정은 좋건 싫건 플러트로 인도한다. 태어나면서부터 심각할 정도로 섬세한 기질을 가진 사람에게서는 이때 때로는 플러트의 가장 고상한 형태도 나타난다. 그러한 과정에서 실제로 관능 및 감정생활을 가장 순수한 예술작품으로 만들 수 있는 사람도 있다.

사회생활의 모든 형태는 예외 없이 플러트에 이용되고 있다. 이 세상에는 남녀가 플러트를 하지 않는 장소는 하나도 없다. 관능은 생존의 내재적인 법칙이기 때문에 관능의 활동에서는 휴식이란 것이 없다. 게다가 관능적 향락이 오직 하나의 현실로서 선언되는 계급에서는 모든 것은 플러트를 위한 기회에 지나지 않는다. 프레보는 상류계급의 결혼식에 대한 묘사에서 "소수이지만, 사람들은 자신을 전혀 잊어버리고 교회에서 마치 댄스 홀의 빈 방에 있는 것처럼 행동하는데, 그들은 혼잡을 피한다는 구실로 서로가 껴안고 기뻐한다"라고 그 노골적인 장면을 설명하고 있다.

오늘날의 유산계급에서는 직접적인 플러트의 조직은 스포츠이다. 상류계급의 스포츠는 최근에 와서 사람들이 체육적인 큰 의의를 인정했다기보다도 오히려 방해받지 않고 자유롭게 플러트를 할 수 있기 위해서는 이 이상으로 훌륭하고 적당한 기회는 없다는 것을 경험했기 때문에 대단히 큰 범위까지 확산되었다. 스포츠는 유산계급의, 직업을 가지지 않은 남녀들의 플러트 요구에 대한 근대적인 해결이다.

5) 혼전 성관계

각 시대의 혼전 성관계는 어느 정도까지는 사생아의 평균수에 의해서 측정할 수 있다. 각 나라와 각 계급에서의 이 숫자는 절대적으로도 상대적으로도 시대에 따라서 다르지만 언제나 발견되는 현상은 그 숫자가 끊임없이 증가해간다는 것이다. 훨씬 옛날에는 사생아의 수를 낸 통계 따위는 없었지만 그래도 대체로 올바른 결론을 내릴 수 있는 보고는 많다. 이러한 결론은 상대적으로 말해서 사생아의 숫자는 어느 시대에도 오늘날처럼 많지는 않았다는 것이다. 옛날에는 드물게 나타났던 예외적인 것이 오늘날에는 흔히 볼 수 있게 되어 증명이 필요 없는 규칙이 되었다. 물론 이것은 국민 가운데서도 노동자 계급에 가장 잘 적용된다. 이때 또 하나의 사실로서 오늘날의 남녀는 성교에서 바라지 않는 임신을 예방하는 방법을 옛날보다 더 잘 알고 있는 것도 평가하지 않으면 안 된다. 이 사실에 대한 가장 확실한 증거는 자식이 많은 가정이 눈에 띄게 적어졌다는 것, 특히 유산계급에서는 점차로 드물어졌다는 것이다.

그런데 혼전 성관계의 진정한 범위가 지금까지 한번도 정확하게 확인되지는 않았어도 역시 일반적인 관계로부터 지배적인 원칙을 끌어낼 수 있다. 이 원칙이란 성교의 경험이 없이 결혼생활에 들어가는 사람의 숫자가 나날이 줄어간다는 것이다. 일반적으로 말해서 남자들 사이에서는 결혼 전에 성교를 경험하지 않은 사람은 참으로 적다. 약혼에 이르기까지 많은 여성 —— 수십 명의 여성은 보통이고, 수백 명의 여성과 관계하기도 한다 —— 과 어떤 경우는 한 번의 성교, 다른 경우는 상습적인 성교를 했던 사람이 참으로 많다. 빌 카스텔 백작은 제2제정 시대의 파리의 상류사회에 대해서 "소위 상류계급의 남자는 모두 독신시절에 적게 잡아서 대여섯 번의 유혹을 기록한다. 바꾸어 말하면 남자들은 그렇게 많은 연애관계를 가진다는 것이다"라고 말하고 있다. 톨스토이는 이 점에 대해서 「크로이처 소나타」에서 다음과 같이 설명하고 있다.

> 유감스럽게도 우리 계급뿐만이 아니라 서민들도 몇천 명씩이나 이미 열 번 정도는 결혼했던 신랑이 흔해빠진 형편이다(사람들이 내게 알려준 것처럼 결혼은 장난이 아니라 지극히 진지한 일이라는 것을 잘 알고 있는 순결한 청년도 있다. 신이여, 그들을 지켜주소서. 그러나 내 젊은 시절에는 수천 명 가운데서도 그렇게 형편없는 사람은 하나도 없었다). 그리고 모든 사람은 그것을 잘 알면서도 자신은 전혀 모르는 것 같은 얼굴을 하고 그것을 행하고 있다. 어떤 소설에서도 주인공들의 감정은 자세하게 묘사되고 있고 샘이나 그들이 산보하는 장미 덩굴도 묘사되고 있다. 그러나 처녀들에 대한 그들의 연애 묘사에서는 중요한 주인공에게 그 이전에 어떤 일이 있었던가에 대해서는 아무것도 설명하고 있지 않다. 여러 가정의 방문이라든가 하녀나 여자 요리사, 이웃집 아주머니에 대해서는 하나도 설명하고 있지 않다.

물론 여성의 경우에는 남자와는 비교도 안 되는 큰 자연적, 인공적 방해 때문에 사정이 다르다. 그러나 여성의 경우에도 오늘날에는 절반 이상의 여성들이 벌써 육체적인 순결을 잃고 결혼생활에 들어간다. 게다가 그들 대부분은 자신이 바라지 않은 유혹의 결과로서 적어도 한 번의 성경험을 가졌을 뿐만 아니라 자진해서 의식적으로, 따라서 상습적은 아니라고 하더라도 가끔 성교의 경험을 가졌던 것이다. 그리고 결혼 전에 장래 자신의 남편이 될 한 사람의 남자에만 한정하지 않고 많은 남자와 성교를 했던 여성의 숫자는 이전 시대보다 오늘날 훨씬 많아졌다.

이러한 상태는 역사발전의 필연적인 결과일 것이다. 이전 시대의 혼전 성관계는 개인의 도덕성의 높고 낮은 정도에 관계했지만 현대의 그것은 언필칭 그러한 것과는 조금도 관계가 없다. 근대 사회는 가족의 유대를 조직적으로 단절해서 성적으로 성숙기에 도달한 가족 구성원에 대한 자연적인 보호작용도 조직적으로 파괴해버렸다. 이러한 사정 때문에 수많은 젊은 남녀는 옛날보다 더욱 일찍 그들의 충동적인 유혹에 빠져버리게 되었다. 한편, 일반적으로 결혼연령이 늦어진 것도 더욱 큰 원

가바르니의 목판화(1841)

인이 되었지만 그 원인 또한 순수하게 경제적인 것으로서 도덕성과는 전혀 관계가 없다. 자본주의는 최대한 이윤을 끌어내려고 노력하고 있다. 그 때문에 자본주의는 임금을 될 수 있는 한 낮게, 소위 최저 생활비에까지 낮추어버렸다. 확실히 오늘날 이 최저 임금은 많이 올랐지만, 한편 생활비도 그것 이상으로, 또는 적어도 그것과 나란히 크게 올랐다. 그 결과 수많은 남녀 노동자들은 가족을 가지는 데에 꼭 필요한 돈을 아무리 적게 잡아도 몇 년 만에는 모을 수 없게 되었다. 임금 노동자 계급이 자본주의의 운명으로부터 부여받는 생활 속에서의 약간의 연애란 유일한 행복이라는 이유만으로 대부분의 경우 수년간 계속되는 무수한 자유로운 연애관계는 자본주의의 필연적인 결과이다. 빌리 헬파흐는 「연애와 연애생활」에서 이것을 참으로 훌륭하게 설명하고 있다.

이러한 처녀들은 낮에는 참으로 바쁘다. 저녁에 퇴근시간이 되면 처녀들은 종종 가난한 집으로 돌아가 가정의 우울한 분위기 속에서 지내고, 잠자고, 이튿날 아침에 또다시 상점으로 출근하려고 생각하면 진절머리가 난다. 매일매일이 똑같다. 특히 상점에서 집으로 돌아오는 길에는 눈부실 정도로 빛나는 비어 홀, 카페, 극장, 음악당이 나란히 있어 마음이 즐겁지 않다. 그리고 불타는 육욕이 모든 신경을 자극하는 성적 성숙의 연령에는 이 모든 것이 보다 눈에 띄기 쉽다. 낮의 노동 뒤에 짓누르는 것처럼 진열되어 있는 대도시의 멋진 것들을 조금이라도 맛보고 싶고, 상점의 속박에서 벗어나 가족의 속박 가운데로 곧장 돌아가지 않고 향락의 자유 속에 조금이라도 머물고 싶고, 덕분에 작은 연애유희의 황홀한 형태도 맛보고 싶다는 욕망이 불타오른다면, 그것은 놀라운 일일까?

그리고 사회는 그러한 동경을 실현할 수 있는 기회를 자연스레 주었다. 혼자보다도 오히려 처녀와 팔짱을 끼고 함께 자신들의 시간을 보내려고 생각하는 수많은 젊은 점원, 대학생, 관리, 하사관들이 있다. 매춘부는 그러한 목적에는 그리 적합하지 않다. 결국 이러한 남자들은 "하룻밤 즐기는 것", 결국 저녁은 물론 계속해서 사랑의 밤을 가지는 데에는 언제나 익숙하지 않았다. 그들은 오히려 처녀와 지껄이고, 시시덕거리고, 어쩌면 꼭 껴안기도 하고, 키스도 하고 싶은 기분이었다. 거기에는 또 좋은 점이 있다. 여점원에게 이야기를 걸고, 짧은 시간이지만 여점원을 바래다주고, 다음날 저녁에 만날 약속을 한다. 약

대학 기숙사의 은밀한 방문(롤랜드슨, 동판화, 1790)

속한 날 밤이 되면 두 사람이 함께 어디론가 갈 것이다. 남자는 상대 처녀가 어떻게 사랑하게 되며 그 결과 당신이라고 부르거나 키스를 하게 되고 그후 그런 일이 두세 번 되풀이되리라는 것을 안다. 그리고 처녀가 불타는 정욕을 이기지 못하고 "함께 가지 않겠어요?" 하는 최후의 간절한 소망을 기다린다는 것을 느낀다. 그리고 풋내기 처녀가 모든 점에서 매춘부보다 훨씬 낫다는 것이 실제로 나타난다. 처녀는 값싸고 요구하는 것이 없으며 쉽게 황홀해지고 —— 따라서 건강했다. 남자들 스스로도 풋내기 처녀와의 연애생활은 벌써 필요악이었을 뿐만 아니라 매력 있는 즐거움이라는 것을 느꼈다.

가톨릭 선교사 프리드리히 지베르트도 이러한 사정에 대해서 그다지 반발하지 않고 노동자 계급의 결혼 전의 연애관계를 강력하게 변호하고 있다.

아침부터 저녁까지 매일매일 찌는 듯이 더운 작업실에서 기계적이고 죽고 싶을 정도로 따분한 노동을 해야 하는 여공, 월요일 아침부터 토요일 저녁까지 사무실의 책상에 붙어 있어야 하는 청년, 하루 종일 손님의 주문에 뛰어다녀야 하는 여점원과 같은 사람들은 확실히 인생의 약간의 즐거움 따위를 부러워하지는 않지만, 결국에 가서는 연애가 자신들을 즐겁게 두세 시간 동안 그럴싸하게 꾸며주는 데에서 인생의 즐거움을 발견한다. 우리들은 그들에게 다른 사람들을 위해서는 매일매일 고되게 일하면서도 한편으로는 그 어떤 즐거움이나 휴식도 가져서는 안 된다고 요구할 수는 없다. 교회에 나가는 것 —— 그것이 그들에 대한 휴식으로서 추천된다. 그러한 방법에 의해서 불건전한 상태를 개선하려는 사람은 인간을 모르는 사람이다. 이러한 불쌍한 사람들이 "연애"를 하게 되면 그들의 생활에 갑자기 서광이 비친다. 실수란 확실히 어리석은 것이지만 그들은 그러한 어리석음을 쉽게 피할 수 있다. 그러나 우리들은 이때 적어도 실수의 심리적 원인을 평가하는 것은 알고 있다. 자신이 바라는 것을 이루게 되는 즐거움은 많은 처녀들의 바람이지만 그런 처녀들은 그렇게 함으로써 실제 "타락할지도" 모른다는 것을 확실히 알지 못한다.

이와 같은 것은 도시나 시골의 하녀들에게도 적용된다. 게다가 시골의 대부분의 하녀들은 이미 한 인간으로서 일상적인 성만족을 당연히 요구해도 좋은 나이에 이르러 있다. 결혼함으로써 어설픈 애정에 매달리는 것은 많은 하녀들에게는 걱정과 비극의 끊임없는 연속을 의미한다. 왜냐하면 쥐꼬리만한 수입은 한 가정을 지탱해 가는 데에 충분하지 않기 때문이다. 특히 독일에서는 오늘날에도 공장이나 회사에서 제도적으로 고용인에 대해서 직접적인 결혼금지 조처를 내리는 곳이 많다. 다시 말하면 이러한 공장이나 회사에서는 사용인에게 미리 결혼 청원서를 내게 하고 그것이 허가되었을 때에만 결혼을 허용하고 있지만 이 청원서를 거절하는 것은 회사의 자유이다. 이러한 규칙의 대표적 실례로서 프랑크푸르트의 화재보험 회사 도이치 푀닉스가 1895년 사원들에게 발표한 명령을 보자.

최근 혼자서밖에 생활할 수 없을 정도로 박봉을 받고 있는 젊은 사원들의 결혼이 놀라울 정도로 증가하고 있다. 불충분한 수입으로 가정을 꾸려가겠다는 결심은 참으로 비참한 결과를 초래한다. 빈곤과 비참이 찾아와 금전상의 걱정은 피할 수 없다. 그런 사원은 즉시 가정에 대한 걱정 때문에 벌써 자신의 직책의 의무를 우리들이 만족할 수 있을 정도로 수행할 수 없다. 다만 그러한 무분별한 행위의 결과, 회사에 대해서 끊임없이 급료의 인상을 요구하지만 회사가 물론 그런 요구에 응할 수 없다는 것은 논란의 여지도 없을 것이다. 따라서 회사는 결혼을 희망하는 모든 사원이 이 희망을 회사에 미리 문서로 보고하고 그것에 의해서 그 사원이 계속 장래까지 고용될 수 있는지 어떤지를 숙고할 수 있도록 하기 바란다. 이것은 명령이다.

1895년 3월 9일. 프랑크푸르트 암 마인. 사장.

만약 이 문서가 왠지 모르게 타협적이라고 생각된다면 그것은 회사의 이윤에 대해서 언급해서는 곤란하다고 선언할 때의 뻔뻔스러운 솔직함 때문이다. 역사를 자랑하는 이 부자 회사는 대략 35퍼센트의 배당을 줄 정도였다!

그런데 이런 당치 않은 명령은 아주 흔해빠진 것이고 그것은 언제나 자신의 책임을 확실하게 자각하지 않는 사업가나 사장의 개인의 정신에 의해서만이 설명할 수 있다고 공상하는 소박한 사람들이 많이 있다. 그러나 그것은 터무니없는 궤변이다. 왜냐하면 아버지 격인 정부는 자신의 관리들에 대해서 종종 이것과 마찬가지로 전제적이고 이때 역시 이것과 똑같은 잔혹한 방법을 사용하고 있기 때문이다. 그리고 이 방법은 특히 독일에 해당된다. 독일에서는 거의 모든 관청의 하급공무원은 결혼하려고 할 때 미리 당국으로부터 허가를 받지 않으면 안 된다. 만약 관리가 결혼 청원서를 내지 않았거나 또는 결혼에 대한 허가가 거절당했음에도 불구하고 그것을 무시하고 결혼했다면 그들은 많은 물질적인 불이익을 감수해야 하고 경우에 따라서는 해고의 위협을 당한다. 이것에 대한 증거로서 독일 체신부의 처분에서 발췌한 다음의 인용을 눈여겨볼 수 있을 것이다. 가장 최근의 명령에는 다음과 같은 내용이 있다.

앞으로 우편 집배원들은 결혼할 의향을 미리 우체국의 상사에게 통지할 것을 지시한다. 우체국의 상사는 언제나 약혼자의 개인적, 경제적 지위를 고려해서 경제적, 개인적 상태를 자세하게 조사하지 않으면 안 된다. 그 결과는 그 우편 집배원과 협의해서 심리문서에 의해서 결정해야 한다. 그때 일찍 결혼했기 때문에 생활고가 발생했을 경우 당사자가 무조건 우체국 보험으로부터의 보조금을 기대해서는 안 된다는 것을 당사자에게 알려야 한다. 더욱이 당사자는 임시직 하급공무원으로 전임된다는 것을 언제나 염두에 두어야 한다. 마지막으로, 장차 얼마 안 있어 다시 정식으로 임명되겠지만 그 이전에 사망했을 때에는 유족에게는 과부 부조금 및 유아 부조금의 청구권이 없다. 심리의 결론으로서 당사자가 결혼 후에도 계속해서 근무할 수 있는지 어떤지의 결정은 해당 우체국의 권한임을 당사자에게 알려주어야 한다. 심리문서는 의견서와 함께 제출해야 한다. 따라서 앞으로도 반드시 결혼 전에 보고해야 한다.

우리들이 각 방면의 국영공장에서 찾아낼 수 있는 이와 같은 명령도 민간 기업체에서와 똑같은 동기가 중심이 되고 있다. 우리들은 이런 경우, 임금이 너무 적어서 기껏해야 혼자서 간신히 생활할 수 있을 정도라는 것을 알고 있다. 하급공무원의

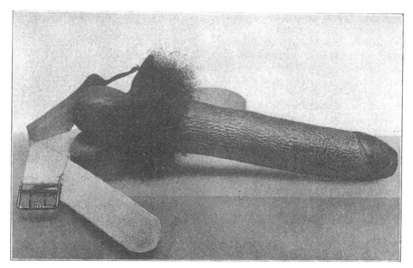
고무로 만든 인조 남근

급료를 깎는 것은 이익이기 때문에 정부는 하급공무원의 싼 급료를 언제까지나 올리지 않아도 되는 위치에다 가능한 한 많은 사람을 묶어두기 위하여 자의적인 폭력 수단을 이용하고 있다. 그 위치란 결혼하지 않고 계속 독신으로 사는 것이다.

이 점에서 여자 공무원은 한층 더 심각하다. 그들의 채용은 독신이나 결혼하지 않을 것을 조건으로 하고 있다. 각 나라의 전화 교환원, 우체국의 여직원, 초등학교의 여교사에 대해서는 일반적으로 결혼이 금지되고 있다. 다시 말하면 기혼여성은 국영 기업체에서 일할 수 없기 때문에 결혼은 당사자에게는 자신의 직업을 당장 버리는 것을 의미한다. 그리고 이때에도 동기는 같다. 결국 기혼여성의 노동력은 설사 "선의의 경우"라고 하더라도 미혼여성의 노동력처럼 끝까지 짜낼 수가 없기 때문이다. 곧 여기에서도 도덕성이 아니라 이윤율 높이기가 승리한다.

앞에서 설명한 모든 것은 갓 생기기 시작한 성욕에 폭력을 가할 수 없는 한에는 결국 혼외의 성교를 장려하는 것이다. 그리고 극소수의 사람들만이 영구히 —— 다행히 —— 그런 성욕에 폭력을 가할 수 있다. 다만 노동자 계급의 평균 결혼연령은 다른 계급에 비교해서 기본적으로 빠르지만 이것도 역시 이 장의 처음에 이미 설명했던 것처럼 부부세대가 남녀 개별 세대보다도 언제나 경제적이라는 이유 때문이다. 다만 이때 본래의 공장 노동자만이 문제가 되고 이들 중에서도 여성 노동자만

빈의 음화를 실은 인쇄물(석판화, 1875)

이 문제가 된다. 우리들은 "자유연애"라는 항목에서 공장 노동자의 성관계를 또 한 번 설명하기로 한다.

농민의 성관계도 공업이 발흥한 지역에서는 완전히 바뀌어버렸다. 그러나 만약 이 변화가 특수한 농민적 도덕의 타락으로 나타났다고 주장한다면 이것은 공연한 중상모략이다. 다시 말하면 농민의 부정할 수 없는 도덕적 퇴폐상태는 공업의 발전과 더불어 농촌에 유입된 것이다. 공식적인 도덕의 감시자들은 도덕적 퇴폐의 대표적인 예로서 우선 결혼 전의 성교를 꼽는다. 그런데 진리에 용감한, 이러한 상황에 대한 전문가들은 이 점에서 전혀 잘못된 비판을 내리고 있다. 이를테면 바이에른의 고지(高地)에는 오늘날에도 아직 공장이 하나도 없다. 이것에 대해서는 이 지방에 대한 전문가이며 이 지역 출신인 게오르크 크베리가 자기 지방 사람들의 풍기를 비판하고 있는 것을 보자. 크베리는 「상부 바이에른 농민의 성애와 비밀재판」이라는 책에서 이렇게 설명하고 있다.

도덕의 소박함과 순결이라는 숭고한 관념이 산간지방 특유의 것이라고 말하는 사람은 참으로 환멸을 느낄 것이다. 남녀는 상호간의 교제에서 한없는 자유를 누리고 있다. 창문은 스위스의 킬트강(Kiltgang : 시험혼 관습, 남자의 여자방 잠입/역주)처럼 한없는 자유에 대한 슬퍼해야 할 특권을 돕고 있다. 신랑과 신부가 자식을 네댓 명이나 이끌고 결혼식 단상에 오르는 것은 희귀한 일도 아니고 불명예도 아니다.

이 경우, 즉시 다음 이야기를 조건적으로 덧붙여두지 않으면 안 된다. 즉 상부 바이에른의 수많은 신랑신부들이 가끔 많은 사생아를 두고 있는 것 —— 이와 같은 풍조는 다른 농촌지방에서도 증명되고 있기 때문에 상부 바이에른만의 현상은 아닐 것이다 —— 은 농민의 도덕적 퇴폐를 보여주기보다는 오히려 농민계급이 그 아래서 살아가게끔 강제되고 있는 특수한 재산관계를 나타내고 있다. 그것은 이미 끝난 결혼을 가끔 수년간이나 연기하게 만드는 농민의 상속권 및 토지 보유권의 결과이다.

수년 전에 어떤 가톨릭 신부가 진보적인 신문 「뮌헨 시사신보」에서 소위 농민의 도덕의 순박함에 대해서 크베리와 똑같은 비판을 내리고 있다. 그의 경험에 따르면 저지(低地)는 고지(高地)와 똑같다는 것만이 다르다. 그는 설명한다.

그런데 모든 도덕단체가 범하는 가장 큰 잘못은 도덕적 퇴폐가 도시에서 시작되어 농촌까지 오염시켰다고 주장하는 것이다. 이들 성직자들은 농촌에는 아직 맑고 깨끗하기 짝이 없는 가장 순결한 천국이 존재하는 것처럼 생각하고 있다. 나는 농민의 풍기가 문란해지고 있다고는 말하지 않지만 나 자신의 수년 동안의 체험을 토대로 해서 말하면 성에 관해서는 도시와 농촌 사이에는 구별이 없다고 말할 수 있다. 사람은 어디에나 살고 있다. 신이 없는 도시에서 도덕적 퇴폐를 수없이 발견하는 성직자들이 농촌에 와서 1년쯤 고해를 듣게 되면 그들은 근본적으로 생각을 바꾸게 될 것이다. 사람들이 당신은 단 한 교구밖에 몰랐기 때문에 전체를 추론할 수 없다고 항의할지도 모른다. 나는 그러한 항의에 대해서 오늘날까지 100개 이상의 교구, 즉 여러 지방, 저지와 마찬가지로 고지에도, 또 빈곤한 농촌이나 풍요한 농촌에도 근무했다고 답할 수 있다. 그러나 어디에서나 풍기는 마찬가지였다.

나는 이미 제I권(제4장)에서 영국 농민의 상태에 대한 전문적인 비평을 인용했으나 여기에서도 이 방면에 대하여 또 한번 언급하기로 한다. 프랑스 농민들의 소위 도덕의 순박함에 대해서 대체적인 윤곽을 파악하기 위해서는 졸라의 훌륭한 소설 「대지」를 프랑스어 원본이나 아니면 완역판으로 읽는 것만으로도 충분하다. 흔히 볼 수 있는 농민의 도덕을 묘사한 가장 짧은 인용문은 "포도따기가 시작된다.······

농민은 모두 아침부터 저녁까지 포도송이를 먹었다. 그 결과는 언제나 남자들은 취하고, 여자들은 임신하는 것이었다." 그러나 이보다 더 특징적인 것은 다음의 묘사이다.

처녀 능욕(고야, 부식 동판화)

예수 —— 타락한 농민의 별명 —— 는 오직 한 가지 점, 곧 도덕에 관해서만은 민감했다. 그 문제 때문에 그는 그 후 반 시간이 지나자 참으로 화가 났다. 왜냐하면 그가 집을 나서려고 했을 때 일요일이라 모처럼 멋을 부린 어떤 농부가 길을 달려와 이렇게 외쳤기 때문이다. "예수 씨! 어이. 예수 씨" "뭐냐" "당신 딸이 기욤의 밭두렁에서 자고 있어요" "두렁에서?" "그렇소, 사내가 처녀 위에 올라타고 있소." 그는 노해서 양 주먹을 불끈 쥐고 휘둘러댔다. "좋다! 고맙다! 채찍을 가져와!……망할 년이 내 이름에 똥칠을 했어!" 그는 벽에서 굵은 말채찍을 꺼냈다. 그는 딸을 다스릴 때에는 언제나 이 채찍을 사용했다. 채찍을 가지고 집을 나와 딸과 사내를 불시에 습격하기 위해서 엉덩이를 낮추고 담에 숨어서 살금살금 걸어갔다. 그런데 길모퉁이를 가고 있었을 때 망을 보고 있던 에르네스트가 그를 발견했다. 한편, 그의 친구 델팡은 두엄더미 곁에 있었다. 두 청년은 교대로 처녀와 농탕치고 그 사이에 한 명이 망을 보기로 했던 것이다. "정신 차려, 예수가 왔다" 하고 외쳤다. 그는 채찍을 보았다. 예수는 마치 토끼처럼 밭을 넘어왔다. 델팡은 두엄을 집어던지며 펄쩍 뛰었다. "아버지다!" 처녀는 자기 연인에게 5프랑의 은화를 쥐어주는 침착성을 아직 잃지 않았다. "자, 이 돈을 가지고 도망가요." 예수는 바람처럼 습격했다. 손에 쥔 굵은 채찍은 흡사 총성처럼 소리를 냈다. "이 갈보년! 기다려, 너에게 예의를 가르쳐주마." 그는 밭 주인의 아들을 보았지만 재빠른 청년은 순식간에 도망쳐버렸다. 그러나 처녀는 운이 나빴다. 처녀는 벌거벗은 허벅지에 최초의 일격을 받았다. 그리고 추격이 시작되었다.……

농촌지방에 주둔한 군대의 병사들에게 행해지는 접대혼(接待婚)은 각 나라에서 대부분 딸이나 마누라를 함께 수청들게 하는 것이다. 이것은 군대에 근무했던 수많은 병사들이 알고 있다. 그것은 9개월 전에 대(大)기동훈련이 있었다든가 또는 군대가 민가에 숙박했던 지역에서 사생아의 숫자가 갑자기 많아지는 것에 의해서 통계적으로 실증되고 있다. 1907년의 대기동훈련이 바야흐로 시작되려고 할 때에 뷔르템베르크의 가톨릭 교단의 신문에 발표된 한 신부의 비통한 절규는 이것에 대

성욕을 충족시키려는 군대의 야만적 술책에 대한 풍자(헤르만 파울)

한 훌륭한 증거이다.

    "주의하시오!" 군대가 민가에 숙박하는 시기를 유의하라는, 신부가 처녀에게 보내는 수호신의 편지. 대기동훈련! 민가에 숙박하는 병사들! 이 말은 마음속에서 꼭 정반대의 감정을 불러일으킨다. 많은 쾌활한 남자들은 병사들을 대환영하지만, 한편 신부나 착실한 처녀와 그 부모들은 병사들이 숙박하는 날을 불안한 마음으로 기다리게 되는 것은 당연하다. 왜냐하면 병사들 가운데에 훈련기간 동안에 될 수 있는 한 많은 처녀를 유혹해보려는 악마와 같은 목적을 가지고 병영을 출발한 참으로 나쁜 인간들, 즉 타락한 무리들이 많이 있다는 것은 유감스럽게도 사실이기 때문이다. 실제로 군대가 민가에 숙박함으로써 도덕적으로 참으로 많은 재앙이 생겼다. 그런데 이 재앙은 경지를 짓밟아 망치는 손해와 마찬가지로 군대가 철수한 뒤에도 청산할 수 없는 것이다. 이러한 이유에서 처녀로서의 순결과 아내로서의 정조를 세상에서 가장 귀중한 보석으로 생각하는 처녀나 젊은 아내는 정신을 차리고 기도하기 바란다 —— 주의하시오. 나는 기품 있는 여성독자 여러분이나 진지하게 걱정하는 종교계의 벗들에게 호소한다. 당신 교구에서 군대가 숙박하는 데 대한 걱정으로 나는 이 시기에 처녀들에게 닥쳐오는 위험을 경고하고 동시에 그럼에도 불구하고 처녀들이 어떻게 해서 자신의 가장 아름다운 숙덕(宿德)을 지킬 수 있는가를 보여주기 위해서 손에 펜을 들었다. 대기동훈련 때마다 자신의 정조가 위험에 노출되는 현대의 독일 처녀들은 수호신의 편지 "주의하시오!"를 읽어보기 바란다.

이 방면의 전문가는 앞에서와 같은 수호신의 편지가 얼마나 소용될 것인가를 의심하지 않을 수 없었다. 신부의 위선에도 불구하고 성의 향락은 농민에게 지극히 자연스러운 것이다. 그들의 성애는 복잡하지 않았다. 그들은 포옹을 절정으로 여길 뿐이고 포옹 이외의 아무것도 구하지 않는다. 그래서 구애하자마자 완전한 실현이 이루어진다. 이 기회에 소위 "황제탄신일의 어린이"도 생각하지 않으면 안 된다. 독일의 황제탄신일에는 병사들 가운데 호색한들은 평상시보다도 긴 외출시간을 가진다. 이 날, 그들은 누구에게도 방해받지 않고 그물을 쳐도 좋다. 따라서 이 날은 ── 알콜로 간덩이가 부어서 ── 사랑이 성공할 기회도 가장 많다. 이것은 대원수이신 폐하의 생일로부터 9개월 뒤에는 병영촌의 분만원이 예약이나 된 듯이 대만원을 이루는 것에 의해서도 증명된다.

여기에서 또 하나, 농촌에서 오늘날에도 옛날 그대로 남아 있는 하녀와 수확기에 삯일하는 여자들의 침대노예제도 설명해야 한다. 오늘날에도 이 침대노예제에 대해서 하녀들은 아직 방어수단을 가지고 있지 않다. 그것은 어떻게 할 수 없는 운명과 같은 것이기 때문에 대부분의 하녀들은 그것을 당연한 것으로 받아들이고 있다. 뿐만 아니라 음탕한 기질이 있는 하녀들 ── 대부분이 그렇다 ── 은 여기에서 한걸음 더 나아가 오늘은 이 남자, 내일은 저 남자의 정욕의 노리개가 되는 것을 즐기기조차 한다. 이 점에 대해서도 졸라의 「대지」에 특징적인 짧은 묘사가 있다. 그것은 다음과 같다.

추수 일꾼들이 보르드리에 왔을 때 장은 여자들 가운데서 한 일꾼의 마누라를 보았다. 2년 전 이 마누라가 아직 처녀였을 무렵에 참으로 마음이 끌리던 일이 있었다. 어느날 밤에 그는 프랑수아즈를 생각하고 또다시 대단히 흥분했다. 그는 갑자기 벌떡 일어나 양 우리에서 남편과 동생 사이에서 잠자고 있는 그녀에게로 가서 그녀의 다리를 끌었다. 그녀는 그다지 저항도 하지 않고 그가 소원하는 것을 들어주었다. 두 사람은 한마디도 말하지 않았다. 긴 양 우리의 바닥에는 겨울 비료가 준비되고 있었고 그것을 양이 파헤쳤기 때문에 자극적인 암모니아의 냄새가 발산되었다. 이러한 양 우리에서 묘지처럼 고요하고 무더운 어두운 밤에 장은 자신의 끓어오르는 피를 가라앉혔다. 그리고 일꾼들이 농장에 머문 열흘 동안에 그는 매일 밤 그곳을 찾아갔다.

수확기에 삯일하는 많은 여자들은 남자 삯일꾼 모두에게 몸을 맡기기 때문에 거

에로틱한 글이 있는 농민의 항아리(1795)

의 매일 저녁 여러 명의 남자들에게 잇달아서 자신의 몸을 맡기는 일도 드물지 않았다.

소위 농촌에서의 도덕적 순박함이라는 것도 실상은 이런 형편이다. 그리고 이것은 그다지 놀랄 일도 아니다. 그것은 끊임없이 새롭게 되풀이되고 있다. 농민의 교육수준은 참으로 낮기 때문에 그들에게 문화의 개념은 오히려 웃음거리이다. 따라서 성욕의 유혹에 대한 억제는 어디에서도 찾아볼 수 없다. 이에 반해서 농민의 도덕적 순박함 따위는 슐라게 데어 아우어바흐, 막시밀리안 슈미트 같은 낭만주의 작가들의 헛소리에서나 찾아볼 수 있는 겉치레에 불과하다.

부르주아 계급이나 지주계급에서는 혼전 성관계가 중산층이나 노동자 계급에서 보다도 더 큰 역할을 연출하고 있다. 이들 계급에서 그것은 중산층이나 노동자 계급만큼 성행하지는 않지만 대개 장기간에 걸쳐 이루어진다. 문제가 되는 것은 주로 남자이고 여자는 우리들이 알고 있는 것처럼 어디까지나 성적 금욕을 선고받고 있다. 우리들은 이러한 계급의 남자들에 대해서 그들의 성생활의 가장 중요한 부분은 혼전 성관계를 통해서 이루어지고 있다고 과장 없이 말할 수 있다. 상류계급의 수많은 부인들이 "우리들은 남편과 연애할 때에도 언제나 찌꺼기를 조금 받는 데에 지나지 않는다"라고 비통하게 말하는 것은 진실이다.

이미 설명했던 것처럼 이러한 사정은 특히 이 계급 남자들의 만혼(晩婚) 때문에 생긴다. 이 계급에서는 신분에 상응하여 살아야 하는 것이 엄격한 규칙이다. 그러나 이러한 생활은 일정한 수입이 없으면 불가능하다. 관리나 장교는 먼저 일정한 관등에 도달해야 하고, 의사나 변호사는 충분히 보증된 위치를 확보해야 하고, 작가나 학자는 명성을 얻어야 하고, 상인은 기초가 확고한 견실한 기업을 가져야 한다. 그런데 30세에서 35세 이전에 그러한 자격과 위치를 획득하는 것은 불가능한 이야기이다. 따라서 이 계급에서는 30세 이하의 젊은 남편이 참으로 드물다. 이제 각 나라 장교들의 결혼난에 대해서 설명하겠다. 재산이 없는 장교는 여자와 손쉽게 결혼할 수 없다. 오히려 이들은 "담보", 즉 자신의 신분에 어울리는 생활을 확고하

게 보증해주는 지참금을 가진 여자와 결혼하여 재
산을 손에 넣어야 한다. 왜냐하면 장교가 "신분에
어울리는 생활"을 한다는 것은 언제나 장교로서
의 명예의 첫째가는 요구였기 때문이다.

생활비가 높아지고, 일반적으로 사치풍조가 확
산되고, "신분에 어울린다"는 말이 의미하는 요구
가 방만해짐에 따라서 "남자가 여자를 부양할 수
있는" 시기도 점점 늦어지는 것은 당연하다. 이러

에로틱한 문양이 그려진 농민의 접시(1825)

한 모든 사정이 끊임없이 강화되는 것이 이전부터의 일반적인 경향이기 때문에 그
결과, 이러한 상태의 개혁 따위는 찾아볼 수 없게 되었을 뿐만 아니라 반대로 부르
주아 계급의 남자의 결혼연령도 어느 나라에서나 점점 늦어져간다. 앞에서 든 직업
가운데 두세 가지는 그 수입이 일반적으로 신분에 어울리는 생활을 하는 데에 충분
하지 않기 때문에 상황은 한층 더 복잡해지고, 그 때문에 지참금을 가진 마누라는
어떻게든 피할 수 없는 요구가 된다. 그런데 그러한 마누라는 남편을 사는 지참금
에 대한 대가로서 장래에 출세할 것이라는 그림 속의 명성이나 관능만으로는 결코
만족하지 않고 언제나 이러한 이상을 처음부터 손에 넣으려고 한다. 이러한 모든
이유 때문에 이와 같은 남자들은 성적 충동을 오로지 매춘부와의 교제라는 혼전 성
교에 의해서 충족시키는 것 외에는 탈출구가 없다. 이러한 일은 노동자 계급에서는
드문 일이다. 본래 노동자는 드물게밖에 사랑의 향락을 살 수 없다. 그들은 사랑의
향락을 사는 것이 아니라 선물로 받아야만 했다.

유산계급의 남자에게는 혼전 성교란 슬퍼해야 할 응급수단이 아니라 오히려 참으
로 유쾌한 것이다. 왜냐하면 그것은 뒤탈이 없는 향락이기 때문이다. 남자는 여러
여자와 지속적으로 또는 동시에 친밀한 관계를 맺어도 지장이 없고, 불쾌해졌다든
가 또다른 여자의 매력에 끌렸을 때에는 그날 중으로 혹은 그 순간에 이 관계를 완
전히 끊어도 좋다. 이러한 편리한 입장을 뭔가 어쩔 수 없는 사정에 강요당하기 전
에 미리 버린다든가, 혹은 이러한 성생활의 향락을 최후의 한방울까지 맛보지 못한
채로 버린다는 것은 향락생활을 자신들의 신성한 계급적 특권으로 간주하는 인생관
의 논리와 확실히 모순되고, 남자들이 처음부터 계산에 넣는 금전결혼 또는 인습결
혼에서 육욕적인 매력이 적으면 적을수록 더욱 모순된다.

이상에서처럼 혼전 성교는 어떻게 해도 피할 수 없는 현상이기 때문에 그것에 대한 세상 사람들의 비평도 아직 공평하지 않다. 확실히 노동자 계급에서는 혼전의 성교가 점점 지극히 자연스러운 것으로 인정되어가기 때문에 결혼 전에 성교하는 사람은 같은 계급의 사람들로부터 일반적인 존경을 잃지 않는다. 그러나 이러한 것은 노동자 계급에게만 적용된다. 다만 그렇게 말한다고 해서 상류계급에서는 이러한 상태로 몰고 가는 강제적인 논리에 대한 이해력이 결여되어 있다는 의미는 아니다. 그렇지 않은 증거로는 1910년에 빈 지방법원의 민사부가 약혼자의 아이를 임신한 독신의 여기자를 예고 없이 해고해도 좋다는 사장의 권한을 부정한 다음의 판결문이 적당하다.

설사 일반적으로 나타나고 있는 사고방식이 옳은지 그른지가 아직 결정되어 있지 않다고 해도 혼외관계라는 사실은 본래부터 부도덕한 행위이지만 당면한 사실만을 두고보건대 부도덕한 몸가짐 때문이라고는 말할 수 없을 것이다. 특히 오늘날의 대도시에서 취업을 하거나 결혼하기가 점점 어려워지는 것은 주지하는 바이다. 대부분의 노동계급에서는 내연관계의 동거가 확산되고 있고 이것은 그다지 부도덕하다고는 느껴지지 않는다. 소송인인 여성이 속하고 있는 사원 그룹도 도시의 곤란한 취업사정 아래서 생활을 꾸려가고 있으므로, 이 경우에도 오늘날의 상태를 관찰하고 평가하건대 혼외관계를 부도덕하다고는 볼 수 없다.

그러나 이러한 것은 예외이다. 특히 교회가 이것에 대해서 아직 권력을 가지고 있는 경우에는 설사 옛날보다 심하지는 않아도 옛날과 마찬가지로 관용적이지는 않다. 교회는 이러한 처녀에게 적어도 순결의 상징을 내려주는 것만큼은 거절하려고 한다. 이 점에서 프로테스탄트 교회의 불관용은 가장 심하다. 이러한 어리석은 형태의 불관용에 영합해서 매일매일 새롭고도 심한 사례를 쌓아올려가는 산더미처럼 많은 자료로부터 여기에 한 가지 기록을 옮겨둔다. 메클렌부르크 시의 교단의 목사가 그의 「교회의 알림」에서 1907년의 교회연도에 대한 보고로서 다음과 같은 것을 말하고 있다.

13쌍이 결혼식을 올렸지만 그 가운데 6명의 신랑은 화환을 바치고 7명의 신랑은 바치지 않았다. 그런데 이 6명 가운데 한 명은 유감스럽게도 허가 없이 입수한 화환에 존칭까

사냥 모험. 자극적인 르트루세(독일의 채색 석판화)

지 붙여서 제단 앞에 세워두었다. 그것은 완전히 거짓임이 드러났다. 우리들은 지난 교회 연도에 무허가 화환을 바친 4명의 신랑에게 속았다. 속임수를 쓴 신랑 중 3명은 여기에서 결혼식을 올렸다. 한 명은 다른 곳에서 결혼식을 올렸지만 여기에서는 화환을 바친 신랑 으로 예고되어 있었다. 우리들은 신의가 이 지경에 이른 것을 슬퍼하고, 허가 없이 화환을 구하는 것, 즉 신의 이름에 의해서 거짓말을 하는 것을 진지하게 생각해보아야 한다. 주님 은 자신의 이름을 남용하는 것을 허락지 않으실 것이다.

만약 이러한 목사들이 속았다면 그들이 그러한 눈으로 보는 것은 당연하다. 한편 가톨릭 교회는 이 점에서는 그 정도로 엄격하지는 않고 농촌지방에서는 그러한 것 을 전혀 문제삼지 않았다. 이를테면 상부 바이에른, 슈타이어마르크, 티롤, 케른텐 등에서는 상속권 때문에 서로 좋아하는 남녀가 결혼하고 싶어도 수년 동안 부부가 되지 못하고 있다. "왜냐하면 노인이라도 어떤 유예기간을 두어야 비로소 결혼할 수 있기 때문이다." 많은 가톨릭 신부들도 이 논리를 인정하고 있다. 이 경우에도 일반의 풍기문란에 대해서, 특히 머슴들의 소위 지나친 풍기문란에 대해서 온갖 욕 을 퍼붓는 사람이 많이 있다. 로이테는 이렇게 설명하고 있다.

만약 시골 머슴들이 어느 곳에 있더라도 목사의 귀찮은 설교가 없었다면 시골에는 일손 부족 따위는 없었을 것이다. 그러한 사람들은 비록 인생이 온통 장밋빛은 아니라고 하더라도 가난한 생활의 최소한의 즐거움이 목사에 의해서 불쾌해지고 싶지는 않다고 생각한다. 확실히 시골머슴의 문제는 장미화환이나 고백 따위로는 해결할 수 없다.

앞의 이야기는 농촌지방의 일손 부족에 대한 설명으로서는 참으로 의심스러운 것이지만 —— 어쨌든 이것은 여러 가지 원인 가운데 하나에 지나지 않는다 —— 로이테의 다음 설명은 정곡을 찌르고 있다.

빈둥거리는 남자와 창녀(채색 동판화, 1808)

향락욕과 연애의 기쁨이라는 큰 단지에서 아주 조금만 홀짝홀짝 퍼마시려고 생각하다가 술 마신 파리처럼 취해버려 몸을 망치는 빈곤한 사람들의 향락욕은 그렇듯 종종 비난을 받고 있다. 향락욕에 대해서 반대하는 설교를 하는 사람들도 자기 자신은 가볍게 그 욕망을 채운다. 그들은 하루 종일 부드러운 의자나 따뜻한 난롯가에 걸터앉아 식탁이 휠 정도로 많은 먹을 것, 마실 것을 차려놓고, 기분좋을 때에는 일하지만, 일하지 않기도 한다. 뚱뚱하게 살진 설교단 위의 목사를 보는 것은 훌륭한 구경거리이다. 그의 불룩한 배는 아직은 몸을 돌릴 수 있다. 유흥이나 향락에 대한 설교는 생활 현실에 대한 가장 순수한 풍자이다.

실제로는 이것과는 다른, 어떤 필연적인 것이 혼전 성교의 원인이 되기 때문에 목사의 매도 따위는 아무런 효과도 없다. 또 한번 가톨릭의 저술가 프리드리히 지베르트는 이 점에 대해서 참으로 타당한 설명을 한다.

확실히 상부 바에이른의 농민들은 목사가 말하는 것을 보통 이상으로 잘 듣지만 그런데도 창문에서 떨어지려고 하지 않는다. 왜냐하면 남자란 자루에 들어 있는 고양이는 사려고 하지 않기 때문이다. 그리고 만약 농촌에서 처녀가 임신을 했다면 그것은 야합이 탄로났기 때문이 아니라, 오히려 결혼하기 위하여 남자를 꽉 붙드는 방법을 미처 알지 못했기 때문에 불명예스러운 것이다. 왜냐하면 애인이 없는 것에 대해서 세상 사람들은 그것을

누구에게 사과가 바쳐질 것인가?(루이 드뷔쿠르, 프랑스의 채색 판화)

훌륭한 금욕이라고 생각하지 않고 오히려 그 가운데 무엇인가 결함을 상상할 수 있기 때문이다. 너에게 좋은 사람이 있느냐 하고 주인 마님이 하녀에게 물었을 때 "정말 있어요. 마님은 제가 좋은 사람도 없을 정도로 변변치 못하다고 생각되나요?"라는 하녀의 반문은 아주 드물게 들을 수 있는 정직한 대답이지만 그것은 오히려 일반적인 의견을 말하고 있다. 광범한 서민층에서는 약혼자 사이의 성교가 당연한 것으로 생각되고 있는 것은 잘 알려진 사실이다.

"남자란 자루에 들어 있는 고양이는 사려고 하지 않는다" —— 그것은 어디까지나 건강한 도덕이다. 이것과 마찬가지로 처녀가 집의 창문에서 젊은 사람들에게 인기가 있으면 있을수록 처녀는 그것에 자부심을 가진다는 농민의 논리도 자연스럽다.

소시민계급 및 지배계급의 "여론"이 혼전 성교를 어떻게 판단하는가에 대해서는 이미 제I권 제4장의 위선의 분석에서 필요한 설명을 했기 때문에 여기에서 자세하게 논의할 필요는 없다.

6) 자유연애

우리들은 "자유연애"라는 이름 아래, 몰래 숨어서 하는 것이 아니라 하나의 주의

환희(부르주아 드 라 리샤르디에르, 동판화, 1804)

(主義)로서 행해지는 혼외 성관계를 따로 설명해야 한다.

이미 설명했던 것처럼 혼전 성관계는 대개의 경우에 성욕의 어쩔 수 없는 해결이라는 것이 명확하다. 그러나 그것이 결혼생활에서 충족되리라고 생각하는 것은 참으로 오산이다. 이때 결혼의 구속으로부터의 해방도 문제가 되기 때문에 한층 더높은 인간성에 대한 선언이 나타난다. 따라서 모든 인습이나 물질주의적인 계산을떠나서 정신과 마음의 요구에 따라서 공동의 결합을 함께 만들어가려는 충동이 문

180

열망(부르주아 드 라 리샤르디에르, 동판화, 1804)

제가 된다. 다시 말하면, 깊은 애정만이 두 사람을 결합시킨다는 것, 만일 상대가 싫어져 애정이 식는다면 —— 서로간에 고통스럽지 않게 —— 서로를 구속하지 않겠다는 것을 남녀 쌍방이 분명히 인식하는 결합이 중요하다. 우리들은 나중의 것만을 특히 자유연애의 의미로 해석한다. 우리들은 그러한 결합이 어느 정도까지는 근대 자본주의에 의해서 성숙되었을 뿐만 아니라 근대 자본주의에 어울리는 성적 혼동 가운데에서 가장 도덕적인 상태라고 말할 수 있다. 그런데 근대 자본주의 사회에서는 성관계가 문란하기 짝이 없기 때문에 위선에 사로잡힌 사람들이, 자유연애란 성에 대해서 무책임한 자유만을 추구하여 닥치는 대로 야합한 뒤 그것을 은폐하기 위해서 어떻게든 그럴싸한 이상화의 구실만을 만드는 방종한 충동의 표현에 불과하다고 공공연히 비난하는 것은 이상할 것이 없다 —— 위선의 입장에서 보면 진정한 미덕이란 언제나 가장 증오해야 할 대상이다.

자유연애는 부르주아 시대에 들어와서 비로소 일반화된 현상이었다. 왜냐하면 자유연애는 대도시에 사는 개인의 독립을 전제로 하기 때문이다. 다시 말하면, 자유연애는 개인에게 반드시 쏟아지게 마련인 같은 계급 동료들의 비난에 의해서 신세를 망치는 일이 없이, 성적인 것에 대한 자기가 속한 계급의 엄격한 독재를 피할 수 있다는 가능성을 전제로 하고 있다. 그러한 일은 소도시의 테두리 내에서는 일어날 수 없다. 고작해야 몇몇 영웅이 그러한 테두리 속에서 그런 일을 할 수 있다. 그러나 크리스티아네 폴피우스 부인과 괴테의 "양심결혼"이 보여준 것처럼 이러한 영웅들도 위선의 무자비한 독재 아래서 심한 고통을 받아야만 했다. 괴테의 자유연애 이야기는 자유결혼에 반대하는 완강한 저항이 언제 어떻게 일어났던가를 보여준다. 세상 사람들은 폴피우스 부인을 조롱했다. 일반적으로 괴테의 변덕스러운 성미를 감안하여 세간에서 둘의 관계를 너그럽게 보아준 것이 그녀를 첩이라고 생각해준 정도였다. 실러조차도 이 훌륭한 부인의 자유로운 지위에까지 발돋움할 수 없었다. 독자는 대강의 방향을 알기 위해서 괴테와 실러의 유명한 왕복 서신을 읽어보기 바란다. 그것을 읽어보면 실러가 얼마나 용의주도하게 크리스티아네 폴피우스 부인과의 친밀한 교제를 피했던가를 알 수 있을 것이다. 실러는 이 부인에게 한번도 안부를 전하지 않았다. 그렇지만 괴테는 어떤 편지에서나 이름도 없는 실러의 부인에게 안부를 전하고 있다.

그런데 대도시에서도 이러한 양심결혼은 괴테, 셸리, 프리드리히 폰 슐레겔, 라헬, 도로테아 슐레겔 등과 같은 위인들이 비록 감격적인 찬미를 보냈음에도 불구하고, 언제나 고립적인 현상으로 끝나고 말았다. 이것은 그다지 진기한 일은 아니었다. 양심결혼이란 언제나 사실의 잔혹한 논리에 의해서 난파당하는 참으로 숭고한 관념이다. 이 경우의 사실의 논리란 사유재산제 위에 세워진 부르주아 사회제도에서는 소위 자유연애의 결과로 태어난 아이들은 영원히 손해를 받을 수밖에 없다는 것을 의미한다. 자유계약이라고 하더라도 부르주아적 결혼의 법률적 결과를 속이

보헤미안적인 연애(빌레트, 석판화)

거나 바꿀 수 없다. 한편 부모의 가장 도덕적인 의무란 무엇보다도 우선 자식이 걸어가는 인생 길을 평탄하게 해주고 부모에게만 생기는 위험이나 부모가 피할 수 있는 위험으로부터 자식을 지켜주는 것이다. 그 때문에 호적 사무소에서 부르주아적 결혼을 하는 것은 좋든 싫든 간에 기존 상태를 인정하는 것이다. 따라서 사회적 발전의 한층 더 높은 형태만이 모든 사람에게 비로소 자유결혼을 성숙에 도달한 두 인간의 공동생활의 한층 더 높은 형태로서 가능하게 만든다.

세상 사람들이 곧잘 이야기하는 것처럼 자유연애의 이상은 소위 보헤미안적인 연애 가운데서 실현된다고 말하는 것은 당치도 않다. 이러한 반대는 소설가 앙리 뮈르제가 유명한 「보헤미아 생활의 풍경」에서 찬미한 보헤미안적 연애나 이 시대의 후계자가 1880년대에 소위 부르주아적인 강제결혼에 대한 항의로서 찬미한 연애관계에도 적용된다. 무엇보다도 이상적이면서 참으로 경탄할 만한 자유로운 결혼관계는 확실히 뮈르제의 시대에도 있었고, 1880년대에도 있었으며, 현대에도 물론 있다. 그러나 그것은 보기 드문 예외이다. 대부분의 보헤미안적 연애는 순수한 일시적인 결혼이다. 지금 문제로 삼고 있는 지식인과 예술가들에게는 이러한 연애는 결혼 전에 가지는 성만족의 가장 홀가분한 형태라는 생각이 근저에 깔려 있다. 그리고 이것은 또한 이러한 사람들의 사회적 지위와도 일치한다. 대개의 경우에 보헤미안적인 생활은 경제적인 탈출단계에 지나지 않는다. 그들은 이 단계의 생활조건에 수년간 열중할 수 있지만 곧 이와 같은 생활에서 빠져나오고 싶다고 생각하게 된다. 보헤미안적 연애는 특히 이러한 생활조건에 꼭 들어맞는다. 이러한 연애에 빠져 있는 사람이라면 언제나 보헤미안적 연애를 찬미하는 것이 당연하다. 마치 기성세대에 대한 항의처럼 보이는 새로운 사회조직을 선전하듯이 또다른 나이의 사람과 비교해볼 때 빈곤을 미덕인 것처럼 찬미하는 것은 청년의 본질과 참으로 잘 맞아떨어진다. 청년기에는 무엇보다도 우선 새로운 것을 갈구하기 때문이다. 더구나 그들은 어떤 일정한 상태를 찬미함으로써 그 상태가 가져다주는 행복감을 높인다. 오토 율리우스 비르바움의 「세탁부 이야기」에 나오는 뮌헨의 법학도와 마음씨 고운 세탁부 사이의 "연애관계"는 근대 보헤미안적 연애의 대표적 증거이다. 물론 비르바움이 좋아하는 유머는 이야기를 해피 엔딩으로 끝내고 있다. 그런데 이러한 자유결혼은 현실에서는 해피 엔딩이 아니라 대개의 경우 비극으로 끝난다. 두 사람이 동거할 경우 처음에는 그토록 명랑하고 걱정이 하나도 없는 상태도 나중에 가서는 두 사람에게 종종 절망적인 고뇌를 가져다준다. 왜냐하면 "그들"은 젊은 육체에만 애착을 가졌고, 특히 "여자"는 분별없이 젊은 남자에게만 애착하기 때문이다. 그런데 젊은 육체는 향락에 빠져버리고 분별없는 젊은이는 그 속에 "침잠해버린다." 그러나 이와 함께 이전에는 서로간의 계급적인 차별의 간격을 메우고 있었던 것이 사라져버린다. 대개의 경우에 이런 여성을 데려와 배우자로 "선택하는" 것은 매우 어려운 일이다. 독자는 이러한 보헤미안적 연애의 십중팔구는 신분이 낮은 처녀와 부르주아 출신이거나 적어도 중산층 남자 사이의 관계가 중심적이지, 부르주아 계급 또는 같은 중산층 계급 내의 아들딸들의 자유로운 관계를 중심으로 하고 있지 않다는 것을 간과해서는 안 된다.

그런데 두 사람이 같이 살다가 헤어지게 되면 그 결혼은 대체로 여자의 비극으로 끝이 난다. 여자의 자살이라든지 영아살해, 매춘부로의 전락의 운명은 이러한 "이상"의 뒷모습이다. 아무튼 늦건 빠르건 간에 어떻게 해도 이혼을 피할 수가 없다. 보헤미안적인 생활은 이를 추구하는 지식인에게는 처음부터 제한된, 예외적인 단계에 지나지 않기 때문에 이러한 남성의 대부분은 시간이 지나 입신출세할 무렵부터 "이성적"이 되어간다. 그들은 입신출세하면 자기의 과거가 언제 그랬던가 하고 잊어버리고 과거와 함께 옛날의 친구들이나 한이불 속에서 잠자던 애인마저 잊어버린다. 바로 거기에 그들이 "이성적이 되는" 이유가 있다. 그런데 상대 남자는 대개의 경우 상류계급의 돈 많은 집안의 딸과 결혼함으로써 스스로 만족할 수 있는 운명과 타협하지만 오로지 남자를 즐겁게 해주려는 마음 하나로 꽃 같은 청춘을 다 바쳤던 여자는 행여나 그 헌신적인 연애감정으로 어떤 숙맥 같은 하층계급의 노동자나 기술자의 마음을 아직도 사로잡을 수 있다면 참으로 다행이다. 그리고 바로 거기에 비르바움의 「세탁부 이야기」의 "타협적인" 해결이 있다. 그러나 그런 경우는 참으로 행복한 해결이라고 하지 않을 수 없을 것이다. 그리제트(Grisette : 바람기가 있는 젊은 여공/역주)의 말로는 대개의 경우 즐거움이 넘치는 대학생의 하숙방이나 낭만적인 예술가의 은신처에서 맛보던 유쾌한 생활이 아니라 도살장과도 같은 비참한 생활이다. 이러한 비참한 생활은 노처녀가 몇 푼도 못 받고 바느질하면서 바늘에 손가락을 찔리는 고통을 맛보는 조그만 가게에서나, 또는 길거리의 창녀를 위해서 휘황찬란하게 밝혀진 불빛 아래에서나 똑같이 절망적이다.

여기서 또 한번 공장 노동자들 사이에서의 자유결혼에 대해서 언급하겠다. 노동자의 자유결혼만은 부르주아 시대의 계산결혼으로의 일반적인 발전에서 제외된다는 것은 이미 이 장의 앞부분에서 설명한 그대로이다. 그러나 이와 동시에 노동자들의 결혼은 독신인 것보다는 두 사람이 함께 가정을 꾸리는 편이 생활비가 싸게 먹힌다는 이유만으로 맺어진다는 것을 그 조건으로 하고 있다. 따라서 이것도 어디까지나 계산결혼이다. 허나 이러한 추론은 부분적으로만 혹은 외관상으로만 옳다. 대개의 경우, 이러한 결혼을 결정하는 핵심은 태어날 자식들을 위해서 부르주아의 법치국가에 어쩔 수 없이 양보하게 된다는 것이다. 다시 말하면, 그것은 어떤 의미에서 노동계급에서 문제가 되는 필요한 책임감에 결부된 자유연애이다. 베를린의 유명한 성 과학자 알프레트 블라슈코는 「19세기의 매춘부」라는 책에서 이것과 똑같은 의견을 말하고 있다. 그는 참으로 정당하게 쓰고 있다.

자유연애는 어느 시대의 노동자 계급에서도 죄악으로 간주되지 않았다. 합법적인 상속인에게 남길 재산이 없는 경우, 또는 마음의 소리가 인간을 연대시키는 경우 사람들은 옛날부터 목사의 축복 따위에는 그다지 마음을 쓰지 않았다. 그리고 만약 오늘날 부르주아적인 결혼형태가 그렇게 간단하지 않고 다른 한편으로는 사생아와 그 어머니에 대해서 그토록 많은 곤란이 따르지 않았던들 근대적인 노동자 계급은 자신을 위해서 벌써 옛날에 결혼을 폐지하지 않았으리라고 누가 말할 수 있겠는가.

이 모든 것에도 불구하고 우리들이 자유결혼으로써 노동자의 결혼을 찬미하고 자유연애가 그들이 추구하는 이상이라고 부른다면 그것은 당치도 않다. 왜냐하면 이러한 자유연애도 또한 남녀 모두에게는 현재 겪고 있는 성적 빈곤의 탈출구에 지나지 않기 때문이다. 아침부터 저녁까지 공장에서 일하고 있는 남녀 노동자에게는 상대를 자유롭게 선택할 수 있는 기회 따위는 거의 없다. 상대를 자유롭게 선택하는 것이야말로 이상적인 연애를 공유하기 위한 절대적인 전제이다. 왜냐하면 자신의 마음과 영혼이 상대방에게 영속적으로 받아들여질 가능성은 오직 자유로운 선택에 의해서만 이루어질 수 있기 때문이다. 대개의 경우 그들은 순간적이고 에로틱한 충동에 따라서 상대를 선택한다. 유감스럽게도 이러한 것이 그들 대부분의 "마음의 소리"이다. 성 신경은 좋아한다는 마음을 울리지만 좋아한다는 마음은 성 신경을 자극하지 않는다. 전자의 경우를 결정하는 것은 우연한 기회밖에 없다.

유산계급의 금전결혼은 자본주의의 수상한 논리이지만 한편 노동자의 전형적인 결혼은 때로 그 내용이 유산계급보다도 고귀하기 때문에 자본주의의 비극적인 논리라고 해도 좋다.

7) 성교육

성생활의 본질에 대한 객관적인 이해의 일반적인 정도나 그 개인적이고 사회적인 의의, 고귀성, 위험은 공공도덕의 수위를 재는 가장 중요한 기준 가운데 하나이다. 왜냐하면 이러한 문제에 대한 일반적인 이해의 정도는 일반적인 책임감의 정도를 의미하기 때문이다. 만약 이 책임감이 크면 공공도덕도 그에 따라서 높아지고 책임감이 적으면 공공도덕 또한 낮아진다.

물론 단순한 계몽, 즉 "알고 있다"라는 것은 전혀 다른 것이다. 알고 있다는 것은 아직 객관적 이해를 의미하지 않기 때문이다. 앙시앵 레짐 시대의 사람들은 성적인 문제에 대해서 상당히 "계몽되어" 있었지만 거기에는 흔히 큰 책임감이 따르지 않았다. 오히려 사회적, 개인적 책임감이 가장 낮은 것이 그 시대의 일반적인 현상이었다. 계몽되었다는 것은 단지 사람들이 성생활의 기교적인 즐거운 비밀이나 그 변화 가능성에 상당히 정통했다는 것에 불과했다. 오늘날 이 방면은 의심할 것도 없이 많이 개선되었다. 옛날 사람들이 나중의 책임에 대해서 잘 몰랐던 것은 아니었다. 다만 과거와 비교해서 오늘날에는 성생활의 개인적, 사회적 의의에 관한 중요한 지식이 광범위하게 대중에게 보급되었다는 것이다. 그것

사랑의 입맞춤을 하는 프시케(P. 제라르, 유화)

은 지난 수년간 이루어진 사회적 양심의 각성의 결과였고 그 각성은 자연히 일반적인 성교육을 크게 촉진시키게 되었다. 실제로 오늘날 성분야만큼 열광적인 계몽과 교육이 행해지고 있는 분야도 없다. 물론 이것은 진정한 이해와는 아직도 거리가 멀고 모든 것은 겨우 일반적인 혼돈의 단계에 있다는 것을 부정하지는 않는다.

이미 설명했던 것처럼 공공도덕으로서의 위선은 소시민적인 도덕을 모든 계급에 퍼뜨린다. 이러한 상태가 전성기에 도달했을 때(유감스럽게도 19세기의 가장 긴 시대가 이에 해당된다), 성인은 성문제에 대한 객관적인 이해가 없었고 결혼 적령기의 청춘남녀도 사물에 대한 진정한 지식이 없었다. 뿐만 아니라 혼기에 접어든 청춘남녀는 성문제에 대해서 무지해야 한다는 것이 엄격한 사회적 규범이기조차 했다. 소시민적인 사고방식에서는 완전한 무지가 가장 도덕적이었다. 그리고 무지는 적어도 혼기에 접어든 여성에게서는 흔히 볼 수 있는 현상이었다. 물론 이러한 소시민적인 모럴은 그것과 비슷한 모든 규범들처럼 매우 현실적인 토대를 가지고 있었다. 그것은 결코 단순한 관념에서 나온 것이 아니었다. 이 경우의 진정한 동기는 사람들이 무지하다는 것이야말로 유혹으로부터의 순결이요, 특히 여성에게는 처녀막의 육체적 완전 —— 그것은 우상이기 때문이다 —— 을 위협하는 위험을 가장 훌륭하게 막을 수 있다고 생각하는 데에 있다. 여성이 반드시 따라야 하며 또 상류계급의 여성에게 끊임없이 요구되는 소위 예의범절이라는 것은 이것과 똑같은 토

순결한 여인(막스 프뢸리히)

대, 따라서 이것과 똑같은 목적을 추구하고 있다는 것을 여기에서 잠시 설명해둔다. 또한 이러한 예의범절도 결국에는 관념화된 금지규칙이며, 그것을 실천하기를 고집하는 목적은 유혹에 대한 예방이다. 예링은 「법에서의 목적」에서 설명한다.

상류사회의 고상한 예의범절에서는 부인이나 딸에게 밤 늦게 혼자 외출하거나 남자의 아파트를 방문하거나 또는 그와 비슷한 행위를 하는 것을 금하고 있다. 이것은 어떤 이유 에서인가? 이 경우에 용모가 아름답기 때문이라는 미학적인 동기는 아무리 생각해도 충분한 이유가 될 수 없다. 가령 아름다운 달밤에 딸이 혼자서 나이팅게일 소리를 들으려고, 또는 달빛을 즐기고 싶어 숲속을 거닌다면 이것을 아름답지 않다고는 말할 수 없기 때문이다. 이 경우 예의범절의 목적을 찾아내는 것은 어렵지 않다. 예의범절이 요구하는 제한에 의해서 이와 같은 상태에서 딸을 습격할 수 있는 유혹이 예방되지 않으면 안 된다. 그러한 것들은 여성의 정조를 지키는 방법일 것이다 —— 이 점에서 보면 예의범절이라는 말로 표현되는 것처럼 예의가 바르다는 것은 도덕의 감시인이 되어야 한다는 것이다.……그런데 어떠한 열쇠나 빗장도 도둑을 방지하는 데에는 완벽하다고 할 수 없지만 그래도 없는 것보다는 낫기 때문에 세상 사람들은 아쉬운 대로 사용하는 것이다.

그러면 이러한 예의범절의 제한도 아쉬운 대로 쓸모가 있는가? 그것이 쓸모가 있는가 없는가는 종종 하인들에게서 유혹을 받아 그 유혹에 빠지는 하층계급의 딸들에 의해서 결정될 수 있다. 이 여자들이 유혹에 빠지는 원인은 대개 태도가 좋지 않기 때문이다.

그럼에도 불구하고 성적인 무지가 여자를 보호한다는 신념은 참으로 대단한 궤변에 불과하다. 성장하면서 자주 머리에 떠오르는 공상은 어느새 온갖 연상으로 이어지게 되는데 그것은 결코 무지만으로는 막을 수가 없다. 어떤 사람이든 성에 관해서 보다 확실히 알고 싶어하며 사춘기에는 성에 대한 흥미가 가장 중요하기 때문이다. 대부분의 사람들은 사춘기에는 성 이외에는 아무것도 생각하지 않는다. 따라서 정신적으로 순결할 때에 올바른 길이 제시되지 않으면 대개의 경우 공상은 타락해 버린다. 그리고 공상의 황폐함은 자신이 바라지 않는데도 불구하고 성스러운 것을 악마적인 것으로 만들고, 가장 순결한 것을 가장 불결한 것으로 만드는 돌이킬 수 없는 결과를 낳는다. 이것은 남녀 모두, 곧 청년과 마찬가지로 젊은 처녀에게도 해당된다. 여류 저술가 헤다 드로네크는 "처녀의 교육에 관하여"라는 논문에서 자신의 경험을 토대로 이렇게 쓰고 있다.

말하지 않아도 예측할 수 있는 것……(프랑스의 캐리커처)

성의 모든 문제, 성의 모든 사실에 대해서 새침한 척하는 것, 다시 말해서 이렇게 외관상 부끄러워하는 사람은 오히려 육욕의 도박자로 보아야 한다. 그 배후에 확실하지 않은, 더듬거리는, 어렴풋한 지식을 가진 허위의 가식적인 태도는 불행하게도 그 사람의 모든 순진함을 파괴하고, 짜릿짜릿한 쾌감에도 불구하고 위장, 잘못된 수치심, 차가운 거절의 바다 가운데 —— 한마디로 말해서 각양각색의 인습적인 허위 가운데 빠지게 한다.

남자 주변에서 어떤 것도 하지 마라, 이것도 하지 말고 저것도 하지 마라. 성에 대한 모든 의문은 우리들 처녀도 기가 막힐 정도로 일부러 부끄럽게 취급하는 형편이다. 조물주는 아마 처음에도 그랬겠지만 즉시 도움을 주었다. 그러나 우리들은 어떤가? 엉거주춤하거나 애매한 태도는 우리를 기막히게 만든다. 우리들은 성지식을 스스로 구하고, 발견한다. 물론 우리들은 당장에 그러한 사실이 얼마나 무겁게 취급되는가를 이해한다. 우리들은 우리들의 교육자로서의 부모, 학교의 선생, 연상의 사이좋은 친구들의 발자취에 따르고 —— 점잔빼고, 고상한 척한다. 그런데 뜻밖에도 우리들은 우리들을 만족시키는 어떤 것을 배웠다. 굶주린 육욕에 갑자기 눈뜬 것이다. 그것은 정욕으로까지 높아졌다. 모든 음탕한 것들이 빛난다. 그리고 성욕은 그 도덕적 높이와 신성함이 반드시 잘못 이해됨으로써 남용된다. 야단법석대거나 질펀하게 노는 때에는 사람들이 생각하는 것처럼 성욕은 쓸모없는 것이 되지 않으면 안 된다.

우리들 처녀는 우선 첫째로 의식적인 새침함에 잠재하는 자극적인 매력을 발견한다. 이 매력이 우리들에게 길을 보여준다. 이 길은 우리들을 참으로 확실하게 부도덕으로 안내한다. 우리들은 그러한 부도덕의 꺼림직함을 처음에는 확실하게 이해할 수 없다. 그것을 이해했을 때 비로소 우리들의 눈은 크게 열린다 —— 이어서 당장에 여러 가지 변명이 나타난다 —— 음탕한 공상은 대개의 경우에 그렇게도 일찍 자극적이 되고 그렇게도 강하게 반응하기 때문에 사람들은 가시에 저항할 수 없고 아마 가시에 저항할 마음도 생기지 않을 것이다.

육욕은 타락하기 마련이다. 그것은 참으로 그렇게 되지 않으면 안 되는가? —— 우리들은 어쨌든 때가 되면 수수께끼의 해결을 인정한다. 사람들이 언제나 신중하게 "큰 소리가

속물 부부

아니라 소곤대는 목소리로" 논하던 것이 신비한 암흑으로부터 나와서 갑자기 명확해진다. 이해는 본능적으로 당장 발달하는 육욕에 의해서 자극되고, 나아갈 길도 알지 못하면서 스스로 순수하게 본능적으로 그 탈출구를 구하게 되고, 이제는 성에 대해서 점점 확실하게 이해하게 되어 혼자 힘으로 점차 음탕하게 성에 골몰하게 된다.

나를 믿어달라. 있는 그대로 나는 말하겠다. 마지막 학년, 곧 열일곱 살, 열여덟 살 6개월의 나이에 해당하는 당신의 동급생들의 대부분은 그 무렵에 이미 감각에서는, 말하자면 남자에 대해서 매춘부가 되어버렸다. 우리들은 "말하자면"이라고 말한다. 어쨌든 우리들은 종종 벌거벗은 남자만이 아니라 성교하는 남자까지도 공상했다는 사실을 고백할 수 있다.

성은, 예를 들면, 우리의 꽃다발 속의 모든 것에서 그 순결을 빼앗아버렸다. 나는 여기에서 저기로, 이 꽃다발에서 저 꽃다발로 "넘나드는" 저 시대에는 저 "자매협회"의 회원들에게도 그것은 같다는 것을 알고 있다.

그러나 나는 다른 많은 원인이나 사정 때문에 좁은 범위의 여자친구들 사이에서 우리가 그랬던 것과 마찬가지로 넓은 인생에서도 그것이 달리 보였음을 안다. 나는 그 무렵에는 그렇게 보지 않았지만 내 인생에서 부딪친 여러 사정이 나로 하여금 종종 그것들을 깊이 생각하게 만들었다. 그리고 몇 년 뒤에 확실히 그것들을 알게 되었고 지금도 기억에 새롭다. 그러한 기억에는 비판과 판단이 따랐다.

아아 —— 원인과 사정.

그런 것은 째고쌨다. 하나만 예를 들면 미술에서의 나체이다. 선입견에 사로잡히지 않은 순진한 눈, 온화하면서도 자연스러운 비판이 우리들에게나 수많은 사람들에게 결여되어 있다. 그들의 성욕은 다른 사람의 육체를 보았을 때에 당장 움직인다. 그것은 그림을 보았을 때의 경우이지만 조각을 보았을 때에도 마찬가지이다. 그것은 굴곡을 가지고 있기 때문에 더욱 강하게 도발한다. 그들의 미술을 사랑하는 마음이란 잠자고 있는 것에 대한 육욕이다. 우리들은 남자의 육체를 곧장 우리들과 결부시킨다. 더욱 정확하게 표현하면 결합시킨다. 그렇다면 우리들은 남자들에게 몸을 파는 것말고 도대체 무엇을 했단 말인가?

그런데 미술에서뿐만 아니라 일상생활의 도덕이나 교육에서도 표정이나 비판은 몇천 배, 몇만 배로 눈앞의 성적인 반영에 사로잡혀 있다. 그렇다 —— 그리고 우리들이 어느 정도 냉정해진 어느날에 모든 정열은 한 번은 조용히 가라앉는다. 적어도 평온해진다. 그

학생의 귀여운 여인(뒤마 바사제, 채색 석판화)

때 우리들은 결혼을 생각한다. 결혼하면 우리가 성을 따라야 할 남자에 대해서 우리들은 어리석은 희극을 연출한다. 우리들은 연애문제에 대해서 조금이라도 "외설적인 부분"이 있고 조금의 암시만 있어도 참으로 분개하는 척한다. 그때 나는 종종 착각을 한 결과 외설적인 부분에다 자신을 대입시키고는 전혀 존재하지 않는 "암시"를 발견하곤 했다. 우리들처럼 도덕적으로 타락한 "미래의 어머니"는 우리들이 뿌린 것을 수확할 뿐이다.

무지 위에 구축된 도덕이 종종 결혼하고 나서 어떻게 바뀌는가를 마르셀 프레보는「줄리엣의 결혼」의 여주인공으로 하여금 다음과 같이 고백하게 한다.

남자라는 존재는 우리들보다 훨씬 가치가 있습니다. 적어도 남자는 결혼에 대해서 우리들보다 훨씬 진지하고 고귀한 행동을 보입니다. 나는 결혼을 하고는 지금까지 전혀 상상도 못했던 다른 세계를 발견했지요 —— 그리고 이것은 나만 그랬을 뿐이었답니다. 나는 결혼한 지 3주 만에 믿을 수 없을 정도로 음탕해졌어요. 내가 어린 시절에 듣던 어머니의 이야기나 선생님의 훈계를 통해서 익혔던 예의범절이 쌓아올린 부끄러움이라는 건물이 한

아름다운 예트헨과 그녀의 청혼자

달도 못 되어 와르르 무너진 것이지요. 이제 이 세상에는 내가 조금도 부끄럽게 생각하지 않는 남자가 오직 한 사람 있습니다. 이 남자가 내 몸에 닿아도, 나를 뚫어지게 쳐다보아도 나에겐 이것이 전혀 고통이 아니랍니다. 아니 오히려 나는 남편과 함께 있을 때면 외설적인 이야기나 행위를 즐깁니다.……

나는 이 남자가 곧 내 남편이요, 그는 나의 칠칠치 못한 본능을 일깨우기 위해서 종교와 법률에 의해서 나와 맺어졌다는 것을 잘 압니다. 그렇지만 나의 수치심이 그렇게도 빨리 사라졌다고 해도 완전히 없어졌다고는 생각할 수 없습니다. 만약에 누군가가 나를 처녀로 잘못 알고 접근한다면, 틀림없이 내가 빠졌을 위험을 생각하곤 몸서리치게 됩니다. 내 마음속 깊이 자리잡고 있는 이러한 확신은 세상 사람들이 여성에게 끊임없이 강요하는 미덕과 순결에 대해서 회의를 느끼게 만듭니다. 여성의 뿌리깊은 도덕관이란 아무 남자에게나 함부로 자기 몸을 맡기지 않는다는 것이지요. 여성의 수치심은 남자가 자기 무릎이나 유방을 보았을 때, 자신에게 뜨거운 사랑의 말을 속삭일 때, 또 남자가 자기 허리를 더듬을 때 갑자기 얼굴이 붉어지는 바로 그것입니다.

나는 올해에 작년까지만 해도 전혀 알지 못했던 한 남자에게 몸을 맡겼답니다. 설사 세상 사람들은 제가 그 신사에게 그렇게 했다고 말해도 그것을 나쁘다고 말하지 않지요. 그 순간부터 그 사람이 나의 벌거벗은 다리나 팔, 그리고 이 이상의 것을 보아도 나는 아주 태연했어요. 나는 그 사람이 무엇인가 나에게 이야기해주는 것이 즐거웠답니다. 그리고 그 사람이 말을 하지 않을 때면 나는 일부러 그 사람이 그런 이야기를 하도록 이끌었지요. 나는 두세 개의 표정이나 자세, 즉 그 사람을 관찰하는 하나의 방식을 발견했답니다. 그러한 것이 ―― 생각건대 자신의 "아내를 존경하려는" 그의 소박한 결심에도 불구하고 ―― 마치 품행이 나쁜 처녀들이 수다를 떨듯이 어느 사이엔가 나도 그 사람에게 그렇게 수다를 떨도록 만들었답니다. 그뿐 아니라 나는 매일 그랬지요. 가령 니베르 남작이 내 남편이 아니었다면 나는 거의 매춘부나 다름없었을 거예요. 그래도 그 남자는 나의 남편이기 때문에 나는 매춘부와 같은 본능과 말씨와 몸짓으로도 모두가 존경하는 당당한 부인이 된답니다.

이러한 아름다운 유희로 나의 교육은 완전히 끝났지요. 나는 인간성이 그 불쌍한 오감을 황홀하게 하기 위해서 발견한 모든 것을 배우고 또 그 모든 것을 추측할 수 있게 되었답니다. 나는 남작의 입에서 나오는 점잖지 못한 말을 하나도 빼지 않고 모두 머리 속에다 집어넣었지요. 지금도 우리 둘만 있으면 항상 음탕한 이야기만 하지요. 그리고 우리는 항상 음탕한 것만 생각한답니다.

그러나 물론 이것이 전부는 아니었다. 자기 남편과 음탕한 이야기만 하는 부인은 언제든지 자기와 마음이 맞는 다른 남자와도 그렇게 할 수 있다. 그리고 거기에서 발전한 당연한 결과로서 그것에 버금가는 행동도 할 것이다. 그때 비로소 최후의 단계에 이르게 된다. 더구나 순수한 인습결혼에서는 이렇게 되는 것이 당연하며 뿐만 아니라 더 빨리 그렇게 되어버린다. 이때 "다른 남자"란 언제나 부인이 처음부터 크게 관심을 가졌던 사람이다. 왜냐하면 남편이란 뒷거래를 숨기는 하나의 표지에 불과하기 때문이다. 나는 다른 기회에 이 특수한 현상을 다시 한번 쓰겠다.

성생활에 관한 모든 지식을 부인에게 최후로 확실하게 설명해주는 임무는 부르주아 사회의 지배적인 위선에 따라서 남편에게 유보되고 있다. 사람들은 남편은 이미 계몽되어 있다고 가정하고는 그 지식을 나쁘게 생각하지 않았으며 어디에서 배웠는가라는 질문을 하지 않는다. 남편이 그 질문에 대한 대답을 공개한다면 그 대답은 역시 괴로운 것이리라. 왜냐하면 남편이란 십중팔구 이 점에 관한 지식을 매춘부와 접촉함으로써 얻기 때문이다. 그렇기 때문에 그들의 성지식이나 부인에게 들려주는 성생활에 관한 설명도 역시 매춘부와 접촉함으로써 얻은 것이다. 따라서 그들은 성교의 순수하게 기술적인 것, 더구나 가장 타락하고 방탕한 만족에 이르게 된다. 확실히 가장 중요하다고 할 수 있는 극단적인 예를 든다면, 대개의 남편은 포옹할 때마다 그것이 새로운 정복이고 선물이라는 생각이 들도록 하는 미묘한 준비나 세련된 유혹술 등은 상상도 못 한다. 그러나 위선의 법칙 덕택에 남편이 알고 구하는 것과 부인이 연애에 관해서 예감하고 알고 있는 것은 대체로 일치한다.

성생활에 관한 의문은 사춘기의 모든 사람에게 가장 중요한 것이다. 그렇기 때문에 모든 정신적인 차단에도 불구하고 거의 모든 처녀들은 성에 관해서 어느 정도까지 모르고서 나이를 먹는 일도 없고, 더군다나 결혼하는 일 따위는 없다. 그러나 드로네크의 고백에서 보았듯이 어떤 처녀들은 짐작하지도, 예감하지도 못한다. 마르셀 프레보도 「줄리엣의 결혼」에서, 결혼한 후에야 비로소 이 방면에 정통하게 된 줄리엣의 일기를 통해서 여자들의 얼치기 성지식을 묘사하고 있다. 줄리엣은 이렇게 말한다.

내가 결혼에 관해서 알고 있고 또 상상하는 것은 무엇보다 먼저 나를 무척이나 우울하게 만든다. 더구나 나는 아직 모든 것을 다 알고 있지 못하다. 나는 내 자신이 그 방면에 관해서 알고 있는 것에만 의존하고 있다. 우선 첫째로 나는 첫날밤부터 남편과 같은 침대를 써야 한다. 나는 이 의무를 진지하게 생각해보았다. 만약 누군가가 내 침대 속으로 들어온다면 혐오감 때문에 도저히 참아줄 수 없는 남자도 있을 것이다. 그러나 아아, 감히 말하거나 쓸 수는 없지만……몇 명의 남자만이 그렇다고 정직하게 고백한다. 나는 나 스스로를 이미 알고 있다. 나는 같은 침대에서 무엇을 할까? 그 점에 관해서는 나로서는 분명치 않다. 그래도 나는 키스만으로는 만족할 수 없다는 것을 알고 있다. 나는 무엇이 중요한가를 어렴풋이 상상할 수 있다. 그러나 나는 무엇을 해야 하는가, 어떻게 아이가 생기는가도 확실하게는 모른다. 아마 나는 어떤 순간에 가서야 비로소 더 확실한 것을 알게 되겠다. 어떤 남자도 이 줄리엣의 가슴과 허벅지를 보지 못했지만 1월이면 그 신사가 나와 함께 그런 일을 하리라고 생각해도, 솔직히 말해서, 나는 그다지 무섭지 않다. 그것은 매우 자극적일 것이라는 생각이 든다. 적어도 나는 매우 냉정하다. 이때에 무엇이 나를 기분 나쁘게 하고 슬프게 할지는 누구도 확실히는 모른다. 나는 나 이외의 그 누구에게도 나 자신에 대해서 고백한 적이 없었기 때문에 아무도 나를 비웃지 않았다. 결국 많은 것이 특별하게 내 순결과 연관되어 있지는 않지만 그래도 내 이 가련한 순결이 하룻밤 만에 완전히 흐트러진다고 생각하니 참으로 이해할 수 없다.⋯⋯이 순결이 언제까지나 어떤 병에 걸려서 시들시들 죽지 않고, 나에게서 바라는 모든 것을 그 남자 자신이 열렬히 애원함으로써 얻을 수 있기를 바란다. 나는 언제나 "그렇다. 저 사람에게도 이것을 바쳤기 때문에 결국 나는 그 사람을 매우 사랑할 것이다"라고 생각한다. 이런 생각은 일 주일, 한 달, 아마 일 년 이상 계속될 것이다. 나는 결혼한 한 여자에게 당신은 남편에게 어떻게 해서 그렇게 천천히 정복될 수 있었느냐고 물었다. 그러자 그녀는 내 얼굴을 보고 웃었다.

그러면 좋아! 나의 가련한 순결이여, 너도 하룻밤 만에 죽어버릴 것을 각오하지 않으면 안 되겠지 ── 그래도 진정으로 선택한 팔 안에서 서서히 죽어가는 편이 너로서는 참으로 기분이 좋을 테지만.

신혼의 아내가 그렇게 많이, 정확하게 성에 대해서 알고 있는 것은 그녀의 호기심을 충족시켜주려고 자신은 얼치기로 알면서도 그녀를 "계몽하는" 사람이 있기 때문이다. 이때 "계몽하는" 사람은 최초의 구애자인데 흔히 그는 사촌이다. "최초에 언제나 사촌이 있다." 그녀는 언제나 나중에 남편이 될 사람을 위하여 준비한다. 그들은 보통 "계몽"해주겠다면서 유혹을 시작한다. 왜냐하면 어떤 여자든지 계몽을 갈망하기 때문이다. 금지된 책을 읽거나 에로틱한 그림, 무심코 엿들은 속삭임 등 열심히 주워모은 우연한 것들이 모두 사촌과 관련된다. 한스 폰 카렌베르크도 그의 책 「물의 요정」에서 이 "계몽작업"을 묘사하고 있다. 방탕아 그륀달은 물의 요정과의 경험을 다음과 같이 썼다.

그 다음은 심리학적인 것이 됩니다! 그것은 그리 간단히 돈으로 살 수 있는 것이 아닙니다. 그때 그녀는 선생님이 되고 나는 학생이 됩니다. 나는 이 말괄량이가 무엇인가를 알고 있는 데에 소스라치게 놀랐습니다. 도대체 이 말괄량이는 어디에서 이것을 알았을까? 그녀는 웃으면서 "당신은 다 알고 있군요"라고 말했습니다. 그때부터 그녀는 띄엄띄엄 얘기하기 시작했습니다. 그것은 내 앞에다 내가 모르는 하층사회, 하렘가의 세계, 남녀가 뒤섞여 자는 기숙사의 하얀 침대, 점원들의 이야기, 열쇠구멍으로 슬쩍 훔쳐보는 짓, 책이나 동판화의 유희적이면서도 갉아먹고 싶은 듯한 음탕함을 펼쳐 보였습니다. 이와 같은 세상의 유머 그 자체가 감추어진 어떤 것, 킥킥 웃게 만드는 어떤 것, 짓궂은 어떤 것을 가지고 있습니다. 유머……가 있는 어떤 아는 부인은 나이가 마흔인데 아이를 몇 명씩이나 두었으면서도 서커스단 출신의 애인과 함께 남편이 보는 앞에서 타락에 빠지지만, 그 남편은 아내의 여행가방과 우산을 들고 대문 앞 돌계단 위에 서서 기다린다는 이야기, 이 우산과 여행가방은 그녀를 명랑하게 만들었고 그녀의 작고 불성실하고 해롭지 않은 야수성을 부추겼습니다.

그러나 그것은 물의 요정의 고해신부가 맞닥뜨린 사촌의 흔적이다. 작가는 더욱이 이렇게 말한다.

그리고 그녀에게는 형제와 사촌이 있습니다.……"사촌"은 모든 것에 훤했습니다. 그는 형제도 아니고 "낯선 타인"도 아닙니다. 그것은 어떻게 굴어도 뻔뻔스럽다는 표현이 적당하지 않은 친밀한 사이임을 의미합니다. 어떤 타협도 필요 없고 어떤 의무도 지고 있지 않습니다. 자연은 사촌이란 것을 완전히 엑스트라로 만든 것 같습니다. 사촌은 이 미묘하고도 어둑어둑한 과도기 단계에 정찰근무와 지형조사를 위한 반편이 인간이고 중간치 인간입니다.……그녀는 이 점에서는 특히 분명하지 않습니다. 그녀는 나에 대해서 공포감을 가지고 있습니다. 나는 몇 번이나 "사촌"의 사전 공작을 감지했습니다. 사촌은 어디서나 언제나 얼굴을 내밀었습니다. 당신은 더욱 일찍 일어나서 더욱 자세하게 설명하고 싶어합니다. 처음에 사촌이 있었던 것입니다. 나는 당신에게 그것을 공리(公理)로 해둡니다.

이 묘사에서 펼쳐지는 것은 유감스럽게도 어디를 보아도 무지의 비극은 아니다. 그리고 이런 일은 대개 스무 살 전까지는 흔히 있는 일이었다. 오늘날에는 확실히 이런 일이 드물다. 사람들은 해마다 몇백만 명이 결혼하고 몇백만 명이 희생되는 비극을 인정할 수밖에 없었다. 사람들은 다른 모든 분야에서와 마찬가지로 성생활 분야에서도 악덕이나 불행, 수많은 절망에 대해서 무지만큼 무서운 지도자가 없다는 것을 깨닫기 시작했다. 그리고 오늘날 성교육의 문제가 거의 모든 나라에서 ── 영국에서는 아직 그렇지 않지만 ── 여론의 대상이 되고 있으며 성교육에 관한 논문이나 책도 이미 많이 나와 있다.

확실히, 성교육의 필요성에 대한 이성적 인식을 하기 시작한 것은 최근이 아니다. 무지의 위험은 옛날부터 알려져 있었다. 부르주아 계급은 자신의 역사적인 사명을 실현하기 위해서 무엇보다도 먼저 건강한 국민의 힘을 요구했다. 따라서 음탕한 사색으로부터 해방된 성교육은 부르주아 계급에게는 역시 가장 최초의 임무 중의 하나였다. 따라서 이미 이 시대의 초기에 최초의 진지한 교육학적 제안이 이 방면에도 나타났다. 이것에 대한 기록으로는 목사이자 교육자인 크리스티안 잘츠만이 18세기 초의 최초의 근대 여성해방 이론서인 메리 울스턴크래프트의 「여성 권리의 옹호」의 독일어 번역판에서 쓴 것이 있다. 잘츠만은 이렇게 말하고 있다.

연모하며 사색에 잠김

　처녀들에게 식물학을 가르침으로써 식물의 생식기관을 알게 하는 것은 해가 되기는커녕 매우 필요하다고 생각한다. 그렇게 함으로써 어머니들이 자기 딸과 가끔 인간의 생식기에 대해서 이야기할 수 있는 길이 열린다. 이 점에 대해서 자기 딸과 이야기할 수 없는 어머니는 반쪽 어머니밖에 안 된다. 이러한 어머니는 무지와 교육의 부족 때문에 건강과 명예를 잃을 위험에 빠진다. 어른들이 젊은 사람들에게 생식기와 그 기능에 대해서 이야기하기를 두려워함으로써 애매하거나 불확실한 말만을 늘어놓아서 젊은이들이 성욕의 만족을 위한 향락에 빠지는 것을 두려워하지 않게 만드는 것은 인간의 어리석음 가운데서도 가장 큰 어리석음의 하나이다.

우리들이 이미 설명했던 것처럼 이 임무는 거의 한 세기 동안 해결되지 않은 채 방치되었다. 왜냐하면 위선의 절대적인 지배가 눈깜짝할 사이에 부르주아 사회에서 가장 절실한 요구가 되었기 때문이다. 소수의 현명한 사람들이 존경해마지않는 이성이 제아무리 훌륭하다고 하더라도 이른바 상류계급의 공식적인 약혼기간에 행해지는 도덕의 천명만큼 지독하지는 않다는 것은 실천에서도 증명되고 있다. 여기서 특히 그것을 강조하는 것은 참으로 적절하다. 왜냐하면 유산계급의 약혼기간에 강요되는 도덕은 결혼에 대한 지금까지의 남녀교육, 즉 위선이 가장 추잡하게 표현된 것이기 때문이다. 그것을 꿰뚫어보기 위해서 우리들은 지금 문제가 되고 있는 사실에 대해서 거리낌없이 그 논리를 끝까지 파헤칠 용기를 가져야 한다. 이러한 시도는 오늘날까지 거의 행해진 적이 없었다. 우리들이 이러한 시도를 행한다면 싫더라도 다음과 같은 사실을 발견하게 될 것이다. 첫째는 사람들이 이 분야에서 이제까지 멍청하게도 가장 천한 것을 당연시했다는 점이고, 둘째는 이러한 현상은 오늘날에도 거의 줄어들지 않고 중산계급 이상의 대부분의 계급에서 일어나고 있다는 점이다. 또 로베르트 미헬스가 약혼기간의 도덕에 관해서 대중용 팸플릿에서 올바르게 설명했듯이 두 사람의 약혼자는 약혼한 그 날부터 정식으로 "무성(無性)의 인간으로까지 품위를 높이든가 —— 아니면 품위를 낮추든가" 해야만 하는 것이 분명하다면, 어쩌면 이것은 지나치게 형식화한 것일까? 미헬스도 묘사했듯이 이것은 다음과 같이 기이한 방법으로 행해진다.

젊은 사람들은 대개 그들의 완전한 성기능의 활동이 필요한 이 기간에 부모나 친척, 친구, 때로는 하인까지 포함한 대부분의 사람들로부터 아르고스(그리스 신화에 나오는 백 개의 눈을 가진 거인/역주)의 눈으로 감시당하고 "보호"를 받는다. 연애를 할 때에 너무 많이 지껄이거나 너무 세게 키스하거나 또는 껴안거나 조그맣게 소근대는 것은 때때로 너무 심하게, 또는 꽤 심하게 금지당한다 —— 물론 이것의 정도는 그와 같은 환경을 만들고 있는 사람들의 사회적 지위나 성격에 따라서 상당히 다르다. 두 사람만 집에 있는 경우에 예를 들면 그것이 15분밖에 안 되더라도 많은 감시인들에게는 범죄시된다. 대개의 경우에 감시하러 따라다니는 특별한 "샤프롱" 없이는 두 사람만의 외출이 허락되지 않는다. 이 아름다운 구속 덕택에 보통 약혼하기까지 서로 얼굴도 모르던 남자와 여자는 약혼기간에도 정신적으로 친숙해질 수 없다. 약혼기간의 도덕이 아직 중세의 관습에 가장 가까워서 매우 엄격한 나라, 이를테면 이탈리아, 프랑스, 독일, 오스트리아 등의 군주국가에서는 약혼자를 이렇게 대하는 것이 보통이다. 더구나 더욱 심한 것은 이 규칙에 거의 예외가 없다는 점이다.

무성의 기간은 "품위를 떨어뜨리지 않고" 끝나고 마침내 결혼식 날이 되면 남편은 속박에서 풀려나 마치 황소처럼 젊은 아내에게 달려든다. 그리고 처녀성을 파괴하는 이 잔혹한 축제는 하나의 공식 축제가 된다. 결국 수주일 전에 "며칠날 밤에 A씨는 B양에게 마지막 행위를 시작하는 동시에 최초의 육체강의를 합니다"라고 발표하는 것이다. 그들은 이것을 다른 식으로 알리지만 그렇다고 해서 진실이 달라지는 것은 아니다. 이것은 가장 비밀스러운 것에 대한 가장 불유쾌한 모독이다. 왜냐

사랑의 꿈(J. 세퍼, 석판화)

하면 이 방법은 잔혹한 힘으로 약혼한 남녀의 관계가 의미하는 가장 고귀한 것을 빼앗고 그 대신 아무리 좋은 경우라도 억압된 욕망의 야만적 행동을 불러일으키기 때문이다. 그러나 이러한 이유에서 약혼기간의 도덕이란 위선의 극치의 하나라고 보아도 좋다.

성교육이 마지막으로 요구하는 것은 사랑의 기술에 대한 조직적인 교육이다. 그것은 깨닫고 이해하고 책임감을 다하는 것만이 아니라 모든 것에 결부되어 육체적인 향락에서 순수한 예술을 창조하는 교육이다. 이 특별한 임무는 최근에 이르러서 유행되어 성교육의 프로그램이 되었다. 게오르크 로메르 박사는 "성욕의 미학에 대해서"라는 논문에서 말하고 있다.

우리는 남근숭배, 프리아포스 숭배나 밀리타(아시리아인이 아프로디테를 부르는 이름/역주)의 봉사에 의해서 어머니 자연의 무구한 자궁을 숭배하기를 갈구한 고대 민족의 청춘의 도취의 부활을 볼 수 없고, 또 보려고도 하지 않는다. 세계는 점점 나이를 먹는다. 우리들의 수치심은 세련되어졌고 연애감정은 정화되었다. 그 때문에 우리들이 완전 나체 —— 그러한 경향은 지금도 있다 —— 상태에 가까워진다면 그것은 우리들의 먼 선조와 마찬가지로 "조잡한" 나체에 의해서가 아니라 오히려 인류가 바람과 태양을 두려워하지 않게 된 복장에 대한 인류의 오랜 훈련과정에서 생긴 자유로운 결심에 의한 것일 것이다. 이때 바람과 태양을 더 이상 두려워하지 않는 것은 인류가 바람과 태양 속에 그들의 가장 훌륭한 힘의 근원이 있음을 깨달았기 때문이다. 그러나 성행위는 앞으로도 조금도 변하지 않을 것이다. 편견이 없는 인생의 경험자는 예부터 행위와 행위 사이에는 큰 차이가 있으며 광신적인 금욕자들에 의해서 옛날부터 그렇게 비난받아온 육체숭배 ── 그것의 가장 비밀스러운 꽃은 성행위에 있다 ── 는 끝없이 고귀할 수 있음을 알고 있다.

"사랑의 기술"은 이 고귀함에 대한 정확한 단어이다. 잔혹한 성의 투쟁을 아름다운 사랑의 유희로 변화시키는 것은 남성에 의해서, 아니 그 이상으로 여성에 의해서 이루어졌으리라. 성기는 어떻게 할 수 없는 재앙이 아니라 오히려 인간을 눈뜨게 했다는 커다란 의미를 가지고 있다.

사랑의 기술에 대한 교육은 매우 오래된 문제이다. 오비디우스의 「사랑의 기술」이 바로 여기 해당하지만 그것은 외관상으로만 그럴 뿐이다. 왜냐하면 지금 이야기하는 사랑의 기술은 고대의 그것과는 본질적으로 크게 다르기 때문이다. 일반적으로 말해서 고대에나 또 얼마 전까지만 해도 사랑의 기술이란 단지 간통의 방법이나 가장 성공적인 간부가 되기 위한 교육이었다. 그러나 오늘날 그것은 가장 행복하고도 훌륭한 결혼생활을 보내기 위한 교육이어야 한다. 이 기술은 바로 사랑의 기술의 진정한 걸작을 의미하는 것이어야 한다. 그것은 "나는 아내에게 어떻게 말하면 좋을까?" 또는 "나는 남편에게 어떻게 말하면 좋을까?"라는 문제이다. 우리들은 오늘날 이 문제가 "나는 아이들에게 어떻게 말하면 좋을까?"라는 문제와 마찬가지로 매우 중요하다고 생각한다. 우리들이 중요하다고 생각하는 문제란 결혼생활에서 에로틱한 기쁨을 부부 모두에 대해서 그때마다 진정한 기쁨이 되도록 만드는 능력을 자신과 다른 사람에게 주는 것이다. 비록 엘리스는 「성과 사회」에서 "대부분의 결혼에서 부부가 행복을 느끼는가 그렇지 않은가는 결혼생활을 하는 남편이 사랑의 기술에 대해서 어떤 지식을 가지고 있는가에 달려 있다"라고 매우 정확하게 지적하고 있다. 결혼생활의 지속을 위협하는 부부의 권태나 결혼생활 중 흔히 언제가는 나타나는 성에 대한 흥미상실 등은 사랑의 기술에 의해서 예방되어야 한다. 다시 말하면 결혼생활에서는 이제 서로 성에 대해서 이야기를 나눌 새로운 화제가 남아 있지 않기 때문에 부부가 서로 흥미를 잃어버리는 시기가 오는 것을 어떻게 하면

납치, 난 너를 원해!(N. 모랭, 석판화)

막을 수 있는가, 또는 권태기가 가능한 한 늦게 오도록 하기 위해서 어떻게 하면 좋은가 하는 문제가 생긴다. 그러나 이러한 일반적인 발전에 대해서 지금까지 소개된 처방은 결코 훌륭한 것이 못 되었다. 물론 그것은 남편과의 성관계를 위해서, 다시 말해서 "자기 자신만을 위해서 아내를 매춘부"로 교육시키는 데에 그 목적이 있다. 이러한 교육은 부인들로 하여금 특히 이불 속에서 남편을 위해서는 매춘부처럼 행동해도 좋다고 충고한다. 왜냐하면 남편이라는 존재는 이미 매춘부에 의해서 너무나 제멋대로 길들여졌기 때문에 부부의 잠자리의 즐거움에 곧 싫증을 느껴 흥미를 잃어버리기 때문이다. 심지어 목사까지도 참회를 하는 부인에게 그러한 충고를 하고 있다. 공쿠르 형제는 그들의 일기에서, 어떤 목사가 "남편은 나에게 무척이나 냉담할 뿐만 아니라 성적으로도 무관심해져버렸다"라고 울면서 참회하는 부인에게 충고한 내용을 쓰고 있다. 그 목사는 대뜸 "사랑하는 자매여, 이 세상에서 가장 존경받아야 할 아내에게서도 매춘부의 작은 신음 소리가 나야 합니다"라고 충고했다. 졸라는 이미 40년 전에 나나라는 한 매춘부에 의해서 이 이론을 대변할 정도로 현명했다. 나나는 자신과 함께 아내를 속인 연인인 백작에게 다음과 같은 비밀강의를 하고 있다.

매일 저녁 함께 침대에 오르기로 해요(석판화)

나나의 허물없는 태도에 황홀해진 백작은 "조금 전에 너는 뭐라고 말했지?" 하고 물었다. 그러나 나나는 이번에는 잔혹한 태도를 취했다. 그녀는 벌써 조금도 거리낌이 없었다. "아아, 그렇군요, 과일가게 주인과 그 마누라……그 두 사람은 한번도 접촉하지 않았대요. 그 마누라는 물론 그 때문에 화를 냈지만 남편은 서툴러서 어떻게 할지를 몰랐대요. 마침내 남편은 자기 아내가 통나무 같다는 생각이 들어서 다른 길을 찾다가 매춘부와 관계를 맺었지요. 남편은 매춘부들에게서 청결한 수업을 받았지만, 부인은 남편보다 더 능숙한 청년들과 즐길 생각을 하게 되었지요. 만약 부부가 서로에 대한 이해가 없다면, 언제까지라도 서로에게 무관심하겠지요." 뮤파는 마침내 빈정거림을 당하고 있다는 것을 알고 나나의 입을 막으려고 했지만 나나는 물러서지 않았다. "아니요. 말하지 말아요. 만일 당신들이 바보가 아니라면 당신들은 부인이 있는 집에서 우리들의 집에서와 마찬가지로 친절하게 대접받을 거예요. 만약 당신들의 부인들이 저능아가 아니라면, 우리들이 당신들을 끌어들이기 위해서 얼마나 고통을 겪는가를 안다면, 부인들은 당신들을 붙잡기 위해서 온갖 헌신적인 행동을 다할 거예요."……"그런 말이라면 집어치워." 풋내기 여자들의 이야기는 안 하는 것이 좋다고 언짢은 듯이 백작은 말했다. "너는 풋내기 여자들을 몰라." 나나는 갑자기 무릎을 치켜세웠다. "내가 풋내기 여자들을 모른다고요." 그녀는 소리쳤다.……"그러면 그 여자들만 청순하군요. 그런 여자들만이 그런 것이 아니에요, 아니, 그 여자들은 순진하지 않아요. 당신이 여기서 하고 있는 그대로 행동하는 여자가 한 사람이라도 발견되지나 않을까, 당신은 매우 염려하는 것이에요.……천만에, 당신의 정숙한 아주머니가 웃을 일이에요."

마르셀 프레보 또한 이 미묘한 문제를 매우 상세하게 논했다. 그러나 그는 이렇게 간단한 공식으로 정리된 이 제안을 의심하면서 사랑스러운 아내를 매춘부로 만드는 남편이 한편으로 자기 자신만을 위해서 아내를 겉으로만 그럴싸하게 보이는 매춘부로 만드는 것은 두려워한다고 말했다. 이런 아내는 언젠가는 또다른 남자의 매춘부가 될 수도 있다. 그렇기 때문에 그러한 남편은 큰 위험을 저지르게 된다. 그러나 프레보는 "남편은 아내를 매춘부같이 다룰 수는 있을지언정 평생 아내와 매춘부에 관한 이야기는 하지 않는다"라고 말함으로써 교활하게 빠져나갈 수 있는 길

첫날밤(베를린의 채색 동판화)

을 찾았다.

이러한 권고는 다른 권고와 마찬가지로 충분치가 않다. 좀더 정확히 말하면 그것
은 결국 다른 권고와 마찬가지로 잘못된 것이다. 왜냐하면 그것은 연애란 오로지
항상 쾌감을 얻기 위한 기회에 불과하다는 배부른 사람들의 논리이기 때문이다. 이
에 반해서 사랑하는 남녀의 사랑에 대한 기술은 남자가 매춘부와 교제할 때 배운
것, 즉 매춘부가 남자에게 하는 행동과는 전혀 다르다. 이미 설명했던 것처럼, 부
부는 자신들의 사랑의 과실을 언제나 새로운 선물로서, 따라서 언제나 새롭고도 멋
진 경이로움으로서 상대방에게 바칠 줄 아는 고상한 기술을 이해하려고 노력해야

한다. 이것은 두 사람의 감정을 무디게 하지 않는 유일한 기술이다. 한편 자극은 점점 강한 자극을 요구하지만 그 최후의 결과는 냉정함만이 아니라 오히려 서로에 대한 혐오감만 남기게 된다. 물론 사랑의 기술에 대한 처방은 폭넓고 심오한 감각을 요구한다. 이러한 것은 결코 금전결혼으로는 불가능하다. 사랑하는 남녀는 마음속 깊이 서로를 느낄 수 있는 순수한 연애결혼에서만 애정에 의한 기쁨을 느낄 수 있기 때문에 실제로 금전결혼에서는 자극만이 유일한 탈출구이다. 그렇지만 자극은 금전결혼에서 결코 구원이 아니라 일시적인 마약에 지나지 않는다. 그리고 결국에 가서는 —— 아무리 좋은 경우라도! —— 톨스토이가 「크로이처 소나타」에서 "정말, 우리는 이런 식으로 돼지와 다름없는 생활을 하고 있었다"라고 표현한 것과 똑같이 비천해진다.

8) 산아제한

모든 나라에서 유산계급의 자식들의 수는 어느 시대에나 빈곤한 계층보다 적었고 오늘날에도 그렇다. 그것은 절대적인 사실이다. 따라서 산아제한은 생활의 윤택함과는 분리할 수 없는 조건임이 확실하다. 이 현상의 관계는 누구에게도 명확하다. 첫째로 그것은 재산에 대한 배려나 자신의 자손이 재산을 상속해서 점점 번창하는 것을 보고 싶어하는 희망이다. 이 목적은 될 수 있는 한 자손을 제한함으로써 효과적으로 달성될 수 있다. 이미 앞에서도 설명했던 것처럼 옛날에는 유산계급에서 현재 수중에 있는 재산을 까먹지 않고 그대로 자손에게 물려주는 경향은 종종 장남에게만 재산을 상속시키고 장남 이하의 자식들에게는 상속시키지 않는 결과를 가져왔다. 가톨릭을 국교로 하는 나라에서는 차남은 수도사가 되고 딸들은 시집가지 않는 한 수녀원에 들어갔다. 차남을 수도사로 만든 것은 가옥이나 토지의 분배를 피하기 위한 것으로 특히 농민계급에서 흔히 볼 수 있었던 현상이다. 유산계급의 계획적인 산아제한의 제2의 원인도 그렇게 피치 못할 것은 아니다. 그것은 될 수 있는 한, 자식에게 구속받지 않고 인생의 식탁에서 호사를 누리려는 부모의 이기심 때문이다. 그들은 자신에게 인생의 즐거움을 베풀어주는 재산을 가지고 있기 때문에 역시 인생을 즐기고자 한다. 아내는 잦은 임신 때문에 인생을 즐기는 것을 방해받게 된다. 왜냐하면 그들은 아기가 태어난 그 날부터 육아를 유모에게 맡길 수는 있어도 ——

그런 일은 다소 행해지고 있다 —— 임신이나 분만까지도 다른 사람에게 맡길 수는 없기 때문이다. 그러나 남편도 자식이 많을 때에는 인생의 즐거움이 방해받고 자신의 사교생활도 제한된다. 왜냐하면 그의 아내는 대개의 경우에 자기의 대리인이기 때문이다. 따라서 남편은 이러한 이유에서 아내가 몇 번씩이나 임신하는 것을 싫어해서 기껏해야 두세 명의 자식으로 충분하다고 생각한다. 그러나 이 계급에서는 더욱 극단적이다. 그들은 이 세상에 태어나는 두세 명이라는 최대한의 숫자까지도 인생을 즐기려는 욕망 때문에 점점 제한한다. 이 사실은 각 나라의 유산계급에서는 결혼하고 나서 2-3년이 지나서야 비로소 자식이 생기는 부부가 눈에 띄게 증가하고 있다는 현상에 의해서 증명된다. 이 현상이 찾아보기 어렵다면 우연에 불과하지만 대중적으로 나타난다면 결코 우연이 아니다. 왜냐하면 그것은 자연에 역행하는 현상이기 때문이다. 따라서 그것은 인간이 원해서 나타난 현상이다. 한편 그것은 또한 참으로 간단하게 설명할 수 있는 현상이다. 유산계급의 여성은 결혼하고 나서 비로소 좋아하는 것을 할 수 있게 된다. 이때에 극장, 사교, 스포츠, 여행 따위와 같은 모든 것은 더욱 강하게 유혹하는 힘을 가지고 아내를 손짓해 부른다. 이제 그들은 이미 결혼한 아내로서 지배적인 도덕법전에 따라서 처녀시절에 금지되었던 많은 것에 당당하게 참가해도 좋다. 따라서 아내는 우선 이 자유를 실컷 맛보려고 생각한다. "처음 일 년 동안은 아기는 태어나지 않을 거예요. 저도 처음에는 역시 제 자신의 생활을 조금은 가지고 싶어요." 신부들은 결혼생활이 시작될 무렵 신랑에게 이런 조건을 내세운다. 그러나 이때 "사랑하는" 것은 자연에 역행하는 것이다. 이것을 이해하는 것은 이해심 많은 남편의 최상의 임무이다. 사교적인 기질이 점점 강하게 유혹하면 할수록 아내는 점점 더 임신에 반항한다. 자주 튀어나오는 "자식을 가지고 싶어하는 아내의 외침" 따위는 그러한 유혹 앞에서는 사라져버린다. 그것에 반해서 "자식 따위는 필요 없다"라는 외침은 종종 몇십만 배나 크게 아내의 입에서 울려퍼진다. "자식을 가지고 싶어하는 외침" 가운데는 실제로는 전혀 다른 것이 표현되고 있다. 오히려 그것은 운명에 의해서 소외된 아내가 정상적인 생활을 하고 싶어하는 외침이다. 그리고 남편에게서 소외된 아내의 자기완성에 대한 동경이다. 아내에게는 이 완성의 절정이 물론 자식이기 때문에 자식은 그것에 대한 보증이 된다. 한편 참으로 많은 여성들에게는 자식이란 안정되고 희망에 찬 인생에 대한 보증이기도 하다. 이 때문에 자식을 가지고 싶다는 이 외침은 참으로 많은 여

여송연에 불 붙이는 도구

성들에게는 앞에서 설명했던 사실혼이 점점 늦어져갈 뿐만 아니라 결혼기회가 점점 없어져간다는 사실의 어쩔 수 없는 반영이다. 이러한 사태에 의해서 여성이 남성보다도 더욱 고통을 겪는다는 것은 말할 필요도 없다. 중산계급이나 상류계급의 여성은 특히 그렇다. 왜냐하면 그러한 여성에게는 앞에서 설명했던 것처럼 위선 때문에 혼외 성생활은 참으로 희생이 크기 때문이다.

유산계급의 많은 남녀에게 "자식이 없는 사랑"이라는 말이 얼마나 진지한가는 이 계급의 사람들이 점점 즐겨 취하는 여러 조치가 가장 대담하게 그것을 증명하고 있다. 종종 많은 아내들은 더욱 극단적으로 자식이 둘만 되면 뒤늦게나마 난소를 제거하는 임신중절 수술까지 받는 형편이다. 그 덕분에 여성은 안심하고 연애할 수 있고 만일의 아슬아슬한 우연을 그때마다 걱정할 필요가 없게 된다. 그러한 상태는 한층 더 큰 은혜를 베풀게 될 것이다. 이러한 여성은 자제할 줄 모르는 애인을 외면할 필요가 없다. 이제 위험은 제거되었기 때문이다. 이반 블로흐 박사는 그의 저술에서 특히 프랑스의 상류계급에서는 피임법으로서 난소 제거법이 크게 유행하고 있다고 말한다. 그러나 이 방법이 다른 나라에서도 유행하고 있는 것은 톨스토이가 「크로이처 소나타」에서 증명하고 있다. 그는 거기에서 조직적으로 행해지는 피임에 반대해서 이렇게 말하고 있다.

남편은 쾌락을 즐기려고 하지만 자연의 법칙인 자식은 인정하려고 하지 않는다. 그런데도 자식은 태어나 끝없는 쾌락의 방해물이 된다. 그 때문에 쾌락만 즐기려고 하는 남편은 그 방해물을 제거할 방법을 생각한다. 첫번째 방법은 아내를 악당의 처방전에 따라서 불구로 만드는 것이다. 그것은 여성에게는 언제나 불행이고 또한 불행일 수밖에 없는 방법, 곧 불임에 의해서이다. 그 덕분에 남편은 안심하고 끝없이 쾌락을 즐길 수 있다. 두번째 방법은 다처주의이다. 그것은 무함마드 교도처럼 진지한 것이 아니라 거짓과 기만에 가득 찬, 저급한 유럽적인 것이다. 세번째 탈출구는 —— 다만 이것을 탈출구라고는 말할 수 없지만 —— 갑자기 난폭하게 자연의 법칙을 파괴하는 것이다. 이 방법은 모든 국민이 행하고 있고 소위 성실한 가정의 대부분의 사람도 행하고 있는 형편이다.

남성의 음탕함에 대한 묘사(1890)

난소 제거와 같은 당치도 않은 방법이 실제로 유산계급에서만 문제가 되었던 것은 수술비가 엄청나게 비싸다는 이유 때문이다.……

옛날부터 인구증가는 오로지 무산계급이나 중간계급에 맡겨졌지만 이들 계급도 이전부터 조직적으로 이 임무를 회피하기 시작했다. 회피에 대한 부정할 수 없는 증거는 모든 문명국에서의 일반적인 출생률 감소이다. 오랫동안 프랑스에서만 적용되었던 사실, 즉 인구의 증감이 없어진 안정이 독일에서도 또한 현실로 나타났다. 독일에서 수년 전까지만 해도 나타났던 급격한 출산 증가율은 해마다 낮아져갔다. 이것에 대해서 인구통계학의 전문가 오토 에잉거 박사는 이렇게 쓰고 있다. "도처에서 점점 많은 국민들이 지금까지처럼 결과를 무시하고 간단히 자신의 육체의 요구에 따르는 대신에 자식을 가지고 싶은지 아닌지를 먼저 자신에게 물어본다. 그 답은 대부분의 경우 '가지고 싶지 않다' 라는 것이다." 확실히 대부분의 부부는 하나, 둘, 혹은 셋의 자식을 희망한다. 지극히 소수의 부부만이 오늘날에는 그 이상을 희망하고 있다. 대다수의 가정은 두번째 혹은 세번째 자식을 낳은 뒤에 바로 임신이 되는 경우에는 설사 그것을 불행이라고까지는 느끼지 않더라도 난처하다고 느낀다. 소위 프랑스 특유의 둘만 낳기 제도는 점점 국제적 현실이 되었고 노동자 계급조차 점점 그렇게 되어왔다. 그것에 대한 확실한 증거는 각국에서 해마다 태어나는 신생아 가운데 외동아들이나 외동딸이 점점 많아진다는 통계적으로 확실한 사실을 꼽을 수 있다. 그리고 이 경우에도 이러한 현상을 결정짓는 것은 순수하게 경제적인 원인이고 세상사람들이 말하는 것처럼 풍기가 점점 문란해지기 때문은 아니다. 특히 일반의 출산율을 감소시키는 것은 도시로부터 농촌으로 흘러들어오는 도덕적 퇴폐 때문도 아니다. 왜냐하면 농민도 유산계급과 나란히 옛날부터 둘만 낳기 제도의 실천자였고 농민계급이 지배적으로 토지를 보유하고 있는 경우에는 언제나 그랬다. "한번 강력한 희망이 솟아오르면 방법도 저절로 발명된다." 그것에 대해서는 인공유산이 미개인들 사이에서조차 발달하고 널리 행해지고 있다는 것만큼 훌륭한 증거는 없다. 빈곤한 자들에게서 가족의 머릿수를 제한하려는 강력한 희망은 무엇보다도 먼저 가족의 생활고 때문에 생긴 것이다. 생계는 자본주의 시대에 들어오면서 점점 복잡해졌다. 차례차례로 태어나는 자식들은 가족의 생계를 점점 고통스럽게 만들었고 나중에 태어난 자식을 교육시키기 위해서는 먼저 태어난 자식을 희생시켜야만 한다. 옛날에는 소농계급도 노동자 계급도 지금과는 전혀 달랐다. 프랑스의 저술가 누비앙은 프랑스의 인구감소에 관한 연구에서 이렇게 말하고 있다.

> 자식을 키우는 데에는 거의 비용이 들지 않는다. 반면에 아들은 열 살이 되면 이미 농업이나 수공업의 경우 부모를 도울 수 있고 딸들은 쉽사리 식모살이를 할 수 있다. 수공업의 경우에는 아버지는 자식을 도제로 삼고 전적으로 자기 일을 돕도록 했다. 자기 가족만을 노동력으로 이용하는 것은 소(小)장인들에게는 이익이 되었다.

옛날에는 프랑스뿐만 아니라 어느 나라에서도 그랬지만 오늘날에는 벌써 프랑스뿐만 아니라 어느 나라에서도 그렇지 않다. 그렇기 때문에 산아제한은 필연적인 결과이고 또 그러한 결과로부터 나타난 국제적 현상이다.

생활의 풍족함에는 언제나 소수의 자식이 요구되고, 또는 풍부해지는 만큼 자식이 적다는 법칙은 물론 노동자 계급 가운데서도 나타나야만 했다. 다시 말하면 노동자 계급에서는 언제나 자식의 수가 적은 가족이 물질적으로 나은 위치에 있는 층이며 자식이 많은 가족은 가장 빈곤한 층으로 나타난다. 이것은 사실이고 각국의 인구통계를 통해서 증명할 수 있다. 앞에서 인용한 오토 에잉거 박사는 이 방면의 연구를 다음과 같이 종합하고 있다.

> 프랑스와 영국에서의 이 방면의 발전은 독일보다 훨씬 앞서 있다. 시골의 인구는 참으로 조밀하고 거의 증가를 보이지 않는다. 40년대에는 빈곤과 자식이 많은 곳의 대명사로 불렸던 신앙심 깊은 벽촌인 브르타뉴에서도 오늘날에는 그 수가 적어졌다. 그리고 이러한 모든 것은 근대적인 교통이나 대도시의 발달 없이 이루어졌다. 여기서 대도시라고 말한 이유는 오늘날에도 영국이나 프랑스에서 도시의 노동자 계급은 빈곤과 다산현상이 농민계급보다 심각하기 때문이다. 공장에서 일하는 노동자 계급은 농민보다도 산아제한을 할 경제적 이유가 훨씬 적다. 왜냐하면 자식의 운명은 결코 상속재산에 의해서 좌우되지 않기

때문이다. 북프랑스의 두 개의 공업지대는 해마다 참으로 현저한 출산율 증가를 보이고 있는 진귀한 지방이다.

진실을 말한다면, 생활이 풍족해짐에 따라서 사회적 번영을 위한 노력도 강화된다. 만약 그렇지 않고 대도시의 독기가 슬퍼해야 할 결과를 성숙시켰다면 왜 같은 지방의 빈곤한 농민은 일반적으로 돈 많은 농민보다 자식이 많은가? 더욱이 독일에 사는 하층 폴란드인은 왜 같은 도시의 독일인 시민보다도 자식이 많은가? 그리고 러시아에 사는 불행한 유대인은 독일에 사는 유대인과는 정반대로 왜 다산의 슬라브인보다도 훨씬 더 자식이 많은가? 가톨릭 교구는 아무리 고해를 잘해도 —— 이것은 가장 주의해야 할 점이다 —— 빈곤한 곳일 경우에는 왜 프로테스탄트 교구보다 자식이 많은가?(대부분의 곳이 그렇다) 이것에 대해서 우리들은 자신의 정신을 무디게 하던 물질적인 빈곤에서 벗어나면 곧 완전히 각성하게 되는 평범한 인간의 이기적인 의지가 산아를 제한한다고 말할 수는 없는가?

실제로 그것은 평범한 인간의 이기적인 의지 탓일 것이다. 왜냐하면 대중의 생활이 점점 더 풍요해짐에 따라서 언제나 생활의 한층 더 높은 의식형태로 향하는, 그것에 적합한 향상이 따르기 때문이다. 그런데 한층 더 높은 의식형태란 우선 첫째로 사람들이 오늘뿐만 아니라 내일, 곧 장래를 위해서도 살아간다는 것을 통찰함으로써 나타난다. 사람들은 현재에 어느 정도 장래의 행복이나 불행이 틀림없이 포함되어 있음을 인정한다. 그러나 장래를 전망하고 대비하는 사람들은 생활고와 대가족을 분리시킬 수 없음을 알고 있다. 더욱이 그들은 대가족이란 그때그때의 부양자에게만이 아니라 그 가족의 모든 자식들에게도 영원한 생활고를 의미함을 알고 있다. 왜냐하면 대가족의 자식은 소가족의 자식에 비교해서 정말 빈털터리로 태어나기 때문이다.

이상에서 설명한 것들이 한층 더 높은 의식형태에 대한 최초의 인식이다. 따라서 대중도 인생을 설계할 때 점점 자식이 없는 연애를 생각하게 된다. 신문의 광고란을 얼핏 보더라도 그것에 대한 유력한 증거가 당장 발견된다. 이러한 목적을 달성하기 위한 새로운 방법과 조치가 매일같이 광고되고 있다. 이때 이러한 광고를 통해서 제조회사나 판매회사가 대중에게 요구하는 판매가격은 대중취향의 상품이 중요하다는 것을 증명하고 있다. 오늘날 이러한 문제에 관한 팸플릿은 아직 대부분의 여성들은 아니지만 상당히 많은 여성들 손에 들어가고 있다. 신앙이 없는 사람뿐만 아니라 신앙이 있는 사람까지도 훨씬 전부터 그러한 "부도덕한 호기심"의 포로가 되었다는 것은 이런 일에 대해서 신부가 언제나 상담에 응하고 있다는 사실로부터 증명된다. 일찍이 가톨릭의 신부 로이테는 고해석에서 고해하는 여성으로부터 종종 어떻게 하면 죄를 범하지 않고 피임할 수 있는가라는 질문을 받는다고 보고하고 있다. 왜냐하면 가톨릭 교회에 따르면 성교할 때 이런저런 피임법을 사용하고 중절이나 질 세척을 행하는 것은 범죄시되고 있기 때문이다. 다른 가톨릭의 신부는 이러한 조처는 도시뿐만 아니라 농촌에서도 점점 성행하고 있다고 말하고 있다.

앞에서 말한 모든 이유 때문에 산아제한의 경향은 약해졌다고 생각되지 않는다. 약해진 것이 아니라 오히려 이 경향은 점점 더 넓은 범위로 확산되고 있다. 따라서 그것은 말하자면 수정할 수 없는 자연법 가운데 포함시키지 않으면 안 된다. 물론 산아제한을 부도덕하다고 선언하는 도덕군자의 어떤 지껄임도 이 경향을 조금도 저지할 수 없고, 위선이 —— 의식적이든 무의식적이든 여기서는 전혀 관계가 없다 —— 자신의 요구에 따라서 산아제한을 성생활의 가장 부도덕한 것이라고 선전하면 할수록 더욱더 저지할 수 없다. 실제로 연애생활 가운데서 출생이라는 목적만을 생각하는 것만큼 동물적인 견해도 없다. 이것은 종마를 키우는 곳이나 토끼 기르는 곳을 위한 지혜일 뿐이고 문화인을 위한 지혜는 아니다. 그리고 반가운 것은 인간이 점차 이것을 이해하고 있다는 점이다.

그런데 생식 가운데서만 연애생활의 목적을 발견하는 것만큼 연애생활에 대한 동물적인 견해는 없다는 이유 때문에, 한층 더 높은 도덕성은 연애생활이 역시 개인적인 자기 목적을 가지며 따라서 연애생활을 완전한 의식과 깊은 사려하에서 영위하는 사람들에게 반드시 찾아온다. 산아제한이 노골적이고도 대담한 향락욕의 목적에 이용되지 않는 한에는 그것은 우리들의 문화에 대한 치욕이 아니다. 오히려 그것은 전체의 정신적, 육체적 향상에서 가장 중요한 전제의 하나가 될 것이다. 우리들은 이 길에 의해서만 어떤 병적이고 변질된 현상이 나타나는 것을 억누르고 인생을 그 전체적인 전망에서 바라볼 수 있다. 한편 살아남는 인간은 인생의 향락에 참가할 권리를 가지지만 그런 인간은 또한 이 권리가 동포나 자손의 무거운 짐이나 걱정거리가 되어서는 안 된다는 의식을 가져야 한다. 그런데 의식적으로 산아제한을 하는 것은 그 이상의 것을 의미한다. 결국 한층 더 깊은 인식에 의해서 밑받침되는 산아제한에 대한 의지는 동시에 의식적인 생식에 대한 의지를 수반한다. 이것은 역시 중요

하다. 따라서 장차의 인류는 단순한 우연의 산물
이 아닐 것이다. 그리고 그 결과로서 여성의 임신
은 언제나 남녀 두 사람이 육체적, 정신적 발전의
절정에 있는 때에만 가장 많이 이루어지게 된다.
가장 큰 책임감은 언제나 인생의 긍정적인 가장
높은 형태와 결부된다. 그것은 인간에게만 적합한
생식행위의 형태이다. 그것은 생식을 처음부터 인
생의 가장 숭고한 현상으로 만들게 된다.

팸플릿의 한 판화

이미 임신한 여성의 인공유산의 유행은 적어도
산아제한의 유행과 마찬가지로 일반의 도덕상태
에 대한 올바른 비판을 하는 데에 중요하다. 이
경우에도 개인적인 책임감의 향상이 그 정반대의
것과 마찬가지로 당장 나타나고 또 나타날 수 있
는 현상이 문제이다. 몇몇 경우에 무엇이 문제인가를 결정짓는 것은 피임법의 경
우와 똑같은 것이 기준이 된다는 것은 말할 필요도 없다.

오늘날 각 계급이나 각 나라에서 인공유산이 어느 정도의 범위까지 확산되어 있
는가를 정확하게 추정하는 것은 물론 불가능한 이야기이다. 왜냐하면 인공유산의
대부분은 비밀에 부쳐지고 있기 때문이다. 사람들은 인공유산이 오늘날 피임법 못
지않게 크게 유행하고 있다고 주장할 수 있다. 바꾸어 말하면 오늘날에는 이전 시
대와는 비교도 안 될 만큼 낙태가 성행하고 있고 수십 년 전부터는 유행적인 현상
이 되었다고 주장할 수 있다. 독자는 이 점에 대해서도 신문광고란을 보면 좋을 것
이다. 신문광고란을 보면 "비밀을 요하는 일에 대해서 상담해드립니다"라든가 "월
경을 늦추는 최신 약품"이라는 등의 광고가 수없이 눈을 끈다. 이러한 광고는 원치
않는 임신에서 여자들이 해방될 수도 있다는 것을 암시하고 있음에 불과하다. 더
욱이 이러한 비밀스러운 상품을 파는 소위 "산파"나 "의사"는 대부분의 경우 개업
하고 있고 그 분포가 어느 정도인가는 일반적으로 상상할 수 없다는 것도 확실하
다. 많은 병원은 인공유산을 원하는 여성들로 만원사례를 이룬다. 영국의 연구가
피사너스 프랙시는 그의 저서에서 이렇게 설명하고 있다(이반 블로흐의 책에서 재
인용함).

우리들은 웨스트엔드의 산부인과 의원에 갔던 처녀가 대기실에서 벌써 예닐곱 명의 젊은 여성이 순서대로 수술을 기다리고 있는 것을 보았다는 사례를 알고 있다. 그녀가 그 의사에게 상담하러 갔던 다른 두 번의 기회에도 상황은 역시 마찬가지였다. 대기하고 있는 사람은 주로 발레 무용수나 연극에 관계하는 여성이었다. 선불로 지불하는 수술비는 5파운드였다.

이러한 증거는 대도시에서는 수없이 많다. 또한 범죄통계도 그것을 두려운 숫자로 증명하고 있다. 오늘날에는 어느 도시에서도 직업적인 낙태 때문에 발생하는 재판이 왕성하게 행해지고 있는 형편이다. 그 특징을 알기 위해서 수년 전에 드레스덴에서 행해졌던 재판을 하나 소개한다. 이 재판에는 각계각층의 여성들이 많이 연루되어 있었다. 이 재판의 경과에 대한 기록은 다음과 같다.

오늘 배심재판으로 열리고 있는 낙태죄의 심리는 작센 공국의 수도의 풍기상태에 특징적인 정보를 제공한다. 훨씬 이전에 행해졌던 약 65명에 달하는 검거만으로도 이 재판은 센세이셔널하고도 두려운 사건이 될 것으로 예상되었다. 예상은 빗나가지 않았다. 이 재판이 오늘까지 장시간에 걸쳐 파헤쳤던 것은 드레스덴 풍기의 특징을 말해준다. 오늘 단순히 여공에서부터 학교 교장의 아내에 이르기까지 모든 계급의 여성이 이 사건의 재판에서 피고석을 채웠다. 대지주의 딸들이 타락한 여점원들과 나란히 앉아 있다. 유명한 정치가의 딸은 재판을 피하기 위하여 교도소에서 자살했다. "낙태수술을 받은 여성들"은 장기 또는 단기의 금고형을 면제받았지만 "산파들" 가운데 예순 살 먹은 "간호원" 에르네스티네 카롤리네 에버라인은 10년, 산파 솔로트카는 3년의 징역이 선고되었다.

미국의 범죄통계는 뉴욕에서만 1년에 2만 건의 인공유산을 집계하고 있다. 하층계급의 여성들을 이러한 수단으로 몰고 가는 것은 그 대부분의 경우 빈곤이다. 카미유 그라니에는 1890년에 「여성의 범죄」라는 책에서 수천 명의 가난한 임신부에게 겨우 몇 프랑으로 인공유산을 해준 파리의 노동자 지구에 사는 산파에 대해서 다음과 같이 기록하고 있다.

라 모르 오 고스(La Mort aux Gosses : 기아의 사신 / 역주)라고 불렸던 방티뇰의 빵 배달하는 여자가 자신은 2,000명에 가까운 여자들을 낙태시켰다고 고백했다. 그러한 여자들 가운데 한 여자는 그 자신의 치마에 매달려 있는 일곱 명의 자식과 함께 훌쩍훌쩍 울면서

"신이여, 그래도 이 자식들은 배부르게 먹을 수 없답니다"라고 말했다. 아직 태어나지 않은 자식은 모성애 때문에 이미 태어난 자식들을 위해서 희생되었다.

옛날에는 보통 도시에서는 낙태, 시골에서는 영아살해가 빈번하게 발생했지만 최근에는 낙태가 도시의 다수 구역에서 대단히 성행하고 있다. 이미 1895년에 베를린에서 어떤 여자 거간꾼이 낙태술을 가르쳐달라고 "시골에서 온 여자들을 하녀로 삼아 200명이나 자신의 제자로 받아들였다"는 죄목으로 검거되었다. 결국 이것은 직업적인 비밀낙태로 돈을 벌려는 여자가 200명이나 있었다는 것을 의미한다. 그리고 이 두려운 기술을 가르치는 "전문대학" 한 군데에서만도 그렇게 많은 여성들이 자립했던 것이다. 이러한 "전문대학"은 세계의 모든 대도시들에 수없이 많다. 이러한 소수의 실례로부터 나타나는 결과가 아무리 두려워도 우리들은 어떤 과장에 대한 공포도 없이 그 가운데에서 진실이 불완전하게 묘사되어 나오고 있다고 말해도 좋다. 이것은 특히 법원에서 판결을 받은 사건에 해당된다. 이런 숫자와 비교하면 인공유산의 수는 몇 배나 되는지 알 수도 없다. 그것은 특히 유산계급의 경우에 해당된다. 왜냐하면 오늘날에는 유산계급의 여성만이 생명을 잃을 위험 없이 안심하고 인공유산을 받을 수 있기 때문이다.

최근에 유럽 국가들의 법률은 의사의 진단 결과 모체가 임신 때문에 위험하다고 판단될 때에는 중절수술을 해도 좋다고 되어 있다. 중절은 그것만으로는 확실히 참으로 중요하고도 고마운 업적이다. 그러나 그것은 동시에 유산계급의 수많은 여성이 매일같이 구하고 발견하는 편리한 탈출구이다. 이러한 여성들은 건강을 해칠 위험 없이 건강한 자식을 낳고 그 자식을 주의깊게 교육시킬 수 있는데도 사교생활을 방해받지 않기 위해서 그 이상의 자식을 바라지 않는다. 유산계급에서는 자식을 하나나 둘 낳은 뒤에는 임신을 인공유산으로 중절하는 것이 점점 흔한 현상이 되었다. 그리고 실제로 모든 대도시에는 훨씬 이전부터 인공유산만을 전문으로 하는 산부인과 의원이 많이 있다. 수술비와 보통 2–3주에 걸친 입원료를 포함한 비용은 참으로 비싸기 때문에 자신의 의지에 반한 자식 따위는 낳아서는 안 된다는 여성의 당연한 권리는 이러한 위험하지 않은 방법을 사용하는 한, 대개 부자들만의 특권이 되어 있다.

9) 간통

결혼연령이 늦어진 것과 결혼하기가 어려워진 것은 그러한 개인과 계급의 혼전 성관계가 비교적 많아지는 불가피한 결과를 낳았다. 동시에 순수하게 이론적으로만 생각해보더라도 금전결혼과 인습결혼의 증가와 함께 기혼자 사이에 혼외 성관계가 이에 따라서 광범위하게 확산될 수밖에 없었다. 물론 이러한 문제는 모두 이론적으로 해답을 얻을 수밖에 없지만 형태만은 실제로 증명할 수가 있다. 우리는 오직 이러한 형태에 따라서 금전결혼과 인습결혼의 증가를 동시에 증명할 수도 있고 부정할 수도 있다.

대부분의 금전결혼과 인습결혼은 내부적인 필연성을 가지며 조만간에 상호 부정(不貞)으로 귀결되는데 그것을 증명하는 일은 별로 어렵지 않다. 남자와 여자 사이에는 정신적인 공감뿐만 아니라 순수한 성애적인 공감도 대단히 복잡한 문제 중의 하나이다. 대다수의 남성이 어떤 여성에 대해서든 성욕을 무차별적으로 가지고 있다고 할 수는 없으며, 특히 오랜 기간에 걸쳐 성욕을 가진다고 할 수는 없다. 대개의 남성이 청년시절에는 어떤 여성에 대해서도 성욕을 가지는 것은 확실하다. 청년은 모든 여성에 의해서 그런 것은 아니지만, 대부분의 여성에 의해서 성적 도발을 경험한다. 그러나 대부분의 남성은 어느 연령에 달하게 되면 그런 경향이 없어져버린다. 어떤 여성에게든지 육체적 욕구를 느끼는 상태는, 설사 여자와의 관계가 없는 상태라고 하더라도, 역시 매우 여자에 굶주려 있는 상태이다. 다소 기묘하게 들리겠지만 그 상태는 어떤 남성에게는 성욕을 느끼지만 어떤 남성에게는 전혀 느끼지 않는다는 여성에게도 어떤 의미에서는 그대로 적용된다. 부부생활 중에 남편이 제공하는 성의 향락에 대해서는 불감증을 느끼거나 곧 냉담해지지만 남편 외의 남성과의 관계에서는 활화산으로 변하는 여성이 많이 있기 때문이다. 그런데 남자도 여자도 성관계를 할 때는 의식적으로든 무의식적으로든 끊임없이 새로운 장엄한 최후의 조화, 최후의 방출, 상대방과의 완전융합을 구한다. 그러나 이 강렬한 동경의 실현은 금전결혼이나 인습결혼에서는 찾아볼 수가 없다. 그리고 그 결과는 결혼생활에 대한 불만으로 나타난다. 결혼생활의 끊임없는 불만은 오직 다른 상대의 품속에서 강렬한 경험을 해보고 싶다는 끊임없는 충동을 부추긴다. 그 때문에 부부는

어느 쪽이나 소위 구원자를 부단히 구하게 되는 것이다. 이 동경이 설사 정당하지 못하다고 하더라도 인류의 영원한 권리를 인위적인 법률보다 위에 두는 모럴이라는 입장에 설 때 가장 잘 이해할 수 있음이 분명하다. 그렇기 때문에 인습결혼이 성행하고 있는 사회에서는 간통이 도처에 영구히 뿌리를 뻗치고 있다.

그런데 또 거기에, 특히 근대적 특징에 뿌리를 내리고 어떤 때는 남편, 어떤 때는 아내를 간통으로 이끌어가는 많은 동기가 덧붙여진다. 이러한 여러 동기들 중에서 가장 중요한 것은 대자본주의에 나타나는 신경의 팽팽한 요구, 신경의 끊임없는 과도한 자극이다. 이 신경의 과도한 자극은 특히 많은 남성들을, 때로는 열병과 같이 자극받은 신경에 대하여 마약으로 작용하고 때로는 흥분제로 작용하는 성적 방출을 구하도록 몰아가고 있는 것이다. 그리고 부부간의 성교는 많은 남자들에게 이와 같은 작용을 어느 정도까지밖에 줄 수 없기 때문에 남자들은 이 작용을 다른 데에서 구하게 된다. 그런데도 상당히 많은 수의 남자들은 이미 "성교육"이라는 절에서 말한, 자기 아내를 코코트(cocotte : 상류사회를 상대로 한 매춘부/역주)로 교육하는 처방전에 따라서 결혼생활에서도 그것을 손에 넣으려고 했다. 부부의 침실에서 코코트는 오늘날에는 이런 이유만으로도 어느 나라에서나 대중적 현상이 되어 있다. 물론 유산계급에서 "정숙한 아내의 옷을 입은 코코트"가 가장 많다. 왜냐하면 이 계급에는 아내에 대하여 단순한 향락동물의 역할을 부여하는 가장 그럴듯한 전제가 확실히 존재하기 때문이다. 그러나 그 때문에 그러한 아내의 끊임없는 부정은 곧바로 충동질당하게 된다. 왜냐하면 변화는 요염, 교태라는 처방전에서 가장 중요한 요소이기 때문에 부부의 침실에서의 코코트는 앞에서 말한 바와 같이 자연히 그리고 금방 다른 남자의 친밀한 여자친구로 변신하기 때문이다. 그들이 시작하는 모든 행위에서의 끊임없는 변화로 말미암아 어느덧 상대를 바꾸고 싶다는 동경이 자연히 샘솟게 된다. 신경을 끊임없이 자극하는 직업생활은 많은 남자들을 소모시켜서 결국에는 그들이 너무 일찍 중년이 되어 성적으로 "완전히 탕진되든지" 적어도 상당히 무감각해져버린다. 어느 시대에도 성불능, 특히 나이에 비해서 일찍 정력이 탕진되어버린 남자가 있었음을 흔히 볼 수 있는데, 전기(電氣)의 시대, 즉 자본주의의 고속시대가 되면서 —— 오늘날이 바로 그 시대에 해당된다 —— 그것은 비로소 대중현상이 되었다. 나이에 비해서 일찍 신경쇠약 현상을 나타내는 남자에 대한 처방약을 넌지시 우회적으로 여러 가지 추천하고 있는 신문의 광고란이 이것을 충분히 증명하고 있다. 그리고 이때 특히 문제가 되는 것은 당연히 유산계급이나 지식계급이다. 왜냐하면 정신적 과로는 심한 육체노동보다도 훨씬 더 남성의 성욕을 약화시키기 때문이다. 독자 여러분은 오늘날 기업가가 기업활동에 어쩔 수 없이 신경을 써야 하고, 기사가 공장에서, 직원이 출퇴근에서 불가피하게 신경을 써야 하는 것을 상상해주기 바란다. 대공업이 발달하기 전에는 개인의 힘, 특히 그렇게 많은 개인의 힘을 이와 같이 요구한 적은 없었다. 인류가 반세기 전부터 발을 들여놓기 시작했던 이 시대만큼 노동의 이와 같은 집중, 그토록 큰 책임, 게다가 그토록 미치광이 같은 템포, 그토록 짧은 휴식, 그토록 약한 체력을 집중시킬 수 있었던 시대는 없었다. 옛날에는 개개의 인간이 1년 걸려서 했던 일을 오늘날에는 서두르면 2-3개월 안에 처리할 수 있다고 하더라도 그 핵심적인 문제는 그것이 오히려 개인적인 현상에 지나지 않는다는 것이다. 이와 같은 상황이 그런 방법을 통해서 인위적으로 자신의 성적 욕구를 무시당하고 있는 수많은 아내들에게 끊임없이 충동적으로 혼외정사에서 충족을 구하도록 자극하고 있음을 쉽게 볼 수 있다. 그러나 이 아내들이 결혼 외의 성관계에 의해서 부족한 것을 충족시키려는 강한 충동도, 만일 우리가 이 계급의 경제상태를 토대로 한 아내의 지위를 그들의 남편들에게 좀더 접근시켜본다면 어쩔 수 없는 것으로 이해할 수 있다. 예컨대 남편은 과로

영국의 이혼재판(1780)

에 시달리고 있는데 아내는 빈둥빈둥 놀고 있다. 재산 덕분에 대개의 아내는 안락한 생활을 할 수 있고, 아이들의 양육과 가사도 고용인에게 맡겨두고 있다. 한마디로 말해서 만사는 급료를 주고 고용한 사람에게 맡겨져 있는 것이다. 아내의 정신적, 육체적 생활습관은 대체로 아내를 단순한 기생충으로 키울 뿐이다. 따라서 특히 강렬한 성적 활동에만 적합하게 되어 있는 것은 당연하다. 어느 여류작가는 사교부인의 성격을 다음과 같이 묘사했다.

　　그녀는 아름다워지고 싶고 자신을 아름답게 간직하고 싶다는, 인생에서 단 하나의 목적밖에 가지고 있지 않다. 휴식과 편안함은 아름다움을 간직하는 데에 도움을 준다. 남편과 아이는 아침 일찍 근무처나 학교에 가는데 아내는 늦잠을 자고, 일어나면 목욕을 하고, 몸에 어울리는 아침옷으로 몸을 감싸고서는 커피 탁자로 간다. 커피를 마시고 나면 이번에는 미용사를 기다린다.

하루의 프로그램은 이렇게 진행된다. 자극이 매우 강한 고급음식과 충분한 휴식에 의해서, 또한 독서, 연극, 예술이 제공하는 자극에 의해서 축적된 아내의 육체적인 힘은 진지한 노동 —— 아내가 남편의 협력자일 경우는 지극히 드물며 그녀의 일은 놀면서 시간을 죽이는 것이다 —— 에 의해서 방출되지 않고 소비되지도 않는다. 따라서 최후의 결과는 남편 쪽은 언제나 너무 부족한데 아내 쪽은 언제나 너무 많다는 데에 귀착되는 것이다. 그러한 긴장된 상태에 대해서는 아내의 끊임없는 부정 —— 이미 말한 바와 같이 —— 과 남편의 끊임없는 관대함 이외의 다른 어떤 해결이나 대응도 찾아볼 수 없는 것이 당연하다. 그리고 결국 단순히 음탕한 연애 놀이에 머물게 되는 이러한 "무시당한" 아내가 많이 있다고 해도, 그리고 강한 자제력, 부드러운 애정, 혹은 냉정한 천성 덕택에 육체적 정조를 지키는 아내가 상당히 있다고 해도 이와 같은 두 가지 종류의 아내들의 총계는 실로 적은 수에 지나지 않는다.

중산계급과 노동계급에서는 부부의 정조가 결코 위험에 노출되어 있지 않다. 왜냐하면 그들은 먹느냐 굶느냐 하는 그날그날의 생활을 위하여 모두 열심히 일해야만 하며 극히 짧은 휴식시간도 피로에 절어서 멍한 정신상태로 지나가버리기 때문이다. 그러나 이들 부부의 정조는 옛날보다 오늘날에 훨씬 더 위험에 노출되어 있다. 가장 큰 원인의 하나로서, 그들도 옛날보다 훨씬 많은 기회를 가지고 있다는 사실을 들고 있다.

이것은 확실히 중요한 원인이다. 그러나 그것의 진정한 원인으로서, 특히 역사발전에 의한 가정생활의 파괴가 생각될 수 있다. 만약 남녀 두 사람이 언제나 극히 짧은 시간밖에 낼 수 없다면 그리고 두 사람이 아니라 적어도 어느 한쪽이 이 극히 짧은 시간에도 극도로 피로한 상태라면 정신과 마음은 한쪽이 다른 한쪽에 대해서 언제라도 새로운 자극으로서 작용하게끔 서로 어울리는 것은 불가능하다. 게다가 이미 말했다시피 결혼할 때 인습결혼이 큰 역할을 하고 있지 않은 노동계급에서는 그 대신에 순간적인 성적 매력이 때때로 결정적이다. 그것은 물론 노동력을 결혼에 강제하는, 앞에서 말한 절대적 필요에 의해서 뒷받침되고 있다. 그런데 강력한 정신적 유대에 의해서 뒷받침되고 있지 않은 성적 매력이라는 것은 대단히 빨리 사라져버리기 쉽다. 그리고 그토록 많은 사람에게서 나타나는 "습관"은 가장 불충분한 대가이다. 이 뒤의 사실은 노동계급과 소시민계급의 결혼생활에만이 아니라 모든 결혼생활에도 적용됨은 물론이다. 다만 프롤레타리아 계급과 소시민계급에서는 부부의 상호 무관심이 파괴적이라는 것이 다른 점이다. 이런 계급에서는 남자도 여자도 성애로부터 소박한 동물적 욕구충족 이상의 것을 만들어낼 수는 없기 때문일 것

성 수요일(레비이, 프랑스의 석판화)

이다.……

　이미 말한 바와 같이 결혼 외의 성관계 형태만큼은 언제라도 실제로 증명할 수 있다. 이 점에서 부르주아 시대는 절대주의의 과거와 전혀 다르다. 이 변화된 형태를 바꾸어 쓴 것이 위선의 법칙임은 말할 필요도 없다. 위선은 오늘날에는 이미 유부녀가 공공연하게 정부(情夫)를 가지게 되었고 정부는 앙시앵 레짐 시대의 풍속처럼 매일 정부(情婦)에게 문안을 가며 마차는 세상 사람들에게 과시하는 플래카드로 삼기 위해서 그 집 문전에 몇 시간이나 대기시키는 일 따위를 용인하지 않는다. 위선은 이미 유부녀가 치치스베오를 동반하고 함께 걸어가는 것을 허용하지 않는다. 이와 마찬가지로 기혼 남자가 옛날처럼 공공연하게 본처와 첩을 한 집에 동거하게 하거나 공공연하게 다른 여자를 껴안거나 다른 여자의 환심을 사는 것을 금하고 있다. 독신자도 정부를 두는 것은 금지당하고 있다. 그렇지만 이런 일은 모두 앞에서 말한 이유 때문에 몇십만의 사람들이 행하고 있다. 이미 말한 바와 같이 부정은 일반적인 현상이다. 그것은 겉보기에는 사회가 제대로 굴러가고 있는 나라들에서도 역시 그렇다. 1910년 5월 2일 「프랑크푸르트 신문」 수필란에 구트만이 영국인의 점잔빼기에 대하여 쓰고 있다.

달력의 삽화

　확실히 영국에서의 모럴은 다른 나라와 마찬가지로 침해받고 있다. 왜냐하면 생활이 같은 소용돌이를 형성하기 때문이다. 그러나 사회윤리에 대한 존경은 매우 깊이 뿌리를 내리고 있기 때문에 상류사회 이외의 사람들은 어느 누구도 그렇게 쉽게 좋지 못한 품행을 보이려고 하지 않는다.

　그리고 계속해서 다음과 같이 썼다.

　이 때문에 많은 영국인들은 자기 국민은 위선적이라고 비난한다. 내가 요즘 클럽에서 만난 어느 사회정책 관계 저술가는 내게 다음과 같이 말했다.
　"여기 앉아 있는 사람들을 보십시오. 아마 이중에는 자기 아내에게 충실한 사람은 하나도 없을 겁니다. 누구나 다른 사람 앞에서는 자기 아내에게 충실한 듯한 얼굴을 하고 있겠지만 다른 사람은 그 나름대로 이 체면이 얼마만큼의 가치를 가지고 있는가를 잘 알고 있을 뿐입니다."

　그런데 이 체면은 대단히 높은 가치를 가지고 있으며 돈으로 살 수 있는 것이 아니다. 왜냐하면 스캔들이 일어났을 때 위선이 최초로 고소를 제기하기 때문이다.
　근본적으로 변화된 이런 형태에 대한 가장 확실하고 또 가장 풍부한 거울은 예술이다. 이제는 부정한 아내나 남편은 이미 찬미를 받을 수 없게 되었고 일반적으로 말해서 부정은 결혼생활이라는 식탁에 미식으로서 추천받을 수 없게 되었다. 부정

작은 불행(A. 기욤, 유화, 1906)

은 물론 호색적이고 때로는 포르노적 성격이 뚜렷한 작가에 의해서도 다루어지지
않는다. 부정은 그 현상적인 형태 속의 사실로서 묘사되고 있으며 또한 그 개인적,
사회적 원인에 의해서 증명된다. 그럼에도 불구하고 속아넘어간 남편을 풍자한다
면 이것은 18세기의 경우와 전혀 다른 의미로 행해진 것이다. 즉 거기에는 고발자
의 야유가 점점 많이 나타나는 것이다. 그것은 절대주의 시대의 풍자에는 없었던
특징적인 것이다. 근대의 비합법적인 연애생활을 그린 화가들 중 특히 지적해두어
야 할 작가로는 우아하고 화사한 알베르 기욤과 무자비한 풍자가 장 루이 포랭이
다. 이 두 프랑스 화가의 작품은 가장 중요한, 따라서 또한 근대 풍속의 역사에 대

조심스럽게 행동했어야지(J. L. 포랭)

해서 도저히 없어서는 안 될 해설이다. 기욤은 "악덕"의 우아함, 그 자극성, 근대적인 취미에 대해서 유혹적인 것만을 보여주었지만 이 경우에 그가 빠뜨리고 보지 못한 특색은 하나도 없다. 그것은 모두 그가 목격한 것, 예컨대 우아한 부인이 입구 통로에서 스타킹 끈이 늘어져 처진 것을 바로 고치고 있는 자극적인 모습은 물론, 수줍어하는 여성은 바로 그런 모습을 침실에서 보인다는 최후의 자극적인 모습에 이르기까지 모두 망라되어 있다. 규방(閨房), 극장, 댄스 홀, 한마디로 연애가 우아하게 떠받들어지는 곳에서는 모든 것, 전 사교계의 휘황한 유혹을 담은 모든 화려함이 가득 차 있다. 그러나 포랭은 기욤과는 정반대이다. 그는 연애로부터 틀에 박힌 문구를 제거해버렸다. 그는 무자비하게 이 관계의 핵심, 그 불성실, 위선, 기만을 폭로했다. 한마디로 말해서 그는 사물의 진실을 보여주었다. 따라서 포랭의 목록은 아마 기욤의 경우보다도 더욱 많았던 듯하고 비합법 분야에서도 더욱 많이 활동했다. 그는 말하자면 연애에서의 거짓의 역사를 회화로 묘사했는데 어느 경우에든 오늘날까지 회화로 남아 있는 것 중에서 가장 의미깊은 것을 그렸다. 기욤, 포랭과 더불어 공적, 사적 모럴을 묘사했던 근대적 만화가들 중에서 특히 바크, 카랑 다슈, 하이드브링크, 르그랑, 뤼넬, 파스킨, 레츠니체크, 퇴니, 비드호프, 빌레트를 지적해둔다. 이 사람들은 물론 매우 유명한 사람들이다. 따라서 나는 그들의 회화적 해설을 가장 많이 거론할 수밖에 없었다.

기혼여성은 옛날보다 훨씬 더 많지는 않다고 하더라도 오늘날에도 옛날과 같은 정도로 간통의 공격에 노출되어 있다. 상당히 정숙하지만 미인이라고는 할 수 없는 아내라도 항상 비합법적인 연애신청을 받고 있는 형편이다. 게다가 그것은 결혼 첫날부터 시작된다. 그녀의 귀를 때리는 최초의 그리고 영원한 멜로디는 "부디 나를 즐겁게 해줘. 부디 기분나게 얘기 좀 해줘. 내 침대에 함께 들어가든, 내 공상이 사라지지 전에 당신 침대에 나를 넣어주든 맘대로 해!"(빌 카스텔) 하고 귓가에서 맴돈다. 소근거리는 소리로, 때로는 매우 분명한 소리로 울려오는 것이다. 아내에게

에로틱한 그림이 있는 베를린의 카드

이런 요청을 해오는 사람은 아내의 친구, 남편의 친구, 사촌, 의형제, 우연히 알게 된 사람 등이다. 그러나 이 정도로 끝나면 불행 중 다행일 것이다. 오늘날의 대도시에서는 많은 사람들이 남의 아내에게 온갖 기회를 통해서 이런 요청을 대담하게 하고 있다. 옛날 같으면 소나기가 올 때 우산을 빌려주거나 떨어진 물건을 주워주는 것이 여성과 관계를 맺는 가장 좋은 기회가 되었다. 연애모험을 하려는 대부분의 남성은 오늘날에는 그런 좋은 기회를 군이 기다리지 않고 여성에게 느닷없이 대담한 요청을 직접 하게 되었다. 전차, 기차, 북적대는 거리, 찻집, 백화점 등 한마디로 말해서 도처에서 여성은 낮은 목소리로 "부인, 동행해도 괜찮겠습니까?", "당신과 함께 차에서 내리겠습니다", "당신은 꼭 내 마음에 듭니다", "당신을 가장 가까운 길모퉁이에서 기다리고 있겠습니다" 하고 속삭이는 소리를 들을 수 있다. 이것은 속삭이는 요청 가운데서 가장 예의바른 형태이다. 왜냐하면 매우 정숙한 부인이라고 하더라도 외설물의 공격을 받는 일이 오늘날 대도시에서는 다반사이기 때문일 것이다. 남성들이 이런 방법으로 획득하는 많은 성공은 확실히 정숙한 부인에 대한 요청 중에서 가장 뻔뻔스러운 것임을 명백히 입증하고 있다. 이 방면에 정통한 어떤 사람은 자신의 경험에 의해서 다음과 같은 세밀한 통계를 만들었다.

우리가 거리, 전차, 백화점에서 매우 정숙한 부인에게 윙크를 보내거나 때로는 직접 말을 걸어볼 때 열 사람 중 기껏 두 사람쯤은 항상 명예를 손상당했다고 느끼지만 세 사람은 그런 요청을 자주 받기 때문에 신경이 무디어져 무관심하다. 나머지 부인들은 제딴에는 우쭐해져서 즉시 혹은 잠시 망설인 뒤에 이야기에 응하고는 전차 속이나 찻집까지 동행해 준다 ── "어딘가 가면 더욱 유쾌하게 얘기할 수 있겠지요" ── 하고 유혹해서 최후에 적어도 두 사람이 조용한 곳으로 가도록 준비하고⋯⋯그 조용한 곳에서 어느 누구도 거리낄 것 없이 이야기한다. 그러나 그것은 몇 시간에 지나지 않는다. 이 조용한 곳은 여자를 데리고 가는 호텔이다.⋯⋯만약 남자가 언제나 혹은 때때로 여러 번 퇴짜를 맞는다면 그는 매우 서툰 사람이라고 할 수밖에 없다.

현대에도 남자들이 흔히 여염집 부인들을 상대로 그런 요청을 하는 데에는 여러 가지 이유가 있다. 대부분의 남자들이 하는 주문은 상당히 까다로운 것이다. 절대로 매춘부는 이런 주문을 충족시켜주지 않는다. 왜냐하면 그것은 성교에 한정되기 때문일 것이다. 주문이 까다롭지 않은 자나 여자에 굶주려 있는 자는 매춘부로도 만족한다. 이런 부류의 남자들은 성생활에서 가장 매력적인 요소, 즉 정신적인 부수적 향락이나 여러 가지 유혹을 내던져버린다. 소시민 여성이나 일반적으로 소위 요조숙녀와의 교제는 어떤 점에서 보더라도 훨씬 유쾌하다. 이 지경이 되면 전주곡만으로도 매우 즐겁다. 특히 대도시에서 남자들은 뒤탈 없이, 뿐만 아니라 사람들의 눈에 띄지 않고 중산계급이나 상류계급의 기혼여성과 함께 어디든지 갈 수가 있다. 이런 일은 매춘부와는 불가능하다. 남자들은 기혼여성들과 함께 찻집이나 레스토랑, 극장에 가고, 서커스를 보러 가며, 산책, 여행, 스포츠를 즐길 수가 있다. 그러나 그 후의 사정도 재미있다. 정숙한 체하는 부인은 언제나 사랑이라는 명분하에서만 자신을 바치기 때문에 남자는 그런 부인에게서 매춘부와는 비교할 수 없을 만큼 커다란 감동을 발견한다. 남자는 여염집 기혼여성과의 성교에서는 성병 감염을 염려할 필요가 없다는 점도 중요시한다. 톨스토이는 「크로이처 소나타」에서 주인공으로 하여금 다음과 같이 말하게 한다.

언젠가 트루하초프스키 형이 유곽에 출입하느냐는 질문에 대해서 명문가 사람은 병에 감염될지도 모를 그런 불결하고 추잡한 곳에 출입하지 않으며 그런 짓을 하지 않더라도 언제나 여염집의 멋진 여성을 찾아낼 수 있다고 말한 것을 나는 문득 생각해냈습니다.

이런 믿음은 물론 최대의 궤변이라고 할 만한 것 중의 하나이다. 특히 부르주아 계급의 마나님들에 대해서는 그러하다. 부유한 부르주아 계급의 마나님들만을 단

임포텐츠(성교 불능증)와 포텐츠에 대한 상징(멜리시앵 롭스,, 부식 동판화)

골로 하고 있는 베를린의, 산부인과로 유명한 큰 병원의 원장이 자신의 임상경험에 의하면 남자의 입장에서 성병 감염의 위험은 상류 부르주아 계급의 소위 요조숙녀들과 관계할 때가 가장 크다고 내게 말한 적이 있다. 왜냐하면 이런 부인들 중 많은 수가 자기 남편들로부터 자신도 모르게 병을 얻는데 그럴 경우 부부 중 어느 한 쪽이나 때로는 부부 모두 그것을 모르고 있기 때문이다. 그 원장은 이에 대하여 다음과 같이 설명했다.

그런 남자는 독신시절에 한 번쯤 성병에 감염된 적이 있습니다. 그는 언제나 병이 훨씬 전에 나았다고 스스로는 생각하고 있습니다. 그런데 결혼을 하게 되면 나았다고 생각하고 있던 병이 비극적인 형태로 나타납니다. 부인들은 부인병 때문에 우리 병원으로 옵니다. 그리하여 내진을 해보면 병의 원인은 남편에게 훨씬 전에 감염된 성병이라는 사실을 알게 됩니다. 따라서 우리들의 치료는 대개 성병이 중심이 됩니다.

그 원장은 또 자신의 임상경험에 따르면 노동자의 아내는 성병에 걸려 있는 경우가 거의 없는데 그것은 남편들이 이전에 매춘부와 관계하지 않았기 때문이라고 덧붙이고 있다. 남편으로부터 성병을 옮겨받은 부인들이 모두 플러트를 즐기다가 몸을 허락하기만 하면 어느덧 자기 애인에게도 병을 옮기게 되는 것은 당연하다.

이런 이유에서 기혼여성은 직업적인 매춘부의 뒤를 따르지만, 다른 이유에 의해서 독신여성 또한 때로는 직업적인 매춘부를 따른다. 어떤 남자에게 몸을 맡기는 독신녀는 대개의 경우 상대편 남자와 결혼하기를 바라고 있다. 처녀가 몸을 맡긴다는 것은 대개 결혼에 대한 반대급부이다. 따라서 처녀에게 최고의 목적은 몸을 맡기는 것이 아니라 결혼인 것이다. 이런 정도만으로도 남자가 성교만을 바라는 한, 그런 남자에게는 그 처녀와의 성교가 매우 바람직한 것이 된다. 한편 기혼여성과의 성교에서 얻을 수 있는 에로틱한 즐거움은 그런 남자에게는 독신여성의 경우보다도 더 많은 쾌감을 기대하게 한다. 왜냐하면 이 연애사업에서 남자는 상대가 임신할지도 모른다는 공포에 애를 태울 필요가 없기 때문이다. 만일 자신이 비밀스럽게 관계하고 있는 기혼여성이 임신한다면 그것은 남편 탓이 되어버린다. 왜 기혼여성과의 성관계를 그렇게 많은 남자들이 바라는가 하는 문제의 결정적인 이유는 결국 그런 여성과의 비밀스런 관계는 종종 가장 싸게 먹힌다 —— 우리가 이미 살펴보았고 곧이어 살펴보겠지만 늘 그런 것은 아니다 —— 는 데에 있다.

많은 유부녀들은 앞에서 말한 결과로, 어느 정도 미모를 지녔을 경우 끊임없는 유혹에 시달리다가 넘어가고 만다. 그것은 물론 여러 가지 이유에서 기인한다. 결혼생활에서의 성적인 불만은 이런 이유 중에서도 확실히 가장 흔해빠진 것이다. 그것은 앞에서 이미 자세하게 서술한 대로이다. 이에 반해서 여기에서는 또다른 사정을 말해야만 되겠다. 그것 —— 확실히 가장 중요한 것 중의 하나이다 —— 은 아내는 성을 향락하는 데에서 남편보다도 주문이 많지는 않으나 어떤 경우에도 남편보다 피곤하지 않다는 것이다. 뿐만 아니라 많은 아내들은 성교가 거듭되어야 비로소 열망하는 향락의 절정에 도달한다는 것이다. 이 생리적인 차이만으로도 적어도 은밀하게 애인을 가지는 것이 많은 아내들의, 특히 유한부인들의 남모르는 동경이 된다. 그러나 "부패한 대도시의 아내"만이 아니라 소도시의 아내도 이런 은밀한 소망을 품고 있다. 그리고 실제로 자기 집에서는 제딴에 요조숙녀를 대표하고 있는 듯이 행동하는 몇천 명의 시골 아낙네들도 동경과 희망을 품고 호사스러운 연애모험을 맛보기 위해서 매주마다 대도시로 온다. 남편으로부터 코코트 취급을 받고 있는 아내가 이미 말한 바와 같이 그런 욕망과 그것을 충족시켜줄 기회에 가장 빨리 넘어가고 마는 것은 당연하다. 그러나 여기서는 특히 다음과 같은 사실을 지적해두어야겠다. 그것은 오늘날에는 상당히 많은 아내가 그런 기회를 서두르지 않고 천천히 찾거나 스스로 개척하는 일이 허용되고 있다는 것이다. 왜냐하면 그런 아내들은 그런 일에 대해서 남편의 허락까지 받고 있기 때문이다. 몇천 명이나 되는 아내들은 남편들의 암묵적인 허락을 받고 있으며, 추상적인 지식이 몽상하는 것보다 훨씬 많은 수는 공공연한 허락까지 받고 있다. 사랑을 갈구하는 아내에게 공복을 채워주는 아내의 정부는 오늘날에는 죽여버리고 싶을 만큼 증오스러운 연적이기보다는 오히려 성적 불만으로 인해서 칭얼거리고 있는 아내라는 무거운 짐을 가볍게 해주는 고마운 구원자가 되는 것이다. 아내가 그런 남성을 직접적으로 동경하지 않을 경우에는 아내의 애인은 남편으로서는 종종 말없이 참고 견딜 수밖에 없는 연적이 될 것이다. 그러나 정부는 이미 이야기한 바와 같이 공공연하게 허용된 존재이다. 그것은 점점 많은 남편들이 연애관계에 의해서 충분히 만족하지 못하는 아내에게 천생연분이 될 수 있는 애인을 허락하는 용기가 있거나 남편들이 그들에게 허용되는 권리와 동일한 권리를 자기 아내에게도 허락하는 용기가 있기 때문이 아니다. 오히려 다른 남자와 성관계를 맺는 아내는 대다수 남편에게는 진짜 순결한 아내보다도 더 자극적으로 작용하기 때문이다. 따라서 많은 남편들은 자기 아내를 위하여 애인을 집에 데리고 오거나 자기 친구들과 아내의 친구들에게 그들 자신이 모두 바라고 있는 목적을 확실하게 이룰 수 있는 기회까지 빈틈 없이 준비해준다. 이때 대부분의 아내에게는 임신하지 않도록 주의해야 한다는 조건이 붙을 뿐이다.

아내의 우발적 혹은 상습적 간통이 엄청나게 증가하게 된 결정적이고 가장 중요한 요인은 사치에 대한 요구가 증가했기 때문이다. 저술가 휘트너는 18세기 말의 영국에 대하여 다음과 같이 썼다.

나는 최근 1년 동안 많은 간통재판의 원인을 조사하는 일을 하면서 남편으로부터 이혼당한 다섯 명의 아내 중 적어도 세 명은 사치스러운 옷을 살 돈이 부족해서 유혹자의 금화에 자기 몸을 바치는 우를 범한 사실을 발견했다. 유혹자는 자기의 개인적인 매력만으로 남의 아내를 손에 넣을 수는 없는 것이다.

사치에 대한 욕망은 지금도 과거에 못지않게 크기 때문에 현대에도 과거와 동일한 현상을 찾아볼 수 있다. 따라서 자신이 소속된 사교 모임의 모든 다른 사람들과 마찬가지로 외관상 자신을 우아하고 고귀하게 보이려고 안간힘을 썼던 "신분에 어울리는 태도"는 점점 많은 가족의 경우 매우 어려운 문제가 되고 있다. 이 문제를 해결하기 위하여 남편들은 흔히 하늘에 운을 맡기는 투기에 유혹되지만 아내 쪽도 인기 있는 자기의 연애능력을 사치에 이용하기 위해서 유혹당하기도 한다. 아내는 허영심을 채워주는 사교의 사치를 맛볼 수 없어 배가된 번뇌에 시달릴 것은 당연하다. 왜냐하면 남편이 사치를 허락하려고 하지 않는 것은 종종 자신의 경제적인 무능력으로 인해서 아내의 대담한 요구를 충족시킬 수가 없기 때문이다. 많은 자그마한 희망이나 요구를 충족시키는 일은 많은 아내들의 경우에는 인생의 모든 행복이 가장 근본적인 전제와 같이 보이지만 그런 것, 즉 장식품, 모자, 숄, 새 옷, 집안일을 도와주는 일용 파출부, 극장표 등은 물론 처음에는 아내가 단념할 수밖에 없다. 그러면 상당한 미모에 스스럼없는 성격을 가진 아내의 경우에 이런 것을 남자친구들로부터 선사받는 외에 달리 손쉬운 방법이 또 있을까. 카미유 펠탕은 프랑스의 제2제정 시대에 관한 묘사 중에서 이런 여성형을 다음과 같이 스케치하고 있다.

당신은 팔걸이 의자에 앉아 쉬고 있는 이 젊고 아름다운 부인을 보십시오. 부인은 마치 슬픔이 화석화된 조각처럼 보입니다. 눈물이 부인의 뺨으로 방울져 흘러내립니다. 부인의 경련하는 듯한 훌쩍거리는 울음은 가슴에 빛나는 다이아몬드를 들먹거리게 하고 있습니다. 그것은 마치 파도가 별빛을 부인의 가슴에서 몇천 갈래의 광선으로 반사하고 있는 듯이 보입니다. 부인은 왜 울고 있을까? 부인은 왜 핼쑥한 얼굴로 트로이의 왕비 헤카베처럼 흔들리고 있을까? 죽음이 부인에게서 자식을 빼앗아갔던가? 아니면 주식시장의 지진이 부인의 재산을 삼켜버렸던가? 아니오, 남편이 부인에게 프로망-모리스의 장식품을 사주기를 거절했기 때문입니다. 부인은 이 굴욕적인 순간에 문득 자기가 아는 사람의 아내를 떠올렸습니다. 그녀는 1만 프랑짜리 머리 장식을 샀을 만큼 행복한 것입니다. 부인은 훌쩍거리며 울고 있습니다. 부인이 몸에 걸친 모든 천 자락이 떨고 있습니다. 그렇지만 부인은 동경하는 장식품을 가지고 싶습니다. 부인은 뇌까리며 맹세했습니다. 문제는 누가 자기에게 돈을 줄 것인가 하는 것뿐입니다.

아내는 처음에는 키스로 보상하게 된다. 즉 아내는 한 친구의 강한 접근을 그다지 나쁘게 받아들이지 않거나 값비싼 선물을 받고 사이가 좋아져서 마침내 남편이 외출하고 없는 날에 자기 집을 방문하도록 허락하거나 자기가 직접 그 친구가 혼자 사는 아파트를 방문하는 데에 동의하게 되어 이때 키스로써 보상하게 된다.

그런데 소액의 지출만이 아니라 매우 큰 거액의 지출도 이런 방법으로 조달된다. 그 때문에 씀씀이가 헤프고 영구히 돈으로 곤란을 당하고 있는, 주문이 까다로운 도락자는 대체로 환영을 받고, 부인의 낭비벽은 비교적 간단한 이런 방법에 의해서 충족되었으며, 뿐만 아니라 가정의 큰 적자도 매년 이런 방법으로 메워졌다. 이것이 과장이 아니며, 또 이런 일이 어쩌다가 일어난 현상이 아니라 다반사였음은 이미 제I권에서 서술한 소위 메종 드 랑데부(maison de rendez-vous : 밀회를 주선하는 집)가 분명히 보여주고 있다.

그것의 중요한 목적은 "정숙한" 부인과 손쉽게 그리고 효과적으로 그런 "거래"를 하는 데에 있다. 메종 드 랑데부는 현대의 공적, 사적 모럴의 가장 특색 있는 현상이기 때문에 여기에서 그것에 대하여 앞에서 이미 말한 바를 여러 가지로 보완해둘 필요가 있다. 나는 이 문제를 다룬 모리스 탈메르의 「사회의 말단」이라는 책의 매우 풍부한 자료를 가지고 이야기하려고 한다.

메종 드 랑데부는 대체로 큰 백화점 가까이에 있다. 이 때문에 여성들은 누구라도 거리낌없이 그곳에 출입할 수가 있다. 여성은 공공연하게 백화점에 들어가서는 그 길로 곧 백화점을 나와 맞은 편으로 간다.

메종 드 랑데부는 외관상으로는 전혀 사람들 눈에 띄지 않으며 번잡한 왕래 때문에 여기에서는 만사를 남의 눈에 띄지 않게 처리할 수 있다. 이 점에 대해서 모리스 탈메르는 다음과 같이 쓰고 있다.

그 집 정면에는 명예롭지 못한 상거래를 하고 있다는 어떤 표시도 없기 때문에 외관상으로는 거의 사람들 눈에 띄지 않는다. 당국의 견해에 의하면 그 집은 남자든 여자든 간에 전혀 수상하다는 느낌을 주지 않고 태연하게 들어갈 수 있는 보통 건물과 조금도 다름이 없다. 그곳이 메종 드 랑데부이다. 그런 집은 풍치지구나 상류계층 사람들이 사는 거리에서는 부르주아적이며 우아하여, 대개의 경우 고급 아파트나 비공개 호텔처럼 보인다. 좋지 못한 환경 속에 집이 있다면 그 주위의 일은 즉시 알려져버리지만 메종 드 랑데부 주변에 10년간이나 살고 있어도 그 집이 무엇을 하는 집인지 짐작할 수가 없다. 그 집은 여염집보다 조용하다. 어떤 신비스러운 약도 ── 그것은 오늘날에는 거의 신비스럽지 않다 ── 가 당신을 미술품 전시회에 초대한다. 물론 이런 약도의 발송은 오늘날에는 흔히 볼 수 있는 수단이다. 그리고 일류 메종 드 랑데부의 여주인은 이미 그런 촌스럽고 별로 아름답지 않은 일은 하지 않는다. 여주인은 안면이 없더라도 당신에게 매우 간단한 초대장을 보낸다. "A부인……일……시에 차를 드시러 나와주시기 바랍니다" ── 여주인은 야회(夜會)까지 열어 고관대작의 신사로부터 전(前) 지사, 퇴역장군 등 대개 알 만한 사람들을 대단히 화려하게 초대한다. 여주인은 자신의 영업활동 범위를 너무 좁히지 않기 위하여, 2-3회는 어느 정도 공공연하게 향응을 베푼다. 그러나 여주인은 당신에게 "저희 살롱에 출석의 영광을 베풀어주시기 바랍니다" 하고 부탁해서 대충 기품을 지키려고 할 것이다. 그렇지 않으면 품위 있는 영업 스타일을 택하는 것이다.

연애사업의 여주인은 상대로부터 어디까지나 신용을 획득하기 위해서 자신을 가장해서 나타내보이기 때문에 어느 누구도 그런 여주인을 나쁘게 볼 수 없을 정도이다. 이런 종류의 뚜쟁이 여자는 언제나 당당한 기품 있는 귀부인이기 때문에 그런 귀부인과 교제함으로써 자신에게 상대를 소개해달라고 부탁하는 남녀들이 세상 사람들에게 수상하게 보일 이유가 없게 된다. 모리스 탈메르는 돈을 원하는 정숙한 부인들을 위하여 돈 안 드는 남녀밀회를 주선하는 그런 메종의 여주인의 모습을 다음과 같이 묘사하고 있다.

우리들은 J……씨 집에 살고 있습니다. 여주인은 암갈색 피부의 아름다운 여성인데 다소 호사스럽게 자신의 몸을 레이스로 감싸고 있습니다. 여주인은 작은 살롱에 나갑니다. 그 살롱은 초상화, 융단, 안락의자, 리버티 쿠션으로 아름답게 장식되어 있고 고상하게 배치된 램프가 희미한 빛을 던지고 있습니다. 나는 처음 만난 순간부터 여주인이 내 안내인과 나를 맞이하는 차분하고 빈틈 없는 태도에 놀랐습니다.……훌륭한 예의를 매우 조화롭게 몸으로 보여주는 여성을 본 것입니다. 여주인은 비굴하거나 비천한 곳이 하나도 없고 전혀 혐오스럽지도 않습니다.

여주인은 손을 들어서 "이쪽으로 오십시오" 하고 우리를 부르고는 먼저 팔걸이 의자에 걸터앉았습니다. 나는 다른 사람들로부터 미리 들었습니다만, 그래도 내 계획을 듣고 한없이 낭패하는 여성을 만나기를 기대하고 있었는데 그런 점은 하나도 찾아볼 수 없었습니다. 그녀는 조금도 낭패한 기색을 보이지 않았습니다. 나는 그녀의 안색에서 내가 그녀의 메종 영업에 최초로 사회학적 흥미를 보인 인간이라는 데에 대한 놀라움을 거의 찾아낼 수 없었습니다.

이런 메종을 이용하는 기혼여성의 평균숫자에 대해서는 다음과 같은 두 개의 보고를 통해서 알 수 있다.

"기혼여성이라구요?……하지만 정말이군요, 상상한 것보다 많군요! 내가 있는 곳에는 약 50명 정도의 여성이 있습니다만 그중에는 사교부인이 15명 정도는 됩니다.……"

이 대답은 더욱더 특징적이다.

"아! 기혼여성요!……대단히 많습니다, 많아요……" "몇 명 정도나 됩니까? 대단히 많습니까?" "정말, 대단히 많아요."

그리고 여주인은 바로 그때 들어온 A부인 쪽을 가리키면서 "오, 부인, ……정말 많이 보이는군요." ……A부인은 웃으면서 "정말, 모두 기혼여성들이랍니다" 하고 대답했습니다. "과연 그렇군요. 그러나 기혼여성들과 다른 여성과의 비율은 어느 정도입니까?" "비율이라면……기혼여성들은 다른 여성의 4분의 1은 다소 상회할 것 같군요.……"

"나는 어떻게 해서든 거래를 하고 싶다는 상류계급 기혼여성들에게 내 나름의 의견을 말하려고 귀중한 시간을 할애했습니다. 그런 기혼여성은 모두 오늘날 마치 살롱 희극을 연출하는 것처럼 코코트의 역할을 다하는 취미를 가지고 있습니다.……

파리 조사국 국장은 상류계급 귀부인들의 매우 높은 비율에 대해서 다음과 같은 정보를 제공했다.

당신은 이전에 경찰조사에 대해서 말했습니다. 그때 나는 당신에게 어느 메종의 모(某)부인에 대한 이야기를 했습니다. 그 메종은 일류는 아니었습니다. 그 메종에서 정부의 어떤 위원이 공교롭게도 영사 부인을 발견했다는 얘기지요. 의혹의 그림자가 전혀 없는, 버젓한 이름을 가진 부인들이 적자를 어떻게 메우는가를 알게 되었을 때 세상 사람들이 어떤 놀라움을 보일지 우리는 쉽게 상상할 수가 없습니다. 다행하게도 그런 부인의 이름은 언제나 비밀로 되어 있습니다만 만일 훗날 우연히 그 베일이 벗겨진다면 세상 사람들이 무슨 얘기를 듣게 될지 우리는 상상도 할 수 없습니다.……

기혼여성들은 무엇보다도 먼저 돈을 벌기 위하여 메종에 나온다는 사실이 점차 증명된다.

여주인은 우리들에게 이런 부인들에게는 다른 모든 감정을 뺀 오직 하나 좋아하는 것이 있는데 그것은 돈이라는 것, 부인들의 "인품"이 우리 모두에게 예의, 품위 있는 언행, 이야기 재능을 요구한다고 보고했습니다.

그러면 누가 특히 매일 연애 서비스를 제공하는 많은 여성들에게 그렇게 쉽게 메종을 제공할 수 있을까 하는 의문도 풍속의 역사를 비판하는 데에서 대단히 중요하다. 물론 그것은 우연이 아니다. 많은 여성들은 백방으로 그런 길을 찾은 끝에 마침내 자신에게 구원의 손길을 뻗쳐주는 한줄기 빛을 발견하게 된다. 여성들이 메종의 주소를 알게 되는 것은 대개 가깝게 지내는 여자친구들을 통해서이다. 그러나 여자친구들뿐만 아니라 그들의 남자친구들까지도 이런 자금부족 타개책을 조언해주고 주소를 가르쳐준다. 왜냐하면 이런 남자친구들은 메종의 단골손님들이기 때문이다. 게다가 그녀와 연애유희를 할 때마다 치르는 금전의 막대한 희생에 신물이 났다든가 또는 "나로서는 유감스럽게도 그런 힘이 없지만 적어도 사랑하는 여성을 영원한 자금난으로부터 구해주고 싶다"는 헌신적인 애인도 메종의 주소를 가르쳐준다. 그러나 구원의 손을 뻗쳐주는 사람들은 불행히도 그들만은 아니다. 즉 여자친구들, 친절한 남자친구들 그리고 헌신적인 애인뿐만 아니라 때로는 남편까지도 힘을 빌려주는 것이다. 남편은 자신의 매우 아름다운 아내를 직접 메종에 안내하지는 않는다고 하더라도 어쨌든 거기에 가도록 한다. 그 증거로서 다음과 같은 보고서가 남아 있다.

"그래도 방금 주인의 명령으로 저희 집에 오신 부인이 계시다고 선생에게 말씀드린다면 선생은 뭐라고 하시겠습니까?……" "결국 남편이자 동시에 포주라는 얘깁니까?……" "그렇진 않습니다.…… 전혀 그렇지 않습니다. 적어도 그런 의미는 아닙니다.……포주라고 한다면 여자로부터 돈을 착취하여 생활합니다. 방금 오신 부인의 주인은 절대로 그렇게 하시지 않습니다. 주인은 상당한 지위에 계신 분입니다." "그렇다면 그 주인은 무얼 하는 분입니까?" "주인은 건축기사입니다.……현역으로 활동하고 있는 건축기사입니다.……그분은 독립해서 당당한 사무소를 가지고 주문을 받고 있으며 단골도 있고 직원도 두고 있습니다. 그래도 주인은 자기 부인이 저희 집에 오는 것을 허락하고 있습니다. 주인은 지극히 관대한 분입니다. 관대한 사람이란 그런 분을 두고 하는 말입니다. 주인은 타협해야만 하는 부인의 애인들 대신에 오히려 메종 드 랑데부를 택하셨습니다. 한마디로 말씀드리면 메종 드 랑데부는 주인에게는 부인이 이미 도착한 역(譯)의 부속물과 같은 것이 될 것입니다. 이전에 한 명, 혹은 여러 명의 애인을 가지고 있던 부인은 이번에 이런 애인들을 버리고 메종 드 랑데부를 택했습니다. 주인도 마찬가지입니다. 부인의 한 명 혹은 여러 명의 애인에 대해서 관대해야만 하는 입장 대신에 주인은 거래에 대해서 관대합니다. 만약 제가 정직하게 말씀드린다면 그런 관대한 주인은 세상 사람들이 상상하고 있는 것보다 훨씬 많다는 것입니다.……이런 일은 예전엔 당치않은 것이었습니다만 오늘날에는 흔히 찾아볼 수 있습니다.……우리는 그것을 혁명이라고 부르고 있습니다.……"

이런 일이 실제로 희귀한 예외가 아님은 메종에 출입하는 남자 단골손님에 대한 질문에 대해서 어느 메종의 여주인이 말해준 다음과 같은 정보가 증명하고 있다. 이 정보에 의하면 그 시대는 더욱 우려할 만한 것으로 보인다.

내가 메종의 여주인에게 남자 손님이 어떤 사람인지 물어보았을 때 그 여주인은 이렇게 대답했다.

"명문가 출신의 젊은이나 외국인들이 많습니다.……영국에서는 바로 최근에 메종 드 랑데부가 당국에 의해서 폐쇄당했기 때문에 그 이후론 귀족계급의 많은 영국인, 경(卿), 국회의원들이 저희 집에 오십니다. 이런 분들은 이 목적만으로 굳이 이곳에 여행을 오십니다.……젊은 분들에 대해서 말씀드린다면, 그런 분들은 정부(情婦)를 주문합니다만 그중 어떤 분은 집이 파산해서 아내를 구하러 저희 집에 오시기도 합니다.…… "결혼하기 위해서군요." "물론 결혼하기 위해서지요." "그러나 무슨 목적이 있겠지?" "수입이 목적이지요." "정말입니까?" "정말이고 말고요." "그런 일은 항상 있습니까?" "그렇진 않습니다만……그러나 때때로 그런 일이 있습니다.…… "

따라서 오늘날에는 결혼조차 그런 "거래"를 토대로 해서 이루어지기도 하는 것이다. 이상은 모두 근대 파리에서의 기록이며 오늘날에는 이와 같이 상세하고 중요한 기록을 다른 나라에서는 수집할 수가 없다. 그러나 만일 독자들이 이 사실로부터 다른 근대 국가에는 그와 같은 밀회알선 조직 따위는 없었다고 단정한다면 그것은 매우 잘못된 것이리라. 오늘날에는 어느 대도시에나 비밀에 싸여 있기는 하나 그런 조직이 많이 있으며 어느 나라에도 파리와 같은 방법과 형태가 행해지고 있다.

예컨대 품위 있고 나이 든 여주인이 하숙집 —— 가장 간단하고 가장 그럴듯한 위장 —— 을 운영하거나 혹은 살롱을 운영하면서, 출입하는 남자친구들이 젊고 아름다운 부르주아 부인들과 서로 사귀게 되어 "이 세상에서 가장 유쾌하게 그리고 가장 자유롭게 이야기할 수 있는" 기회를 항상 가질 수 있는 설비를 제공하고 있다. 이런 부르주아 부인은 언제나 일시적 자금난으로 인한 궁핍으로부터 자신을 즉시 구원해줄 "박애주의자"를 어떻게 해서든 찾을 수밖에 없다. 그리고 남자 방문객은 언제나 그런 "박애주의자"에 해당한다. 이런 종류의 영업은 종종 중매라는 가면으로도 위장되어 있다. 이때 표면상으로는 젊은 미망인과의 교제를 주선하는 것으로 되어 있다. 대도시의 경찰서의 기록에서는 이것에 대해서 다소 풍부한 자료를 볼 수 있다. 그럼에도 불구하고 당국이 그것을 고발하는 일은 극히 드물다. 그것은 설사 경찰이 그런 알선업을 하는 여자에 관해서 여러 가지 정보를 가지고 있을지라도 해마다 늘어나는 여주인의 공모행위와 이 여주인 집에 일주일에 두세 번 들르는 젊고 아름다운 부인들의 직업적 매춘행위를 입증하기란 대개의 경우 거의 불가능하기 때문이다. 경찰은 부자나 유력자를 공공연하게 사건에 연루시키는 일에 결코 열의를 나타내지 않는다. 그럼에도 불구하고 때때로 세상에 드러나는 사건은 세상을 소란하게 했다는 이유만으로 대개 기소되는데 재판에서는 대부분의 경우 항상 초기에, 혹은 도중에 흐지부지되어버린다. 그것은 종종 당국의 의지에 반하는 것이지만 당국의 암묵적인 양해하에 묵인될 수도 있다. 여러 가지 표현이 쓰이지만 대체로 "고발된 사건에 간섭하는 것은 공공의 이익이 되지 않는다"라는 것인데 그런데도 이러한 표현에 의해서 들어온 고발은 물론 심리(審理)조차 기각되어버린다.

마지막으로 메종 드 랑데부에서 한결같이 근대적인 의미의 제도를 찾아보려는 시도는 오류에 불과하다는 사실을 다시 한번 말해두어야겠다. 이 경우에는 대규모라는 조직형태만이 근대적인 것이다.

또 이와 관련해서 기혼여성이 남편을 승진시키고 남편이나 자신의 지위를 유지하기 위하여 자신의 연애를 그 대가로 지불하는 경우나, 여배우가 좋은 비평을 듣거나 좋은 배역을 맡기 위해서 성공하는 그 날 이와 동일한 수표로 보상하는 경우가 있다는 것도 잊어서는 안 된다.

이상의 사실로부터 부르주아 시대에 아내의 정조에 대한 가치가 남편의 그것과 비교해서 큰지 작은지에 관해서 어떤 추론이 가능할까 하는 의문이 저절로 생긴다. 그것에 대한 대답은 다음과 같다. 아내의 부정은 남편의 부정과 마찬가지로 성행한다. 오늘날에는 아내의 부정이 적어도 부르주아 계급의 중간층에서는 이전 시대의 동일한 층에 비해서 훨씬 더 성행하고 있다. 프레보는 어느 탕아로 하여금 다음과 같이 말하게 하고 있다.

남자는 언제나 상당히 많은 여자들을 거느리고 있습니다.……여자도 모두 남자와 마찬가지입니다. 모든 인간은 그러한 호색적인 작은 동물입니다.……나는 적어도 하룻밤만이라도 그들 중에서 가장 품행이 바른 동물로 변하는 의무를 지고 싶은 생각입니다. 아내의 순결, 아내의 바른 품행은 언제나 세상의 비판에 대한 공포, 허영, 또는 습관 속에 그 뿌리를 내리고 있는 것에 불과합니다.……아내의 정신은 걸레와 같은 것으로, 그 걸레는 남편이 아내에게 주는 색채를 유지하고 있습니다. 아내의 육체만큼은 다릅니다.……

1850–70년대의 여성에 대하여 알퐁스 카르는 다음과 같이 말하고 있다.

모든 여자가 어떻게 생각하고 있는지를 안다면 남자들은 이제까지보다도 열 배나 더 용감해질 것이다.

많은 사람들이 그것은 예외라고 말한다. 그것에 대해서 야유꾼은 "그렇지 않습니다. 바라는 건 여성만이 아닙니다" 하고 대답한다. 아르투어 슈

연애소설(가바르니, 석판화, 1835)

니츨러도 남자나 여자 모두 마찬가지로 부정하다고 주장하고 그것을 「윤무(輪舞)」에서 희곡화했다. 그 내용의 대체적인 줄거리를 보자. 백작은 여배우를 유혹했고, 여배우는 시인을 유혹했고, 시인은 마을 아가씨를 유혹했고, 마을 아가씨는 유부남을 유혹했으며, 그 남자는 자신의 젊은 아내를 유혹했고, 젊은 아내는 자기 애인을 유혹했으며, 애인은 하녀를 유혹했다. 그리고 그 하녀는 군인을 유혹했다 —— 또는 그 역순이다.

이와 관련해서 각국의 아내들의 부정은 어느 정도일까 하는 제1의 일반적 의문이 일어난다. 앞에서 인용한 자료를 얼핏 보기만 해도 프랑스 여성은 부정의 아주 특수한 보기이며 일반적으로 말해서 비합법적인 연애생활의 대표적인 예라고 하는 널리 알려져 있는 의견을 뒷받침하고 있다.

흔히 널리 알려져 있는 이런 의견은 특히 근대 프랑스의 풍속에 대한 가장 뛰어난 전문가인 카를 오이겐 슈미트가 파리에 대한 연구에서 매우 훌륭하게 서술한 바와 같이, 사람들은 일반적으로 프랑스와 파리를 혼동하고, 게다가 파리의 불바르(파리의 큰 거리들)를 어슬렁거리고 있는 여성과 보통 여성을 혼동하고 있다 —— 이것도 큰 오류이다 —— 는 점에서 그 유래를 찾아볼 수 있다. 이에 대해서 슈미트는 다음과 같이 쓰고 있다.

프랑스 여성의 품행은 결국 다른 나라에 비해서 나쁘다고는 생각되지 않는다. 물론 파리를 밀이 자라는 구릉이나 까마귀가 집을 짓는 시골과 비교해서는 안 된다. 사람들은 파리 여성을 런던 여성, 빈 여성, 또는 베를린 여성과 비교한다. 그러나 나는 파리 여성이 어떤 점에서도 그런 여성들에 비해서 뒤떨어진다고 할 수 없다는 믿음을 가지고 있다. 프랑스의 보베, 샤토당, 혹은 푸아티에의 여성을 독일의 아우크스부르크, 린츠, 또는 하일브론의 여성과 비교해보면 프랑스와 독일 사이에는 거의 차이가 없다는 사실을 발견하게 될 것이다. 그러나 파리에 오는 대개의 외국인은 소도시 사람들이다. 이런 소도시의 외국인이 프랑스 여성을 특별히 품행이 좋지 못하다고 보는 것은 파리가 대도시라는 사실로 말미암은 것일 뿐이다. 게다가 파리에 온 외국인은 예컨대 물랭 루주의 아가씨들, 자르당 드 파리의 정원담당 여성들, 발 뷔리에의 무용수들, 불바르의 창녀들과 같은 공공장소의 파리 여성들밖에 알 수 없다는 사실도 덧붙여둔다. 호사스럽게 살고 있는 이런 여성은 그 평판이 외국의 동업자보다도 나을 것이 없음은 분명하다. 그러나 점잖은 외국인은 그 후 파리를 오가면서 만난 거의 모든 여성이 이런 매춘부와 같은 화려한 복장을 하고 있는 것을 보고 전체 여성을 도매금으로 넘겨서 자기들과 같은 시골뜨기가 훨씬 품행이 바른 인간이라는 자부심을 가지고 자기 나라에 돌아간다.

　　그러나 슈미트도 오류를 범하고 있다. 실제로는 그 정반대의 상황이다. 다수의 프랑스 여성은 이런 점에서는 다른 여러 나라와 비교해서 매우 두드러지게 유리하다. 왜냐하면 이와 같은 모든 문제에서와 같이 그리고 이 책 앞부분에서 이미 자세하게 증명한 대로 이런 경우에도 민족성보다는 오히려 계급, 즉 억제되거나 완화되는 그때그때의 경제상태가 매우 다르기 때문이다. 따라서 특수한 국민적 기질이라는 것이 이 방면에서는 전혀 문제가 되지 않음은 말할 것도 없다. 아마도 국민적 기질이라는 것만큼 무의미한 것(넌센스)은 없을 것이다. 차가운 피는 그 자체로는 인위적인 사회의 규칙을 유린하지 않는 최초의 억제이지만 뜨거운 피는 인위적인 사회의 규칙을 경멸하는 최초의 자연적 자극이라고 흔히 말한다. 그러나 이런 피보다도 특수한 경제조건이 더욱더 중요하다. 그것은 자연의 억제나 자연의 자극을 어떤 때는 돕고 어떤 때는 방해한다. 따라서 최초의 전형적인 모습을 만든 것은 그것이었다. 그리고 프랑스의 특수한 경제조건은 프랑스 여성의 비교적 강한 정조관념까지도 결정한다. 프랑스 여성이 적어도 본질적으로는 그 평판보다 강하다는 것은 아무래도 부정하기 어렵다. 왜냐하면 프랑스는 오늘날에도 아직 본질적으로는 소시민의 나라이기 때문이다. 대공업은 북부 프랑스를 제외하고는 최근까지 그다지 발달하지 못했다. 따라서 소시민적인 미덕이 인구의 대부분을 지배할 수밖에 없다. 그러나 이런 상태의 경제조건은 부정을 범할 수 있는 경향에 대해서, 물론 여성에 대해서도 최대의 억제를 가하기 때문에 소시민계급은 언제나 강한 정조관념에 의해서 지배된다.

한편, 부정에 대한 최소의 억제는 언제나 대부르주아지에 대해서 가해지며 이미 살펴본 바와 같이 그들에게서는 동시에 상습적인 부정에 대한 최대의 자극이 작용하고 있기 때문에 국민성에 따라서 구별하려고 하는 한, 예컨대 영국 여성의 부정은 프랑스 여성의 부정에 비해서 그다지 많지 않다는 결과가 된다. 그것은 현실에서도 그대로 나타나 있는 듯하다. 그러나 부르주아 시대의 어느 시기를 보더라도, 예컨대 영국의 대부르주아지의 탄생시대, 즉 1770년대로부터 1830년대까지의 영국만큼 아내의 부정이 그렇게 많았고 노골적으로 드러난 나라는 어디에도 없었다. 실제상황이 그 후 달라져버렸다는 것은 아니지만 그 후 부르주아지의 위선이 생활의 필연성으로 나타났을 무렵에는 그것은 이미 노골적으로 드러나지는 않게 되었다. 그러나 그 시기까지는 다른 사람의 아내에 대한 유혹이나 유괴는 매우 흔한 일이었기 때문에 그것들은 사회적 풍자의 중요한 모티프의 하나가 되었을 정도이다. 그 시대의 영국 부르주아지의 모든 간통에 대한 더욱 유력한 증거는 이 시대에 엄청나게 불어난 이혼건수이다. 아르헨홀츠는 1796년의 「영국 연보」에서 이것에 관해서 다음과 같이 말하고 있다.

영국에서의 이혼은 과거와 비교해볼 때 오늘날만큼 많은 수를 기록한 적이 없다 —— 이혼의 이와 같은 증가로 인해서 여느 때 같으면 부부생활이나 간통의 고소사건에 따라붙어야 할 불명예가 아주 적어졌다. 영국에서는 또 이런 종류의 부도덕을 매우 가볍게 취급하기 시작했으므로 세상 사람들은 (1796년) 7월에 어떤 사람이 간통사건을 모아 「근대 정사(情事)의 일반사」라는 책을 내어 신문에 공개광고한 것을 스캔들이라고 볼 정도였다. 그리고 소도시의 희극 팸플릿에는 유명한 희곡의 풍자적 편집 「어떻게 결혼하는가, 결혼식날과 이혼」이 종종 실려 있었다.

그리고 이런 모든 일이 근대 자본주의 사회에서 변함없이 동일하게 나타나고 있다는 것은 미국의 이혼통계가 증명하고 있다. 미국에서는 최근 20년간에 약 100만 쌍의 부부가 이혼했고 250만 건이 부부생활에 염증이 났다는 판결을 요구했으나 기각되었다. 우리는 여기에서 부부간의 부정이 매우 성행하고 있었다는 사실에 대한 증거만을 볼 필요가 없음은 확실하다. 이혼건수의 증가는 오늘날에는 하층계급이든 상층계급이든 간에 옛날보다 심각한 것 같지는 않다. 그것은 결국 여성이 스스로를 남성과 동일한 권리를 가진 인간으로 점차 의식하기 때문일 것이라는 여성 독립에 대한 주장의 증가현상도 아니다. 이런 발자취는 다른 나라보다도 오히려 영국이나 미국에 적용된다. 이혼사건 중에서 어쩔 수 없는 경우는 기껏해야 오직 하나, 즉 결혼을 결정할 때의 경솔함이 분명히 드러나는 때뿐이다. 이제 많은 남녀의 경우 결혼을 결심한다는 것은 처음부터 언제라도 그만둘 수 있는 것을 전제로 한 것이 증명된다. 왜냐하면 이 결심은 두 사람 모두에게 침대에 오르기 위한 가장 홀가분한 기회를 제공하기 때문이다. 두 사람이 이것을 따분하다고 생각하거나 뻔뻔스럽게도 누군가 다른 사람과 함께 침대에 들어가고 싶어한다면 두 사람은 망설임 없이 헤어져버린다. 그렇다고 하더라도 예컨대 미국에서와 같이 이런 사태가 심각하게 벌어지는 곳도 없다. 미국처럼 이중혼이나 삼중혼이 성행하는 근대 국가는 없다.

1798년에 근대적 대부르주아 계급이 총재정부의 승리와 함께 지배권을 장악했을 때의 프랑스는 영국과 완전히 동일했다. 왕정복고 시대의 어느 저술가는 총재정부 시대의 풍속에 대하여 다음과 같이 보고하고 있다.

> 육욕의 방탕, 모든 형태의 풍기문란은 총재정부 시대의 파리 사회의 특징이었다. 「모니트르」지는 매일 결정되는 혼약보다도 더욱 많은 이혼을 발표했다. 결혼이란 호적 사무소의 사무원들이 근무하는 곳으로 가는 산책에 지나지 않았다. 이 산책 뒤에 남녀는 자기가 좋아하는 것을 하거나 그것을 허락할 수 있었다. 공포정치와 단두대의 비극 뒤에는 여성과 육체적 연애가 프랑스를 지배하는 연합세력이었다. "오도레 디 페미나(odore di femina : 여자의 향기/역주)"는 피냄새를 쫓아버렸다. 의회로부터 오는 길과 의회로 가는 길은 침실로 통한다.

만약 우리가 오늘날에야 처음으로 독일에 대해서 이와 같은 비판을 할 수 있다면, 그 이유는 독일에서는 대부르주아 계급이 아주 서서히 소시민계급으로부터 탈출한 결과 이제까지의 모든 도덕관이 일시에 동요한 프랑스와 같은 폭발적인 변혁기가 없었기 때문일 것이다. 이것은 독일에서는 최후의 결과에 지나지 않았다. 같은 법칙에 따랐다고 하더라도, 유감스럽지만 그것은 같지는 않았다.

10) 집단적 방탕

프로이센 궁정 및 귀족계급이 부르주아 계급과 같이 1807년의 불행(러시아와 프로이센의 연합군이 나폴레옹에게 화평을 구한 틸지트 조약/역주)을 맞았을 때의 외설풍습의 실례로서 수년 전에 한 통의 편지가 출판되었다. 프로이센의 추밀 고문관 폰 슈테게만이 프로이센 왕의 가족이 머물렀을 뿐만 아니라 러시아의 알렉산드르 황제가 방문했던 메멜에서의 1807년 소요에 대해서 아내에게 다음과 같은 편지를 써 보냈다.

　1807년 5월 16일 바르텐슈타인
　바르텐슈타인에 체재중인 우리에게 단 하나의 즐거움인 러시아 근위군악대의 식사주악(食事奏樂)을 들으면서 다시 한번 당신에게 편지를 쓰오.……쾨니히스베르크로부터 타피아우에 아름다운 아가씨가 100명이나 불려왔기 때문에 건강을 돌보라는 경고는 다소 나를 웃게 만들었소. 여기에서는 이교도의 생활이 영위되고 있소. 아마도 그것은 미친 것처럼 돌에 새겨진 고대 이교도의 신 —— 다른 사람은 기독교의 바르톨로메오 사도라고 하는데 —— 이 정원의 신처럼 시청 정면에 서 있기 때문이오.……

그로부터 2-3주일 사이에 프리드리히 폰 홀슈타인-베크 공작이 쾨니히스베르크에서 같은 부인 앞으로 이것과 같은 사실을 알렸다.

　1807년 6월 30일 쾨니히스베르크
　……이 시는 전체적으로 프랑스인에 대해서 이제까지 희망했던 것보다도 더욱 만족해하고 있습니다. 귀부인들이 특히 만족해하고 있으며, 대부분의 하녀도 만족해하고 있습니다. 많은 여자들이 사제의 기도를 듣는 둥 마는 둥 하고 손님을 따라갈 수밖에 없습니다. 쿨레만 양은 메멜에서 상트 페테르부르크에 대사로 가는 사바리 장군의 마음을 곧장 움직였습니다. 장군은 쿨레만 양을 상트 페테르부르크에 함께 데려가려고 생각하여 그녀를 위해서 양친에게 2만 달러를 주겠다고 말했습니다. 그러나 쿨레만 양의 양친은 3만 달러를 불렀기 때문에 이 흥정은 흐지부지되었습니다. 이 아가씨만이 아니라 온갖 종류의 많은 부인이나 아가씨들이 매일 사바리 장군의 숙소로 불려와서 다음날 아침 늦게 집으로 돌아갔습니다. 그런 여자들 중에는 턱없는 소란 중에 헌병으로부터 호출당할 것이라는 공포로 인해서 놀랄지도 모르는 사람들도 있었습니다. 세상 사람은 이때 루크레티아가 후계자를

가졌다든가 늙은 갈레오티와 같은 부친이 자기 딸을 단검으로 죽임으로써 임박한 위험으로부터 딸을 구했다든가 하는 얘기를 들은 적이 없었습니다.

이상의 두 편지는 그들 부류의 풍기가 일반적으로 얼마나 문란했던가를 증명하기에 충분하다.

특히 총재정부 시대의 파리를 외설과 도덕적 퇴폐가 어떻게 지배했는가를 보여주기 위해서 오랫동안 많은 자료가 편집되고 그것이 책으로 출판되었다. 예를 들면 점쩍은 귀부인과 함께 아무렇지도 않은 듯이 옆방에 한 시간가량 들어가 있다가 다시 아무 일도 없는 듯한 얼굴을 하고 여러 사람 앞에 나타나는 것이 총재 바라스가 즐기는 사교일과였다. 그와 같은 메모의 내용을 보자.

어느 왕당파 귀부인은 바라스가 리셉션 날 밤에 때때로 탈리앵 부인과 함께 연회석에서 밀실로 한 시간가량 자취를 감춘 뒤 부인의 허리에 팔을 두르고 다시 살롱에 나타난다고 하소연하고 있다.

그리고 그 시대에 상류계급의 무도회나 축하회의 대단원에서는 종종 매우 아름다운 여성들이 스스로 알몸으로 춤추는 데에 동의했다는 분명한 증거들이 있다. 알몸으로 춤춘다는 것은 물론 흔한 일이었고 앞에서도 말했다시피 부인복은 대체로 속내의 한 벌이었기 때문에 그것은 알몸과 큰 차이가 없었던 것이다. 이와 마찬가지로 특히 이 목적을 위하여 개최된 무도회, 소위 나체 무도회에 대해서도 보고되어 있는데 거기에는 참가자가 전부 나체로 춤을 추었다고 기록되어 있다. 그것은 확실히 소위 "미의 제전"은 아니었다. 왜냐하면 그것은 언제나 보통 소란법석으로 끝났기 때문이다.

이와 꼭 같은 것이 더 큰 범위인 부르주아지의 영국에서 보고되고 있다. 영국에서는 어떤 형태의 집단적 방탕도 모두 일반적으로 행해졌다. 이렇게 어처구니없는 변덕도 이 나라에서는 그 전형적인 대표자가 되었다. 그 단 하나의 실례로서 나는 카사노바가 펨브루크 경과 나눈 다음과 같은 짧은 대담을 이용하고자 한다.

다음날 나는 펨브루크 경의 방문을 받게 되었다. 그는 말했다 —— 신은 나를 지옥에 떨어뜨렸습니다. 국왕의 세인트 제임스 거처는 고급이 아닙니다. 세 채의 아파트입니다만 그것은 쓸모없는 것입니다. 당신이 2층에 아가씨를 거처하게 하는 것을 누가 반대하겠습니까? —— 각하, 그것은 확실히 제가 바라고 있는 바입니다. 당신은 자유스럽게 접할 수 있는 미녀를 알고 계십니까? —— 나는 당신에게 많은 미녀를 소개하여 만나게 할 수 있을 것입니다. 그러나 당신이 내가 남긴 찌꺼기를 내 손에서 받아가는 것은 적당하지 않겠지요 —— 그러면 당신은 대단한 바람기가 있습니까? —— 나는 같은 여자와 두 번 잘 수가 없습니다 —— 당신은 결혼하시지 않습니까? —— 그것을 생각하면 화가 납니다. 그러나 그것이 독신자로서 생활하는 데에 더 이상

유곽(가바르니, 목판화)

방해가 되지는 않을 것입니다. 나는 매일 새로운 얼굴을 보게 됩니다. 그 때문에 무서울 정도로 돈을 써야 합니다. 매일 밤 저녁식사를 도시에서 하는 것은 파산하기 십상이지요.

런던에서는 그 시대의 부유한 탕아들이 공동의 목적인 방탕을 위해서 소위 "에로틱 클럽"을 만들었다. 이런 사정에 대해서는 산더미 같은 자료가 있었기 때문에 오이겐 뒤렌은 「영국의 성생활」에 관한 저술의 많은 장을 그런 기사로 채울 수 있었다.

그러나 아직 소시민적인 독일에서도 동일한 내용이 보고되고 있다. 우리는 독일에서도 나체 무도회 등의 형태로 집단적 소란이 기록될 만했다는 것을 알 수 있다. 특히 빈과 베를린에서는 이와 같은 것에 대한 보고가 있다. 그러나 그런 악덕의 소굴은 대도시에만 숨어 있던 것이 아니며 가장 저열한 방탕의 형태가 때때로 소도시에조차 숨어 있었다. 그들 소도시 시민들은 모두 그것을 익히 알고 있었으며 몇백 명이나 되는 사람들이 그 일에 필요한 뚜쟁이질로 생활해나가고 있었다는 사실은 소시민적 사회의 취약한 실상을 매우 특징적으로 보여준다. 이런 주장에 대해서 하나의 증거가 있는데 그것을 고전적이라고 치부해버릴 수는 없다. 그 증거라는 것은 1840-50년대에 뒤셀도르프에서 행해진 조피 하츠펠트 백작부인과 그 남편인 에드문트 하츠펠트 백작의 유명한 이혼재판이다. 이 재판은 세계적으로 유명해졌다. 왜냐하면 이 재판에 페르디난트 라살이라는 이름이 결부되어 있었기 때문이다. 즉 그는 남편에 의해서 철저히 능욕당하여 괴로워하고 있던 이 부인의 보호와 구제에 나섰던 것이다. 이 재판에 의해서 세상에 공개된 난행에 대한 보다 상세한 사실은

요양소에서의 플러트

오늘날에는 라살이 에드문트 하츠펠트 백작을 상대로 뒤셀도르프 지방법원에 제출한 이혼 고소장에서 찾아볼 수밖에 없다. 폴리오판(判)으로 빈틈 없이 인쇄된 87페이지에 달하는 고소장 한 권을 우리는 이용할 수 있다. 이것은 오늘날까지 세상에한번도 공개된 적이 없으며 당시에는 재판에 직접 관련된 사람들, 곧 법원당국과학대받은 백작부인의 변호를 위해서 소환된 하츠펠트가(家)의 가족들 손에만 넘겨졌다. 이 기록은 방대하기 때문에 유감스럽게도 여기에는 그 발췌한 부분조차 실을

수가 없지만, 사실 이와 같이 사회의 내부에서 일
어나고 있던 거의 상상할 수도 없는 풍기문란을
폭로하고 있다는 이유에서 이것만큼 중요한 풍속
기록은 없다고 할 수 있다. 에드문트 하츠펠트 백
작은 온갖 형태의 악덕에 탐닉했으며 그에게 간통
은 그것이 어떤 형태이든 아주 평범한 것에 지나
지 않았고 그가 점찍은 어떤 여자도 안전하지 못
했다. 아내의 심부름꾼도, 친구의 아내도 백작의
독수에 걸려들었다. 많은 남녀 뚜쟁이들은 끊임없
이 백작의 요구에 시달렸다. 여행차 뒤셀도르프를
통과하는 매춘부는 닥치는 대로 백작의 성으로 끌
어들여졌다. 이때 대개 두 명의 매춘부가 동시에,

파리의 보르델에 있는 창녀들

한 사람은 단기간, 또 한 사람은 장기간 머물렀다. 성 안에 있는 그의 주택에는 몇
명의 매춘부가 언제나 상주하고 있었다. 뒤셀도르프와 쾰른의 유곽에는 백작의 상
대가 되지 않은 여자는 한 사람도 없었다. 여자 고용인은 언제라도 백작의 하렘을
보충한다든지 뚜쟁이로 일한다는 전제하에서 고용되었다.

　백작은 어떤 부부든지 언제 어느 때라도 자신의 말을 들어주기만 하면 지위를
내주었다. 사람들은 또 이런 조건만으로 하츠펠트가의 커다란 소유지를 빌리거나
소작권 계약을 연장받았다. 이런 일은 암묵적인 비밀이었으나 세상 사람들로부터
주의깊게 감추어진 비밀이 아니었다는 것은 매우 특이하다. 그렇기는커녕 하츠펠
트 백작은 세상 사람들이나 자기 아내가 보는 데에서 아무렇지도 않게 음락에 탐
닉했다. 백작은 아내가 있는 자리에서 여자 손님을 애무하거나 밤중에 여자 손님
을 방문하기도 했다. 뿐만 아니라 백작은 폭력을 써서 아내가 자신의 외설적인 행
위를 보고 있도록 강제했다. 나는 이런 종류의 전혀 수치를 모르는 폭력행위만을
라살의 말을 통해서 인용해보겠다. 고소장의 3쪽에는 다음과 같이 쓰여 있다.

　반(半)동물인 야만인 사이에서도 찾아볼 수 없을 정도로 잔혹하고 부자연스러운 모욕의
발명자라는 명예가 하츠펠트에서 남겨지리라. 하츠펠트 백작부인이 처음 아기를 낳은 것
은 1823년이었다. 부인은 대단한 난산을 했다. 의사들은 부인의 생명을 염려했다. 아기를

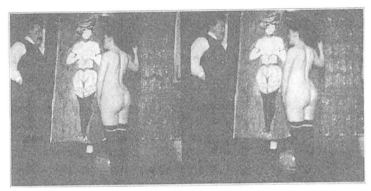

연속 사진

기구로 끄집어낸 사산이었다. 부인은 그 후 18일간이나 생사의 갈림길에서 헤맸고 의사들도 포기했다. 젊은 부인이 엄청난 고통으로 몸부림치고 있던 분만일 밤에 백작은 네셀로데 백작부인과 문을 반쯤 열어놓은 채 성교를 했다 —— 이것에 대해서 다섯 명의 증인이 증언했다. 빈사의 병상에 누워 있는 젊은 부인은 이것을 보고 소리내어 울었다. 인류라는 이름과 형태는 유례 없는 수성(獸性)에 의해서 능욕당했다.

그럼에도 불구하고 백작부인은 남편의 욕망이 솟구칠 때에는 언제라도 그의 음탕한 욕망이 시키는 대로 해야만 했다. 게다가 백작은 아내에게 참으로 비열한 음욕의 비술을 행하도록 요구했다. 그가 가장 싸구려 매춘부와의 성교에서 했던 것처럼 —— "유곽에서 있었던 너무나도 도에 지나친 부자연한 향락"이라고 라살의 이혼 고소장에는 쓰여 있다. 백작이 부인에게 몇 번씩이나 매우 추잡한 성병을 옮겼던 일은 별로 놀라운 것도 아니다.

이것에 대해서 독자들은 에드문트 하츠펠트는 호색적이고 속악(俗惡)한 변태적인 괴물이었고, 따라서 그를 귀족계급의 전형이라고 할 수는 없다고 반대할지도 모르겠다. 그러나 설사 이런 항의가 올바른 것이라고 하더라도 그것은 라살의 이혼 고소장의 풍속사적 가치를 조금도 손상시키지 않는다. 왜냐하면 이 고소장은 훨씬 더 많은 것들, 즉 시골이나 읍에 사는 몇백 명이나 되는 사람들이 하츠펠트의 음락을 실현시키기 위해서 스스로 힘이 되어주었다는 것, 또 백작부인의 친형제도 포함된 봉건적인 모든 친족들도 그녀의 이 폭로 뒤에, 이와 같은 모욕을 숱하게 겪고 있었기 때문에 가련한 부인을 이 탕아의 독수로부터 구출해내기 위해서 있는 힘을 다해

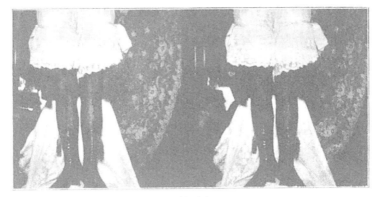

연속 사진

도와주었다는 사실을 기록하고 있기 때문이다. 하츠펠트가의 주인인 백작은 자신에 대해서 그 누구도 진지하게 간섭하지 않기를 원했고, 공공연하게 저열한 음락에 탐닉하여 전국의 풍기를 타락시키고서도 태연했다. 모든 것이 너그럽게 받아들여졌고, 합당한 이유를 붙일 수 있는 기회가 몇 번이나 있었어도 당국은 한번도 간섭하려고 하지 않았다. 이런 이유들은 하츠펠트 사건이 소수 괴물들의 개인적인 난폭에 국한되는 것만은 아니며, 특히 3월혁명 전의 독일에서의 봉건적 특권 및 부패를 설명하고 있다고 우리가 확신을 가지고 주장할 수 있는 이유들이다.

제2제정 시대에, 특히 프랑스에서 집단적 방탕이 다시 강하게 나타났다는 것은 그 당시 일반적으로 알려졌던 사실이었다. 그리고 오늘 이 시대를 표면적으로만 연구하는 사람은 그것에 대해서 보다 많은 증거를 발견하게 될 것이다.

따라서 이러한 것들은 그다지 배척의 대상이 되지 않았던 것이다. 그러나 여왕 코코트의 전제지배 때문에 특히 풍기가 나빠졌다고 항상 비난받는 이 시대에 관해서 현대의 탁월한 저술가는 그 도덕적 퇴폐가 오늘날에는 자취를 감추었다고 가정하는 것은 커다란 오류라는 것을 지적하고 있다. 현대는 매우 점잖은 것 같지만 사실은 오히려 그 반대이다. 이전에는 최대의 센세이션을 일으켰던 것도 오늘날에는 시시하다고 웃고 넘기며, 며칠 내에 잊어버린다. 그리고 그 어떤 것도 놀랄 만한 것이 아니고 이해할 수 없는 것도 아니다. 그렇기는커녕 오히려 그런 것들은 피할 수 없는 것이 되어버렸다.

오늘날과 같이 부(富)의 개념이 이렇게 높아진 시대는 이제까지 한번도 없었다. 게다가 매우 두터운 사회층이 방대한 부를 거침없이 사용하는 시대 —— 성향락의 저열한 방종은 그런 시대와 끊을래야 끊을 수 없는 관계에 있다. 오늘날에는 몇 겹씩 폐쇄되고 커튼을 친 문이나 창 안쪽에서라면 아무리 큰 악덕도 상관없다는, 이제까지 충분히 설명한 이유에 의거하더라도 그렇다. 한편 그 때문에 세상 사람들은 성의 분야에서 오늘날에도 매일 모든 대도시에서 일어나고 있는 기괴한 일을 상상할 수도 없게 되었다. 신문지상에 끊임없이 모습을 보이는 많은 간단한 기사만으로도 탁류가 지하에서 소용돌이치고 있음이 입증된다. 그 본보기로서 최근에 발행된 폴란드의 크라코프 시에 관한 다음과 같은 기사가 있다.

크라코프, 4월 19일(P. C.)
당시(當市)의 경찰은 훨씬 전부터 야간의 나체무도회나 음란한 모임을 개최한 클럽을 내사했다. 최상류계급의 청년 약 300명과 젊은 아가씨 50명이 모두 이 클럽의 회원이었다. 클럽은 시내에 독립 가옥을 빌리고 있었으며 그 안에서는 저열한 일이 벌어지고 있었다. 이곳 여자 기숙사에 있는 많은 여학생들이 이 사건에 연루되었다. 이 스캔들은 실로 우연하게 드러났다. 경찰 관계자가 그 여학생 중의 하나가 사는 곳에서 클럽 입회를 권유하는 등사인쇄물 안내서를 발견한 것이다. 이 안내서에는 클럽 일을 자세하게 설명한 취지서가 들어 있었다. 회원의 배지는 은으로 만든 거미 모양이였다. 이 사건은 사교계에 대단한 충격을 주었다.

이런 보고는 매주마다 이 도시 저 도시에서 나타났다. 또한 사건들의 대부분은 당국에 의해서 아무도 모르게 은폐되기 때문에 세상 사람들은 그것에 대해서 전혀 전해들을 수 없을 정도였다. 훨씬 많은 사건이 당국에 공식적으로 알려지기 전에 감쪽같이 자취를 감추어버린다. 왜냐하면 그런 죄악의 은폐는 오늘날과 같은 계획적이고 조직적인 시대에는 죄악 그 자체와 마찬가지로 매우 교묘하게 조직되어 있기 때문이다.

11) 변태성욕

변태성욕의 목록은 어느 시대에나 대개 동일하다. 우선 채찍질과 동성애를 들 수 있다. 그리고 여기에는 아이들에 대한 성적 학대, 처녀 정복광, 일종의 식민지적 잔혹성, 노출증, 수간(獸姦)이 포함된다. 그러나 악습의 확산 정도가 시대에 따라서 각각 매우 다른 것은 실로 분명하다. 이렇게 볼 때 설령 이런 형태의 성적 만족이 대부분 변태현상이라고 하더라도 특수한 일반 상태는 그것을 강화시키는 쪽으로, 혹은 약화시키는 쪽으로 작용한다는 사실을 추론할 수 있다. 따라서 그런 증세는 악습으로 굳어져서 의사 앞이나 풍속사의 법정에도 나타나게 된다.

반은 여성, 반은 남성

가장 중요한 사실로서 증명해야 할 것은 변태성욕이 모두 최근에 또다시 광범위하게 확산되었다는 사실이다. 그것은 도처에서 다시 대중현상으로 나타나게 되었다. 그 결과 변태성욕을 만족시키게 되는 기회도 대산업적으로 운영되고 조직되어 있다. 현대에 변태성욕이 증가되고 있음을 생각해볼 때 이미 절대주의 시대에 그런 상태의 시초라고도 이름 붙일 수 있는 것, 즉 자연의 자극이 넓은 범위에 걸쳐 과도하게 억압당하여 그 자극력을 잃어버렸음이 분명하다. 이 넓은 범위라는 것은 특히 방탕사회를 말한다.

최근에는 동성애의 제어불능적인 확산이 대단한 센세이션을 불러일으켰다. 각국에서 몇만 명의 남성들이 이런 변태적인 성충족의 숭배에 사로잡혀 있음은 오늘날 명백하다. 이 "악덕"은 전적으로 병적 소질이 근본인 것이며 획득된 경향은 이차적인 데에 지나지 않는다는 것을 인정해야겠지만 그럼에도 불구하고 변태성욕은 특수한 근대적 의미의 도덕적 퇴폐의 중요 요소라고 할 수 있다. 왜냐하면 동성애적인 집단적 방탕이 최근에는 성인남성이나 소년들에게 점차 널리 알려지게 되었다는 사실은 앞에서 말한 정상적인 성욕의 집단적 방탕이 드러나게 되었다는 것을 —— 결국 어떤 계급의 일반적인 도덕적 퇴폐가 —— 증명하기 때문이다. 이와 같은 것은, 살펴보건대, 크게 늘어가고 있는 여성의 동성애에도 그대로 적용된다. 다만 여성의 동성애 실태에 대해서 말한다면, 그것은 대개의 경우 현재의 어떤 성적 빈곤에 대한 내밀한 표출이며, 사회상황에 의해서 방해받고 있는 남성과의 자연스런 성교에 대한 보상이라는 사실을 간과해서는 안 된다.

사기 주전자(독일 작품, 1860)

다른 모든 변태성욕에는 전혀 다른 어떤 것이 중심 문제가 되어 있다. 왜냐하면 이런 변태성욕은 오로지 자극제이기 때문이다. 이때 가장 많은 것이 채찍질이다. 오늘날 채찍질이 각국에서 어느 정도까지 대중적인 현상이 되어 있는가는 "협회"라는 가면하에 이 악습의 충족이 공공연하게 영업화되어 대중성을 획득한 마사지가 가장 확실하게 입증하고 있다. 독일에서는 수년 전까지 글을 읽을 수 있는 사람은 누구나 매일 여러 대신문에서 남녀가 각자 좋아하는 시간에 자신의 에로틱한 동경을 충족시키기 위해서 자신에게 채찍질을 하도록 한다든지 또는 같은 목적을 위해서 타인을 채찍질하는 쾌감을 얻을 수 있는 많은 협회의 주소를 베낄 수 있었다. 오스트리아, 프랑스, 영국에는 오늘날에도 여전히 그런 협회가 많이 있다. 왜냐하면 공립 혹은 사립 마사지 협회의 반 이상은 오로지 이 목적에 이용되고 있기 때문이다. 이 사실로부터 이 방면에서의 강렬한 욕구, 즉 일반적인 성적 불감증의 상당한 정도가 드러나게 된다. 그 때문에 많은 사람들이 더욱 강한 자극을 얻기 위해서 인공적으로 강화된 과도한 자극을 구하는 것이다.

그외에도 아프리카에서는 이와 같은 토대 위에 흑인에 대한 채찍질이나 학대가

채찍질

성행하고 있다. 이런 것들은 소름끼치는 식민지적 잔혹성을 절정으로 하여 현재 독일에선 라이스트, 벨라우, 아렌베르크라는 이름의 영원히 태워버릴 수 없는 인간치욕의 기둥들을 발견할 수 있다. 다른 사람에게 채찍질을 명령하는 인간은 언제나 사디스트이다. 그리고 채찍질 형(刑)에 열광하는 사람에게는 적어도 사디스트적 소질이 있다는 것, 그중 많은 사람들이 분명히 그런 경향에 탐닉하고 있다.

　대개의 경우 정상적인 성교에 굶주린 결과로서의 더욱 추잡한 방탕현상은 소녀들과 벌이는 음탕한 짓이다. 현대의 특징으로서 말한 처녀 정복광은 이에 속한다. 소녀들은 이 방면에 대해서는 매우 위험스러운 상태에 놓여 있다. 대도시에는 어디에나 자신의 비열한 욕망을 미숙한 소녀들만으로 충족시키려는 탕아들이 많이 있다. 소녀들은 오늘날 도처에서 부도덕한 목적을 위해서 유혹당하고 있다. 이에 대해서 파리의 풍속범 단속 고위직 경찰인사가 다음과 같은 비판을 했다.

　그런데 매우 일반화된 것은 미성년자를 노리는 남자들의 야만적인 정열이다. 그들의 육욕을 자극하는 것은 특히 아직 보호연령을 넘기지 못한 미성년자들이다. 참으로 소름끼치는 일이다. 그러나 그것은 사실이다. 여러분은 풍채가 훌륭하고 아무 데에도 수상스러운 거동을 찾아볼 수 없는 신사들을 만나게 될 것이다. 그런 당당한 신사를 감시한다는 것은 경찰로서는 생각도 할 수 없을 것이다. 그러나 당신은 이 신사가 길에서 소녀를 향해서 매우 우려할 만한 요구를 해서 여자 아이를 데리고 있는 엄마나 보호자를 괴롭히는 것을 흔히 볼 때가 있을 것이다. 바로 이때 어느 관리의 부인에게 사건이 다시 발생했다. 부인이 어린 딸의 손을 잡고 산책하고 있을 때 신사 한 사람이 예의 상투적인 수법으로 참으로 믿을 수 없는 표정을 하고 두 사람에게 다가왔다.

위험은 대개의 경우 빈궁한 소녀들을 위협한다. 그리고 많은 소녀들이 이와 같은 몹쓸 위험의 제물이 되고 있다. 1910년 8월 15일의 「월요세계」에 발표된 다음과 같은 공개장은 이런 점에서 특이하다. 그것은 헬고란트 섬의 이와 동일한 사건을 대단히 명료하게 보여주고 있다. 이 공개장은 헬고란트 섬의 헌병이 자기와 친한 신사에게 보낸 것으로, 이 신사는 그것을 공개하기 위해서 신문사에 보냈던 것이다.

> 1910년 8월 3일, 헬고란트, G……씨에게
> 당신은 베커 사건에 대해서 들을 일이 있습니까? 그는 약 7년 전부터 아직 초등학교에 다니고 있는 소녀들을 차례로 유혹했습니다. 어떤 소녀는 여덟 살밖에 되지 않았습니다. 열세 살 난 소녀는 임신을 했습니다. 그 소녀의 아버지가 나에게 그것을 알려주었기 때문에 나는 어쩔 수 없이 그를 체포했습니다. 그가 바로 그 날 이 섬을 떠나려고 했기 때문입니다. 그러나 사건은 결국 미궁에 빠져버렸습니다 —— 그는 시안칼리를 마시고 자살해버렸기 때문에 한 시간 정도밖에 구금되지 않았습니다. 그는 노래도 음악도 없이 교회묘지에 묻혔습니다.……나는 고백하건대 이미 작년 여름에 그에게 경고를 했으므로 그는 자살하기 훨씬 전에 이 섬을 떠날 수 있었습니다. 이 사건을 조사하면서 나는 더욱 많은 사람을 발견했습니다. 이 사건에는 베커 외에 해군중위 한 명, 3등 군의(軍醫) 소령 L……, 해군 상등병 한 명, 해군 이등병 한 명, 그리고 E……, 헬고란트 토박이 다섯 명도 관련되어 있습니다. 일곱 명의 소녀는 7세로부터 14세까지였습니다. 우리는 이 사건에 대해서 더욱 상세하게 이야기할 수 있습니다. 이 섬에서는 그 사건 이외엔 모든 것이 옛날 그대로입니다. 외국인은 옛날과 같이 아직 수염을 깎아야 합니다.

나는 이 편지에 대한 설명으로서 신문사의 편집국이 이 괴사건을 밝히기 위해서 필요하다고 인정한 해설의 일부를 덧붙여두고자 한다.

> 이 편지에서 이름을 생략하고 ……만으로 나타나 있는 자들은 직함으로도 알 수 있는 바와 같이 해군장교가 중심이 되어 있다. 한 사람은 해군 회계장교(당시에는 섬을 떠나고 없었다)이고 또 한 사람은 해군 기술장교였다. 이때 E라고 적힌 인물의 이름은 앞의 네 자가 생략되어 있었다. 이로써 볼 때 편지를 쓴 사람이 섬의 전(前) 사령관이며 작년 가을에

당시 소문대로 아내와의 이혼 때문에 사직한 어떤 해군장성과 완전히 동일한 이름임을 생각하게 하는 것은 명백하다.

교사나 목사가 자신들에게 맡겨진 소녀들에게 이런 엄청난 방법으로 권력을 남용하는 일은 일반적으로 알려져 있지만 그 범위가 얼마나 넓은지는 아직 충분히 알려져 있지 않다. 범인이 법적으로 기소되는 경우는 유감스럽게도 실로 드물다. 많은 부모가 자식들의 장래를 위해서 자식이 사건에 말려들어가는 것을 두려워한다. 사건이 미수에 그칠 경우에는 많은 부모가 아직 아무것도 모르는 자식이 경찰의 취조를 통해서 아직 그 내용을 전혀 이해하지 못하는 사항에 처음으로 부딪치는 위험을 두려워하는 것은 자명하다.

앞에서 말한 파리의 메종 드 랑데부의 고객들은 기혼여성뿐만 아니라 미성년 소녀들도 즐겨 주문한다. 특히 영국인들이 이런 주문을 자주하며 이 목적을 위해서 런던으로부터 굳이 파리에 올 정도이다. 이것은 유명한 사실이다. 그 때문에 기혼여성만이 아니라 소녀들도 끊임없이 메종의 마담에게 소개된다. 어느 메종 드 랑데부의 마담은 남자 손님 중에 외국인도 있습니까라는 질문에 대해서 경찰에게 다음과 같이 대답했다.

"많습니다. 특히 영국 분들이 가장 많이 오십니다. 런던에서는 메종 드 랑데부가 금지되어 있기 때문에 이런 손님들은 요즘에는 모두 파리에 오십니다. 여행은 오래 걸리지 않습니다. 금방 오지요.……그런 손님들은 언제나 어린 여자 아이만을 주문하십니다. 우리들은 손님에게 그런 아이는 소개해드릴 수가 없습니다." "당신은 그런 여자 아이들을 모집한 적이 없습니까?" "한번도 없습니다." "그러나 상대가 지원을 해오지 않습니까?" "요즘에는 정말 없답니다.……알다시피 우리들은 그런 여자 아이를 사절하고 있기 때문에 이제 없습니다. 그래도 바로 요전까지는 여자 아이들이 아직 있었는데 엄마가 직접 자기의 어린 딸을 데리고 자주 우리집으로 왔습니다." "많이 왔습니까?" "꽤 많이 왔습니다." "어떤 층의 사람입니까?" "대개 화류계 사람입니다.……그러나 우리집으로 여자아이를 데리고 오는 사람은 코코트들에만 한정되어 있지 않습니다. 노동자의 아낙네도 있고 상당한 상류층의 부인도 있습니다.……" "상류층 부인이 자신의 어린 딸을 당신 집에 데려온다는 겁니까?" "예, 정말이지요.……돈이 궁한 엄마……재산이 없는 몰락한 미망인……이런 일은 자주 있지는 않습니다만 그래도 종종 있습니다."

이 대답은 이런 메종에서 이와 같은 지독한 주문을 완전히 거절하고 있다는 사실을 반드시 증명하고 있지는 않다. 왜냐하면 메종의 여주인이 경관에게 그런 주문은 거절한다고 말하는 것은 당연하기 때문이다. 영국에서조차 미성년 소녀의 유혹, 정확하게 말한다면, 미성년 소녀의 강간은 제I권에서 얘기한 바와 같이 대기업이 되어 있는 것이 사실이다. 그러나 나는 앞에서 말한 것을 여기에서 약간 보충해두어야겠다. 이런 괴사건을 폭로한 윌리엄 스테드는 가련한 희생자를 손에 넣는 방법에 대하여 가장 교활한 방법의 하나로서 —— 그것은 동시에 예부터 가장 흔히 행해지고 있는 방법(제III권 참조)이다 —— 다음과 같은 특징을 들고 있다.

포획방법 중 가장 교활하고도 악마적인 방법의 하나는 그들이 수녀원 수녀로 변장한 여성을 미끼로 이용하는 것이다. 이 방법은 이 일에 숙련된 여자가 나에게 보증한 바와 같이 빈궁한 사람을 대상으로 삼으면 대개 성공한다. 아일랜드의 가톨릭계 아가씨가 유스턴에 도착하면 수녀가 말을 걸어온다. 수녀는 그 아가씨에게, 수녀원 원장이 가난한 가톨릭계 아가씨에게 훌륭한 하숙을 소개하고 시내구경을 할 수 있도록 하기 위해서 자기들을 파견했다고 말한다. 아가씨가 그런 수녀를 따라가게 되는 것은 당연하다. 아가씨는 창문이 닫힌 마차에 태워져 전속력으로 이러쿵저러쿵 소문이 난 집으로 가게 된다. 그 집의 사람이 아가씨에게 침실을 보여주고 나면 수녀는 모습을 감추어버린다. 그리고 아가씨를 파멸로 이끄는 길은 한걸음 한걸음 사전준비가 진행된다. 아가씨는 자신이 어디에 있는지 전혀 모른다. 어떤 사람이나 모두 아가씨에게는 친절하다. 그리고 여자 뚜쟁이는 아가씨의 신뢰를 얻게 된다. 아가씨는 같은 업종에 속하는 다른 집에 일자리를 주선받는다. 여주인들 중 일부는 다양한 형태의 이런 집이 여러 채 있기 때문에 그것이 가능하다. 술은 아가씨 마음대로 마실 수 있다. 아가씨는 극장이나 무도회에도 함께 간다. 밤중에 아가씨가 피로해지고 반쯤 취했을 때 아가씨의 침실 문이 갑자기 열리고 —— 문은 안에서 잠그더라도 밖에서 압력을 가하면 열리도록 되어 있다. —— 그녀의 파멸은 완성된다.

스테드의 다음과 같은 조사는 탕아들의 행동이 조금이라도 방해받으면 그것을 어떤 방법으로 제거하는지 설명하고 있다.

조사하던 중 이 집에서 나는 이런 능욕이 과연 비밀리에 이루어질 수 있을까 하는 의문에 부딪쳤다. 내가 물어본 조산부는 발각될 위험은 하나도 없으며 두세 집에는 지하실이 있어서 거기에서는 어떤 고함 소리도 밖으로 새어나올 수 없기 때문에 아직 아무도 낌새를 채지 못했다고 설명해주었다. 지하실에 관한 사실은 확인하기가 어렵다. 런던 서부에 별장을 가지고 있는 어느 귀부인이 나에게 "당신은 내 집에서 아가씨의 비명 소리를 들을 수 있습니다. 그리고 당신 이외의 사람은 누구도 그 비명 소리를 들을 수 없다는 사실을 스스로 확인할 수 있습니다. 그러나 미숙한 아가씨의 비명을 타인에게 방해받지 않고 듣기 위해서는 우리는 벽을 차폐물로 뒤덮은 방, 이중창문으로 된 방이나 지하실을 필요로 하지 않습니다" 하고 말했다. 어느 유명한 별장을 지키는 부인이 방문자인 나에게 호화스러운 설비를 한 방 하나하나를 보여주면서 "여기입니다. 바로 여기죠. 먼 옛날에 어떤 왕족이 많은 정부들 중의 한 사람을 감금했다는 데가 바로 여기입니다. 이 방이라면 거뜬하지요. 벽은 이처럼 두껍고 바닥에는 융단이 이중으로 깔려 있습

아이에게 음탕한 짓을 하는 수도사(1900)

니다. 정원을 향한 창은 단 하나뿐인데 그 창은 이중으로, 즉 쇠창살문과 두터운 커튼으로 가려져 있습니다. 문마저 닫고 누구든지 작심만 한다면 무슨 일이든지 시작할 수가 있습니다. 아가씨가 설령 사람 살려라고 고함을 치더라도 그 소리는 아무에게도 들리지 않습니다. 하인들은 언제나 이 별장 맞은편에 있습니다. 나만이 모든 것이 정적을 유지하도록 주의하고 있습니다." 유괴된 소녀의 연약한 외마디 소리가 커튼을 친 창을 통해서 바깥으로 새어나간다든지, 혹은 매수당한 문지기의 귀나 손님의 안전을 끝까지 지키는 것을 자신의 업으로 삼고 있는 부인의 귀에 들어가는 것은 어떻게 해서 가능할까? 그들은 비명 소리를 막을 수 있는 수단 —— 베개, 시트, 또는 간단하게 손수건 —— 을 가지고 있다. 한마디로 말해서 거기에는 단 하나의 위험도 없다. 그러나 소수의 사람에게는 공포의 비명이 최대의 쾌감인 것이다. 그런 남성은 자신이 듣는 비명 소리를 결코 막으려고 하지 않을 것이다.

이런 대기업이 다른 나라에도 있다는 사실은 최근에 적발된, 폴란드의 로즈에 있는 이와 동일한 지하실로 입증되었다. 1912년 3월 15일의 「베를린 매일신문」은 이 사건에 대해서 다음과 같이 보도하고 있다.

바르샤바로부터의 비밀전보가 알려온 바에 의하면 로즈 시의 니콜라예브스카 거리의 밀러 제과점 안에서 밀폐된 방이 발견되었는데, 그 방에서 40명이나 되는 소녀들이 강간

당했다는 사실이 밝혀졌다. 그외에도 페트리카우 거리에도 이와 같은 집이 있다는 사실이 적발되었다. 이 집에 겨우 여섯 살 난 소녀들마저 여자 뚜쟁이들에 의해서 유괴당했던 것이다. 어느 경우에나 손님은 로즈의 부유한 공장주나 부동산 주인이며 그중 몇 명은 즉시 검거되었으나 고액의 보석금을 내고 석방되었다. 엄중한 수사가 목하 진행중이다. 이 사건은 우연히 발견되었다. 즉 어느 탕아가 세 소녀에게 거액이 든 가방을 도난당했다. 그는 경찰에 그것을 호소했고 그때부터 꼬리가 잡혀 이 사건이 밝혀지게 되었다.

남녀 모두가 애용하고 있는 별로 희귀할 것도 없는 변태적인 성생활에는 수간(獸姦)이 포함된다. 이 경우 여성 쪽이 남성보다도 많다는 것은 의심의 여지가 없다. 이 이유는 여성들의 수간이라는 것이 여성들의 동성간 성교와 같이 오로지 성적 빈곤, 즉 자연적인 성충족의 기회가 없기 때문에 발생하는 데에 있을 것이다. 특히 상류부인의 수가 남성보다도 훨씬 많다. 대개의 경우 —— 이전 세기와 마찬가지로 —— 만족을 주는 역할을 하는 것은 애완견이다. 이탈리아의 성 과학자 파올로 만테가차는 이에 대해서 이렇게 말하고 있다.

교양 있는 최상층의 아름다운 부인들은 살아 있는 영혼에게는 결코 고백할 수 없는 어떤 이유 때문에 한 번 이상씩은 자기의 애완견을 열애한다. 더러는 애완견이 아닐 때도 있는 것 같다. 이럴 경우 변태는 더욱 저열해지며 배척해야 할 것이 되는데, 우리는 동물에 의한 트리바디즘(tribadism) 대신에 동물과의 성교, 생물 중에서 가장 아름다운 것과 가축 중에서 가장 추하고 냄새나는 것과의 불명예스럽고 부도덕한 동거생활의 실례를 가지고 있다.

그러나 동물과의 친밀한 관계 역시 성적 세련화의 표출이다. 남부 유럽 나라들, 이탈리아나 그리스에서는 흔히 성향락을 위해서 동물이 제공된다는 사실을 여행자들은 체험한다. 그 동물은 주로 산양이나 거세된 수탉이다. 20년 전 나폴리의 마차 도로에서 어느날 밤 음탕한 목적으로 8세의 남자 아이, 9세의 여자 아이, 산양, 칠면조가 나에게 거리낌없이 제공된 적이 있다. 과도하게 호색적인 여성은 큰 개만이 아니라 특히 말을 애지중지하면서 특별한 쾌락을 찾아내는데, 그때 오매불망하던 쾌감을 맛보게 된다. 옥타브 미르보의 「신경쇠약 환자의 온천여행」(부다페스트, 1902)에는 그런 광경이 묘사되어 있다.

왕녀인 카라닌은 다혈질이고 쾌활한 여성인데 동물에 대해서 독특한 정열을 쏟았으며, 비길 데 없이 아름답고 야성적인 눈을 가지고 있다. 왕녀는 마구간 수말들과 함께 하루의 일부분을 보내는데 그때 수말의 부드러운 옆구리와 윤기 흐르는 털을 쓰다듬는다. 왕녀는 언제나 여섯 마리의 사냥개를 데리고 다닌다. 이들 사냥개는 호랑이처럼 용맹하고 강해서 맹수와 같다.……오늘 아침에 나는 왕녀가 평상시와 같이 승마를 한 뒤 말에서 뛰어내리는 것을 보게 되었다. 땅 위에 내려섰을 때 그녀는 옷을 급히 걷어올리고 채찍을 겨드랑이 밑에 낀 채, 흰 입김을 내뿜는 수말의 입에 키스했다. 그리고 이 키스로 말미암아 수말의 입에서 나온 거품이 그녀의 입술에 조금 묻자 그녀는 매우 기쁜 듯이 혀로 핥아서 삼켰다. 나는 맑은 눈 속에 파시파에(Pasiphae : 그리스 신화에 나오는 아름다운 황소를 사랑한 여인/역주)의 야성의 정욕이 타오르는 것을 보았다.

이 광경은 회화로도 묘사되었다. 독자들은 수년 전부터 어느 미술상의 진열장에 그 그림의 값비싼 동판화가 진열되어 있는 것을 보았을 것이다. 이 소재는 당시의 유행이었기 때문에 이런 "고귀한" 감각이 얼마나 큰 지배력을 가졌던가를 이것을 통해서 알 수 있다.

여성의 과도한 호색이 어느 정도까지 고조되는가, 또한 현대에 이런 과도한 호색이 얼마나 자주 발견되는가는 센세이셔널한 재판이 벌어질 때마다 나타나는 상류층 부인들의 행동이 입증하고 있다. 잔학한 범죄자는 감수성이 예민한 귀부인들의 에로틱한 공상에서는 인기 있는 미식이다. 형무소에서 복역중인 치정에 의한 살인범 앞으로는 러브 레터가 산더미처럼 쌓이고 맛있는 요리나 돈의 차입도 엄청나게 많이 들어온다. 이런 범인을 재판할 때에는 공판정에 빨리 입장하고 좋은 자리를 차지하기 위해서 귀부인들 사이에 때때로 큰 쟁탈전이 벌어질 정도이다. 이것에 대한 실례로서 최근에 발생한 사건 중의 하나인 파리의 치정살인범 소레유랑의 공판을 들어보고자 한다. 이 남자는 마르타 에르벨딩이라는 소녀를 강간하고 마침내 살해해버렸다. 이때 많은 귀부인들이 공판정에서 이 극악범에게 공공연하게 동조하는 태도를 보였다. 「보쉬 신문」은 상류층 귀부인들이 이때 어떤 태도를 취했는가를 다음과 같이 보도하고 있다.

공판정은 입추의 여지도 없이 대만원이었다. 장내에는 고급스러운 여름옷, 매우 현대적인 모자, 값비싼 부채밖에 보이지 않았다. 아름다운 귀부인들이 모든 좌석을 메우고, 나

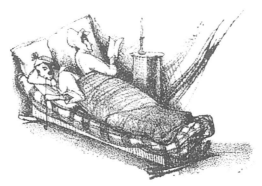

가바르니의 삽화

아가 피고인석의 울타리 주위에 쭈그리고 앉거나 법정은 물론 방청을 위해서 열석하는 판사들에게 남겨진 단상마저도 뻔뻔스럽게 점령해버렸다. 귀부인들은 판사석의 팔걸이에까지 걸터앉으려고 했기 때문에 그 팔걸이에서 귀부인들을 끌어내리느라고 애를 먹었다. 귀부인들은 마구 부채질을 해대면서 마치 매춘부처럼 입맛을 다시고 봉봉 과자를 핥아먹으면서 다리가 긴 안경을 쓰고는 피고를 뚫어지게 쳐다보았다. 좌석은 극장처럼 계단식으로 되어 있었기 때문에 뒤쪽의 귀부인이 앞에 있는 귀부인의 한껏 멋을 부린 프리쥐르(frisure : 컬한 머리/역주) 위에 떨어지거나, 더욱 잘 보려고 일부러 의자 위에 올라서는 특히 뻔뻔스러운 귀부인에게 뒤에서 "앉아요" 하고 요란하게 소리를 지르거나 해서 귀부인들은 때때로 공판을 방해했다. 공판 휴식시간에는 귀부인들의 자유로운 행동으로 대담해진 젊은 변호사들과 귀부인들 사이에 "카 자르(quat's art : 몽마르트르 미술가의 무도회/역주)" 춤판에서나 드러내놓고 벌일 수 있는 다툼이 일어났다. 소돔과 고모라의 쇠사슬은 풀렸다. 그리고 누구 한사람 야수와 같은 에로틱한 도취에 사로잡힌 귀부인들을 제정신이나 평상시의 수치심으로 되돌려 공판정의 신성함을 존중하게 하려고 하지 않았다. 본지는 이와 같은 사디즘과 색정의 소란 속으로 몰려든 상류층 부인들의 이름을 밝히지 않도록 주의했지만, 이 안식일에 마이나데스(Mainades : 그리스 신화에서 술의 신 디오니소스를 따르는 여자들/역주)의 난폭성으로 세인의 눈을 끈 거물의 이름을 기탄없이 밝혀준다.

그것은 누가 보아도 바리새적인 우쭐거림이다. 그런 광경은 프랑스에서나 가능하다. 그것은 유감스럽게도 여성의 이와 같은 폭발적인 호색에 대해서 가장 잘 어울리는 것이었으리라. 왜냐하면 영국이나 독일에서도 사람들은 이와 같은 일을 이미 경험했기 때문이다.

근심걱정에는 키스가 두 번!(N. 모랭, 프랑스 석판화, 1832)

감정가(영국의 채색 동판화, 1795)

용감무쌍(프랑스 동판화, 1810년경)

영국 서민의 오락(T. 롤랜드슨, 동판화)

여자 술꾼들(뉘마의 그림에 의한 프랑스 채색 석판화, 1845)

무도회(샤를 베르니에, 프랑스 채색 석판화, 1865년경)

목을 지키고 있는 은근짜(펠리시앵 롭스의 그림에 의한 채색 동판화, 1880년경)

프랑스 신문 「프루–프루」의 선전 플래카드(카피엘로)

황홀한 만찬(가바르니, 채색 석판화, 1845)

고급 창부의 무도회(린더의 그림에 의한 프랑스 채색 석판화)

Remmel

깡깡(F. v. 레즈니체크)

밀실(툴루즈-로트레크의 채색 석판화)

4. 성과급으로서의 연애

1) 수요와 공급

위선은 추악한 사실을 감추기 위한 임시방편으로서 갖은 노력을 다하지만 단 한 가지 현상만은 감출 수가 없다. 이 한 가지 현상이란 매춘을 말한다. 그렇지만 그 것이 그럴듯하게 성공했다고 하더라도 그 성공은 언제나 하루 정도밖에 지속되지 못한다. 연애 소매업은 금지되고 탄압을 받았으며, 그 결과 언제나 세 가지의 새로 운 형태가 생겼다. 부르주아 시대에는 매춘부가 항상 도처에서 활보하고 있다. 한 편 세상 사람들도 매춘부와 동맹해서 생활하고 많은 공장이 매춘부만을 위해서 물 건을 만들고 있을 뿐만 아니라 그보다 많은 공장이 매춘부와 손쉬운 돈벌이 거래를 하거나 매춘부에 의해서 가장 큰 이익을 볼 수 있는 영감(靈感)을 얻고 있다. 어떤 공장이나 소매점에서는 매춘부와 다를 바 없는 많은 여자 종업원을 고용하고 있다.

이런 상태는 돈만 내면 언제라도 살 수 있는 연애에 대한 방대한 수요와 일치하 고 있다. 성과급을 받고 제공하는 여성의 연애가 현대에는 이전 시대보다도 훨씬 일반적인 요구가 되었다는 사실에 대해서는 이미 앞서 언급했기 때문에 상세하게 설명할 필요가 없다. 그때 언급했던 사항들 중에서 대중의 결혼연령이 점차 늦어진 다는 분명한 사실은 이 커다란 요구를 설명해주기에 충분하다. 이 장에서는 성향락 을 돈으로 살 수 있다는 변함없는 가능성을 현대에 들어와서 매우 높여준 두 가지 사정만을 특히 말해두어야겠다. 첫번째 사정은 많은 생업집단이 일정한 주거가 없 다는 것이다. 상품교환의 국제화가 생산법칙이 되었기 때문에 도시로부터 도시로,

추억(알베르 기욤)

나라로부터 나라로 끊임없이 이루어지는 교통이 국민들의 전생활의 토대가 되었다. 한편 그 때문에 여러 직업에 종사하는 수백만의 사람들이 마치 유목민처럼 떠돌게 되었고 고향이라는 개념이 완전히 사라졌다. 그들은 오늘은 여기에 있지만 내일은 다른 곳에 있다. 그리고 매일 다른 장소에 있어야 하기 때문에 정주적인 생활의 터를 잡을 수 없으며 설령 정주적인 생활을 확보했다고 하더라도 일 년의 대부분을 그 터로부터 떨어져 있어야 한다. 세계의 모든 도시에 넘쳐나고 있는 것은 이런 유목민의 대군이다. 이 유목민은 대개 남성들, 그것도 가장 혈기왕성한 남성들로 구성되어 있기 때문에 이 근대적 유목민의 대부분에게는 언제라도 가능한 매춘부와의 연애가 그들의 성욕을 채워주는 단 하나의 배출구이다. 두번째 사정이라는 것은 대중의 사교생활의 변화이다. 사교생활은 가정에만 국한된 것이 아니라 대중의 요구를 만족시키는 대중적 향락으로 변해버렸다. 이때 아무래도 필요한 에로틱한 자극제는 한 개인의 경우이든 집단의 경우이든 매춘부로부터 얻을 수밖에 없는 것은

"보다 더 좋았던 기억이 있었던 때"

당연하다. 왜냐하면 매춘부는 역시 비개인적인 개념, 즉 여자로부터 자극을 받고자 하는 어떤 남성에게라도 무차별적으로 몸을 맡기는 존재이기 때문이다. 그러나 언제나 대중이 한 개인으로서든 전체로서든 향락과 자극을 구하고 있기 때문에 특히 대도시에는 이 에로틱한 자극제와 배출구에 대한 요구를 충족시키기 위해서 매춘부의 대군이 필요하다.

그러나 이런 수요가 아무리 많다고 해도 그것을 충족시키는 공급 쪽은 그것보다 훨씬 더 많다. 19세기에 와서는 공급이 이전 시대보다 특히 많아졌다. 우리는 그로 인해서 매우 중요한 현상에 직면한다. 이 현상이란 매춘부의 대군을 구성하는 요소가 과거에 비해서 매우 중요한 변화를 보였다는 것이다. 그것의 하나는 이전에는 창가(娼家)가 전부는 아닐지라도 "남성의 성욕을 충족시켜주는 여성의 대부분을 수용했지만 현대에는 창가에 소속된 여성의 수가 계속 줄어들게 되었다." 창가에 있는 매춘부에 비해서 자유로운 매춘부가 훨씬 많아졌다. 이것이 바로 그때 일어난 변화 중의 하나이다. 그러나 또다른 변화는 그것보다 더욱 중요하고 결정적이다. 즉 공공연하게 매춘이라는 수공업을 영위하고 있는 여성의 전체적인 수는 절대적으로는 아니지만 상대적으로 과거의 시대에 비해서 훨씬 줄어들었다. 보다 상세한 비교로 이것을 입증할 수 있다. 그럼에도 불구하고 품삯을 받는 연애에 대한 수요는 확대되었으며 이 수요에 대하여 보다 많은 연애상품의 공급이 있었다면 그것은 위장된 매춘부, 즉 정숙이라는 가면을 쓴 매춘부의 범위가 부르주아 시대에 들어와서 이전 시대와는 비교할 수 없을 정도로 커졌다는 사실을 알려주는 것이다.

우리는 이런 우회로를 통해서 위장된 매춘부가 생기는 원인을 살펴봄으로써 직업적인 매춘부만을 조망해보는 경우보다도 해결방법에 더욱 근접하게 된다. 즉 결정적인 원인이 순수한 경제문제에 있다는 것은 위장된 매춘부의 경우 실로 두드러지게 드러난다. 우리들은 하나의 실례로서 그렇게 많은 여성들이 메종 드 랑데부로 몰려가게 되는 원인을 상기하는 것만으로도 충분하다. 그런데 매춘부의 대군이 눈사태처럼 불어나게 된 까닭은 대자본주의 시대의 가중된 경제적 궁핍, 즉 대중의 생활과 마찬가지로 개인의 생활을 이리저리 얽어매고 있는 가중된 경제적 혼란 때문이다. 기아를 진정시키기 위한 빵조차도 가질 수 없는 상황 속에서 하녀가 하녀로서의 취직자리를 항상 다시 찾을 수 있는데도 굳이 가창이 되는 경제적 강제를 부정하는, "기아"를 원시적으로 이해하는 사람에게는 이 이치가 이해되지 않을 것이다. 이런 단순한 사람은 "빈곤"이라는 것이 항상 상대적인 개념이라는 것, 인간

"비단 속치마는 무명 치마 두 벌 값밖에 안되는걸"(가바르니, 석판화)

이 스스로 빠져들어간 상태가 그 자신 속에 척도를 가지지 못하고 오히려 그들이 일하면서 관계를 맺는 사람들의 상태와의 비교에 의해서 그 척도를 획득한다는 사실을 간과하고 있다. 사치스러운 화장품을 제조하면서도 자기 자신은 변변치 못한 옷차림으로 돌아다녀야 하는 여공은 설사 밥은 굶지 않는다고 해도 자신의 상태를 빈곤하다고 느끼는 것이다. 그리고 이런 상대적 빈곤 때문에 사정에 따라서는 양모 속치마보다는 비단 속치마를 더욱 쉽게 손에 넣어야겠다는 생각에 곧잘 유혹된다. 이런 것이 매춘 발생의 경제적 원인이다.

2) 가창

17-18세기에 중소도시에서만 허용되던 것, 즉 거리에서 흥정을 하는 매춘부가 르네상스 시대에는 금지되어 있던 여염집 여성의 검소한 복장을 하는 것이 부르주아 시대에 들어오면서 모든 대도시에서 절대적인 조건이 되었다.

위선이 매춘부와의 공공연한 교제를 추방했기 때문에 가창은 여염집 여성의 차림을 해야만 했다. 가창은 적어도 그들에게 무관심한 사람에게는 자신의 직업을 숨겨야 했다. 하이네는 그 유명한 4행시 "나를 모욕하지 마오, 아름다운 아가씨여, 운터 덴 린덴에서 내게 인사 따윈 하지 마오. 이래뵈도 집에 있으면 부족한 것은 하나도 없다오" 중에서 그 특징을 뚜렷이 보여준다. 매춘부를 순수한 여염집 여성과 외관상 구별해주는 특징 중에서 결국 남는 것은 다소 현란한 스타일의 모드, "나는 속치마 걷어올리기를 이렇게 고대하고 있어요" 하는 도발적인 태도, 유혹적인 눈매, 적당한 기회에 다소 높은 목소리로 "함께 가시지 않겠어요?" 하는 호소 등이다. 이런 변화는 이와 동일한 많은 현상과 같이 위선의 시대의 공식적인 개막과 함께 시작되어 점차 두드러지게 된 데에 지나지 않는다. 예컨대 프랑스 대혁명 기간, 즉 프랑스 부르주아지의 청년기에 매춘부는 앙시앵 레짐 시대와 마찬가지로 파리의 가두풍경을 지배했을 뿐만 아니라 이 혼란의 시대에 가창이 공공연하게 출몰하는 뻔뻔스러운 사태는 극에 달했다. 총재정부 시대가 시작되자 곧 파리의 번화가는 하루종일 가창이 들끓는 혼잡한 대로가 되었고, 그 대로에서 매춘부들은 인간이 상상할 수 있는 가장 대담하고 저열한 풍경을 연출해냈던 것이다. 그 무렵에는 여자든 남자든 소리높여 외설적인 대화를 해댔다. 매춘부는 가능한 한 깊게 패인 윗옷이나 무릎 위로 최대한 높이 걷어올린 옷차림으로 밤 늦게까지 과시했다. 루이 필리베르 드뷔쿠르가 1793년 유명한 동판화 "팔레 루아얄 정원에서의 산책"에서 보여준 바와 같은 화려한 대중행렬의 시작은 그 후에 발전된 상태와 비교하면 꽤

요염한 표정(가바르니, 목판화, 1841)

마차에 탄 고급 매춘부(도레, 석판화, 1860)

예의가 갖추어져 있었다. 그 시대가 되면 길을 걷는 남자는 모두 거리를 배회하고 있던 가창의 십자포화와 같은 추파와 호소를 받았으며, 가창은 그런 남자들로 인해서 활기에 차 있었음은 말할 것도 없다. 그 시대의 런던도 이와 마찬가지 광경이었다. 런던에서도 공공의 연애시장의 음란한 혼잡은 극에 달했다. 상류층 상대의 매춘부는 마차 나 말을 타고 하이드 파크나 기타 공공의 마차 도로를 당당하게 누비고 있었다. 그러나 많은 소도시들 —— 이런 소도시는 독일에도 적용된다 —— 도 그 당시에는 본질적으로는 이것과 마찬가지였다. 그러나 대도시와 같은 정도의 혼잡은 보이지 않았다. 왜냐하면 소도시에는 그런 일에 없어서는 안 될 군중이 없었기 때문이다.

1820-30년대가 되면 이런 조야한 혼잡은 상당히 사라지게 된다. 그러나 그 현상은 매우 빨리 부활해서 프랑스 제2제정 시대, 즉 1860년대가 되면 절정에 이르게 된다. 그 시대에 이르면 본질적으로 오늘날의 거의 모든 대도시를 특징짓는 거리의 얼굴, 곧 가창이 비로소 등장한다. 저널리스트인 테오도르 문트는 제2제정 시대의 파리에 관한 책에서 다음과 같이 말하고 있다 이와 같은 현상은 빅토리아 시대의 런던과 기타 도시에도 적용된다.

불바르(boulevard : 파리의 큰 거리들)는 프랑스적 성격이 끊임없이 변화하는 만화경이 되어버렸다. 입헌군주 루이 필리프 치하에서도, 공화국 시대에서도, 신나폴레옹주의의 제정하에서도 불바르에서의 사치스러운 방탕은 본질적으로는 거의 변화가 없었다. 공화국 시대와 신나폴레옹주의의 제정하에서는 풍기에 관해서만큼은 분명한 진보를 보였다. 왜냐하면 설령 부르주아 왕권이 도덕과 정의를 간판으로 내세웠다고 해도 모험적인 난폭성을 보이면서 불바르의 여기저기에 쉬고 있거나 매우 기괴한 모습으로 진을 치고 있던 매춘부들을 공공연하게 묵인하는 점에서는 관대했기 때문이다. 루이 필리프는 가슴을 노출시킨 귀부인 방문객으로 가득 찬 팔레 루아얄의 아우기아스 왕의 낡은 외양간, 특히 앙시앵 레짐의 낡은 왕조적 오물이 덕지덕지 붙어 있는 갈리-오를레앙을 청소하고, 밤중에 앙회하고 있는 가창을 내쫓았다.……한편 경찰은 일정한 시각이 되면 대열을 지어 불바르에 몰려오는 매춘부의 무리들을 닥치는 대로 모조리 내쫓았다. 매춘부들의 모습은 일거에 풍기가 바로잡히게 된 1848년의 공화국 때 가두에서 사라졌다. 이 공화국은……또한 원칙적으로 공화국에 어울리는 모럴을 갖추고 첫 출범을 했다. 그러나 공화국이 우선 첫째로 이 세상에서 가장 음란한 분자들을 일소해 건실한 거리의 생활을 만들기 시작한 것은 더럽고 타락한 분자들을 사회의 가장 깊숙한 곳으로 몰아넣게 된 것을 의미했다. 따라서 그것은 그들이 사회조직 속에서 가장 중요한 부분을 침식했던 장소를 손에 넣기 시작한 전환기를 의미했을 뿐이다. 새로운 제정시대는 이 특유한 반동이 백화난만하게 개화되기까지 그것을 지원했다. 이것은 하나의 반동이다. 매춘부는 이전에는 본래의 사회 울타리 앞에서만 우왕좌왕하고 있었으나 이 반동에 의해서……이제까지 한번도 볼 수 없었던 철저한 방식으로 사회의 가장 깊숙한 곳으로 들어가버렸다.

오늘의 상태가 50년 전과 조금도 다름이 없음은 졸라가 「나나」에서 프랑스 제2제정 시대의 가창의 활동에 대한 다음과 같은 묘사가 증명하고 있다. 그것은 현대의 광경을 그대로 빼닮았으며 또 모든 대도시에도 그대로 적용되는 것이다.

그 여자들은 저녁식사 후 아홉 시경에 함께 외출했다. 노트르-담 드 로레트의 보도 위에서 스커트를 걷어올리고 얼굴을 깊숙이 숙인 채 상점을 스칠듯이 나란히 걸어가는 두 여자가 바쁜 듯한 표정을 하고 진열품에 눈도 주지 않고 불바르 쪽으로 서둘러서 갔다. 그것은 가스등의 첫 불꽃 속으로 날아드는 브레다(사창굴) 구역의 배고픈 무리였다. 나나와 사탱은 교회당을 따라서 항상 르 펠티에 거리를 지나갔다. 카페 리슈에서 100미터 떨어진 곳에 있는 연병장에 닿았을 때 그때까지 조심스럽게 한 손으로 걷어올리고 있던 로브 자락을 내리고 먼지를 뒤집어쓴 채 스커트를 보도에 끌면서 그리고 몸을 흔들면서 총총한 걸음걸이로 걸어갔다. 큰 카페의 휘황한 불빛 속을 가로질러갈 때 그들은 보조를 한층 늦추었다.

크롤 곁에서(베를린의 석판화, 1865)

몸을 뒤로 젖히고 큰 소리로 웃으면서 돌아보는 두 남자에게 추파를 던지기도 하는 두 사람은 마치 집에 돌아온 듯했다. 입술 연지를 바르고 눈꺼풀을 검게 칠한 두 사람의 흰 얼굴은 그늘 속에서는 노천에 내놓은 13바자(시장)의 동양인형의 어지러운 매력을 풍기고 있었다. 열한 시까지, 부딪치는 군중 속에서 두 사람은 즐거워했지만, 뒷꿈치로 그녀들의 옷자락 장식을 밟는 덤벙대는 사람의 등에 대고 간단하게 "이 얼간아" 하고 쏘아부쳤다. 두 사람은 카페의 보이들과 매우 친밀하게 인사를 하거나 테이블 앞에 서서 이야기하기도 하고 음료수를 마시기도 했다. 음료수를 천천히 마시면서 의자에 걸터앉게 된 것을 행복하게 생각하는 사람처럼 연극이 끝나기를 기다렸다. 그러나 밤이 깊어감에 따라서, 만약 두 사람이 라 로슈푸코 거리에 한두 번 들리지 않았더라면, 삼류 매춘부로 취급되어 손님끌기에 더욱 심각한 문제를 겪었을 것이다. 인적이 없는 어두운 불바르를 따라서 줄지어선 가로수 아래에는 맹렬한 흥정, 욕설, 비난이 있었다. 한편 이런 일을 흔히 당하는 아버지, 어머니, 딸들의 성실한 가족들은 발걸음을 재촉하여 조용히 그곳을 빠져나갔다. 그뒤 오페라 극장에서 짐나즈 극장까지 열 번이나 돈 뒤 남자들이 결연히 그곳을 빠져나가 점점 깊어가는 어둠 속으로 급히 서둘러 피해갔을 무렵에 나나와 사탱은 포부르-몽마르트르의 보도 위에서 오도가도 못 하고 있었다. 거기에는 두 시까지 레스토랑, 비어 홀, 돼지고기집의 간판이 빨갛게 빛나고 있었다. 여자들의 온갖 발

심사(펠리시앵 롭스, 채색 판화)

걸음이 처마가 늘어서 있는 카페의 입구에 이어지고 있었다. 그곳은 밤의 파리에서 생생하게 빛나는 최후의 구석이며 한밤의 약속을 위해서 열린 최후의 시장이었다. 거기에서 흥정은 마치 유곽의 활짝 열린 복도에서와 같이 이 거리의 한끝에서 다른 끝까지, 또한 서로 무리를 지어 활기차게 이루어지고 있었다. 그리고 여자들은 빈 손으로 돌아온 밤에는 서로 말다툼을 했다. 노트르-담 드 로레트 거리는 적막 속에 캄캄한 어둠이 퍼져나가고 있었고 여자들의 그림자가 길게 꼬리를 끌고 있었다. 그것은 이 구역에 늦게 온 무리였다. 아무것도 잡지 못한 하룻밤 때문에 화가 난 가련한 여자들이 브레더 거리나 또는 퐁텐 거리의 모퉁이에서 술에 취해 비틀거리는 주정꾼과 쉰 목소리로 언제까지나 소리높여 다투고 있었다. 그러나 요행수가 있을 때도 있었다. 그것은 훈장을 호주머니에 구겨넣고 올라온 상류층 남자로부터 손에 넣은 몇 닢의 금화였다. 사탱은 특히 코가 예민했다. 구중중한 밤에 눅눅한 파리가 손질하지 않은 큰 침실의 김빠진 냄새를 발산하고 있을 때 그녀는 이 무더운 날씨, 의심스러운 구석구석에서 나는 이 악취가 남자들의 속을 애타게 하고 있다는 걸 알고 있었다. 그리고 옷차림이 가장 그럴듯한 작자가 나타나기를 기다리고 있던 것이다. 그녀는 남자들의 창백한 눈에서 그것을 간취했다. 그것은 이 도시 위를 지나가는 육욕의 광기가 내리친 일격과 같은 것이었다. 그녀는 약간 두려웠다. 왜냐하면 가장 그럴듯한 옷차림을 한 자가 가장 저열했기 때문이다. 그런 작자는 모든 말쑥함을 벗어버리고 수성(獸性)을 드러내고는 악취미를 충족기 위해서 졸라대거나 변태성욕으로 길들여져 있었다. 이 매춘부 사탱에게는 존경심이 결여되어 있었다. 마차를 탄 사람들의 위엄 앞에서 배꼽이 빠지게 웃었고, "마부들이 훨씬 더 친절해요, 왜냐하면 이런 사람들은 여자를 존경하고 저 세상 생각을 하기 때문에 여자를 죽이거나 해치지는 않기 때문이지요" 하고 말하기도 했다.

채찍질(영국)

독일에서는 흥정거리를 찾는 이런 종류의 매춘부에 대해서 "손님을 낚으러 간다(auf den Strich gehen)"라든가 "거리의 흔들이(Straßenpendel)"라고 불렀다.

대개의 가창은 자기 아파트를 가지고 있으며 그 아파트 안에서 거리에서 계약한 연애업을 하고 있다. 가창이 적당한 아파트를 가지고 있지 않을 때에는 남자를 따라서 그의 집으로 가거나 남자나 그녀가 지정한 호텔로 간다. 대도시에는 이런 호텔들이 많이 있다. 레스토랑의 별실도 이런 역할을 담당한다. 그것은 오로지 밀애를 위해서만 이용되며 거의 모든 나라에서 대도시뿐만 아니라 지방의 중소도시에도 있다. 중소도시에서는 대개 포도주가 나오는 레스토랑의 조용한 별실이 그곳이다. 물론 이런 장소는 모두 매춘부와의 연애관계 외에 종종 집에서는 적당한 기회가 없거나 음악회나 연극을 구실로 하여 비밀스러운 연애를 하고 싶어하는 합법적, 비합법적인 연인들의 사랑에도 이용되고 있다.

3) 소녀 매춘부

대도시의 가창 중에서 가장 비참한 것은 바로 소녀 매춘부이다. 왜냐하면 이런 소녀 매춘부들도 자주 직접 거리에서 손님을 끌어야 하기 때문이다. 이에 대한 증거로서 나는 베를린 지방법원에서 미성년 딸에게 매춘업을 시킨 어머니를 심리한 1910년 9월 8일의 공판기록을 들어보겠다. 검사의 고발은 자세히 말하면 다음과 같은 사실에 기초하고 있다.

구(區) 재판소의 고문 부인 헬레네 쇠네만은 처음에는 엘자스가(街) 49번지에, 다음에는 프리드리히가 131번지에, 마지막에는 오라닌부르크가 32번지에 고급가구로 장식한 저택을 가지고 있었다. 그 저택은 경찰의 내사(內査)에 따르면 손님이 무상으로 출입했다고 한다. 고소장에 주장되어 있듯이 그 저택에서 종종 무절제한 연회가 열리고, 거기에는 14

266

매춘부(구스타프 클림트, 소묘)

세와 16세가 된 딸 멜라니와 힐데가르트가 참석했다고 한다. 프리드리히가와 운터 덴 린 덴가를 순시하던 경관들은 두 딸 아이를 데리고 밤에 그 근처를 산책하는 쇠네만 부인을 자주 만났다. 두 딸 아이는 항상 매우 정성들인 몸치장을 하고, 모피 자켓을 입고, 모피 모자를 썼지만 매우 추운 겨울에도 다리에는 종아리만 가리는 스타킹밖에 없었다. 경관들 은 피고가 이목을 끌 정도로 신사에게 접근해서 한두 마디 말을 걸고는 갑자기 모습을 감 추어버리는 것을 관찰했다. 이어서 신사는 아가씨와 함께 마차를 타고 티어가르텐 공원을 지나 멀리 달려갔다. 그 종점은 때때로 쇠네만 부인의 저택이 되었다. 압수된 편지를 통해 서 알 수 있듯이 피고는 자기 딸의 부도덕한 행위를 용인했을 뿐만 아니라 그 행위를 교사 했던 것이다.

모든 전문가들은 이런 사건을 종종 매우 무서운 일이라고 말하고 있다. 대단히 공로가 큰 마인츠 경찰의 보좌의사 샤피로 여사를 중상모략한 편집국장에 대한 공 판에서 마인츠 시의 어느 위생고문이 선서를 하고는, "검거된 소녀 매춘부들 중에 는 특히 부르주아의 딸들이 많습니다" 하고 말했다. 영국에서는 소녀 매춘부의 수 가 점차 늘어나고 있다고 한다. 그것은 모든 것을 비관적으로 보는 도덕군자만의 의견이 아니라 소녀 매춘부의 문제를 더욱 상세하게 파고들어 조사할 목적으로 특 히 1885년에 시작된 상원의 한 위원회에서 발표한 의견을 보더라도 그렇다. 그 위원회의 보고는 다음과 같다.

놀랄 만큼 어린 소녀 매춘부의 수가 무서운 기세로 영국, 특히 런던에서 늘어나고 있는 것은 위원회로서도 의심할 여지가 없다. 위원회는 도덕적, 육체적 측면에서의 최대의 폐해에 대해서 그 자신의 의견을 말할 수가 없고, 그것을 박멸하기 위한 엄중한 규제의 필요성에 대해서도 의견을 말할 수가 없다. 유감스럽게도 이 폐해는 형무소 근무의 성직자들의 의견에 의하면 감소하기보다는 오히려 증가하고 있다고 한다. 희생자의 대부분은 13-15세의 소녀들이다.

그런데 이런 무서운 악습이 대도시에만 한정되어 있지 않은 것은 앞에서 자세히 언급한 헬고란트 사건이 입증하고 있다. 소녀 매춘부 중에 매춘부의 아이들이 가장 많은 것은 당연한 일이다. 놀라운 것은 그 어머니 스스로가 대체로 어린 딸을 변태 성욕자인 탕아들에게 소개하는 거래를 중개해서 그 보수를 가로채는 것이다. 그러나 이미 열두세 살에 자신의 계산하에 위험을 감수하며 매춘을 하는 여자 아이도 거기에 포함된다. 런던에는 룸펜프롤레타리아트의 밑바닥을 헤매는 이런 가련한 소녀들이 수세기 동안 득실거리고 있었다. 비참한 소녀들은 일정한 주거가 없이 항상 어두운 구석, 창고, 캠프, 다리 밑에 묵고 있었기 때문에 이런 곳이 곧잘 연애의 침상(寢床)이 되었다. 바꾸어 말하면 만일 손님이 소녀를 어딘가에 데리고 갈 수 없다면 소녀는 바로 가까운 길 구석, 대문에서 집으로 들어가는 통로, 또는 현관 같은 데에서 손님에게 몸을 제공했다. 오늘날에도 스페인에서는 소녀 매춘부의 이와 같은 행태가 자연스럽게 사람들 눈에 띄고 있다.

4) 포주

포주와 가창은 뗄래야 뗄 수 없는 관계에 있다. 독일에서 자기의 "루이"나 "루데", 프랑스에서 자기의 "알퐁스"를 가지지 않은 가창은 드물다.

포주라는 존재는 옛부터 매춘부에게는 반드시 필요한 거래의 패거리였다. 이런 패거리는 자기를 먹여살리는 매춘부를 위해서 손님을 찾아주거나 매춘부가 손님에게서 많은 돈을 우려내는 것을 돕기도 하는데, 특히 매춘행위시에 어쩔 수 없이 노출될 수밖에 없는 여러 가지 위험에 처했을 때 항상 뛰어오는 보호자이자 동료였다. 포주는 이런 모든 직무를 수행하지만, 그럼에
도 불구하고 자신을 먹여살리는 매춘부의 동료로
서의 그들의 최고의 직무가 그런 것이 아님은 분
명하다. 포주는 먼저 그 매춘부의 애인, 곧 기둥
서방이다. 포주라는 존재는 자기가 고른 매춘부를
통해서 성욕을 충족시키는 모든 손님들과는 달리,
그 매춘부에게 선택되어 그녀의 성욕을 충족시켜
주는 단 한 사람의 남성이다. 매춘부가 자기 직무
를 수행할 때 매춘부 쪽에도 성적 쾌감이 조금은
있다고 생각하는 것은 매춘행위를 비판할 때 사람
들이 빠져들어가는 가장 큰 오류의 하나이다. 만

포주와 창녀(하이드브링크, 소묘)

약 매춘부가 연애감정이나 결국 매우 강한 육욕의 충동 때문에 매춘에 탐닉한다면
성적 쾌감이 반드시 있을 것이다. 그러나 대부분의 경우 성적 쾌감 따위는 없다는
것은 모든 가창이 포주의 형태로 진짜 애인을 가지고 있다는 사실로 입증되고 있
다. "포주가 가창의 인간적인 욕구를 채워주는 것이라는 말은 대단히 정확한 표현
이다." 마가레테 뵈메가 출간한 「어느 윤락녀의 일기」에는 이렇게 쓰여 있다.

　　이 계급에 대해서 깊은 이해가 없는 사람은 남자와 가창의 관계를 대개 실제와는 다르
게 생각하기가 쉽습니다. 나는 포주가 가창에게 손님을 알선하고, 가창을 보호하며, 난폭
하거나 돈을 제대로 지불하지 않는 손님에게 가벼운 폭력으로 지불의무를 환기시키는 사
람일 것이라고만 상상하고, 게다가 가창과 포주의 관계를 노예와 주인의 관계처럼 상상하
고 있었습니다. 이런 일이 분명히 있기는 합니다만 가창과 세상에서 말하는 포주와의 관
계는 대개의 경우 가창과 그녀의 애인이라는 자연스러운 관계입니다. 그것은 또한 설명하
기 쉬운 일입니다. 어떤 가창에게도, 의지하고 싶은 마음이나 순전히 직업적인 성교를 통
해서는 결코 충족되지 않는 애정에 대한 동경이 잠재해 있습니다. 만약 이 세상에서 내 것
이고, 나와 결합할 수 있으며, 내가 잘 알고 있는 단 한 사람의 남자가 있다면 나는 그 사
람에게 어떤 것이라도 바칠 것입니다. 그 사람은 나를 위해서 살아가고 나는 그를 위해서
살아간다는 말은 나 자신에게도 그대로 적용됩니다.

이와 같이 매춘부는 자신의 포주를 먹여살릴 뿐만 아니라 —— 만일 포주의 주요
한 일이 호객행위와 신변보호라고 한다면 그녀의 돈벌이의 절반은 분명히 그러한

"나는 오늘 너에게 열두 번 충실히 지불했는데……"(J. 포랭, 소묘)

대가에 지나지 않을 것이다 —— 포주에게 많은 돈을 쏟아넣고, 가창 사이에 누가 자신의 포주에게 가장 많은 돈을 "들이는가" 하는 일로 맹렬한 경쟁이 벌어지는 의외의 현상이 실제로는 매우 흔한 현상이 되어 있음을 분명하게 알 수 있다. 이 계급 속에서 생활했던 오토 우징거는 "포주"라는 연구에서 다음과 같이 썼다.

매춘부들 사이에서 벌어지는 경쟁도 간과해서는 안 된다. 그것은 매춘부들이 자기 애인에게 가장 많은 돈을 벌어주려고 하는 데서 일어난다. 포주는 물론 분명한 이유에서 그런 경쟁을 선동한다. 따라서 그는 경제적으로는 어떤 부자유도 없다. 젊고 인기 있는 매춘부는 일주일에 100마르크, 때로는 1,000마르크도 쏟아넣는데 인기가 떨어진 매춘부일지라도 자기 애인에게는 매일 10마르크, 12마르크씩이나 바친다.

포주의 기생적인 역할은 우선 첫째로 포주라는 존재를 극도로 타락시켜서 그 결과 포주는 이 세상에서 가장 비루한 인간의 전형이 되고 이런 직업에 대해서는 이 세상에서 가장 너절한 것이라는 값을 매기게 한다. 포주는 어떤 계급에서도 나타난다. 대개의 포주는 룸펜프롤레타리아트의 밑바닥에서 나오는 것이 당연하지만 때로는 지식계급, 부르주아 계급, 특히 귀족계급에서 낙오된 분자들도 섞여 있다. 상류층을 상대하는 코코트는 종종 사회적 활동이 활발한 남작들이나 백작들을 포주로 삼기도 한다. 포주 영감이 이런 생활을 한다는 것은 코코트로서는 특별한 긍지가 된다. 어느 나라에서나 많은 경관이나 하사관들이 부업으로 포주 노릇을 하며 이 부업이 그들의 가장 큰 수입원이 되고 있는 것도 간과해서는 안 된다.

마지막으로 포주라는 존재는 매춘부와 범죄를 연결하는 확실한 가교라는 사실도 지적해두어야겠다. 포주는 대개의 경우 범죄자이기도 하다. 따라서 그들은 무엇보다도 종종 강탈자의 모습을 띠게 된다. 그것은 극히 당연한 사실이기 때문에 별로 설명할 것까지도 없다.

5) 창가

오늘날에도 항구도시에서 가장 명백하게 드러나듯이 각국의 하층 화류계에서의 소란은 그 상태를 말로 설명하기가 어렵다. 흔히 버라이어티나 서커스 복장을 우선 떠올리게 되지만 사실 그것은 볼품없는 광경이다. 말하자면 서로 구별이 되지 않는 야릇한 복장을 한 많은 매춘부들이 아주 좁은 길의 입구에 서서 산책하는 남자들에게 들어오세요 하고 부른다. 유방을 그대로 드러내고 현란한 색채의 스타킹을 신은 다리를 무릎까지 드러낸 극히 음란한 복장은 더욱이 노골적인 몸짓이나 호객행위에 의해서 최대의 효과를 발휘하게 된다. 매춘부가 길거리에서 노골적으로 스커트를 걷어올리거나 드러난 유방을 과시하고, 또는 행인을 포위하기도 하며 뻔뻔스럽게 잡아당기거나 그의 모자를 낚아채가지고 들어가버리기 때문에 그는 여자들을 뒤쫓아서 어쩔 수 없이 업소 안으로 들어갈 수밖에 없다. 이것은 일반적으로 일어나고 있는 일이다. 그런 일은 수년 전까지는 함부르크 시의 가장 싸구려 사창가인 성 파울리에서는 흔히 볼 수 있었으며, 오늘날에도 프랑스의 마르세유나 기타 지역, 영국의 항구도시에서 여전히 벌어지고 있다. 이미 말한 바와 같이 이런 홍등가는

보르델의 창부

대체로 구불구불한 좁은 골목길에 있으며, 가장 싼 급료로 고용된 매춘부가 중심이 되어 있기 때문에 모든 일이 될 수 있는 한 원시적이며, 손님은 길거리에서 직접 얼마든지 업소 안의 모습을 구경할 수 있을 정도이다. 즉 그 소란은 어디서보다라도 지극히 음란하기 때문에 성적으로 굶주린 선원이나 농민의 가장 저열한 본능만을 채워줄 수 있고 또한 호기심에 가득 찬 남자들만을 유혹할 수 있다. 이런 사실에 대해서는 더욱 다양한 것들을 열거할 수 있다. 왜냐하면 그것은 본질적으로는 앞의 제III권에서 서술한 바와 같이 18세기에 런던에서 일어난 광경과 동일하기 때문이다.

스페인에서는 이 음란한 소란이 오늘날에도 여전히 많은 상류사회 사람들이 사는 거리에서조차 발견된다. 1900년 7월 24일의 스페인 경찰에 관한 보고 중에 다음과 같은 것이 있다(데 퀴로스, 「마드리드의 범죄와 매춘」).

마드리드의 상류사회 지역에는 아침 아홉 시부터 여자들이 매우 음란하고 뻔뻔스럽게 "입구에 서 있는" 집이 많다. 사람들은 거기에서 "뺨에 연지를 칠하고," 눈 밑에 검은 화장을 하고, 유방이 다 드러나도록 패인 윗옷을 입고, 담배를 쉬지 않고 입에 물고 있는 우에스파다(Huespada : 입주 매춘부/역주)를 발견한다. 이런 여자들은 행인을 끌어당겨 종종 무례한 짓을 한다.

상류층 손님이 출입하는 홍등가의 외관이 오늘날에는 전혀 다른 것은 당연하다. 여기에서는 매춘부들이 직접 호객행위를 하는 일은 없다. 기껏해야 문을 지키는 여자가 그 앞을 지나거나 산책하는 남자에게 들어오세요 하고 작은 소리로 부를 정도이다. 그러나 대개의 홍등가는 이제 그렇지 않으며, 붉은 가로등이나 사람들 눈에 띄도록 매달아놓은 잘루지(jalousie : 발처럼 된 덧문/역주)만이 "색"을 찾는 남자에 대한 표지로 되어 있다. 이런 예의바른 외관에 의해서 홍등가는 세간의 비난을 피할 수 있다. 베를린에서 잠시 폐쇄되었던 창가가 1851년에 다시 열렸을 때 이런 형식을 경찰로부터 요청받았다. 그 당시의 작가는 이렇게 쓰고 있다.

자세하게 말하면 업주는 악덕을 바깥 쪽에서, 곧 악덕의 장소를 외관만 숨기도록 강요받았던 것이다. 그들은 필요 이상으로 더 나아갔다. 그들은 악덕을 그 외관만 신비 속으로 숨겼던 것이다. 그 때문에 창가는 밖에서 보기에는 우아하고 왠지 모르게 사람을 매혹하는 듯이 보였다. 창은 커튼으로 가려지고 사람의 그림자도 볼 수 없는 신비스러운 치켜올리는 문이 내려져 있었다. 모든 것들이 호기심을 자극하기에 적합했고, 이런 집에 출입하는 데 대해서 그럴듯한 구실을 붙이기에도 적합했다. 입구는 한낮에도 닫아두어야 했다.

한편, 이 때문에 고급창가는 이제 살금살금 하고 있는 광고에 더 의존하게 되었다. 그 광고의 일부는 선전지의 배포에 의해서 이루어져 거리의 모퉁이를 걸어가고 있는 남자들의 손에 쥐어졌으며 어떤 장사든 그 자체만으로는 특별할 것도 없는 광고의 부록으로서 슬쩍 쥐어지거나 건네졌다. 그리고 광고는 종종 도발적인 그림을 넣어서 일부는 공공연하게, 일부는 완곡하게 손님을 기다리는 희열에 대해서 상세하게 설명한 여자들의 목록으로 꾸며졌다. 1850년대까지는 석판인쇄의 명함을 건네주는 것이 유행했는데 이 명함에는 에로틱한 장면을 묘사하고 그 밑에 창가의 주소나 아가씨의 주소를 써넣었다. 목록의 풍습은 오늘날에도 여전히 이탈리아에 남아 있다. 파리에서는 변함없이 소위 창가의 메달이 사용되고 있다. 그 메달의 앞면에는 여성의 얼굴, 또는 자극적으로 노출된 여성의 육체가 새겨져 있고 뒷면에는 창가나 아가씨의 주소가 쓰여 있다. 내게는 파리에서 만들어진 그런 메달이 있는데 그 앞면에 새겨진 여성의 머리에는 아르 다그레망(Arts d'Agrément : 쾌락의 기술)이라고 새겨져 있고 그 뒷면에는 예술가 마담 주리라는 그녀의 이름은 물론이고 주소가 쓰여 있다.

오늘날에는 어느 나라의 대도시에도 창가들이 있다. 이 창가들은 흔히 수십 채, 때로는 수백 채에 이르기도 한다. 마드리드에는 1895년에 창가가 300채나 되었으며 겨우 1년 사이에 127채가 새로 개업을 했다. 독일에서는 쾰른, 함부르크, 프랑크푸르트 암 마인, 뤼베크, 킬, 도르트문트, 에센, 브레멘, 만하임, 뉘른베르크에 홍등가가 번성하고 있다. 독일의 대학가에 관해서는 특히 그라이프스발트, 가톨릭계인 프라이부르크와 라이프치히를 들지 않을 수 없다. 이런 도시들 중 예를 들면 프랑크푸르트, 브레멘, 특히 함부르크에는 거리 전체가 창가들만으로 되어 있는 곳도 있다. 호텔 보이는 외국인에게 특별히 볼 만한 명소로서 이런 창가만으로 이루어져 있는 거리를 추천하고 있다. 호텔에 숙박하는 외국인이 특별히 부자처럼 보이

도시의 매춘부(툴루즈-로트레크, 소묘, 1895)

면 함부르크의 호텔 보이는 울리쿠스가세를 권한다. 외국인이 무역상인이거나 중산계급이라면 보이는 클레펙커가세를 권한다. "방탕한 사냥개"가 가보기를 원할 때에는 성 파울리에 안내해준다. 그러나 성 파울리는 최근에 외관적으로는 매우 청결해졌다.

창가 내부의 소란은 본질적으로는 이전과 조금도 변함이 없다. 달라진 것은 영업이 훨씬 합리적으로 이루어져서 이전보다 한층 더 상업적이 되었다는 점뿐이다. 현대에는 대개의 창가가 중기업(中企業) 규모이며 이런 중기업에서는, 될 수 있는 한 많이 소화할 수 있도록 만사가 짜여져 있다. 세상 사람들은 일반적으로 한사람 한사람의 매춘부에게 어떤 것이 요구되는지를 거의 알고 있지 못하다. 인기가 좋은 창가에서는 어느 매춘부든 매일 열 명에서 스무 명의 손님을 맞아들여 그 사람들 각자에게 성적 욕구를 충족시켜주어야 하는 것이 보통이다. 국민적 축제일이나 가요제 때에는 이 수가 두세 배에 이른다. 예컨대 보르도의 시장인 랑데 교수는 그런 날에는 매춘부 한 사람이 82명의 손님까지 맞아들여야 한다는 사실을 확인했다. 킬에서는 그런 날이 킬러 보헤(Kieler Woche : 킬의 주간/역주)이며 쾰른이나 기타 가톨릭 도시에서는 가톨릭의 날이다. 품위 있는 거래는커녕, 구애와 유혹의 과정도 전혀 무시하고 가능한 한 많은 수의 손님을 소화해내야 하는 성교의 경우, 매춘부 각자에게 얼마나 잔혹한 상업적 수법이 강요되는지는 누구라도 상상할 수 있다. 이 점에서는 참으로 거친 면이 점차 현저해져간다. 예를 들면 어떤 창가에서나 한무리의 남자들이 찾아와 한 명의 매춘부를 사서 모두 함께 그 여자방으로 몰려가는데, 그때 매춘부는 모두가 보는 앞에서 차례대로 각자가 요구하는 것을 들어주어야 한다. 이런 일은 흔히 볼 수 있다. 그것은 대학가에서 특히 성행하고 있다. 대학생들은 집단적으로 찾아와 이런 방식으로 "즐기는" 것이다.

고급창가는 가격이 대단히 높아서 항상 돈을 잘 지불하는 소수의 손님만을 상대하는데 그 때문에 손님의 주문도 상당히 어려워져 이런 여자집에서는 성교형태도

까다로워지는 것은 당연하다. 이때 손님을 맞고 있지 않은 매춘부는 전부 살롱에서 손님에게 선을 보이고 손님과 시시덕거리거나 자신의 아름다움을 과시해서 손님이 천천히 선택할 수 있도록 하는 관습이 널리 행해지고 있다. 헝가리나 프랑스의 매춘부들은 이런 때 스타킹, 슬리퍼, 앞이 패인 레이스가 달린 속옷만을 걸친다. 여자들은 얼마만큼 미태를 보일까에 따라서 레이스가 달린 속옷을 약간 잠그고 있다가 자신을 사랑해주었으면 하고 바라는 손님 앞에서는 그것을 열어놓는다.

보통 창가들은 대체로 매우 원시적인 구조이다. 기껏해야 살롱과 방의 벽에 멋을 내거나 에로틱한 복제화가 걸려 있을 뿐이다. 이런 류의 창가들은 요리업과 매춘업이 항상 결합되어 있다. 따라서 손님은 비싼 값을 치르는 대신 아가씨들과 포도주,

거리의 창부

맥주, 리큐어를 마시면서 끊임없이 시시덕거리거나 음담패설을 늘어놓는데, 이때 따로 여자와 함께 방으로 갈 필요는 없다. 이런 관습은 독일의 대부분의 창가들에서 지켜지고 있다. 이에 반해서 고급창가들의 구조는 종종 놀라울 정도로 화려하다. 속악하지만 어쨌든 돈냄새가 물씬 나는 사치, 곧 거울 벽, 푹신한 쿠션 가구, 비벨로(자그마한 실내 장식품/역주), 우아한 화장대, 값비싼 식기, 벽에는 때때로 이름난 화가의 춘화가 걸려 있다. 파리나 런던에는 일류 화가가 등신대의 형태로 성교의 모든 체위와 가장 흔한 반(反)자연적인 체위를 벽화로 묘사한 창가들도 있다. 이런 창가들에서는 여자들의 복장도 물론 극도로 사치스러운 것이다. 이런 값비싼 창가들은 어떤 특수한 음탕한 주문에도 응하게 되어 있다. 왜냐하면 고급창가들의 고급손님은 자연스러운 체위보다도 오히려 반자연적이고 퇴폐적인 악습의 충족을 흔히 주문하기 때문이다. 이것에 대하여 나이 든 손님은 "바로 그것 때문에 창가에 간다"라고 말한다. 런던에는 1파운드 이상을 내면 자기가 바라는 어떠한 변태성욕도 즉시 충족시켜주는 창가들까지도 있다. 남자가 그런 심한 주문을 하는 한, 예의를 갖출 수 있는 창가들은 이 세상에 없을 것이다.

유곽에 온 군인(J. 베버, 소묘)

이상 앞에서 말한 모든 것들과 분리시킬 수 없는 결과는 특히 창가에 있는 매춘부의 운명이 이 세상에서 생각할 수 있는 것 중에서 가장 비극적이고 비참한 것이라는 사실이다. 이런 여성은 그런 점에서는 가창보다도 훨씬 더 비참하다. 창가의 매춘부는 90퍼센트 정도가 포주의 절대적인 노예이다. 소녀 매매자의 손에서 창가의 주인에게로 헐값에 팔리거나 또는 다른 방법으로 창가에 흘러들어온 아가씨들은 첫날부터 포주에게서 차용한 돈 때문에 꼼짝달싹할 수 없게 된다. 포주는 보통, 아가씨가 그때까지 차용한 돈의 채권을 떠맡고 게다가 아가씨가 자신의 장사를 효과적으로 수행하기 위해서 필요한 화장품 대금까지도 지불해준다. 이 모든 것과 함께 주식비도 아가씨에게는 중요한 비용이 되기 때문에 대부분의 아가씨는 설령 때때로 제법 큰 수입을 얻는다고 해도 벌이의 전부를 끝없이 흡혈귀에게 착취당한다. 왜냐하면 향락욕만을 토대로 한 그런 생활에는 반드시 낭비가 뒤따르며, 포주는 자신의 금전적 이익을 위해서 그런 낭비를 지극히 교활하게 권장하여 마침내 아가씨는 그 제물이 될 수밖에 없기 때문이다. 결국 이런 매춘부들은 그 때문에 매우 굴욕적 예속상태로 떨어져 포주와 손님의 변덕에 놀아나는 노리개가 되어버린다. 가창은 손님의 지극히 야비한 요구를 거절할 수 있지만 —— 상대 남자가 매춘부에게 어떤 종류의 요구를 하는지를 알기 위해서는 크라프트-에빙의 "변태성욕"의 장을 읽기 바란다 —— 창가의 매춘부는 그런 요구를 거절하기란 거의 불가능하다. 왜냐하면 포주는 이 세상에서 가장 추잡한 악습을 행함으로써 생기는 그 어떤 수입도 싫어하지 않기 때문이다. 한편 창가의 매춘부는 법률의 보호로부터 배제당하여 자신을 보호해주는 사람이 하나도 없다. 포주는 매춘부들의 외출복을 항상 수중에 움켜쥐고 보관하는 방법으로 만일의 도망을 예방하고 있다. 외출할 때 매춘부는 이 점에 대해서 신용이 있는 다른 매춘부나 하녀와 함께 나가야만 했다. 따라서 설사 자유의지에 따라 자신이 원해서 창가에 뛰어든 경우에도 자신의 운명을 곧 저주하지 않는 매춘부는 거의 없을 것이다. 남자 손님을 즐겁게 해주는 갖가지 음란한 농탕질도 창가의 거의 모든 매춘부들이 이런

직업에 몸담고 있음으로써 순식간에 몸에 익히게 되는 동물적인 수성의 표출 ──
확실히 그것은 가장 흔한 현상이다 ── 이 아니라면 어디까지나 인위적인 것이다.
매일 많은 남성들과 성교를 하고, 게다가 일부는 성교의 가장 추잡한 체위를 실연
해야 하는 일은 무엇을 의미하는가. 그것은 좋든 싫든 여자들을 수성의 길로 이끌
고, 그 결과 모든 것들에 대해서 무관심하게 만들고, 추잡스러운 것도 자연스럽게
여겨지도록 만들어버린다.

　　이상의 모든 결과로 인해서 "이 세상에서 가장 의지할 곳 없는 소외된 매춘부들
만이 점점 열성적으로 창가의 노예제를 참고 견디려고 하기" 때문에 이 사실만으로
도 앞에서 말했듯이 각국의 창가의 수가 감소하는 이유가 분명해진다. 그러나 이런
현상에 커다란 영향을 주는 다른 원인도 여러 가지가 있다. 그중에서 가장 중요한
원인은 앞서 말한 바와 같은 위장된 매춘부의 현저한 진출, 곧 무수한 카페 샹탕,
댄스 홀, 메종 드 랑데부와 같이 대부분의 남성에게 본격적인 창가, 즉 공인된 창
가보다도 훨씬 더 자극적인 향락을 제공하는, 아니면 적어도 약속하는, 공인되지
않은 창가의 출현이다.

6) 알선업자

　　창가는 매춘부라는 상품을 끊임없이 구입하기 위한 상설 중개인으로서 직업적인
알선업자를 필요로 한다. 왜냐하면 대개의 창가에서는 아가씨의 대량 소비에 의해
서 대량 교체가 행해지고 있기 때문이다. 앞에서 말한 창가의 생활은 이것을 충분
히 증명해준다. 그러나 거기에다 창가에 대한 가장 두드러진 또 하나의 매력은 거
기에 가면 언제나 "신선한 상품"이 있다고 하는 사실이다. 그 때문에 포주는 자기
집 손님에게 가능한 한 자주 새 얼굴을 보여주고 그 대신 낡은 얼굴을 내치는 일에
대해서 끊임없이 신경을 쓰고 있다. 창가의 손님들이 돈을 잘 지불한다면 이런 노
력도 그만큼 더 강화된다. 자기 업소에 고용하는 여자의 육체와 젊음에 대해서 최
고의 주문을 하는 창가도 있다. 특히 프랑스에는 예나 지금이나 고급창가가 있는데
거기에 있는 열댓 명에서 스무 명의 아가씨들 중 스물두세 살 이상의 연령층은 하
나도 없으며 어떤 아가씨이든 전혀 결점이 없고, 때로는 현기증을 일으킬 만큼 아
름다운 육체를 가진 아가씨도 있다. 만약 그 유방이 처음의 단단함과 탄력성을 조

파리의 여자 안마사 광고지

금이라도 잃어버리게 되면 그 아가씨는 즉시 그다지 주문이 까다롭지 않은 다른 창가로 넘겨질 것이다. 정확하게 말하면 전매(轉賣)되어버린다. 한편 새로 온 아가씨들은 가끔 찾아오는 뜨내기 손님이나 외국인의 소위 "자유로운 선택"에 맡겨지기 전에 명사들이나 단골손님들을 위해서 대기하게 되며 새 미인은 흔히 수주일간 예약이 되어버린다.

이런 성적 남용에는 항상 과음이 수반되기 때문에 아무리 강한 육체일지라도 금방 그런 생활에 지쳐버린다. 바꾸어 말하면 아가씨가 다행히 오랜 시간 동안 성병에 감염되지 않는 우연의 은덕을 입었다고 하더라도 육체는 그 신선함을 잃어버리기 마련이다. 따라서 고급창가에서는 아가씨들이 기껏해야 1-2년밖에 붙어 있지 못하는 것이 보통이다. "신선하고" 동시에 유혹적인 "상품"을 필요에 따라서 대량으로 보충할 수 있는 자는 물론 직업적인 알선업자뿐이다. 왜냐하면 이미 말한 바와 같이 독립심이 없는 여자들만이 스스로 창가에 오기 때문이다. 젊고 아름다운 아가씨가 자발적으로 찾아와서 매춘부라는 직업을 시작하는 경우는 지극히 드물다. 이와 같은 이유에서 알선업자는 희생양들을 대부분 사기나 범죄적 속임수를 통해서 조달할 수밖에 없다. 예를 들면 아름다운 객실담당 하녀, 비서, 여점원 등에게 접근해서 그들에게 외국의 좋은 일자리, 게다가 결혼까지도 약속하면서 자기와 함께 외국을 여행하지 않겠는가 하고 유혹한다. 이때 감언이설에 넘어간 여성들은 훨씬 세월이 지나고 난 뒤에야 비로소 자신이 범죄에 희생되었다는 사실을 깨닫게 되는 것이다. "외국의 귀부인을 위한 객실담당 하녀나 여비서를 구함"이라는 광고에 의해서 많은 아가씨들이 알선업자와 포주의 독수에 걸리게 된 것이다.

7) 고급 매춘부

고급 매춘부(cocotte)와 보통 매춘부의 차이는 전자는 자신을 총애하는 증거로 매우 비싼 가격을 요구하기 때문에 때로는 특정한 소수의 남자에게만 돈을 받고 봉사

파리의 불바르에 모인 고급 매춘부들(A. 기욤, 유화)

한다는 점뿐이다. 따라서 고급 매춘부는 경찰의 감시로부터도 벗어날 수 있다. 오늘날 이런 방법으로 살아가는 여성의 수는 특히 절대주의 시대와 비교하면 놀랄 만큼 많다. 절대주의 시대에는 군주나 소수의 부호들만이 이런 사치가 가능했다. 오늘날에는 거대한 자본축적 덕분에 무절제하게 돈을 낭비하는 여성들의 사치를 보장해주고 단기간 혹은 장기간에 걸쳐서 그런 "여성들"을 먹여살리는 부호들이 많이 있다.

고급 매춘부는 앞에서 말한 바와 같이 우선 모드의 선구자이다. 한편 그녀들은 사교생활에서도 종종 자신의 취미를 강요한다. 자기 동료 이외의 사람들의 접근을 막는 대도시의 특정 사교계의 생활은 특히 이런 매춘부들로 말미암아 특유한 양상을 띠게 된다. 매춘부들은 그들이 몰리는 곳이나 일반적으로 상류 사교계를 위한 고급 온천 —— 여기에서는 몬테 카를로만을 들겠다 —— 에서는 언제나 꽃이 된다. 거기에서는 그 모든 것들이 그녀들의 사치스러운 요구를 충족시킨다. 그렇지만 고급 팜 앙트르트뉘(femme entretenue : 첩)의 역할이 오늘날에도 여전히 크다고 해도, 이런 여성은 더 이상 모든 사람들로부터 추앙받고 모두의 시선을 쏠리게 하며 자기를 위해서 다른 모든 것들을 잊어버리게 한 옛날의 여왕이 아니다. 매춘부는 프랑스의 제 2제정 시대까지만 이런 역할을 유지했다. 펠탕은 1855년에 이렇게 말했다.

바로 최근에 나는 "샬로테 코르데이"의 공연에 참석했다. 모든 사람들이 감격하여 숨을 죽이고 있던 클라이맥스 때 극장 안에서 돌연 술렁거림이 일어났다. 관객은 뒤돌아보기도

목욕하는 고급 매춘부(지라르, 동판화)

하고 소근거리기도 했는데 마지막에는 일제히 한쪽으로 망원경의 물결이 쏠렸다. 거기엔 무엇이 있었던가? 암사자(Löwin : 유행을 좇는 여자/역주)가 나타난 것이다. 당신은 이 여자를 알고 있는가? 그녀는 마차 바퀴에 금가루를 칠하고 전도유망한 자제들을 수없이 파산시켰던 귀부인이다. 그녀는 수많은 관객의 시선과 다리붙은 안경의 십자포화 속을 유유히 걸어가면서 자신에게 쏠린 눈길이 자신의 아름다움과 명성에 당연히 지불되어야 할 공물(貢物)이라고 생각했다. 그녀는 외투의 꺾여진 백조 깃털을 쥐어뜯으면서, 나는 당신들을 마음대로 농락하고 있다고 신사들에게 외치고 있는 듯이 보였다.

대형 매춘부(grande cocotte)의 이 지배자적 역할과 현대의 역할을 비교해볼 때 우리는 그녀들이 옥좌에서 끌어내려졌다고 생각할 수 있다. 그러나 그녀들을 일반적 흥미의 중심에서 끌어내린 것은 사람들이 생각하는 것처럼 유산계급이 끝까지 지켰던 엄격한 도덕에 의해서가 아니라 오히려 고급 매춘부에 대한 부르주아 여성들의 강력한 도전과 경쟁의식의 결과에 의해서였다. 매춘부는 뒷전으로 밀려나버렸다. 왜냐하면 이제까지의 매춘부들의 생활양식이 점차 부르주아 여성들에게도

밀실에서의 플러트(F. 바크)

전수되었기 때문이다. 오늘날에는 대다수 부르주아 부인들이 이제까지의 살림꾼 티를 과감하게 벗어던져버린 것이다. 부르주아 부인들은 모든 점에서 매춘부와 다를 바 없는 미치광이와 같은 사치를 하고 있다. 그녀들은 무대에 등장하는 그 당시부터 매춘부와 같이 현란하게 몸을 꾸몄다. 한마디로 말해서 이삼십 년 전까지만 해도 고급 매춘부들만이 세속적이었는데 이제 부르주아 부인들도 모든 점에서 세속적이 되어버렸다. 대다수 부르주아 부인들은 이미 매춘부와 다름이 없다. 이 사실은 그 역의 예도 증명하고 있다. 빌헬름 라이블은 1869년에 파리 귀부인의 멋진 초상화를 그렸는데, 그 그림은 "파리지엔(parisienne)" 혹은 더 나아가 "코코트"라고 불리게 되었다. 따라서 이미 매춘부는 특별한 어떤 것으로서 사람들의 시선을 끌수 없게 되었다. 결국 사람들의 눈길을 끄는 것이 매춘부의 성공에 전제가 되었던 것이다. 매춘부는 패배하여 옥좌에서 끌어내려졌다. 왜냐하면 매춘부는 모든 부문에 걸쳐서 나타났기 때문이다.

8) 위장 매춘부

위장 매춘부의 범위는 공공연히 드러난 매춘부의 몇 배라고 해도 지나치지 않다. 그리고 이미 서두에서 말한 바와 같이 바로 그 점에서 과거와는 다르다. 공창은 설사 절대적은 아니라고 해도 상대적으로는 감소했지만 위장된 연애 소매업은 절대적으로도 상대적으로도 거의 모든 상상을 초월할 만큼 증가했다.

연애모험을 찾아나선 장신구 제조 여공
(1842)

먼저 소위 "할프자이데넨(Halbseidenen : 비단과 모의 교직물/역주)"이 문제가 된다. 이것은 오직 매춘하는 부인이나 아가씨를 가리키는데, 이런 여성은 자신의 매춘업을 어학을 가르치는 여교사나 장신구 제조 여공 등과 같은 표면상의 직업으로 감추는 방법을 통해서 경찰의 감시를 벗어날 수 있다는 것을 알고 있다. 예컨대 장신구 제조업체나 재봉업체의 간판을 문앞에 내걸고 위장한 버젓한 창가들이 있다. 세상 사람들은 간판 뒤에 있는 것들을 상상할 수 없지만 비밀을 알고 있는 사람들은 거기에 들어섰을 때 열심히 바늘을 움직이고 있는 "여공"이 여자 손님보다도 오히려 남자 손님에게 서비스한다는 사실을 알고 있다. 로베르토 미헬스는 「성 모럴의 한계」라는 책에서 이탈리아의 토리노 시의 거리에는 20-30명의 여공을 고용하고 있는 재봉업체의 작업장이 많이 있는데 아가씨들은 모두 그곳에서 밀매음을 하고 있다고 보고했다. 미헬스는 이렇게 쓰고 있다.

그리고 —— 나는 여기서 성윤리에 대한 호기심에서 수집한 내 체험을 말하고자 한다 —— 여러 지방, 예컨대 토리노에는 많은 사람들이 살고 있는 집들의 3층 혹은 4층에 작업장이나 재봉실이 있기도 하다. 그런 곳들은 다른 작업장과 외관상으로는 조금도 차이가 없다. 거기에서 일하고 있는 아가씨들은 외관상으로 보면 분명히 재봉공이나 장신구 제조 여공이다. 아가씨들은 이런 작업을 실제로도 하고 있다. 그 방에 들어간 사람은 누구나 아가씨들이 항상 열심히 일하고 있으며 매우 예의바르다는 사실을 발견하게 될 것이다. 뿐만 아니라 그들은 일의 주문도 받는다. 사전에 이야기를 들었거나 안내를 받은 사람만이 작업은 단지 장사의 일부분일 뿐, 실제는 전혀 다른 작업이 행해지고 있다는 사실을 알고 있다. 이런 장사에서 새파란 청년은 물론이고 노인에 이르기까지 상류사회의 이미 확실한 지위에 있는 부패한 남자들은 자신들이 구하는 것, 즉 "여염집 아가씨"와의 내밀하고 뒷탈이 없는 성관계를 가지고, 아가씨들은 아가씨들대로 수치를 드러내지 않고 자신들이 구하는 것, 즉 비교적 높은 수입을 얻고 있다. 나는 여러 가지로 고심해가면서 이런 아가씨들 가운데 많은 아가씨들에게 그 경제상태와 사회상태를 물어보았다. 아가씨들이 바느질만을 하고 있을 때는 한 달 평균수입이 90리라이지만 이른바 겸업 시스템에서는 200리라 이상

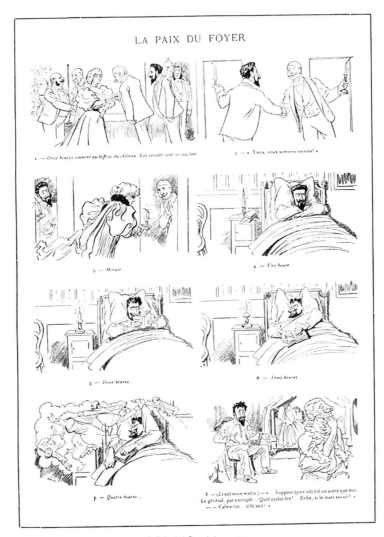

가정의 평화(「르 피가로」, 1903)

을 벌고 있었다. 한편 아가씨들은 사회적으로 추호도 비난받을 염려가 없었으며 평판이 나빠지지도 않았다. 어떤 부모도 딸의 이중직업과 밤이 되면 집에 가지고 오는 돈의 출처를 확실히 알고 있는 경우는 거의 없는 것 같았지만, 있다고손 하더라도 일반적으로 그런 경우는 찾기 어려울 것 같았다. 내가 함께 이 문제에 대해서 이야기하게 된 한 사르티나(sartina : 이탈리아어로 재봉실에서 일하는 처녀/역주) —— 아름답고 자그마하며 얼굴색이 푸른 아가씨였고, 예의바르고 순수했다 —— 는 마치 과학적 증거를 보여주듯이 스커트를 높이 걷어올리고 나에게 속옷을 보여주었다. 그녀는 길고 두텁고 검은 모직물 스타킹과 불편한 바지를 입고 있었다. 아가씨는 내게 말했다. "내가 낮에 하는 일이 옷 때문에 밤에 부모님에게 알려지는 것은 슬픈 일이에요. 그렇게 되어서는 안 되겠지요." 어쨌든 이런 반(半)매춘부들은 외관상으로는 어디까지나 자신들의 친구들과 동일한 생활을 하고 있다. 아가씨들은 매일 점심 때 휴식시간을 가지며 그 시간은 대부분 작업장 안에서 보낸다. 그리고 저녁이 되면 집에 돌아가 자는데 일요일에는 일을 하지 않고 동생들의 손을 잡고, 약혼자와 팔짱을 끼기도 하며, 때로는 친지들과 함께 산책하러 나간다. 아가씨를 이용하는 좁은 범위 이외의 사람들은 그 누구도 아가씨의 이중의 사회적 기능을 거의 상상하지 못한다.

영국에는 이런 위장된 창가가 대단히 많다.

매춘을 부업으로 하고 있는 직업여성의 수는 그것보다도 많다. 그런 부업은 보통의 경우라면 매우 보잘것없는 수입을 늘려주고 사치스러운 욕구도 채워주며 그뿐 아니라 혼수 준비에 필요한 돈을 벌게 해주고 때로는 저축을 가능하도록 한다. 이것에 대해서도 지금 인용한 로베르토 미헬스의 책에 로마에 대한 독특한 묘사가 있다.

그 어머니나 작업장의 여감독, 경우에 따라서는 아가씨들이 근무하는 상점의 여주인이 아가씨들을 심부름 보낸다. 젊은 아가씨들은 한 시간, 반 시간, 아니 15분간 댄스 홀에 들른다. 이런 댄스 홀에서 아가씨들은 종종 애인을 만나는데 그 애인이라는 자는 대개는 처음 만나는 사람이다. 거기에서 모습을 보이는 그들은 식당에서 포도주를 마신 뒤, 함께 추실까요 하고 아가씨를 꼬시는 것이다. 의상실의 대기실에는 소포, 볼박스, 자루, 가방 등이 산처럼 쌓여간다. 다음은 두세 명의 젊은 여교사에 관한 것이다. 식당 옆이나 상점 안 깊숙한 곳에는 흔히 볼 수 있는 일종의 후미진 별실이 있다. 춤을 추고 있던 남녀는 "다시 한번 기운을 되찾기 위해서" 이 방에 틀어박혀 가스등 끄기를 즐긴다. 등불이 꺼지면 이곳의 질서와 모럴의 엄격한 감독자인 긴 수염을 기른 위엄 있는 문지기가 달려와서 가스등에 다시 불을 붙인다. 그 순간 "아니, 이런, 당신은 어디에 와 있는 거요?" 하는 문지기의 쉰 목소리가 울려퍼진다 —— 댄스는 종종 오래 끌어서 그것을 주최하는 신사의 저택에까지 옮겨진다. 그럴 때면 어머니나 여감독은 흰 비둘기가 집으로 돌아오기를 한참 기다리게 된다. 이런 아가씨들은 이런 댄스 홀에 가서 도대체 무엇을 하는 것일까? 그녀들은 결코 댄스 광이 아니다. 아니, 오히려 매우 얌전하고 정결한 매춘부의 일종이다. 댄스 홀에서는 남자들이 중산계급의 모자, 장갑, 외투를 걸친 부인들도 만난다. 불쌍한 남편은 관공서에 근무하면서 책상 앞에서 열심히 일하고 있는데 아내는 자신의 사치를 위해서 가계를 망치고 남편이 아무리 열심히 일해도 이미 메울 수 없는 적자를 메우기 위해서 "춤추러" 가는 것이다. 그러나 댄스 홀에 출입하는 여성의 대부분은 젊은 아가씨들이다. 남자들은 이런 아가씨들과 여러 가지 짓거리를 할 수 있는데 이때 누구도 아가씨가 얼굴을 붉힐까봐 두려워할 필요는 없다. 여기에서는 어떤 야릇한 말을 해도 좋고 음탕한 신음소리도 나쁘게 듣지 않는다. 가장 멋지고 좋은 순간을 기다리는 사람은 차분하게 자기 쪽에서 키스를 하는 것은 물론이고 꼬집고 멋대로 부둥켜안거나 할 수 있는데 아가씨들은 나쁘게 받아들이지 않는다. 그러나 그 이상의 일은 할 수가 없다. 이런 아가씨들은 자신이 그 장소 이외에서 찾을 수밖에 없는 결혼을 자신의 "큰 거래"로 보고, 댄스 홀에서는 작은 거래만을 노리고 있다. 이때 아가씨는 단돈 한푼도 손해보지 않고 단돈 한푼도 잃지 않는다. 잽싸게도 어떤 특정 상황에까지 가면 —— 거기에서 딱 멈추어버린다. 이런 아가씨들 전부, 또는 그중의 십중팔구는 미래의 신랑을 염두에 두고 있으며, 자기 집에서는 작은 신성 (神聖)으로 행사하고 있다. 길거리에서 그 아가씨와 마주친 사람은 그녀가 너무나 예의바르고 순결해 보이기 때문에 어느 아가씨나 루크레티아, 또는 수산나(구약성서 외경(外經)의 「수산나」에 나오는 여자. 미모와 정숙을 상징함/역주)라고 생각해버릴 정도이다.

현대에는 직업이 있는 부인들이나 아가씨들이 부업으로 매춘을 하는 경우도 있다. 그 첫째가 여급, 여점원, 여종업원이다. 스페인의 저술가 에슬라바는 마드리드의 여종업원에 대해서 "오늘날에도 여전히, 내가 알고 있는 여관은 일요일 산책시간까지 92명의 종업원에게 대부분 매춘할 기회를 주고 있었다"라고 말했다. 어느 나라에서나 공창의 대부분은 종업원에 의해서 보충되고 있다는 사실도 언급해두고자 한다. 그리고 모든 대도시에서는 남자들로부터, 함께 가시지 않겠습니까 하는 유혹을 기대하고 매일 밤 줄지어 돌아다니는 여점원들이 몇백 명이나 된다. 만일 많은 여점원이 이런 방법으로 정해진 수입 외에 여분의 돈을 조달하고 있다면 그 아가씨들 중 대부분은 그 덕택에 더욱 맛있는 정찬을 먹을 수 있으며 극장이나 다른 오락장에도 갈 수 있기 때문에 만족할 것이다. 그리고 다른 나머지 아가씨들은 자신의 연애에 대한 예의로서 장식품이나 기타 선물을 간절히 바라고 있다.

뚜쟁이는 남녀를 불문하고 대개 남녀의 내밀한 알선꾼에 불과하다. 많은 뚜쟁이들이 나름의 분야를 가지고 있는데 독신 신사를 위한 여비서, 사교용 부인, 접대용 부인의 주문을 받고 있다. 그들은 자신들이 알선하는 취직자리에 고액의 급료를 약속하는데, 그 조건으로서 어느 뚜쟁이 마담이 어느 취직 지망자에게 편지를 보낸 바와 같이 "밤에는 당신의 침실 문을 잠그지 못할 것"이니 각오하고 나오기 바란다는 것이다. 다른 어떤 뚜쟁이는 그것보다 더욱 노골적으로 여비서 자리를 지망하는 젊은 아가씨에게 다음과 같은 편지를 보냈다.

당신의 유방은 물론이고 다른 신체 부위에 대해서도 더욱 상세하게 알려주시기 바랍니다. 유방이 특히 단단하다면 나는 당신을 즉시 매우 유명한 신사들의 거처인 기분좋은 취직 자리를 여러 군데 알선해드리겠습니다. 그리고 당신이 유머를 이해하고 근사하게 응답할 수 있는지에 대해서도 알려주시기 바랍니다.

각국의 모든 도시에 많이 있는 고급식당에서는 원칙적으로, 아름다운 종업원만이 아니라 모든 손님, 혹은 적어도 단골손님의 수작에 언제라도 응대할 수 있는 종업원도 고용하고 있다. 특히 지방도시에서는 이런 경우가 보통이다. 단골손님을 귀하게 여겨야 하는 종업원이 밤중에 단골손님이 자기 방으로 오는 것을 허용할 만큼 친절할 것은 종종 예사로 생각되고 있으며 또 주인도 그것을 기대하고 있다. 그리고 뚜쟁이는 주문받은 이런 특별한 서비스를 오해받지 않는 방법으로 넌지시 말할 만큼 넉살이 좋다. 바로 요즈음 바이에른의 여러 신문에 "식당 종업원 서른 명 모집, 월급 300마르크를 보증함. 견습도 가함. 사진을 동봉하여 키싱겐의 '세종' 앞으로 신청하시기 바람"이라는 광고가 실렸다. 이런 유혹적인 취직 자리를 원하는 지망자 앞으로 이번에는 "직업 소개소 슈바인푸르트"로부터 다음과 같은 등사판으로 된 답장이 왔다.

당사는 키싱겐의 "세종" 앞으로 보낸 당신의 이력서를 받았다는 사실과 더욱 많은 취직 자리가 있다는 것을 알려드립니다. 당사는 당신을 위하여 특별히 좋은 자리를 당분간 확보해두겠습니다만, 다시 사진 한 장을 보내주시든지 당신의 용모, 성질, 키, 연령, 자태, 강점, 상냥함, 유방 등 간단히 말씀드리면 당신의 인품과 신체에 대한 상세한 설명을 보내주시기 바랍니다.
당사는 수수료로 20마르크를 받습니다. 그것을 2회에 걸쳐 지불해주시기 바랍니다. 3마르크는 지폐도 좋고 우표도 괜찮기 때문에 이 답장에 동봉해서 즉시 보내주시기 바랍니다. 나머지는 취직이 되고 나서 4주일 내에 지불해주시기 바랍니다. 이곳까지의 여비는 대개 당사에서 지불해드리고 있습니다. 취직 자리는 2-4주일 내에 결정해서 출근해야 됩니다만 당신은 빠른 취직이나 좋은 취직 자리 중 어느 쪽에 중점을 두고 있습니까? 어떤

종류의 취직 자리가 마음에 드십니까? 당신은 당사
의 전보를 받으시면 즉시 출발할 수 있습니까?

인육을 매매하는 장사가 공공연하게 행해질 수
는 없다.

남자 단골손님에 대한 이와 같은 서비스는 비
록 직접 요구할 수는 없다고 해도 지방의 작은
무대나 버라이어티 무대에서는 여가수, 댄서, 여
배우에게 그런 기대가 모아지고 있다. 그녀들은
극장의 막이 내린 뒤 양껏 마시려고 하는 손님의
초대에 싫더라도 응해야 하는 것이 종종 직접적

뚜쟁이와 함께 있는 창녀(베르탈, 소묘)

인 고용조건이 되어 있다. 러시아, 폴란드, 발칸 제국을 방문하는 버라이어티 쇼
여배우의 계약서에는 "당신에게는 아름다운 유방이 있습니까? 당신은 아름다운 허
벅지를 가지고 있습니까", "우리에게 당신의 나체 사진, 적어도 반나체 사진을 보
여주시겠습니까?" 하는 것이 직업 소개소의 최초의 관례적인 질문이다. 여배우라
는 존재는 이런 무대에서는 실제로 흥행사에게는 미끼, 돈 있는 관객에게는 사냥거
리에 지나지 않는다. 설령 그것이 "야만적인" 풍습이라고 해도 중부 유럽의 무대에
서는 적어도 화장품 대금을 지불해주는 친구들은 많은 여배우들에게 없어서는 안
될 동반자들이다. 독자들은 이에 대해서는 오딜론이나 헬레네 샤르펜슈타인 혹은
그외 여러 사람들의 고백서들을 읽어보면 좋을 것이다. 그것은 또한 매춘업 —— 결
국 위장된 매춘업에 지나지 않는다.

소위 "정숙한" 부인이나 사교계 부인이 이미 상세히 말한 바 같이 메종 드 랑데
부에서 금전거래를 한다면 그것 또한 위장 매춘부에 지나지 않는다는 것은 말할 필
요도 없었다. 그리고 그 어머니와 마찬가지로 양가의 많은 귀한 딸들도 역시 위장
된 매춘부이다. 이런 말이 설령 이상하게 들릴지라도 각국의 소위 반(半)처녀의 대
부분은 "물(物)로서의 연애"에 왕성한 상혼을 결부시켜 처음부터 돈을 돌려주지 않
을 것을 작정하고 남자친구들에게서 돈을 빌리는 것을 몸으로 알고 있다. 앞에서
말한 스페인 사람 에슬라바는 "나는 양심적인 연구와 개인적인 관찰에 의해서 마드
리드의 가톨릭 여학교의 학생 80퍼센트가 참으로 무분별하게 매춘을 하고 있음을

극장 에이전트의 사무실에서(「질 블라스」의 표지)

확인했다'라고 말했다. 그리고 앞에서 언급한 경찰 보좌관인 여의사 샤피로 박사에 대한 공판에서 위생고문인 쿠르슈만-마인츠 박사가 그의 견문에 의하면 특히 부르주아 아가씨들 중 많은 수가 남몰래 매춘을 하고 있다고 한 증언을 상기해보기 바란다. 연애는 이미 인생의 출발시기에 엄청나게 높아진 생활의 요구라는 변증법에 의해서 그 상품성을 드러냈던 것이다.

기타 위장 매춘부의 다른 형태는 이미 앞에서 말한 대로이며, 자기 자신을 위해서 또는 남편의 입신출세를 기대하면서 행하고 있는 많은 여성들의 연애만큼은 여기에서 다시 한번 강조해두어야겠다. 공장의 수많은 여공들은 일을 할당받을 때 언제나 최대한 수입이 많은 일을 맡고 또 일을 할 때 검사가 너무 까다롭지 않도록 하기 위하여 반장의 마음에 들려고 노력한다. 이와 마찬가지로 많은 상점의 여자점원들은 주인에게 애정을 허락하고 그 애정을 승급, 더욱 많은 급료, 더욱 큰 자유 등으로 환산해서 받게 된다. 모든 여성이 윗사람의 사냥감이 되고, 뿐만 아니라 모든 여자 종업원이 상관이나 사장의 하렘을 만들고 거기에서 그들은 상대를 마

사냥하러 가는 길(펠릭스 발로통, 소묘)

음대로 골라잡을 수 있는 회사나 공장도 있다. 물론 이때 연극에 관계하는 여성의 지위가 가장 비참하다. 무대경력은 종종 매춘과 함께 시작되고 출세단계마다 역시 매춘이 가장 중요한 조건으로 되어 있다. 많은 연극 관계자들은 아름다운 배우 견습생이 침대에서도 자신의 예술적 천분을 보여주려고 할 때 비로소 그 여배우에게 호의를 보인다. 유력한 많은 무대감독들이 친밀의 증거를 확보함으로써 비로소 너그러워지며 스타급 배역도 결국에는 사장의 침대에 출연함으로써 비로소 손에 넣을 수 있다. 신문에 실리는 연극 비평가의 호평도 무대의 조명 앞에서만이 아니라 그 이상으로 침실이나 별실에서 흔히 얻어낼 수 있다. 게다가 앞에서 말한 바와 같이 비싼 화장품 대금을 지불해주는 소중한 남자친구들도 필요하다. 출세하기 위해서 이런 침대들을 모두 거쳐야만 했다는 유명한 스타도 있다. 한편 이런 굴욕적인 길을 경멸했거나 또는 자기를 능가하는 더욱 아름다운 경쟁상대가 언제나 있었기 때문에 한번도 스타가 될 수 없었던 여성도 상당히 많다. 많은 여성이 이런 방법으로 자신의 출세를 위해서 하는 일은 이미 말한 바와 같이 남편의 출세를 위해서도 상당히 도움을 준다. 아래로는 아주 낮은 하급관리 후보자로부터 위로는 최고위직 관리에 이르기까지 화사하고 아름다운 아내는 어느 나라에서나 소망스럽고 보다 높은 지위에 대한 가장 유력한 기량의 증거가 된다. 이런 행운으로의 길에 대해서는, 물

고관의 집에서. "네 아버지는 부국장은 따논 당상이야"(J. L. 포랭, 소묘)

론 숫자로 나타낼 수 있는 증거는 없지만 소수의 예가 있다고 하더라도, 그것은 대중현상에 대한 징후에 지나지 않는다는 사실을 역사는 증명하고 있다.

9) 경찰과 매춘

경찰은 국가권력의 의인화로 보아야 하는데, 매춘부에 대한 경찰의 태도는 어느 시대에나 애매했다. 그것은 지극히 간단한 이유 때문이었다. 즉 매춘부에 대한 관용 및 그것과는 뗄 수 없는 보호를, 일부일처제를 정점으로 하는 "도덕적 세계질서"라는 관념의 범주 속에서 그 허구성을 조소하지 않고 조화 있게 끼워넣을 수는 없기 때문이다. 다른 한편으로는 사실의 논리, 즉 이 경우에는 일부일처제 결혼의 상대개념으로서의 매춘의 필요성이 어느 시대에나 매우 강했기 때문이다. 따라서 간단한 강압적 금지, 즉 자신의 연애능력으로 장사를 하는 여성이나 여성을 매춘업

290

에 알선하는 협력자에 대한 엄중한 처벌로써 "매춘의 재앙"을 박멸하려는 것은 희극적인 시도가 되어버렸다.

우리가 앞에서 살펴보았듯이 르네상스 사회는 이 딜레마와 대단히 공공연하고도 간단하게 타협했지만, 근대 부르주아 사회는, 차차 밝혀지겠지만, 매우 모순된 형태로 매춘과 타협해야 했다. 그 결과 적어도 매춘에 대한 당국의 대부분의 단속은 잔혹하고 남용되었으나 효력을 발휘할 수 없었으며, 이 부문을 맡은 경찰은 실제로도 다른 기관과 마찬가지로 매춘에 대해서 그들의 강력한 권력을 그렇게까지는 남용하지 않았다.

매춘부의 이용자를 매춘부와의 관계가 야기하는 보건적 위험으로부터 보호하는 일은 18세기 말부터 당국의 단속에서 가장 중요한 지도정신이 되었다. 이 정신을 토대로 한 것이 감독을 받는 매춘부의 등록제, 보건의에 의한 매춘부의 정기적 검진제, 창가 또는 일정한 지구에 대한 출입금지, 특정 거리에 대한 산책금지, 무등록 매춘부의 검거 등이었다. 물론 매춘부의 사회적 지위는 이런 모든 것들에 의해서 바닥까지 떨어져 외관상 매춘부를 보호하기 위해서 만든 모든 규칙에도 불구하고 당국으로부터 공창이라는 딱지가 붙여진 매춘부는 근대적 부르주아 시대에 들어와서 이제까지 보지 못했던 낮은 지위로 전락해버렸다.

인간 존엄성의 완전한 파괴와 함께 경찰은 강제검진을 통해서 매춘부에게 낙인을 찍기 시작했다. 그 때문에 매춘부는 의지가 없는 물건이 되어버렸다. 더욱이 많은 나라에서 형식적인 압제의 형태로서 강제검진이 제1조로 집행되었다. "직업적 매춘"의 혐의를 받고 경찰에 끌려온 여성은 일반적으로 보건의로부터 불명예스러운 신체검사를 받았다. 신체검사는 흔히 여성의 의지에 반했으며 또한 매춘부에 대한 재판소의 판결을 기다리지 않고 이루어졌다. 이때 경관의 증언이나 보고만 있으면 그들 여성의 신체검사가 가능했고, 그 결과 많은 여성들의 정신은 영구히 걷힐 수 없는 그림자로 덮여버리고 말았다. 게다가 경찰의 신체검사는 또한 대단히 많은 매춘부에게 끊임없는 전율을 불러일으켜 그것에 대해서 "태연할 수 있는" 사람은 하나도 없을 정도였다. 이것은 보통 모든 에로틱한 변덕에 즐겨 몸을 맡기는 매춘부들 역시 마찬가지였다. 이때 매춘부가 스스로 인간임을 포기하고 완전히 의지가 없는 물건처럼 다루어지는 것은 여자들로서는 생각조차 할 수 없는 일이었다. 그러나 이런 제도의 가장 비극적인 면은 매춘부를 사는 남성의 건강을 지켜주려는 목적이

약탈물 분배하기: 세인트 사일스에서(아이작 크룩섕크, 캐리커처화, 1796)

이런 방법으로는 결코 달성될 수 없다는 것이었다. 오늘날 성병 감염의 위험은 검진받지 않는 매춘부보다 오히려 검진받는 매춘부에게서 더 크다는 사실이 알려져 있다. 왜냐하면 매춘부와 성관계를 하기 전에 모든 남성이 의사의 검사를 받지 않는 한, 감염에 대한 유력한 예방 따위는 없기 때문이다. 그것은 영원히 해결할 수 없는 문제이다. 따라서 성병의 놀랄 만한 확산을 조금이라도 저지하겠다는 의지는 아직 성공을 거두지 못하고 있다. 성병의 수는 오늘날에는 옛날에 비해서 실로 큰 역할을 행하고 있다. 성병은 —— 매독의 일반화 때문에 —— 예전과 같이 심각하게 여겨지고 있지 않다는 사실도 인정해야 한다.

부르주아 사회에서 법률의 보호를 받지 못하는 매춘부의 지위는 모든 대도시에서 때때로 벌어지는 경찰의 일제검거에 의해서 특히 명확하게 설명되고 있다. 이때 해당 지역이 완전 포위되며 거기 있었다는 이유만으로도 도매금으로 넘어가 가창으로 검거된 여성들은 무차별적으로 경찰에 호송되는 운명을 감수해야 된다. 이런 경우 모두 하나하나 검사를 받는데, 신분증이 없는 여성은 구류를 받을 수밖에 없다. 일제검거는 특정한 창가나 여관에까지 미쳐 이때 신분증명을 바로 할 수 없는 여성은 모두 구류처분을 받는다. 그때까지 경찰의 감시를 피해온 매춘부나 위장매춘업을 해온 여성이 일제검거를 가장 두려워하는 것은 당연하다. 에밀 졸라는 소설 「나나」에서 가창검거 때에 여성 사냥감에 대해서 가해지는 영원한 공포와 사냥방식을 입

약탈물 분배하기 : 세인트 제임스에서(아이작 크룩섕크, 캐리커처화, 1796)

체적으로 묘사했다. 그는 다음과 같이 묘사한다.

그리고 나서 사탱은 나나에게 경찰에 대한 증오스러운 공포를 이야기했다. 그녀는 이 일에 대해서는 산더미 같은 화젯거리를 가지고 있었다. 이전에는 안심하고 지내려고 그녀 는 풍기단속반의 경찰과 함께 잤다. 그러나 그 경찰은 단 두 번 리스트에 올라가지 않도록 해주었을 뿐이며 지금도 그녀는 여전히 두려워하고 있었다. 왜냐하면 또 붙잡히게 될 때 에는 자기의 거래관계가 다 밝혀지기 때문이었다. 미리 알아두어야 한다. 경찰들은 포상 받기 위해서 가능한 한 많은 여자를 잡는다는 것을. 그들은 닥치는 대로 잡아들였다. 설사 일망타진된 여자들 속에 정직한 아가씨가 한 사람 정도 섞여 있다고 하더라도 경찰은 자 기네들이 승급이나 포상을 받는 것이 확실했기 때문에 여자들이 고함을 치거나 하면 옆구 리를 찔러 꼼짝 못 하게 했다. 그들은 여름에는 12−15명씩 불바르에 나가서 단속을 벌였 다. 보도를 포위하고는 하룻밤에 30명이나 되는 여자를 검거하는 것이다. 그러나 사탱만 은 단속하는 장소를 알고 있었다. 그녀는 경찰의 코끝만 보여도 군중을 가로질러 꼬리를 길게 끌고 쩔쩔매면서 도망쳐, 뿔뿔이 흩어져가는 무리 속으로 사라져버렸다. 그것은 가 로수 길을 대청소하려고 하는 강권 발동과 마주친 여자들이 카페 문앞에서 발이 얼어붙은 듯이 꼼짝 못 하고 서 있어야 할 만큼 대단한 법률의 협박이요, 경찰국의 테러 행위였다. 그러나 사탱은 그 이상으로 밀고를 두려워했다. 그녀가 잘 가는 과자집에서는 그녀가 그 집 남자를 버렸을 때 그녀를 팔아넘기겠다고 위협할 정도로 비열한 태도로 나왔다. 그런 것이다. 남자들은 이런 속임수로 자신의 정부를 먹이로 삼고 있다. 만약 자기들보다 아름 다워 보이는 여자들이 있다면 그들을 배신하고는 모조리 팔아넘기는 비열한 여자들을 여기서는 문제삼지 않겠다. 나나는 이런 이야기를 들으면서 점차 두려워졌다. 나나는 법률 앞에서, 이 미지의 권력 앞에서, 이 세상 한가운데서, 어느 누구도 자신을 지켜주는 사람 하나 없이 자신을 파멸시킬 수 있는 남자들의 이 복수 앞에서 항상 떨고 있었다. 생-라자르는 그녀에게는 마치 무덤처럼 보였다. 그곳은 그녀들의 머리칼을 자르고 나서 산 채로 매장해온 하나의 검은 구덩이였다. 그녀는 보호자들을 찾기 위해서는 퐁탕을 단념하는 것만으로 충분하다고 곰곰이 생각했다. 사탱은 경찰이 결코 손대지 않는다는 불가침 조항이 붙어 있어 참조로 하고 있던, 사진을 첨부한 여자들의 어떤 리스트에 대하여 그녀에게 아무리 이야기해도 소용이 없었다. 그녀는 여전히 전율하고 있었다. 그녀는 밀려넘어져 질질 끌려가고 다음날 그 어느 곳에 구원을 청할 데도 없이 취조를 받는 자신의 모습을 언제나 상상하고 있었다. 취조를 받는 그 팔걸이 의자는 바깥에서도 슈미즈를 수없이 벗어던졌던 그녀까지도 고민과 굴욕으로 가득 차게 만들었던 것이다. 바로 9월 말경, 그녀가 사탱과 함께 불바르 푸아소니에르를 산책하고 있던 어느날 저녁 사탱은 돌연 달려가기 시작했다. 그녀가 사탱에게 물어보았을 때 "경찰이야, 서둘러! 빨리!"하고 속삭였다. 그것은 북적대는 사람들 속의 미친 듯한 뜀박질이었다. 스커트가 말려 올라가고 찢어지고 했다. 구타와 비명소리가 들렸다. 한 여자가 쓰러졌다. 군중은 경찰들이 재빠르게 그들의 포위망을 좁혀가는 잔혹한 공격을 웃으면서 바라보고 있었다. 그때 나나는 사탱을 잃어버렸다. 발이 못박혀버린 듯한 그녀가 금방이라도 검거되려는 찰나 한 남자가 그녀의 팔을 잡고 흥분해 있는 경찰들 앞을 함께 지나갔다. 그것은 프륄리에르였다. 그는 그녀를 금방 발견했던 것이다. 아무 말도 없이 그는 그녀를 데리고 행인이 없는 루주몽 거리로 향했다.

이런 상태에서는 매춘부들이 경찰의 단속기관을 자신들의 친구로 만들기 위해서 온갖 수단을 강구하게 됨은 자명하다. 매춘부들은 어떤 때는 끊임없는 뇌물공세로, 어떤 때는 앞에서 말한 졸라의 글이 증명하고 있듯이 위험이 닥쳤을 때 그것을 제때에 알기 위해서 미리 연락을 받을 양으로 하급 경찰 기관원의 특수한 육체적 노예가 됨으로써 목적을 달성했다. 많은 가창들이 앞에서 말한 바와 같이 경찰을 자신의 정부로 삼는 것은 영구히 닥쳐오는 풍기단속의 위험으로부터 가장 확실하게 자신을 지킬 수 있으리라는 확신에서였다. 런던의 그러한 사정에 대해서는 「근대 바빌론에서의 처녀제물」이라는 소책자에 자세하게 언급되어 있다.

가창에 대한 경찰력은 현재는 매우 분화되고 확장되어 있다. 경찰력은 질서를 유지하고 외설이나 혼란을 방지하기 위해서뿐만 아니라 때로는 불행한 자에게 무고한 죄를 덮어씌우기 위해서도 확장되었다. 형무소의 어떤 목사 ── 이런 여자들과 여러 가지 이야기를 할 기회를 이 나라의 다른 사람들보다도 훨씬 많이 가졌음이 분명하다 —— 가 매춘부들이 경찰에 "뇌물"을 주지 않는다면 그런 매춘부들은 "검거될" 것이라고 내게 말해주었다.

최고급은 물론 가장 밑바닥을 헤매는 매춘부들도 경찰에게 사례를 해야만 했으며, 만일 그렇게 하지 않으면 귀찮은 문제가 발생한다고 목사에게 이야기했다. 이 사례가 결국 경찰이라는 직업에 공인된 부수입이다. 경찰을 매수하는 것은 영구히 동원될 수 있는 가창의 전술이다. 소수의 가창들은 그것을 돈으로 지불하고 일부 다른 가창들은 몸으로 지불한다. 많은 가난한 가창들은 둘 다 지불하기도 한다. 공창으로부터 한푼의 돈도 받지 않고 또 그런 여자와 함께 술을 마시지도 않는 성실한 경찰도 있으나 대부분의 경찰은 이런 것들을 자기 관직의 당연한 임시수입이라고 생각하고 이 신념에 따라서 행동한다. 경찰은 가창에 대해서 절대권력을 가지고 있다. 그리고 매춘부들이 흔히 말하는 "나리와 다투면 걸리게 돼" 하는 말은 진실에서 그렇게 벗어난 것은 아니다.

만일 경찰이 배신한 여자에게 복수하려고 한다면, 그녀에게 조금도 위해를 가하지 않으면서도 상대방의 처지와 장래에 타격을 줄 수 있기 때문에 굳이 속들여다보이는 억지를 부릴 필요가 없다. 즉 어떤 단골손님과의 거래계약이 깨어지는 것만으로도 경찰은 취조할 필요가 있었던 것이다. 여러 가지를 파헤치는 일은 공공의 의무를 수행하는 일이라는 자각에 의해서 스스로 경관은 검거된 자에 대한 협박의 합리화가 가능하다.

그런데 그런 사태는 실제로 흔한 일이었다. 그것은 1911년 8월 베를린에서 약 여섯 명의 형사중 일부가 매춘부와 친밀한 관계를 맺고 있었고 나머지는 매춘부로부터 뇌물을 받고 있었다는 사실이 밝혀짐으로써 갑자기 휴직이 되었다는 사실로 증명할 수 있다. 포주들도 이와 동일한 방법으로 자신을 지켰다. 왜냐하면 그들도 경찰에게는 굴복할 수밖에 없었기 때문이다. 창가들이 있는 많은 도시들에서 경찰이 포주로부터 끊임없이 금전을 받고 게다가 무료로 유흥을 제공받았다는 것은 매우 잘 알려져 있다. 런던에서는 예컨대 윌리엄 헤드가 자신이 수집한 자료에 의해서 인정할 수밖에 없었던 바와 같이, 이런 일은 때로는 창가 주인과 경찰기관의 명백한 동맹관계가 발생했다고 할 만큼 심한 것이었다. 이것에 대하여 그는 다음과 같이 쓰고 있다.

화장대 앞에서

어디에 있든 창가들도 다소간 경찰의 금고가 되고 있음은 불가피한 결과이다. 나이 든 포주가 나에게 "경찰은 창가 주인의 가장 친밀한 친구랍니다. 왜냐하면 경찰은 사건에 대해서 비밀을 지켜주기 때문입니다. 물론 창가 주인이 경찰의 가장 친밀한 벗인 것도 사실이지요. 주인은 경찰에게 또한 돈을 주기 때문입니다" 하고 진지한 얼굴로 말했다. 거기서 나는 "당신은 경찰에게 얼마나 줍니까?" 하고 물어보았다. "1주일에 3파운드 스털링이나 주지요. 우리 집은 소규모 창가에 지나지 않습니다. 오스텐드의 어느 유명한 창가는 청하기만 하면 경찰과 밀정에게 무료로 향응을 제공하는 것은 물론 경찰기관에는 1년에 500파운드 스털링이나 바치고 있답니다."

이 결과는 어떤가? 그것은 창가의 포주와 경찰의 동맹이다.

미국에서도 최근 수십년 간의 여러 스캔들에 대한 공판이 보여주듯이 각 도시들이 보통 이와 동일한 상태이다. 그 때문에 가련한 희생자인 아가씨를 비인간적인 포주의 독수로부터 구해내기 위해서 진지하게 노력하는 단체의 가장 중요한 예방책은 특히 경찰에게는 자신들의 구제사업 계획을 반드시 비밀로 하는 것이다. 헤드는 이렇게 말하고 있다.

구제사업을 하는 그 방면의 권위 있는 지위의 어느 귀부인이 나에게 아가씨를 서부의 좋지 못한 집에서 구해내려고 할 때 가장 염려하는 것은 자신들의 계획이 경찰에게 새나가지 않을까 하는 것이라고 말해주었다. "만일 내가 그것을 경찰에 알리는 경우, 포주는 바짝 경계하면서 그 아가씨를 곧 건너편에 있는 다른 집에 보내버리는 것을 항상 알 수 있었습니다. 그 사정은 서부보다는 동부 쪽이 아직 낫답니다. 아가씨를 죄악으로부터 구하고 싶다면 당신은 경찰에게 한마디도 해서는 안 됩니다.

포주의 가장 신성한 권리의 수호신으로서의 경찰은 실제로는 위선의 상징이었다.

5. 부르주아의 향락력

1) 근대적 사교의 본질

절대주의 시대의 대중의 사교는 매우 원시적이었으나 부르주아 시대가 되자 그것은 매우 풍부하게 짜여졌다. 다른 모든 것들이 경제적 발전의 법칙에 종속되는 것과 마찬가지로 사교의 기쁨도 이제는 전혀 특수한 방법으로 자본주의의 이용대상이 되었기 때문이다. 현대의 자본주의는 모든 분야에서 대중소비를 통해서 유지되고 있기 때문에 사교생활을 상업적으로 이용하기 위해서도 대중을 끌어들이는 것은 최고의 목적이 되었다. 한편 19세기의 사교생활은 또 그로 인해서 특수한 형태를 띠게 되었다. 사교생활은 민주화되었다. 정확히 말하면 그것은 다시 한번 민주화된 것이다. 왜냐하면 그것은 이미 르네상스 시대에 민주화된 바 있으나 이번에는 전혀 다른 의미에서 민주화되었기 때문이다. 르네상스 시대에는 사람들이 대체로 서로 알고 지냈으며 공공의 대축제 때에도 대부분의 참가자는 서로 안면이 있었다. 그랬기 때문에 그 무렵의 모든 사교생활은 어떤 의미에서는 끊임없이 확대된 가족의 축제였다. 그 당연한 결과로서 모든 참가자는 크든 작든 간에 기대를 걸고 있는 잔치에서는 서로 협력자였다. 반면에 오늘날에는 항상 소수의 사람들만이 서로 알고 지낸다. 또한 사교생활의 중요한 형태는 이미 과거와 같은 방식으로 가족에 의해서 조직되지는 않는다. 따라서 사람들은 흔히 놀이를 만들 때 이미 연대의식을 가지지 않는다. 그들은 스스로 오락을 만드는 것이 아니라, 이미 만들어진 오락을 향유하는 것이다. 오락을 만드는 것은 이제 자본주의의 무수한 기업가들의 고유 임무가 되었다. 따라서 대중은 점점 협력자에서 구경꾼이 되어갔다. 그것은 과거의 진정한 의미에서의 사교생활과 대조되는 오늘날의 사교행위 대부분의 본질적인 특징의 하나이다.

사교의 즐거움이 과거의 연대감은 잃어버렸지만 이번에는 다른 방면에서 상당히 회복된 점이 있었다. 가장 중요한 사교오락의 질은 과거에 비해서 놀라울 정도로 높아졌다. 예컨대 누구든지 가까이할 수 있는 공공적인 흥행물을 생각해보는 것만으로도 독자들은 이것을 짐작할 수 있을 것이다. 이런 흥행물은 오늘날 일정한 수준에 도달해 있다. 이 수준에 비하면 과거에 제공된 모든 것, 궁정이라는 독점적인 사회에 제공된 것들조차도 하찮게 보일 정도이다. 왜냐하면 과학과 기술이 진보함으로써 나타난 모든 결과물들이 다른 모든 생활분야에서와 마찬가지로 사교오락의 프로그램에도 이용되었기 때문이다. 그러나 더욱 중요한 것은 오늘날의 사교오락은 일반적으로 과거에 비해서 예술적으로나 기술적으로나 크게 향상되었을 뿐만 아니라 또한 사교생활이 일반적으로 적어도 한 가지 방향에서 지배적인 특징을 가지게 되었다는 사실이다. 사교생활은 점차 매우 강력한 정치적, 정신적 요소를 지니게 되었다. 정치, 과학, 예술의 육성은 우리가 과거의 모든 시대에 대해서 인정할 수밖에 없는 유산 지배계급의 유희적인 부업이 더 이상 아니며, 오늘날에는 진정한 대중, 즉 노동자 대중의 사상과 감정의 지속적인 주요 내용을 구성하고 있다. 그 덕분에 오늘날의 사교생활은 과거의 모든 시대의 사교생활보다도 크게 향상되고 있다. 그리고 이것은 성생활의 형태에도 커다란 영향을 미쳤다. 그리하여 한편으로는 매우 조잡한 형태가 소멸되고, 또 한편으로는 사교생활이 다시 집중과 세련화의 방향으로 나아가게 되었는데, 거기에 비하면 과거의 모든 시대는 매우 소박하게 보인다.

2) 음식점의 역할 확대

부르주아 시대에 들어서면 음식점은 17-18세기에 비해서 점차 사교생활의 중심지로 번성하여 흔히 대중생활의 중심지가 되었다. 그 까닭은, 가장 싸구려 팸플릿이 위선자처럼 거짓말을 늘어놓듯이 매우 야만적이 되어갔던 대중이 가족과 친밀한 가정생활에 대한 모든 감정을 상실하고 위스키와 맥주병이 있는 음식점 객실의 자

파리의 레스토랑의 영국 신사와 술집 여주인(케베르도, 동판화, 1815)

욱한 담배 연기 속에서만 기분이 좋아졌기 때문은 아니다. 대중을 그토록 강하게 음식점으로 향하게 했던 것은 유감스럽게도 이것과는 다른 어쩔 수 없는 원인 때문이었다. 가정생활을 영위하기 위해서 그들은 충분한 시간과 인간다운 주택을 가져야만 한다. 그런데 오늘날 대중에게는 시간도 주택도 자기들 마음대로 되지 않는다. 바로 그 때문에 무수한 대중은 무자비하게도 날이면 날마다 음식점으로 가야 하는 형벌을 선고받았던 것이다.

그리고 그것은 오늘날만이 아니라 슬프게도 먼 장래에까지도 아마 지속될 것이다. 음식점은 그들에게는 상당히 편안한 마음을 가지게 하고, 게다가 수백만의 인간에게 피로, 빈곤, 궁핍, 탁한 공기, 살풍경, 질병, 그로 인해서 결코 끊이지 않는 나날의 근심으로 가득 차 있는 그들 가정의 행복의 "전원시"를 좋든 싫든 일시적으로나마 잊을 수 있는 유일한 장소이다. 가정과는 달리 음식점은 기분전환을 할 수 있도록 도와주기 때문에 그들의 기분을 근사하게 만들어주는 장소이다. 그리고 이것은 실로 진보적인 의미에서 어느 정도까지는 그렇다. 결국 대중은 음식점에서도, 그들이 좋든 싫든 음식점으로 가야 했던 형벌로부터 벗어나서 장래의 빛을 향해 자신을 해방하는 일을 하고 있는 것이다. 일반의 이익을 위한 음식점의 이러한 의의와 함께 공공의 성 모럴의 테두리 내에서의 음식점의 역할도 과거에 비해서 훨씬 두드러지게 되었다. 음식점은 이미 말과 행동을 통한 일반의 외설적 교미장이 아니다. 그러나 오늘날에도 룸펜프롤레타리아트의 목로주점, 농민들의 대폿집, 각국의 음식점 안에 있는 댄스 홀만큼은 아직도 이러한 교미를 위한 장소로 이용되고 있다.

3) 댄스 홀

독립된 공공의 댄스 홀은 확실히 근대의 사업은 아니다. 수세기 이래 많은 나라들에서는 일요일마다 마을 주막에서 춤판이 벌어졌다. 이전에는 피리, 바이올린이나 기타 연주 등에 의한 음악에 맞추어 춤판이 벌어졌으며, 이것들이 기계장치가 된 축음기나 가공할 만한 자동악기로 바뀌기 전까지는 그런 춤판에서 여러 악단이 형성되었다.

이미 앞에서 살펴보았듯이 사교 댄스는 옛부터 가장 성공적인 뚜쟁이 역할을 수행해왔다. 그것은 물론 부르주아 시대에도 마찬가지이다. 실제로 공공의 댄스 홀은 오늘날에도 대체로 공공의 교미장과 다를 것이 없다. 남녀는 주로 교미를 위해서 공공의 댄스 홀에 흔히 출입하고 이를 이용하여 방탕한 생활을 할 수 있었다. 1711년에 영국의 조지프 애디슨은 자신이 편집한 잡지 「스펙테이터」 지에서 어느 "유명한 상인"이라는 가공의 편지를 발표했다. 이 상인은 그 당시의 자유로운 댄스 홀에서 "자기 딸이 젊은 신사들에게 자유롭고 친절한 응대를 받고", 또 그들과 함께 빙글빙글 도는 것을 보고 경악하고 있다.

그런데 오늘날의 공공 댄스 홀에서의 소란을 알고 있는 사람은 누구나 오늘날에도 그와 마찬가지의 광경이 도처에서 벌어지고 있음을 안다. 그러나 이 소란스러운 작태를 모르는 사람도 흔해빠진 대부분의 댄스 가사를 통해서 그것을 이해할 수 있을 것이다. 그것을 밝혀두기 위해서 여기에 가장 대중적인 베를린의 근대적인 댄스 노래 중 몇 곡을 소개한다(한스 오스트발트, 「베를린의 매춘」). 이중 가사를 살펴보면 상당히 번창한 댄스 홀이 있는 베를린 변두리의 지명이 전부 나온다. 룸멜스부르크에서는 사람들이 이렇게 노래한다.

　　오늘은 정말 유쾌해, 내 마음, 만세!
　　오늘은 룸멜스부르크에 가요, 룸멜스부르크의 호수에.
　　난 기뻐요. 어째서냐구요? 내 당신에게 숨김없이 얘기하지.
　　림멜-, 람멜-, 룸멜스부르크에,
　　내 애인이 거기에 있어요.
　　아, 애인은 너무너무 달콤해, 아, 사탕처럼 달콤해.
　　비-바-부-바-베트는 우아하고 말쑥해.
　　난 그녀와 춤추어요, 많은 사람들이 둘러서서,
　　모두 외쳐요, 멋져, 그녀는 정말 멋지게 춤을 추는군!
　　오늘은 정말 유쾌해, 내 마음, 만세!
　　오늘은 룸멜스부르크에 가요, 룸멜스부르크의 호수에.
　　난 기뻐요. 어째서냐구요? 내 당신에게 숨김없이 얘기하지.
　　림멜-, 람멜-, 룸멜스부르크에,
　　내 애인이 거기에 있어요.
　　룸멜스부르크에서, 룸멜스부르크에서 룸멜(Rummel : 소동/역주)이 시작되지요.
　　룸멜스부르크에서, 그곳엔 커다란 커피 포트도 있지요.
　　림멜-, 람멜-, 룸멜스부르크에,
　　내 사랑스러운 애인은 그곳에 살고 있어요.
　　룸멜스부르크에서는 모두가 비-바-부-바-베트를 알고 있어요.
　　리 디 리 디 룰랄라, 디 룰랄라, 디이 룰랄라!
　　리 디 리 디 룰랄라, 디 룰랄라 라 라!
　　아아! 아아! 디델, 디델, 둠,
　　아아! 아아! 그건 즐거워요.
　　아아! 아아! 그녀는 춤을 잘 추지요.

비-부-바-베트헨은 슈멜츠와 아베크와 춤을 추지요.
리 디 리 디 룰랄라, 디 룰랄라, 디 룰랄라,
리 디 리 디 룰랄라, 디 룰랄라 라 라!

판코우 사람들이 부르는 댄스 노래는 가장 대중적이며, 세계적으로도 유명하다. 그것은 4행시 반복의 간단한 노래이다.

오라, 칼리네켄, 오라, 칼리네켄, 오라!
우리들은 판코우에 가고 싶어.
그곳은 가장 아름다운 곳!
판코우, 판코우, 판코우, 킬레킬레, 판코우, 킬레, 킬레, 호프사사! ──

이런 종류의 모든 댄스에서 젊은 남녀가 오로지 가장 노골적인 플러트와 그 플러트의 계속적인 기회를 구하고 있음은 달리 자세한 설명이 없더라도 다음의 4행시를 보더라도 명백하다.

잘 보세요, 아름다운 선녀님,
그들은 오베르슈프레 강에 살고 있어요!
처음엔 노를 젓고, 다음엔 돛을 올리고, 민첩하게 춤을 추어요 ──
크니체, 크누체(knutsche : 포옹하다/역주), 크니체 ── 달빛을 ──

맥주 대신 샴페인만 마시게 하는 대도시의 소위 보다 고상한 댄스 홀도 원칙적으로 이런 소란에 대해서는 예외가 아니다. 이런 댄스 홀도 공공의 교미장에 지나지 않는다. 에로틱한 향락과 자극이 여기에서는 매우 세련되어 있다는 점이 다를 뿐, 그 목적과 목표는 같았다.

4) 왈츠, 캉캉, 슬립댄스

근대 댄스 기교의 발달은 댄스가 어떤 의식적인 목적을 가지고 항상 뚜쟁이 역할을 하는지를 매우 확실하게 증명하고 있다. 부르주아 시대도 이 점에서는 원칙적으로 이와 동일한 길을 걷고 같은 목적을 추구했다고 하는 주장을 증명하려면 새로

왈츠, 캉캉 등의 특징적인 자세(A. 로비다, 1882)

탄생한 댄스의 가장 중요한 유형을 들어서 그 특징을 간단히 기술하는 것만으로도
족하다. 부르주아 시대 최초의 가장 중요한 댄스 발명품으로는 독일의 왈츠를 들
수 있다. 그러나 세련된 왈츠의 이 방면의 이용은 이미 제III권에서 자세히 증명했
기 때문에 여기서 서술하지 않겠다. 부르주아적 향락생활의 최초의 전성시대는 다
음과 같은 특히 새로운 댄스의 발명을 낳았다. 그 전성시대란 누구나 알고 있듯이
프랑스 제2제정 시대이며, 이 시대에 발명된 특수한 댄스가 곧 캉캉(cancan)이었다.
캉캉은 이제까지 발명된 댄스 가운데 가장 추잡하고 음란한 댄스 중 하나이다. 캉

솔로 댄스 — 판당고

캉에 비하면 스페인이나 이탈리아의 민속 댄스 판당고(fandango)나 타란텔라 (tarantella)는 순진한 것이며, 그 때문에 훨씬 고상한 형태였다. 반면에 캉캉은 댄스를 통한 외설이다. 따라서 그 점에서 보더라도 캉캉은 프랑스 제2제정 시대의 진정한 산물이었다. 그 시대는 캉캉을 추면서 살아갔고 이것은 이 시대의 온갖 저열한 난폭성을 표출했다. 그런 난폭성에 대한 시대의 욕망에는 제한이 없었고 목적도 없었다. 난폭성은 이상 따위도 알지 못했다. 이상이라고 한다면 기껏해야 고귀함, 순결함, 고상함 등과 같은 것들을 학대, 조소하는 것이었다. 캉캉은 이 모든 것을 구체화했다.

아름다운 여성의 스커트가 우연히 흩날려 올라갔다면, 그것은 얼마나 자극적일까! 그러나 아름다운 여성이 단정치 못한 모습으로 스스로 그런 행동을 한다면 그것은 더더욱 자극적이다. 그것은 당신, 아니 수십, 수백 명의 눈요기가 된다. 더구나 그것은 우연에 의해서가 아니라 관객 모두가 볼 수 있도록 계획적으로 짜여진 것이다. 하얀 레이스의 스커트, 멋진 스타킹, 늘씬한 다리, 고혹적인 스타킹 끈만

캉캉을 추는 모습(베를린의 석판화, 1865)

이 아니라 탄탄한 허벅지, 짤막한 속바지, 특히 가능한 한 많은 것을 드러낸 육체, 적어도 무릎과 무릎 한 뼘 정도 되는 곳이 드러난다. 만일 춤추는 여성이 극히 호색적으로 상대방 앞에서 아래위로 자신의 알몸을 노출시킨다면, 그리고 만일 마지막에 춤추는 상대방 앞에서 최대한 광란적으로 알몸이 되고 마침내 온갖 말보다도 더 확실한, 가장 음란한 몸짓으로 상대방을 향해서 수없이 다음과 같이 외친다면, 그것은 음란한 공상에 대해서 가장 도발적인 것이 될 것임은 자명하다. "보세요! 보세요! 당신이 그토록 보고 싶어하는 모든 것을 당신은 보실 수 있어요! 그리고 당신에게 내 모든 비밀을 보여드리는 것은 나로서도 너무나 신나는 일이에요. 왜냐하면 나는 당신 앞에서 단 한 번만이 아니라 수없이 스커트를 걷어올릴 수 있으니까요.……나는 다리를 당신 코 앞까지 쳐들고는 스커트가 너무 빨리 미끄러져내려서 당신이 그것을 못 보는 일이 없도록 잠시 스커트를 걷어올리고 있겠어요. 당신 앞에서 빙글빙글 돌며 당신이 단 하나의 뉘앙스도 놓치지 않도록 모든 방향에서 나를 보여드립니다." —— 광기로까지 고조된 것이 곧 캉캉이었다.

칸칸이 실제로 그것을 발명한 시대를 가장 잘 표현했다면 당시 댄스를 선호하던 여성 중에서 진짜 칸칸의 천재가 태어났던 것은 별로 기이한 일이 아니다. 그 천재는 가장 유명한 댄서인 리골보슈였다. 이 댄서는 과거에 자신이 칸칸으로 얼마나 인기를 끌었는지를 글로 쓰고, 이런 모든 사실들을 증명했다. 리골보슈는 다음과 같이 말하고 있다.

칸칸에 대한 것입니다만 그와 유사한 말은 하나밖에 없습니다 —— 그것은 광란입니다. 어느 학자가 각국에서 그 유래를 찾아보고는 칸칸이 흑인의 춤에서 나왔다고 주장했습니다. 그러나 그것은 틀린 이야기입니다. 흑인은 몸짓은 있습니다만 칸칸과 같은 댄스는 없습니다. 칸칸은 본래 프랑스의 춤이며 마침내 국민 댄스가 되었죠. 그것은 구체화된 파리의 공상입니다. 칸칸은 규칙, 올바른 것, 순서와 연관된 모든 것들을 무시하고 배척할 뿐만 아니라 경멸합니다. 내 친구인 어느 리버럴한 남성은 칸칸이 1789년의 산물이라고 말했습니다. 실제로 칸칸은 유달리 자유로운 춤입니다.……칸칸을 추기 위해서는 특별한 재능, 비범한 정신을 가져야만 합니다. 댄서의 기분은 다리와 마찬가지로 공상적이 되지 않으면 안 됩니다. 왜냐하면 이 경우, 전통적이며 틀에 꼭 들어맞는 어떤 것을 내놓는 것이 핵심은 아니기 때문입니다. 그때는 오히려 발명하는 것, 창작하는 것 —— 결국 순간순간마다 창작하는 것이 중요합니다. 오른쪽 다리는 왼쪽 다리가 하는 것을 몰라서는 안 됩니다. 갑자기 광란상태에 빠지기 위해서는 여러분은 순간적으로 왠지 모르게 음울해지고, 멜랑콜리해지고, 슬퍼져야만 합니다. 그래야 할 때는 이런 것들이 전부 동시에 나타나야 합니다. 여러분은 슬픔, 명랑함, 진지함, 음란함, 무뚝뚝함, 정열 등을 나타내야 합니다. 한마디로 말씀드리면 여러분은 리골보슈가 되어야만 합니다. 이탈리아인이 타란텔라를 발명했다고 어느 분이 말했습니다. 그 춤의 몸짓은 물론 칸칸과 약간 비슷하긴 합니다만 모든 면에서 칸칸과는 다릅니다. 칸칸은 전부이자 무(無)입니다. 칸칸은 세계이자 변방이며, 비극이자 짧은 노래입니다. 그것은 다리의 광란입니다.

이 댄스가 상상할 수 있는 것 가운데 가장 심한 외설로 이끌어간다는 것 —— 많은 뻔뻔스러운 댄서들이 스타킹도 신지 않고 이런 대담한 춤을 추기 좋아한다 —— 은 당시 파리에 내려진 경찰의 지시가 가장 잘 증명하고 있다. 지시에 따르면 모든 공공 댄스 홀 한가운데에 경관이 진을 치고 있으면서 칸칸을 출 때 대담한 뻔뻔스러움이 극에 달한 댄서들에게 퇴장을 명함으로써 극단적인 퇴폐를 방지했다고 한다. 앞에서 몇 차례나 인용했던 독일의 프랑스 전공 저술가 테오도르 문트는 프랑

스의 제2제정 시대에 관한 책에서 이 점에 대하여
다음과 같이 서술했다.

속바지를 입지 않은 빈의 캉캉 댄서

　경관의 임석(臨席)은 댄스 홀 최대의 크레디트 사
업, 즉 캉캉을 언제 위험이 닥쳐올지도 모르는 지나
친 행동으로부터 감시하기 위해서는 꼭 필요한 것처
럼 보였다. 이 사업으로 주권(株券)을 대거 낚아올리
는 위법수단이 사용되면 곧바로 이들 경관은 가장
악질적인 투기업자들에게 캉캉을 그만두도록 손짓을
했다. 그 때문에 그런 투기업자들은 주식시장을 떠
나야 했다. 왜냐하면 그들은 자신의 거래를 완전하
게 할 수 있는 권리를 그날 밤만큼은 잃어버리기 때
문이다.

　아름다운 여성 투기업자의 극도로 대담한 과잉행동을 방지하기 위해서는 경관 따위는
거의 필요 없었을 것이다. 왜냐하면 이 여성 투기업자들은 이와 같은 흥분의 소용돌이 속
에서 가장 확실한 정숙한 경우보다도 훨씬 많은 임기응변을 통해서 자신을 훈련하기 때문
이다.

가장 난폭한 호색을 위해서 방치되었던 이 "다리의 광란"이 제2제정 시대가 발명
한 특수한 모드로서의 크리놀린과 마찬가지로 전세계적으로 유행했다는 사실은 그
런 것이 시대의 일반적인 특징에 얼마만큼 부합하고 있었던가를 매우 확연하게 증
명하고 있다. 또 이런 상황은 사람들이 공공 댄스 홀에서 캉캉을 추었을 뿐만 아니
라 그 무렵엔 상류 부르주아 계급의 사람들까지 가족잔치 때 미친 듯이 흥분하여
캉캉을 추었다는 사실에 의해서도 증명할 수 있다.

1860년대에는 캉캉에 대한 일반인의 흥분이 차차 가라앉기 시작했다. 캉캉은 정
치상황의 사회적 본질로부터 생겨났기 때문에, 정치상황의 변화와 함께 무대에서
물러났다. 그러나 캉캉이 그로 인해서 철저하게 추방되지는 않았다는 사실은 1890
년대 초 버라이어티 쇼의 무대에서 경험한 멋진 부활이 증명한다. 바리종의 다섯
자매 및 많은 그들의 모방자들이 춘 댄스는 캉캉의 부활이었다. 그때 무엇보다 먼
저 속옷의 세련된 효과, 즉 속옷을 갑작스럽고도 그로테스크하게 관객의 눈앞에 노
출하는 유혹행위가 연출되었다. 게다가 사람들이 그동안 가장 강렬한 성애의 자극

바리종의 다섯 자매

제라고 만장일치로 찬성한, 색채의 세련된 대비가 이번에는 중요한 지지를 획득했다. 그것은 검은색 윗옷으로부터 갑자기 물결치는 하얀 레이스 스커트와 레이스 달린 속바지의 반짝이는 듯한 거품이 나타나며, 이 거품으로부터 다시 검은색 스타킹을 한 우아한 모양의 다리가 불쑥 나와 관객의 눈앞에서 매우 세련되게 율동을 하는 호색적인 자극물이었다. 바리종 자매가 펼친 우아하고, 또 거기에 어울리는 세련됨은 1960년대의 캉캉에서는 찾아볼 수 없었다. 따라서 그것은 역시 새로운 센세이션을 불러일으켰다. 어떤 새로운 댄스도 캉캉의 이 새롭고 세련된 형태처럼 남성의 에로틱한 광란을 그토록 도발했던 것은 없었다. 그것은 새로운 시대의 남성의 육체적 욕망에 대한 가장 대담하고 공공연한 도발이었다. 그리고 이 도발을 체험하고 그것을 제대로 맛보기 위해서 대중은 바리종 자매의 공연과 그밖의 흥행물들에 우루루 몰려들었다. 그들은 서로 먼저 자리에 앉기 위해서 다투었는데, 돈 많은 게으름뱅이도 종국에는 그녀들의 개인적인 총애를 받기 위해서 정신 없이 몰두했다. 뿐만 아니라 덧붙여 말한다면 캉캉의 원형이 완전히 사라졌던 것도 아니었다. 파리의 물랭 루주나 물랭 라 가레트 등의 댄스 홀에서는 계속 캉캉을 추었고 오늘날에도 여전히 추고 있다.

최근 10년 동안에 발명된 새로운 댄스들은 캉캉이 몇 번씩이나 거듭해서 전세계를 뒤덮은 것처럼 전세계적인 인기를 모으지는 못했으나 그래도 최근 몇 년 동안 다른 여러 가지 춤이 무르익었다. 이런 춤의 기교는 에로티시즘 그 자체이며 따라서 남녀를 한데 묶어주는 효과에서는 그런 생각으로 가득 찬 공상이 그려낼 수 있는 가장 세련된 것을 보여준다. 그것은 소위 슬립댄스라는 것이다. 나는 고전적인 실례로서 스페인의 마치체(matchiche), 미국에서 수입된 케이크-워크(cake-walk), 랑스가 세계에 내보인 아파슈 당스(apache dance), 마지막으로 이런 모든 댄스들의 독일적인 슬립댄스의 형태만을 들어보겠다. 이런 댄스는 눈 깜짝할 사이에 모든 계층에게 상당히

신문삽화(1870)

인기 있는 사교 댄스가 되어버렸다. 이것은 오늘날에도 부분적으로는 그러하다. 케이크-워크와 아파슈 당스는 조잡함과 최고의 잔혹성을 결합시킴으로써 매혹적인 효과를 얻었다. 한편 독일의 슬립댄스 쪽은 거의 더 이상 과장하기 어려울 정도의 에로틱한 춘화의 트릭을 써서 마찬가지의 효과를 얻었다. 거듭 말하지만 모든 댄스의 첫째 특징은 에로틱하다는 데에 있다. 왜냐하면 댄스는 구애, 유혹, 갸륵한 헌신, 때로는 그 이상의 것, 즉 성교까지도 상징하기 때문이다. 성교의 상징은 다른 사교 댄스의 대부분에서는 상당히 비밀스럽게 행해지지만 슬립댄스에서는 매우 노골적으로 표현된다. 슬립댄스의 리듬 형식은 성교의 특수한 움직임 하나하나를 가능한 한 충실하게 모사한 것에 지나지 않는다. 이 댄스는 우선 춤을 추는 남녀가 서로 매우 다정하게 껴안는 것으로 시작해서 마지막에는 일종의 교합상태로 끝을 맺는다. 이 교합상태는 사랑하는 남녀가 실전의 포옹 뒤에 벌이는 그것과 같은 것이다. 댄스에서는 여성이 자기 허벅지를 처음에는 단정하게, 이어서 차차 넓게 벌린다. 이와 동시에 남성은 파트너의 허벅지 사이에 다리를 밀어넣는다. 이와 같은 고조기에 춤추는 남녀는 육체를 서로 밀착시킨다. 이때 여성은 성교에 대한 자신의 욕망을 표현하기 위해서 가능한 한 눈에 띄게 파트너의 몸에 아랫배를 밀착시키는 한편 상체를 최대한 세게 뒤로 젖힌다. 운동의 낮은 리듬, 특히 독일 슬립댄스의 리듬은 결국 서로 성교하고 있는 상황을 상징한다. 만약 다른 사람들이 춤을 추고 있는 남녀의 표정, 대개는 반쯤 감은 눈과 부드러운 손발의 놀림을 주의깊게 본다면, 많은 남녀가 춤을 추면서 그것이 상징하고 있는 현상에 일치하는 감각도 맛보고 있다는 사실을 의심할 여지가 없을 것이다. 따라서 이것 이상으로 교미적인 댄

경례 —— 근대의 캉캉 포즈(루이 르그랑, 부식 동판화)

스, 좀더 정확하게 말하면 이것 이상으로 춘화적인 형태는 거의 생각할 수 없을 것
이다. 따라서 이 댄스의 대중화는 변두리의 댄스 홀이나 서민의 "살롱 드 슈보프
(Salon de Schwoof : 하급 댄스 홀)"에 한정되지 않고 자산가들의 방탕한 최고급 댄
스 홀에까지 널리 퍼졌던 사실을 거듭 지적해두는 것은 매우 중요하다. 아니, 오히

려 이전에는 상류 부르주아 계급의 개인적인 많은 무도회에서 이 댄스를 추었을 뿐 아니라 오늘날에도 이 계급의 사회에서는 여전히 유행하고 있다. 왜냐하면 경찰권은 개인적인 사교까지는 어떻게 할 수 없기 때문이다. 최근 베를린에서와 같이 경찰이 공공의 댄스 홀에 대해서 노골적인 춘화적 형태는 처벌하겠다고 위협함으로써 그것을 추방했으나 개인의 살롱에 대해서는 명령할 수 있는 권리가 없다. 따라서 이곳에서는 사람들이 경찰권을 의식하지 않아도 좋다.

5) 카니발과 무도회

사교 댄스의 발달에 관한 기사와 결부해서 사교생활의 특수한 축제도 잊어서는 안 된다. 왜냐하면 그런 축제는 항상 댄스를 통해서 향락의 절정에 달하며, 또 사람들도 절정을 댄스에서 구하기 때문이다. 그것은 오늘날에는 대부분의 나라에서 특히 겨울에도 행해지며, 많은 지방에서는 특수한 방식으로 카니발과 결합된 무도회가 열린다.

소수의 도시들, 독일에서는 특히 라인 지방, 쾰른, 마인츠, 뒤셀도르프, 그밖에 뮌헨 등에서는 지금도 여전히 길거리에서 카니발 소동이 벌어지고 있으나, 이들 도시에서도 그것은 지극히 작은 부분이며 본격적인 사육제 기간 중의 단 며칠에 한정되고 있다. 진짜 축제는 이런 지방에서도 은밀한 장소로 옮겨져서 벌어지는데, 이때 무도회나 카니발 소동은 며칠 만에 끝나는 것이 아니라 보통 수주일 이상 계속되기도 한다. 여기서 거리의 카니발 소동을 서술해보고자 한다. 이 소동은 오늘날에도 결코 교화적인 것이 되지 못한다. 하물며 공공의 축제를 고상한 형태로 만들자는 더 높은 요구를 만족시킬 수 있겠는가. 그렇기는커녕 오히려 그보다 덜한 요구도 만족시키지 못한다. 왜냐하면 이 소동은 일변 매우 진부하고도 조잡한 수단을 이용하는 자극제로서 어디까지나 강제된 농탕질이기 때문이다. 기쁨과 즐거움은 일반적으로 난폭한 소동이나 매우 어리석어 보이는 방종 속에서 발견된다. 사람들은 도처에서 남의 아내나 아가씨를 닥치는 대로 공격하고 서로 스스럼없이 키스를 하고 또한 아무 거리낌없이 음란한 뒤엉킴 속에서 모든 즐거움의 절정을 발견한다. 그러나 조심하고 경계하는 여성은 멍청하거나 유희를 방해하는 어리석은 여자로 보이게 된다. 땅거미가 지면 이제 이 거리에서는 언제나 남녀 사이에서 흔히 볼 수

캉캉(작자 미상, 베를린의 석판화, 1895)

있는 어울림이라는, 난폭하고 제정신으로는 볼 수 없는 난잡한 소동이 벌어지고 마침내 거리에서 댄스 홀로 자리를 옮겨 남녀는 거기에서 더욱 거리낌없이 농탕질을 한다. 이렇게 되면 점잔을 빼는 여자도 이미 피할 수 없게 되며 몹시 음란한 어울림도 곧바로 전체의 혼잡함 속에 숨겨지기 때문에 남자도 여자도 점점 대담해진다. 이 때문에 종종 카니발의 형태를 고상하게 진행시킬 필요성이 대두되고, 이미 다양한 시도가 이루어졌으나 그때마다 그다지 성공을 거두지 못했다. 또한 대중이 평상시에는 정치적, 사회적 속박 속에서 생활하기 때문에 그런 축제날에는 무한정 기분전환을 해도 좋다고 생각하고, 축제날을 자신들에게 허용된 유일한 기회로 보는 한 축제 분위기의 개선따위는 생각할 수도 없다. 일반적인 사회적 속박, 정치적 속박

쾌활한 무도회의 밤(호프만, 빈의 석판화)

이 제거될 때, 비로소 축제의 격을 높일 수 있다. 왜냐하면 그렇게 되어야 비로소 전체의 시야가 넓혀지기 때문이다. 이것은 공공의 에로틱한 향락이 더 나은 형태로 이루어질 뿐만 아니라 그런 향락이 이미 사교의 즐거움에서 유일한 활로는 아니라고 하는 사실에 대한 전제가 된다. 더욱이 정치적으로 정화된 대중이 존재하는 곳에서는 이런 제전이 음란한 형태가 되는 일은 없다. 정치적으로 잘 조직된 민중의 제전에서는 난폭한 기분전환은 볼 수 없다.

매춘부는 이런 모든 기회, 특히 공공의 무도회에서 상당히 큰 역할을 하고 있다. 그럼에도 불구하고 이들 매춘부의 행동은 오늘날에는 르네상스 시대와 전혀 다르다. 오늘날 대부분의 매춘부는 조심스럽고 소극적이며, 오히려 요조숙녀들 쪽이 뻔뻔스럽다. 캉캉을 출 때 매춘부의 조심스러움과 사교부인의 뻔뻔스러움의 차이에 관한 테오도르 문트의 인용문에 이미 나타나 있는 사실은 부르주아 시대에 들어오면 일반적으로 볼 수 있는 전형적인 현상이 되어버렸다. 상류층 상대의 매춘부는 공공의 댄스 홀에서는 소위 예의바른 부인보다도 훨씬 더 예의바르다. 멋진 고급 매춘부가 춤을 추거나 플러트를 할 때 관객은 눈요기를 할 수 있지만 소위 예의바른 사교계에서 때때로 구경하거나 맛보는 만큼 많은 것을 볼 수는 없다. 그러나 이

카 자르의 복장(A. 기욤)

차이는 우리가 예의바른 부인과 고급 매춘부가 이런 기회에 추구하는 여러 가지 목적을 생각한다면 곧 자명해진다. 수많은 요조숙녀들에게 무도회는 마음껏 기분전환을 하고, 은밀한 충동에 빠져서, 마음껏 자신의 몸에 키스를 받고, 마음껏 애무를 받고 싶은 욕구를 충족시키는 데에 두번 다시 없는 훌륭한 기회이다. 무도회의 자유는 부인들에게 그것을 허용하며 그것을 가능하게 해준다. 그런 까닭에 정숙한 부인은 이런 기회를 이용하고 싶어했을 뿐 아니라 이미 이용하고 있었다. 뮌헨의 가장무도회나 자선무도회, 그것에 상응하는 베를린의 무도회(일명 악한의 무도회), 파리 미술가들의 무도회 등이 그녀들을 위해서 열리고 있다. 고급 매춘부의 경우는 이들과는 전혀 다르다. 고급 매춘부는 "애무받고 싶다"라는 일반적인 욕구를 가지고 있지 않다. 오늘날의 고급 매춘부에게 무도회란 거래를 하기 위한 좋은 기회에 불과하며, 거래는 모두 무도회가 끝난 연후에야 비로소 실현되는 것이다. 따라서 고급 매춘부는 그다지 바쁠 것이 없다. 그리고 일반적으로 자기 목적으로서의 플러트에 대해서 비밀스러운 동경을 가지고 있지 않다. 고급 매춘부가 이런 특별한 기회에 다소 예의바르게 행동하는 것은 간단하고도 자연스러운 이치이다.

오늘날 미술가의 제전이나 무도회에서의 대담함이 때로는 얼마나 극단적으로 흐르는가에 대해서는 고전적인 실례로서 몽마르트르 미술가들의 "카 자르" 무도회가 보여준다. 이 제전에서는 여성들이 가능한 한 알몸을 많이 드러내어 자신을 눈에 띄게 하는 것이 일반적인 규칙으로 되어 있다. 여성들이 불경스럽게도 아름다운 유방과 다리를 드러내는 것은 당연하다고 하더라도 유달리 아름다운 여성들이 자기 알몸을 거침없이 노골적으로 드러내는 사태마저 이따금씩 벌어졌다. 그러나 진실을 말하면 이때 여성들은 "부끄러워할 만한" 완전한 알몸은 아니었다. 이런 무도회와 관련된 어느 재판에서 어떤 여성이 "전 알몸은 아니었습니다" 하고 아주 진지하게 잘라 말했다 — 왜냐하면 이 여성은 오른쪽 무릎 위쪽에 술이 달린 너비 3센티미터의 앙증스러운 띠를 두르고 발가락에는 금가락지를 끼고 있었기 때문이다 —

"그러면 정말 나체라는 것은 어떤 상태인가?" 그림은 이런 무도회에서 여자들이 걸치는 복장의 예들을 한두 가지 보여주고 있다. 그런데 독자들은 알몸을 드러내는 그와 같은 여성들 대부분이 미술가들의 모델이었다고 생각하고 나의 이야기에 반대할지도 모르겠다. 그러나 그 가운데에는 미술가의 버젓한 부인들도 있었다. 게다가 우리들이 "투 파리(tout Paris: 전〔全〕파리)"라고 하는 것을 돈 많은 상류층의 남녀 게으름뱅이라는 의미로 받아들이는 한, "투 파리"는 항상 관람석에 진을

여성의 무도회 의상(가바르니, 목판화, 1840)

치는 이 제전의 관객들이며, 제전이 끝나면 협력자 모두가 그 관람석 속으로 들어가게 된다.

만일 독자들이 이와 같은 제전을 구경하게 되는 경우 남녀의 난잡한 교제가 최근에 다시 부활했다고 믿을지 모르겠다. 이때에는 대부분의 남녀가 무슨 짓이든 극히 음란하게 놀아나는 난폭하고 난잡한 교제가 일반적인 특징이다. 이런 류의 모든 무도회에서 대개의 여성들은 지극히 도발적인 가장(假裝)을 하고는 거침없이 난잡한 교제를 즐기게 된다. 이미 앞 장에서 증명했듯이 이것이 근대의 특수한 현상이 아님은 확실하다. 프랑스의 총재정부 시대와 제1제정 시대의 무도회, 또 이 시대의 영국의 무도회는 형언하기 어려울 정도로 방탕한 것이었다. 그 시대에 처음으로 여성이 즐겨 남장을 하는 관습이 유행했다. 그뒤 보다 더 조심스러운 시대가 도래하자 몹시 점잔을 빼는 소시민주의가 주류를 이루었다. 그러나 부르주아 계급의 새롭고도 의기양양한 등장을 대표하는 1830년 세대에 의해서 다시 한번 급격한 변화가 일어났다. 특히 이 시대의 미술가의 제전은 바쿠스적 방종이 최절정에 달했다. 그 당시 파리에서는 여성이 남장을 하고 무도회에 가는 모드가 몇년에 걸쳐서 다시 유행했다. 남장은 사교향락의 가장 방종한 형태를 허용하고 있었다. 왜냐하면 대개의 남성은 여성 앞에서만은 외관상 보다 점잖아지지만 남성만이 모이는 집회에서는 대단히 방종해지기 때문이다. 결국 여성이 남장을 함으로써 여성이 없어져버렸던 것이다.

게다가 여성들은 흔히 "나는 이처럼 '당당한 남자'가 되었습니다" 하는 것을, 거

무도회복으로 치장한 귀부인(베르탈, 데생, 1875)

리낌없이 남성적으로 행동함으로써 보여주었다. 그 덕분에 여성은 그토록 바라는 향락으로부터 더 이상 따돌림을 받지 않게 되었다. 포르메르츠(1848년 3월혁명 이전의 시대)의 창조적인 시대가 낳은 많은 회화들은 우리에게 그 시대 향락의 특징인 혼돈을 조각작품처럼 뚜렷이 보여주고 있다. 그러나 이와 같은 난잡한 바쿠스적 소동은 그 무렵에는 특히 미술가 패거리들이 중심이 되었고 그들에게는 그것이 부분적으로는 소시민적 속물주의에 대한 항의로 이해되었던 사실을 간과해서는 안 된다. 이런 소동은 1850년대에 와서 비로소 일반화되었다. 바야흐로 대부르주아 계급이 직접 주최자가 되었고, 따라서 모든 계급이 방탕해지게 되었다. 이렇게 되자 미술가들은 일제히 퇴각하고 모든 것들이 조잡하고 부분적으로는 야수적인 형태를 띠었다. 벼락부자들은 정치상황을 지배했듯이 한결같이 조심스러운 태도로 사회도 지배하게 되었다. 이 시대에는 부르주아 계급의 여성조차도 무도회에서 나체를 과시하는 일에 큰 흥미를 느꼈다. 그것은 먼저 그 무렵 절정에 이르러 있었던 데콜테라는 방식을 통해서 이루어졌다. 그 당시의 영국 궁정에서조차 여성들은 가슴을 전부 노출할 정도로 심한 데콜테로 무도회에 나타났다. 뿐만 아니라 가장무도회에서는 여성들은 흔히 가능한 한 옷을 걸치지 않는 고전적인 복장을 즐겨 택했다. 그 실례로서 나폴레옹 3세의 친애하는 여자친구였던 미모의 카스틸리오네 백작부인이 황제의 궁정무도회에 참석했을 때 입었던 복장에 대해서 살펴보자. 그 시대의 보고는 다음과 같다.

최근의 궁정 가장무도회에서……유난히 그 몸매가 풍만하기로 유명한 미모의 카스틸리오네 백작부인(1905년에 사망)은 플로베르의 최근 소설 「살랑보」에 나오는 티세의 복장을 택했다. 백작부인은 스커트를 높이 걷어올리고, 샌들을 신고, 눈부실 듯이 희고 아름다운 발의 다섯 발가락에 다이아몬드 가락지를 끼고, 왼쪽 무릎 위쪽에 온통 다이아몬드와 벽옥(碧玉)을 박아넣은 고급 브로치를 달고 나타났다.

그때부터 이미 내리막길이라는 것은 없었다.
이미 말했던 대로 현대는 그 절정에 이르고 있음
이 분명하다. 그리고 이에 대한 경찰의 단속규칙
도 대단한 것이 될 수 없었음은 물론이다. 예컨대
그런 단속규칙은 공공의 무도회나 가장무도회의
주최자에 대해서 한 쌍의 남녀가 그 누구의 방해
도 받지 않고 "향락할" 수 있는 정교한 별실을 만
드는 것을 금지시켰으며, 각 밀실의 칸막이 높이
—— 1910년에 빈에서 결정된 바와 같이 —— 를
1.4미터 이하로 하라고 명했다. 기업을 거느리고
있는 패거리들은 도덕주의자들의 세력이 쇠퇴할

가면무도회(토머스 롤랜드슨)

때까지 잠시 동안 자기들 저택의 방 속으로 피난하여 거기서 기분전환을 했다. 그
리고 오늘날의 방탕한 상류층 사교계의 사교형태를 반만이라도 알고 있는 사람은
이런 패거리들이 그런 기회에 가장 불결한 외설에만 빠져 그보다 더 높은 정열은
외면했다는 사실을 알고 있을 것이다. 자기 패거리들끼리 오붓하게……어떠한 망
설임도 없이 좋아하는 대로 할 수 있다는 것은 얼마나 매력적인 일이었을까! 이런
모임은 보통 어떤 카바레에서 에로틱하기만 한 최신 유행가를 부르는 것으로 시작
된다. 그리고 그러한 노래를 가장 잘 외고, 모두를 즐겁게 해주기 위해서 모든 실
수를 충분히 이해하며, 노래부르기를 주저하지 않는 부인이 종종 있다. 그것이 끝
나면 댄스가 시작된다. 그리고 왜 사람들은 그와 같은 유행가의 내용처럼 자기 좋
을 대로 해서는 안 된단 말인가? 프랑스 제2제정 시대의 가장 품위 있는 귀부인들
은 자기 저택에서 열리는 무도회에서 매우 빈번하게 이동무도회의 가장 음란한 캉
캉과 경쟁했는데, 이런 귀부인들도 역시 1890년대의 동일한 사교계에서 동일한 열
정을 가지고 바리종 자매와 경쟁했다. 이때 귀부인들은 역시 자극적인 속옷을 입고
있었다. 오늘날에는 어떠한가? 이미 얘기했다시피 그들은 포주라고 하더라도 자기
집 매춘부와 함께 출 수 없을 정도로 음란한 슬립댄스를 정신을 잃을 만큼 열정적
으로 춘다. 그것은 국제적으로 보면 어디에서나 똑같은 광경이다. 반처녀가 득세하
는 곳에서는 젊은 아가씨들이 속물근성에 대한 자신들의 반항을 증명하기 위해서
수치심을 철저히 짓밟아버리는 것으로 시작하는 것이 가장 좋다고 믿고 있다. 프레

보는 일찍이 그와 같은 광경을 묘사한 바 있다.

그녀는 피아노 의자 위에 뛰어올라, 이런 짓을 좋아하지 않는 어머니가 그녀를 만류하기 전에 전주곡을 치기 시작했다. 뛰어난 재능을 발휘하여 연주를 하면서 추잡한 노래까지 불렀다. 신사들은 그 노래에 박수갈채를 보냈다. 그 노래는 실제로 신사들이 스스로에게 인식시키려는 것보다 훨씬 인상 깊은 것이었다. 노래의 음란함과 그것을 부르는 아가씨의 입술, 그것을 꼼짝 않고 듣는 아가씨들의 귀, 이러한 대조적인 광경이 신사들의 가슴 속에 흥분되기 쉬운 욕망의 파도를 일으켰다. 젊은 아가씨들, 곧 반처녀들도 거리낌없이 불러제낀 노래의 진주와 같은 거품에 도취되어버렸다. 아가씨들의 웃음소리는 부자연스럽게 도막도막 울려퍼졌다. 아가씨들은 참을 수 없다는 듯이 상대방의 팔에 기댔다.

이들 수많은 남성들은 모든 것에 대해서 이런 센스와 이해심을 가진 여성과 알고 지내는 것을 최대의 명예로 삼았다. 그것은 세련미였다. 신이여, 여성이 그런 기회에 다른 남성으로부터 한 번이라도 키스를 받는다면, 혹은 여성이 손에 쥔 부채로 얼굴을 가리면서 이 사람 저 사람과 속삭인다면 어째서 좋지 못하단 말인가? 게다가 신사 쪽도 자기의 상대 여성과 이런 식으로 이야기를 주고받는다. 그리고 그녀가 음란한 댄스로 예의범절을 거의 무시한 채 자기의 속옷과 허벅지를 노출시켜 일반인의 호기심을 끌면, 그 신사는 "저 여인은 정말 아름답군, 저 여인의 다리와 속옷도 정말 아름답군. 그러니까 그것을 보여줄 수 있는 거지" 하고 모두가 들을 수 있도록 설명하는 것으로 자신을 위로한다.……

소시민계급이 이전처럼 위세를 떨치고 있는 곳, 특히 중소도시에서는 그와 같은 난잡한 예의범절이 결코 나타날 수 없다. 이때 남자들이 세상의 이목 때문에 억누르는 욕정은 기껏해야 여관의 깊숙한 방이나 가장 가까운 대도시가 행선지가 되는 "업무상 도저히 미룰 수 없는 여행"으로 발산되지만, 여성들은 가정 속에서 소박한 무지를 가장하도록 강제받고 있다.

6) 놀이와 스포츠

대개의 오락이 가정이라는 틀을 뛰어넘었기 때문에 놀이는 오늘날의 사교생활에서는 이미 과거와 같은 커다란 역할을 차지하고 있지는 못하다. 오늘날 놀이는 어

LA CHUTE EXTRAORDINAIRE DES ANGLAIS ET DES ANGLAISES DES ENORMES MONTAGNES RUSSES

파리 민중의 외설적인 놀이(1815)

느 것을 막론하고 어른들의 생활에서는 대단한 역할을 하고 있지 못하지만 소년과 소녀에 대해서만은 여전히 문제가 된다. 그러나 지금까지 남아 있는 사교적인 놀이는 르네상스 시대에 유행했던 것보다도 훨씬 고상한 것이 되었다. 물론 그렇다고 해서 놀이에서의 성적인 요소가 완전히 배제되었다는 의미는 아니다. 어른들의 수많은 사교적 놀이에도 여전히 에로틱한 빛깔이 깔려 있다. 수수께끼 놀이나 벌금내기 놀이 등 모든 것이 결국 키스의 기회를 주는 것을 목적으로 하고 있다.

예의범절의 변화는 물론 위선의 발전과 굳게 결합되어 있다. 왜냐하면 공적인 행위와 관련해서, 이미 몇 번이나 말했다시피, 먼저 신중하고 예의바른 규칙이 발달했다. 이 때문에 우리가 이 시대 이전, 곧 모든 것이 발효되고 들끓었던 19세기 부르주아 시대의 초기 10년간으로 거슬러올라가면 우리는 사교적 놀이 속에서 르네상스와 같은 왕성한 시대에 사랑받았던 것과 같은 조잡한 형태를 발견한다. 사교적 놀이는 남녀가 에로틱한 도발을 목적으로 하여 대담하게 어울리기 위한 다시없는 기회이기도 했다. 왜냐하면 사람들은 그런 기회에 가장 대담하게 밀착할 수가 있기 때문이다. 놀이에 참가하는 여성의 노출도 "점잖은 방법으로" 재기(再起)하여 다시 허용되었다. 그리고 이와 유사한 것들이 더욱 많이 허용되었다. 이 방면에 관해서

영국 민중의 외설적인 놀이(R. 도일, 목판화)

오늘날 우리가 깜짝 놀랄 만한 매우 흥미 있는 자료가 벨기에와 영국에서 발견되고 있다. 우리는 이런 나라들에서 그림에 설명문이 붙은 기록을 수집했는데, 이런 기록은 르네상스 시대에 필적할 수 있을 정도로 사교적 놀이에서의 음란한 대담성을 보여주고 있다. 남녀가 극도로 대담하게 어울리는 장면은 형언할 수 없는 것이었다. 르네상스 시대의 것과 이런 것들의 일치는 별로 이상하지 않을 뿐만 아니라 오히려 당연하다. 왜냐하면 앞서 말한 바와 같이 근대 부르주아 사회의 발흥 당시에도 가장 왕성하고 건강한 정력이 승리를 거두게 되는데, 처음에는 항상 거침이 정력에 대한 가장 자연스러운 표현이었기 때문이다.

오늘날 대부분의 놀이는 스포츠가 되어버렸다. 스포츠는 확실히 놀이를 몇 배로 강화한 것이다. 그것은 동시에 위선의 검열을 받고, 사교적 오락의 위생학적 목적에 대한 보다 고차적인 이해를 통해서 정화된, 예전의 사교적 놀이의 합리적인 형태이다. 여기서는 물론 남녀가 공동으로 참가하는 스포츠 활동만이 문제가 된다. 근대 사교생활의 주요 부분은 약 15세에서 20세 사이에 스포츠를 통해서 실현되고 있다. 이것은 어느 나라에서나 한때는 자전거 경기를 의미했으나, 오늘날에는 여기에 우선 여름에는 테니스, 겨울에는 썰매, 스키, 2인승 썰매 그리고 제한된 정도로나마 이전에는 유일한 겨울의 사교적 스포츠이던 스케이트가 더 추가되었다. 그것은 스포츠 활동의 이런 형태에 따라서 가장 중요한 스포츠의 명칭만 언급한 셈이다. 그러나 이런 스포츠는 특히 공적, 사적 도덕을 비판하는 데에 문제가 된다. 그와 같은 비판은 스포츠라는 것의 특징을 알기 위해서도 매우 중요하다. 스포츠는 외관상 무엇보다도 건강, 신경의 강화, 단련, 지방질 감소에 도움이 된다고 한다. 확실히 이것은 표면상의 목적만은 아니지만, 지금 거론했던 종류의 스포츠는 동시에 남녀의 플러트를 위한 다시없는 기회를 제공하므로 계획으로만이 아니라 가장 열광적으로 행해지고 있다. 이런 종류의 스포츠가 제공하는 절호의 플러트의 기회는 그것을 즐기는 남녀를 한 쌍, 무리, 팀으로 결합시켜주는 접착제와 같다. 그런 까닭에 경험은 그 옛날의 그러한 것에서 정확한 결론을 끌어냈다. 전에는 어머니가 결혼 적령기에 이른 딸을 데리고 무도회마다 쫓아다녔지만 오늘날에는 딸을 테니스 코트, 또는 겨울철 스포츠가 대대적으로 행해지는 장소에 내보내게 되었다. 오버호프, 상 모리츠, 그밖의 많은 피한지는 오늘날 국제적인 결혼시장이 되었다. 여름에는 대도시의 테니스 코트가 그 역할을 맡았다.

7) 해수욕과 풀

과거의 욕탕생활이나 소위 온천여행 대신에 19세기 중엽부터는 해수욕 여행이 나타났으며, 최근에는 베를린이 그 선구적 발전을 하고 있듯이 대도시에 풀이 나타났다. 이 경우에도 우리의 목적상 남녀가 함께 수영하는 장소만이 관심의 대상이 된다. 남녀가 함께 수영하는 것은 프랑스, 벨기에, 이탈리아의 큰 해수욕장에서는 이미 예전부터의 관습이지만, 독일에서는 소수의 해수욕장에서 최근에야 남녀가 함께 수영을 하게 되었다. 그리고 이런 해수욕장에도 대개 울타리가 쳐져 있으며 함께 들어갈 수 있는 것은 가족용 형태이다.

확실히 해수욕장이나 강가의 풀에 가는 것은 합리적으로 스포츠를 즐기는 것과 마찬가지로 건강에 대단히 도움을 주지만 이때에도 플러트와의 관계를 인정할 수밖에 없다. 남녀가 한데 섞여 수영함으로써 제공되는 다시없는 플러트의 기회는 오늘날이 아니라 이전에, 곧 국제적인 해수욕장 —— 비아리츠(프랑스), 트루빌 쉬르 메르(프랑스), 오스텐데(벨기에), 바스(영국) —— 에 가는 것이 부자들의 스포츠에 지나지 않았던 시대에 최초로 남녀공동의 해수욕 형태로 나타났다. 전세계의 주의깊은 엄마들은 몸에 달라붙는 수영복 덕분에, 결혼 적령기에 달한 딸들의 육체미를 가장 잘 알 수 있음으로써 외견상 가장 확실한 지식을 얻을 수 있었다. 그리고 연애를 동경하는 자유분방한 여성들은 그것을 통해서 많은 남성 서클에 대해서 최대의 자신감을 가지고, "인간"은 더 이상 "과거"에 머물러 있지 않아요, 이제야 인간은 비로소 정상에 도달한 것이에요, 따라서 아마 극히 열정적인 구애에 가장 잘 어울릴 것이에요 하는 주장을 실증할 수 있었다. "내 다리가 얼마나 아름다운지 한 번 확인해주세요", "내 유방은 대단히 풍만해서 도발적이죠?" 그리고 "내 등의 곡선은 일품이 아니에요?" 몸에 달라붙는 수영복은 이런 모든 것들을 외관적으로 분명히 드러나게 할 뿐 아니라 그 것을 감안해서 만들어진 수영복은 원하는 곡선까

해수욕(클릭, 소묘)

지 만들어주는 것이다 ── 이것이 가장 중요한 점이다. 수영복이라는 것은 몸매를 어느 정도까지 보완해주기 때문에 완전한 알몸인 경우에는 가질 수 없는 탄력성과 곡선미를 제공한다. 더욱이 이 효과는 재단방식이나, 미리 감안해서 선택한 재료에 의해서 상당히 강화될 수 있다. 심사숙고한 재단은 육체의 훌륭한 거푸집이다. 이 목적을 해결하기가 지나치게 어려운 경우에는 수영복 코르셋 등이 도움이 된다. 한편 여자들은 매우 부드러운 제2의 피부처럼 육체를 감싸는 대단히 얇은 견직 트리코나 몸의 틀난 부분을 투시할 수 있게 하고 싶은 경우 이 유혹을 실현하기 위해서는 투명한 트리코를 선택한다.

여성들 대부분이 부정하고 극소수의 여성만이 그것을 의식하고 있음에도 불구하고 에로틱하게 알몸을 과시하고 싶어하는 것은 대단히 많은 여성에게 강하게 작용하고 있는 법칙이라고 해도 무방하다. 나체문화에는 이와 같은 법칙이 부분적으로 작용하고 있다. 상류층의 해수욕장 생활의 경우 에로틱하게 유혹하는 수영복의 형태가 이 사실을 증명하고 있다. 만일 여성이 이러한 기회에 육체미를 드러내는 데에 무관심했다면 아마 거기에 걸맞는, 달리 말해서 육체미와는 무관한 수영복이 나타났을 것이다. 따라서 1850년대에 발달한 것과 같은 사치스러운 해수욕장 생활의 중심은 결국 부르주아 도덕의 울타리 안에서는, 그 울타리를 넘어서지 않고서는 이런 에로틱한 노출충동을 충족시킬 수 없는 사회형태라고 할 수 있다. 이때 우리는 특히 상류층의 해수욕장은 우아한 화류계 여성들이 부나비처럼 모여드는 장소이며, 그 사회의 여자에게는 앞에서 말한 것을 토대로 하여 모든 사람 ── 바꾸어 말하면 가장 부유한 모든 사람 ── 의 주의를 최고의 시장가치를 지니고 있는 자신의 육체적 품질에 집중시키는 데에 이 이상 절호의 기회가 두번 다시 있을 수 없음을 잊어서는 안 된다. 이것과 똑같은 이유에서 트루빌이나 오스텐데와 같은 해수욕장은 항상 세련되고 에로틱한 인생향락의 중심지였으며, 오늘날에도 그것은 여전히 그 중심지이다.

8) 극장

고대 이래로 극장이 정신생활 면에서 부르주아 시대의 전과정에서와 같이 그토록 큰 역할을 했던 적은 한번도 없었다. 극장은 부르주아 사상의 최초의 전장으로서,

부르주아 사상은 18세기에 극장에서 처음으로 선전되었다. 그 이래로 새로운 사회문제가 나타날 때마다 극장의 무대가 항상 중요한 투쟁의 토대가 되었다. 모든 부르주아 생활은 극장의 무대 위에서 부활을 경험했다. 그러나 문제의 이런 측면은 여기서는 일단 보류하기로 하고 오히려 그와 관련된 사실, 즉 극장이 19세기 전반에 걸쳐서 대중의 가장 중요한 정신적 오락형태 중의 하나를 보여주었다는 사실에 대해서 좀더 살펴보고자 한다. 그

세미라미스 역의 이탈리아 배우 앙겔리카 카탈라니

때문에 극장은 공공도덕의 역사 속에서 대단히 큰 역할을 하고 있다. 왜냐하면 극장은 시대의 본질적인 투쟁보다도 여기저기에서 활약하는 뚜쟁이들의 강력한 유혹에 훨씬 더 많이 이용되었기 때문이다. 그것은 가능했고 오늘날에도 역시 가능하다. 왜냐하면 극소수의 사람들만이 극장에서 계몽되고, 가르침을 받고, 고무받기를 바라며, 보다 높은 정신적 방법을 통해서 예술적으로 즐기고 싶어할 뿐, 대부분의 관객은 오히려 자극적으로 즐기고 싶어하기 때문이다. 이런 경향을 확실하게 계산에 넣은 사람, 즉 극작가와 감독은 가장 이익이 많이 남는 흥행물을 만든다. 그것이 어릿광대극이나 오페레타의 특수한 내용을 만들었고 많은 극작가들에게 진지한 희극이나 교훈극이라는 위장하에 관객의 성신경에 열심히 투기하도록 만들었던 것이다. 물론 우리는 그런 투기와 그들 작가의 용기를 혼동해서는 안 되며, 또한 작가의 용기를, 진지한 방법으로 성문제를 다루고 그것을 무대에 올리는 것과 똑같이 취급해서도 안 된다. 그것은 위선자의 트릭이었을 것이다. 연극의 형태를 빌려서 인간의 성관계를 용감하게 분석하는 일이 점차 성행하게 되었다면 우리는 이런 중대한 문제에 대해서 이전보다도 훨씬 큰 전체적인 책임감에 대해서 논할 수밖에 없다. 이 모티프가 진지하고 또 풍자적으로, 혹은 활발하게 다루어졌느냐의 여부도 중요하다. 그러나 소재를 예술적인 형태를 통해서 아름답게 하고, 각각의 소재의 형태를 살리기보다도 소재, 그 자체에만 몰두하는 편이 훨씬 쉽기 때문에 후자가 더욱 유혹적이다. 왜냐하면 그것은 흔히 이해관계가 있기 때문이다. 지배계급이 극장무대를 여전히 중요한 교육시설, 즉 공공도덕의 연단으로 보았던 시대에는 이런 유혹을 공공연하게

극복하기란 거의 불가능했다. 이런 방면에서 극장의 잠재력을 대담하게 이용하기 위해서는 극장이 우선 단순한 오락기관으로 타락해야 했고 또한 대도시라는 조건이 발달해야 했는데 19세기 중엽부터 그 기미가 보이기 시작했다. 그와 동시에 춘화적인 투기적 선전가 및 투기적으로 용이하게 돈을 버는 극장의 역할도 시작되었다. 다른 모든 것들과 마찬가지로 이 경우에도 역시 파리가 그 출발점이 될 수밖에 없었다. 왜냐하면 앞에서 든 두 가지의 불가결한 전제가 파리에 처음으로 주어졌기 때문이다.

이런 프로그램의 실현은 정신적으로는 매우 빈약한 방식으로 시작되었다. 흥행사들은 연인끼리 옷 벗는 장면을 극화했다. 그들은 관객이 목격자가 된다는 사실뿐아니라 옷을 벗는 연인끼리도 무대에서는 서로 목격자가 된다는 사실로 그 옷 벗는 장면을 어느 정도 복잡하게 꾸밀 수 있었다. 그들은 곧바로 가장 자극적인 것부터 시작했기 때문에 당연히 점진적인 고조나 변화를 고려하지 않았다. 곧장 직행하도록 흥행사가 꾸며놓은 연극의 클라이맥스는 무대 위에 서로 이웃한 침실 두 개를 만들고 거기에 두 쌍의 남녀를 집어넣어 한쪽 침실의 실내음악이 옆 침실 이용자의 관능을 흥분시키도록 한다는 식이었다. 또 옆 침실의 이용자가 초로의 부부인 것은 물론이다. 그런 것은 예컨대 1850년대에 극장을 가득 채웠던 「부부생활의 겨울」이라는 각본의 내용이었다. 그 시대의 소개자는 이 각본에 대하여 다음과 같은 특수한 기사를 제시하고 있다.

관객은 중앙에 칸막이가 된 무대에서 젊은 신혼부부와 세월의 관습으로 인해서 서로 아주 냉담해져버린 부부의 비밀을 동시에 구경하게 된다. 두 쌍의 부부는 옆 방에서 들리는 무슨 소리나 침대 삐걱거리는 소리에 서로 자극을 받아 각각 분위기를 맞추게 된다는 줄거리이다. 이리하여 기분이 상하고 마음이 내키지 않았던 노부부는 바야흐로 젊은 부부의 행복을 따라서 흥분하려고 한다. 그리고 깡그리 옷을 벗는 장면이 나타난다. 두 쌍의 부부는 모든 관객 앞에서 별로 망설이지도 않고 침대 속에 들어가 침실의 예절을 너무나 완벽하게 육체적으로 천진난만하게 공개하기 때문에, 관객들은 신혼부부를 위한 캐리키즘(교리문답)이 연출되는 것으로 생각할 정도이다.……관객들은 항상 혈족의 결혼식을 축하하기 위해서 야만적인 관습과 의식들을 모아 제전의 극으로 꾸미는 미개인의 연극을 보고 있는 것으로 생각한다.

326

여름 극장에 등장한 암사자(최신 유행을 좇는 여자)

장삿속에 급급한 흥행사는 점점 희귀하나 더욱더 자극적인 뉘앙스와 트릭을 구사했다. 특히 그들은 분명히 혼동할 만한 자극물을 이용했다. 그리고 대개의 춘화적 문학작품이 그렇듯이 비록 결론적으로는 항상 미덕이 승리를 거둔 것처럼 보일지라도 통상 이런 각본은 결국 전부 부도덕을 찬미한 것들이었다. 이러한 찬미는 모든 비합법적인 것을 가능한 한 자극적으로 묘사하는 방식을 통해서 이루어졌다. 그들은 이런 방법으로 오늘날까지도 이전과 같이 별로 돈을 들이지도 않고 커다란 성공을 거두고 있다. 이에 대한 중요한 동맹자는 항상 음악이었으며 오늘날에도 이 사실은 변함이 없다. 음악은 그 특수한 방법을 통해서 성적 친밀을 암시할 뿐만 아니라 —— 그러한 차원에서는 말이 있을 수 없으므로 말로는 결코 표현할 수 없는 방식으로 —— 묘사할 수 있기 때문이다. 오페라는 오페레타로 변했다. 오페레타를 통해서 그들은 가장 자극적인 다양한 효과를 거두었다. 결국 오페레타는 에로틱한 자극을 찬미하는 데에 지나지 않았기 때문이다. 뿐만 아니라 많은 오페레타 작곡가들은 외설적인 작곡가에 불과했다. 우리는 이 경우에도 분별을 잘 해야 하며 동시에 차마 말로는 표현할 수 없는 에로틱한 분위기를 음(音)을 통해서 진보적으로, 또

살로메 역의 여배우 수터

한 해방의 차원에서 고조시킬 수 있는 표현방식이 음악에 크게 주어져 있다는 사실을 명백히 해야 할 것이다. 우리는 나아가 참으로 대담한 것조차 이 세상에 존재할 자격이 있다고 생각하듯이, 음을 통해서 에로틱한 것을 정신적으로 훌륭하게 표현할 수가 있다. 따라서 오펜바흐나 요한 슈트라우스와 같은 작곡가들은 결코 춘화작가 속에 포함되지 않는다. 그밖에도 외설을 무대 위에 억지로 올려놓으려고 노력했던 동맹자는 발레인데, 그것은 19세기에 그 전성기를 맞이했다. 그러나 이에 대해서는 따로 서술하고자 한다. 여기서는 마찬가지로 무대 위에서 발레가 보여준 자극성은 관객이 억지로 요구한 것이며, 그 결과 마침내 발레가 집단 댄스나 솔로 댄스로서 모든 오페라에 삽입될 수 있었다는 사실만 밝혀두어야겠다. 극장의 이와 같은 타락에 반항했던 바그너가 등장하기까지는 발레가 삽입되지 않은 오페라의 연출은 생각할 수도 없었다. 이런 사실을 보더라도 시인과 작곡가가 간접적인 유혹자임이 명백해지지만, 사실 그들은 관객의 의지를 다소라도 이해하고 그것을 실현시키는 인간에 불과하다. 결국 명령은 관객이 하는 것이다. 펠탕은 제2제정 시대의 극장의 타락을 묘사했는데, 그때 그는 이 점에 대해서 매우 정확하게 서술했다.

그러나 극작가만이 극장의 타락에 대해서 책임이 있는 것은 아닐 것이다. 극작가는 항상 협력자, 곧 공범자를 가지고 있다. 나는 관객에 대하여 말하고자 한다. 관객이라는 존재는 항상 많긴 적긴 각본의 정신이라는 것을 극작가에 불어넣는다. 관객이란 언제나 연극 속에서 자기 자신의 각본을 보고 싶어한다. 나는 시류(時流)와 싸우는 훌륭한 작가보다도 그렇지 않은 작가를 더 많이 알고 있으며 그들 이름도 들 수 있다. 소수의 예외는 있지만 그러나 극작가나 통속 희극작가는 그런 외설이나 속악(俗樂)을 서로 앞을 다투어 찾아내려고 애를 쓰며 관객의 식탁에 가장 짜릿한 요리를 제공하기 위해서 서로 경쟁한다. 그들은 각본, 곧 줄거리 따위는 쓸데없는 첨가물이라고 보고 그녀의 다리와 무릎의 내밀한 아름다움을 정면으로 조명하기 위해서 여배우의 다리에 대해서만 펜을 놀린다. 그리고 무대 정면의 관람석에 앉아서 지루하고 따분해하고 있는 술탄에게 동방의 시장에 관한 연극 대신에 여배우극을 헌상한다. 겸양의 정신은 왕정복고 시대 동안 댄서들의 치마를 대단히 길게 만들었으나 현대의 정신은 또다시 치마를 허리까지 걷어올리게 했다. 그덕분에 흥미가 식어 있던 발레는 다시 활기를 띠게 되었다.

몬나 반나로 분한 로테 사로우

달리 말하면 이 경우에도 극장이 인간적 이상의 계몽시설로 격상되느냐, 아니면 춘화의 온상으로 전락하느냐 하는 것은 일반의 역사적 상황이 결정한다. 이런 춘화는 또한 때때로 배우를 작품 전면에 내세우는데, 그 결과 가장 많은 이득은 사상이 아니라 남녀를 붙여주는 뚜쟁이들에게 돌아간다. 이것은 주로 행위 자체를 피하기 때문에 행위의 포즈로 만족하는 시대에 적합하다. 그리고 우리는 오늘날 그러한 시대에 살고 있다. 현대인들은 모든 것을 미학적인 것으로 환원시키지만 이 미학적인 것의 대부분은 남녀를 붙여주는 뚜쟁이라는 인물과 결부되어 있다. 여기에서 배우에 대한 광신적인 숭배가 나타난다. 만일 사람들이 형식상의 낡은 전통과 절연하고 그것을 외견상 깨끗하게 극복한다면, 그들은 그런 상태를 혁명적, 또는 적어도 매우 대담한 것이라고 믿는다. 그들은 거리낌없이 "혁명적 행위"를 해치웠다. 즉 몬나 반나는 살색의 트리코를 벗어던지고 겉옷을 벌려 관객에게 자신의 맨젖가슴을 내보였고 또한 유디트나 살로메도 속옷을 입지 않고 반나체 차림으로 무대에 나타났다. 그러나 그런 것은 실제로는 굵은 선으로부터 자극적인 디테일로 옮아가려는 투기업자의 농간에 불과하다. 이 방법에 의해서 몬나 반나의 노출된 유방이나 살로메의 벌거벗은 상체가 연극의 중심으로 꾸며지는데 이런 것은 단지 하나의 몸짓에 지나지 않았던 것이다. 이런 색정적인 자극물이 실제로 가장 인기 있는 것이었다는 생각은 결국 이런 배역을 맡는 아름다운 여배우가 즐겨 이런 특수한 상태에서 —— 몬나 반나가 겉옷을 벌리고 자신의 유방을 내보이는 따위 —— 사진을 찍도록 하여 화랑의 쇼윈도에 진열시키는 사실로 가장 확실하게 증명되고 있다. 그리하여 이런 것이 바로 대중이 이 연극에 대해서 사전에 알고 있던 유일한 것이었으며 그것 때문에 각별히 그런 연극에 유혹당했다고 말해도 과히 사실과 다르지 않을 것이다. 이 사실로부터 과연 어떤 결과가 나올까? 결과는 하나이다. 결국 배우든 관객이든 간에 모두 감각이 무디어져버리기 때문에 양쪽 모두, 즉 주는 쪽인 배우도 받는 쪽인 관객도 선정을 요구한다. 그들은 진리에 대한 용기라는 판에 박은 문구를 써서 이 선정성을 숨기고, 그것을 합리화하려고 한다. 이 합리화는 세간에서 공공연하게 자행되는 그런 선정적 노골성에 대하여 대중이 "나쁘다는 것을 전혀" 지각하지 못하는 것과 마찬가지로 그럴싸하다. 그러나 대중은 이때 열망하거나 경탄할 만한 가치가 있는 것은 전혀 생각하지도 않는다. 따라서 이런 결점은 이미 그 자체만으로도 그런 연극에 대하여 유죄판결을 내리기에 충분하다. 그것은 어느 경우에나 마찬가지이다.

9) 솔로 댄스와 발레

연극으로서의, 그리고 쇼로서의 댄스는 이미 서술했듯이 모든 사람이 참가할 수 있는 사교 댄스와는 반대로 독립된 것임은 말할 것도 없다. 그러나 그것은 역사적 비판에 대해서만 그렇다. 왜냐하면 본질적으로는 어느 쪽이나 같은 것이기 때문이다. 여러 가지 종류의 댄스는 육욕적인 황홀과 도취상태이며, 그것은 이런 감정의 적나라한 경험과 일치하는 리듬 운동과 결부되어 있다. 이때 댄스 쪽은 대담한 선까지 고조되는 것만이 다르다. 함께 춤추는 감격이나 발레와 솔로 댄스에 대한 일반의 지속적인 흥미는 이런 연관성에 의거하고 있다.

인간이 댄스를 통해서 최고의 육욕적 감각을 경험할 수 있고 또 그것을 타인에게 불어넣어줄 수 있는 것은 이 본질에 그 바탕을 두고 있으며 그것은 이미 몇 차례나 서술했던 대로이다. 그런데 또 이 때문에 댄스는 항상 대자본주의적으로 행해지는 성적인 대중유혹에 곧잘 이용되었다. 그것과 관련해서 발레나 솔로 댄스의 성격도 부르주아 시대가 되면서 앙시앵 레짐 시대와는 전혀 다른 것이 될 수밖에 없었다. 절대주의의 본질에 일치했던 이전의 경직된 형태는 파괴되고 그 대신에 향락적 방종을 상징하는 바쿠스적인 조잡함이 나타날 수밖에 없었다. 이 변화는 이미 18세기에 시작되었다. 18세기에는 모든 것들이 오랜 기간에 걸쳐 동요했고 그 혼란은 이미 발레나 솔로 댄스에도 파급되었기 때문이다. 유명한 카마르고는 이 새로운 템포

발레 연습(호프만, 석판화)

의 최초의 뛰어난 대표자였다. 그녀는 스타킹을 신지 않고 춤을 추는, 관객이 열망하는 트릭을 거리낌없이 즐겨 사용했던 댄서들 가운데 한 사람이기도 했다. 그렇게함으로써 관객의 에로틱한 호기심을 크게 고조시켰기 때문이다. 이러한 호기심은한번도 진정된 적이 없었기 때문에 그것은 확실히 그 호기심을 충족시키기 위한 것이었다. 댄스는 관객의 육욕에 대한 가장 강한 유혹이기 때문에 댄스 스타에 대한대중의 흥미는 참으로 대단해서 종종 광기를 보일 정도였다. 이전에는 대신문까지도 이런 광기에 대비하는 것을 가장 중요한 임무의 하나로 믿었을 정도이다. 18세기 말엽 런던의 드루리 레인 극장에서 댄서인 파리조, 마담 드 카로와 미스 드 캄프가 자신들의 승리를 자축했을 때 바이마르에서 발행되고 있던 잡지 「런던과 파리」지는 다음과 같은 찬사를 실었다.

이들 우아하고 아름다운 세 여신, 관객이 총애해마지않으며 특히 탁월한 댄스 기예를지닌 이들은 걸음을 옮길 때마다 터져나오는 박수갈채를 받았다.……세상 사람들은 프랑스 댄서가 최고임을 알고 있다. 파리조 양도 자신의 국적을 부정하지 않는다. 날씬하고 우아한 몸매, 대리석 같은 균형 잡힌 발, 손, 팔, 동경하는 듯한 눈, 매력적인 자세전환, 즉 어떤 자세에서 프랑스 본토박이 특유의 자세로 부드럽게 옮아가는 것 등은 2층 객석에서 진을 치고 버티고 있던 신경이 둔한 존 불(John Bull : 전형적인 영국인을 말함/역주)마저도 감동시키는 듯한, 관객의 감각을 지배하는 힘을 이들 빼어난 댄서들의 운동에 부여했다. 화가가 그림으로 묘사하는 것을 말로 묘사하려고 하자니 기자라는 작자들은 이럴 때는 매우 우스꽝스러운 존재인 것 같았다. 파리조가 혼자서 춤을 추기 위해서 두 명의 조수의 손에서 빠져나왔을 때, 그녀는 완전히 황홀경에 빠져 있는 관객의 품속으로 날아오는 듯이 보였다. 그녀는 떠도는 듯, 무엇을 구하는 듯 엄밀히 계산해서 우아하고 아름답게 팔을 구부림으로써 가장 차가운 공상도 따스하게 하지 않고는 못 배기는 듯한 자세로 몸을 움직였다. 그리고 그녀가 이번에는 두 명의 조수에게 휘감겼을 때, 그 포옹할 때의 매력, 동경, 영혼은 어떠했던가! 팔의 휘감김, 놀림, 갑작스러운 구부림, 자세의 급격한 변화, 그런 것들을 제대로 확인하기 위해서는 아무래도 직접 보는 수밖에 없다.

프랑스 혁명의 진행에 대해서는 신문들이 많은 지면을 할애하지 않았다. 유명한 댄서에 대한 광신적인 숭배자가 "맹세컨대 신성한 물건처럼 숭배하겠습니다"라는 약속을 하고 그녀가 벗어던진 댄스용 헌 구두를 달라고 졸라댔다고 해도, 혹은 자주 벌어지는 일이지만, 댄서의 발에서 관람석으로 날아간 구두를 관객이 너무 열광적으로 서로 붙잡으려고 다투다가 결국 갈비뼈, 팔, 다리를 부러뜨린 사람이 많이 나왔다고 해도, 그리고 구두가 너덜너덜하게 찢어져서 이 쟁탈전에 가담했던 사람들이 이 구두 조각들이 트로피라도 되는 듯이 그 조각 중의 하나를 차지할 수 있을 때까지 계속 소란을 피운다고 해도 그와 같은 일은 옛날에는 흔해빠진 것으로 치부되었다. 유명한 스타 댄서를 그린 대단히 비싼 동판화도 팔려나가고 있다. 이런 미치광이짓은 상당히 오래 지속되었다. 파니 엘슬러나 "두 세계의 댄서"로서의 탈리오니 그리고 페피타 —— 유명한 댄서들은 모두 이렇게 불렸다 —— 의 출현에 대한 "폭발적인 감격"에 대해서도 파리조의 출현 때와 거의 다름없는 보도가 이루어졌다. 이런 댄서들의 모든 스텝, 모든 성공이 기록되고 막대한 보수 이야기가 의기양양하게 전세계로 퍼져나갔다. "파니 엘슬러가 처음 리치먼드 시에 왔을 때 그녀의 도착은 축포로 알려졌다. 이 댄서 일행의 시내행진은 개선행렬 그것이었다. 시청의 모든 관리, 시장, 시의회 의원, 추밀원 고문, 재판관, 그밖의 사람들의 행렬이 댄서 일행을 선도했다."

독자들은 이런 기사를 보고 19세기 중엽까지 춤추고 노래하는 스타급 여배우에

발레(귀스타브 도레, 석판화)

게 바쳐졌던 숭배가 오늘날에는 다행하게도 쇠퇴해버렸다는 설명을 망설임 없이 하고는 따라서 이런 숭배가 쇠퇴한 것은 우리 문화의 수준이 높아진 증거의 하나라고 결론짓는다. 그러나 이런 견해는 정확하다고 볼 수도 있지만 사실은 잘못된 것이기도 하다. 말하자면 질적으로 따져보면 정확하다고 할 수 없다는 것이다. 유한계급 출신들이 오테로, 클레오 드 메로드나 그밖의 스타에게 바치는 오늘날의 숭배는 그녀들에게도 관계가 있다. 이런 여성들의 은행예금을 조사해보면, 놀라지 마시라, "미녀" 오테로와 같은 "거물"이 자신의 후원자들로부터 받아온 보수는, 예컨대 "불타는 눈의 안달루시아 여인"으로 불렸던 롤라 몬테즈(I권 원색화보)가 바이마르의 루트비히 1세로부터 받았던 내탕금의 몇 배였다는 사실을 알 수 있을 것이다. 따라서 만일 질적인 측면에서 숭배의 변화를 논한다면 쇠퇴했다고 보는 것은 잘못이다. 이 경우 우리는 오히려 맹렬해졌다는 사실을 인정해야 한다. 한편 전체적으로 볼 때 쇠퇴했다는 것은 타당하다. 이 측면에서는 문화의 상당한 진보를 인정할 수밖에 없다. 오늘날에는 독점적 계급만이 여전히 전인류의 가장 중요한 문제인 듯이 유명 댄서들의 트릭에 정신을 빼앗기고 있다. 한편 훨씬 전부터 능란한 댄서들의 출현이 더 이상 사회적 흥미를 자극하는 공공의 사건이 될 수 없게 되었다.

이와 같은 사실은 발레의 발달에도 그대로 적용된다. 발레를 이용하는 목적은 관객에 대해서 에로틱한 자극제를 제공하기 위한 것이다. 자극적인 방법으로 여성의 육체를 가능한 한 많이 내보이는 것, 보다 많이 노출한 여성의 가슴, 트리코 스타킹을 신은 우아한 다리와 탄탄한 허벅지를 마음껏 자랑하는 것, 이런 점들이 대개 발레의 인기를 좌우한다. 또한 오로지 성신경을 자극하는 구경거리 때문에 많은 남자들이 으레 오페라에 갔다. 이러한 오페라에는, 이미 앞에서 말했듯이, 최근에 이르러서도 일부는 대단히 교묘하게 발레가 삽입된 것도 있다. 만약 오늘날 이런 측면에서 발레가 근본적으로 개선되었다면 그것은 연극 일반의 예술적 향상 덕택일 뿐만 아니라, 그 이상으로, 연극이 오늘날에는 이미 사람들의 호기심에만 호소하지 않게 된 덕분이라고 해도 좋다. 왜냐하면 오늘날에는 자극제의 이런 형태를 과거의 극장이 수행했던 것보다도 더욱더 고상하게 해결해주는 흥행물이 있으며 그로 인해서 발레도 솔로 댄스도 그런 흥행물이 되었기 때문이다. 이 흥행물로는 다른 무엇보다도 우선 버라이어티를 들 수 있다.

10) 팅겔탕겔과 버라이어티

절대주의 시대는 오페라를 발명했다. 부르주아 시대는 오페라를 먼저 오페레타를 통해서, 이어서 버라이어티를 통해서 민주화했다. 이 경우, 민주화라고 하는 것은 주로 조잡하고 에로틱한 매력을 토대로 하여 만들어진 순수한 오락기관이 등장하는 것을 의미한다. 외설만큼 인간의 에로틱한 반응을 생리적으로 강하게 자극하는 것은 없다. 외설만큼 —— 그때그때의 사정에 따라서 —— 인간을 내쳐버리거나 끌어당기는 것은 없다. 외설을 후자의 의미로서, 곧 끌어당긴다는 의미로서 이용한 것이 버라이어티를 통해서 해결된 문제이다. 따라서 버라이어티의 유일한 프로그램 번호는 미학화된 외설이다. 그것은 언어, 음악, 댄스, 복장, 색채, 한마디로 말해서 모든 수단을 통하여 모두 첨예화시킨 외설이다. 그것은 실로 조잡한 것으로부터 가장 세련되고 교묘한 것에 이르기까지 다양하다. 수십 년 전부터 드러난 바와 같이 버라이어티는 이 방면에서 가장 세련된 걸작이다. 이 경우, 외설효과에 역기능으로 작용하는 것은 모두 제거되고 그것을 확대시킬 수 있는 것은 모두 끝없이 조장되었다. 바로 이 때문에 오늘날의 공공적인 흥행물 형태 가운데 버라이어티만

큼 현대를 특징짓는 것은 없다. 이런 공공의 에로
틱한 오락형태로서의 외설이 보는 연극, 또는 듣
는 연극으로 각색되어 가장 먼저 공연되었던 것은
훨씬 옛 시대에 속한다. 그 역사는 이미 18세기에
등장했던 최초의 소(小)가극장이나 소음악당에서
찾을 수 있다. 이때는 가극과 소곡을 부르는 간단
한 프로그램이었고 그 후 거기에 댄스도 삽입되었
다. 이미 그 시대에도 항상 외설적인 장르, 예를
들면 외설적인 소곡을 부르는 것, 에로티시즘을
특별히 겨냥한 댄스를 공연하는 것을 즐겼다. 그
러나 본질적인 변화는 없는 이런 공공적인 흥행물
이 비록 그렇게 오랜 연원을 가지고 있다고 해도

버라이어티 쇼의 여배우

그 진정한 발명은 결국 1850년대에야 이루어졌다. 그 시대에 진정한 의미에서의
팅겔탕겔(Tingeltangel : 저속한 음악, 또는 그러한 음악이 연주되는 술집/역주)이
나타났다. 그것은 버라이어티의 전신이며 그 소박하고 부차적인 형태는 오늘날까
지 남아 있다. 이 경우, 그 탄생지는 향락생활의 모든 형태들이 최초의 전성시대를
구가했던 제2제정 시대의 파리였다. 그러나 이윽고 그와 같은 사업이 각국에 등장
하여 열광적으로 관객을 끌어모았다. 독일에서는 새로운 수도 베를린이 그 선두주
자인 것은 당연했다. 베를린에서는 팅겔탕겔이 특히 1870년 이후 크게 유행했다.
"맥주 홀 한구석에 작은 무대가 있고 가슴을 많이 드러낸 여성들이 가지각색의 짧
은 옷을 입고 무대 위에서 음란한 노래를 불렀다." 그로부터 10년이 지나자 언제나
크게 번창하고 있는 이런 오락장이 하나 이상 존재하지 않는 세계의 대도시는 한
곳도 없을 정도가 되었다. 특히 항구도시에는 그런 곳이 수십, 아니 수백 군데나
있었다. 그리고 모든 오락장에서는 예외 없이 외설이 판을 쳤다. 1879년에 아르놀
트 린트부름은 「사회윤리학에서 본 성애에 대하여」에서 독일의 공공도덕에 대한 팅
겔탕겔의 역할에 관한 특징을 지적했다.

　　따라서 우리는 특히 상스러운 것으로서 팅겔탕겔, 즉 카페 샹탕을 들지 않으면 안 된다.
그것은 현대의 음락을 수세기 전 과거의 음락과 구별시켜주는 타락의 특징을 구체적으로

보여주고 있다. 넘칠 듯한 정열의 마음내키는 대로의 발산이나, 인습적 도덕의 소인배적 속박을 마치 뇌우처럼 부수어나가는 자연 그대로의 기질이 가지는 심한 조포성(粗暴性)은 현대 특유의 것은 아니다. 이것은 오히려 중세 후기의 부도덕한 시대의 특징일 것이다. 그것보다도 현대를 모든 과거의 세기와 불리하게 구별짓고 있는 것은 성격의 천박화이다. 사람들은 모럴의 가장 견고한 규칙을 거침없이 부순다는 점에서 오류를 범하고 있는 것이 아니라 오히려 견고한 모럴의 모든 규칙을 모든 사회도덕의 토대에 대한 무관심 속으로 고스란히 침몰시킨다는 점에서 오류를 범하고 있다. 이 때문에 외설, 즉 팅겔탕겔은 그토록 자유로운 유희를 가지고 있다. 팅겔탕겔을 방임하는 것이 예의바른 것으로 되어 있다. 왜냐하면 팅겔탕겔은 다름 아니라 사회적 특징이라는 점에 대해서, 곧 사회적 본질의 지주와 토대를 이루는 견고한 도덕적 규칙에 대한 무관심에 대해서 나름대로의 여론을 가지고 있기 때문이다. 현대의 사회상태에 가장 나쁜 해독을 끼치는 이 무관심은 자유사상이라고 잘못 생각되고 있다. 스토아주의자와 같은 냉정함을 가지고 거리낌없이 가장 지독한 외설, 가장 추잡한 암시를 들을 수 있는 모든 속물들은 스스로 시대문화의 절정에 서 있다고 자부하고 있다. 그리고 여성이 남성이 하는 모든 일에 마치 꿀벌처럼 유순하게 복종하듯이 이제 여론을 이러한 특징하에 수십 년에 걸쳐서 복종시킨 뒤 독일의 아내나 딸까지도 가장 자극적인 외설이나 노골적이고 추잡스런 짓을 부끄럼 없이 자행하고 게다가 그것을 능란하게 해치우는 것을 우리는 목도하기에까지 이르렀다. 아니 오히려 초기의 극장들은 이런 장르를 육성했다. 사람들은 그것을 위해서 독특한 각본을 썼다. 외설은 그것에 대해서 특별히 재능이 있는 예술가들의 전문영역이 되었다. 사람들은, 관객에게 외설에 대한 상당히 일반적인 기호를 불러일으키고 어떤 경우에도 그것에 대해서 거의 예외 없는 관용을 베푼다는 사실을 이해했다.

사람들이 처음부터 규범으로 삼고 그것에 따라서 행동한 처방전은 파리로부터 공급된 것이었다. 그들은 프랑스인을 이 방면의 다시없는 대가라고 생각했기 때문에 어떤 프로그램에나 최대의 인기물로서 항상 유명한 파리의 쿠플레 가수(Couplet-sänger : 시사풍자 가수/역주) 모모양 출연이라고 썼을 정도였다. 최근 10년 전부터, 즉 1890년대 말부터 비로소 대부분의 나라에서 사람들은 자신들이 스스로 배양한 외설에 대해서 프랑스인과 대등하다는 사실을 발견했다.

팅겔탕겔의 가장 중요한 프로그램 번호는 이미 말했듯이 훨씬 전부터 쿠플레, 즉 다소 소박하게 부르는 이의적(二意的) 소곡이었다. 정확하게 말하면 이의적이라고 해도 뜻을 아는 사람들에게만은 일의적(一意的)이다. 왜냐하면 공개적으로 불리는 외설의 비밀은 대개의 경우 그것이 순수라는 옷을 걸치고 나타나기 때문이다. 외설이라는 것은 교묘하게 선택된 언어의 비밀스러운 이중적 의미, 즉 일정한 언어와 말로 표현할 때의 가수의 세련된 가락, 강세, 표정의 기교에 있다. 순진한 청중은 예컨대 1870년대에 "내가 아직 어린애 옷을 입고 있었을 무렵"이라는 멜로디를 통해서 불린 다음과 같은 팅겔탕겔 소곡을 기껏해야 매우 시시한 것이라고 생각했을 것이다 —— 그것이 아니면 무엇인가?

아가씨, 당신의 검은 큰 눈은
사나이들의 기쁨.
아! 나에게 허영이 없는
당신의 숨김없는 사랑을 보여주오.

자, 내 눈 앞에
벌써 짙은 죽음의 안개가 자욱이 끼고
벌써 내 이마에서
죽음의 땀이 구슬처럼 떨어지고 있소.

아가씨, 저 사람은 언젠가 목매어죽을 운명.
차가운 무덤 생각.
날 보오, 나는 길다란
생명의 줄을 스스로 끊는다오.

그러나 뜻을 알고 있는 사람은 기뻐서 어쩔 줄 몰랐을 것이다. 왜냐하면 노래하는 사람의 언어 하나하나마다 그 앞에 침묵의 틈이 생기고 그렇게 됨으로써 외설적인 말이 반드시 나올 수밖에 없다는 것이 매우 확실히 암시되어 있기 때문이다. 만일 여성이 이 소곡을 불렀다면 뜻을 알고 있는 사람은 기뻐서 울었을지도 모른다. 이 시는 이 멜로디에 대해서 전형적인 것이다.

이것은 확실히 꽤 강렬한 종류의 것으로, 보통 수준의 맥주 홀에서만 사랑을 받고 노래하는 것이 허용되었다. 고급과 보통 맥주 홀의 경영상의 차이는 고급 맥주 홀에서는 사람들이 그다지 외설적이지 않았다는 점에 있는 것이 아니라 오히려 상당히 풍부한 정신과 큰 변화가 요구되었다는 점에 있었다.

앞에서 서술한 소곡의 가창법이 보여주듯이 몸짓에 의한 외설은 말에 의한 외설

버라이어티 쇼의 여배우(루이 샬롱, 유화)

과 결부되어 있다. 모든 것은 외설에 상당하는 몸짓을 통해서 에로틱한 영역을 보여주고 동시에 춘화적인 것으로 변모했다. 일반적으로 댄스 노래에서는 이 목적이 가장 효과적으로 이용되었다. 왜냐하면 이 경우, 외설의 가장 강력한 동맹자인 음악이 한몫 끼기 때문이다. 19세기 중엽부터 대단할 정도로 외설에 이용되었던 음악은 팅겔탕겔과 버라이어티에서 맡았던 큰 역할을 빼놓고 생각할 수 없을 정도였다. 앞에서 살펴보았듯이 가장 저속하고 음란한 것은 음악으로 표현되었는데, 더구나 그것을 가능한 한 폭넓고 뚜렷하게 묘사하는 능력이 음악에 주어졌다. 그리고 음악이 가진 이 능력은 수십 년 이래 버라이어티에 가장 계획적으로 이용되었다. 품위 있게 묘사하는 음악은 이 경우에 말과 몸짓을 수반하며, 말과 몸짓에 대해서 넘을 수 없는 한계가 그어지는 지점까지 거침없이 공상을 이끌어갔다. 따라서 버라이어티의 음악만큼 외설과 공공연하게, 또 거리낌없이 동맹하는 예술도 없다.

복장에 의한 외설의 강조도 처음부터 무시될 수 없었다. 이때 특히 여성의 복장이 문제가 된다. 최초의 형태를 보면, 쿠플레 여가수가 짧은 옷을 입고 높은 자리나 무대로 올라가면 청중은 적어도 허벅지는 물론, 옷을 펄럭이는 어떤 율동을 할 때에는 더 깊숙한 곳도 볼 수 있었다. 하체는 조금밖에 노출하지 않았으나 가장 손쉬운 분위기 상승 수법은 상체를 훨씬 대담하게 노출하는 것이었다. 성량의 결함이나 가창 기교의 부족은 노출이 심한 복장에 의해서 보완되었다. 거의 대부분의 관중은 이런 보완을 기꺼이 봐주었다. 대중이란 존재는 항상 듣기보다도 보는 쪽을 좋아했다. 이때 자신의 눈앞에 에로틱하고 자극적인 구경거리가 나올 가능성만 제시되어도 대중은 가창법의 결함에 대해서는 거의 항의하지 않았다. 그러나 어떤 경우에도 그 반대 현상, 즉 청중은 아무리 목소리가 아름답고 가창력이 빼어나도 그것으로 복장의 품위의 결함이 보완된다고 느꼈던 적은 없었다. 이런 사정은 점차 오늘날 모든 사고방식을 비웃는 듯한 복장의 세련화를 초래했다. 모든 색채와 뉘앙스가 관객의 육욕을 에로틱하게 도발하는 데에 초점이 맞추어졌다. 이것은 그 자체로서는 결코 에로틱하지 않은 내용의 무대물, 즉 요술, 마술 및 그와 유사한 기술, 체조나 경기 등의 무대 프로그램에조차 적용된다. 이들 예술가의 복장도 역시 이런 방향으로 만들어진다. 가장 매혹적인 효과는 이 방면에서는 물론 댄스의 도움을 얻어 달성되었다. 댄스 자체는 항상 육욕적이기만 한 것은 아니다. 세상 사람들은 야릇한 자세로 춤을 추다가 자극적인 속옷이 갑자기 노출되는 따위의 세련미까지도 즐길 수 있었다. 그 때문에 버라이어티의 댄스가 노리고 있는 것은 모든 댄서들에게 속치마나 속바지의 레이스 구름을 관객의 눈앞에 노출시키게 함으로써 그녀들이 정상적이라면 감추어야 할 부분까지도 노출하는 기회를 가능한 한 많이 가지도록 하는 것이다.

버라이어티는 이런 효과를 누리며 거의 반세기에 걸쳐서 활약했다. 그러나 물론 그 정도에서 그친 것은 아니었다. 관객은 모두 좀더 입맛에 맞는 것을 원했을 뿐만 아니라, 변화, 즉 더욱더 새로운 트릭, 아직 본 적도 들은 적도 없는 더욱더 새로운 외설을 요구했다. 그리고 버라이어티는 제공된 외설을 장악했다. 박수갈채를 받았던 인기물의 하나로, 예컨대 이미 앞에서 말한 바와 같이 공개무대에서 여성이 옷 벗는 장면이 있다. 상류층 귀부인이 화장하는 장소에 같이 있는 것만큼 자극적인 것이 있을까? 그 때문에 흥행사는 그 화장 부분을 각본의 중심이 되게 꾸몄을 뿐만 아니라 잽싸게 그것만으로 세련된 몸짓을 보여주는 장면을 만들었다. 그 수법은 대개 다음과 같은 것이다. 우아한 귀부인이 밤중에 사교용 화장실이 딸린 자기 침실에 들어가 천천히 주의깊게 옷을 벗기 시작한다. 처음에는 장갑, 다음에는 망토, 그 다음에는 모자, 그리고 단추달린 구두라는 식이다. 단추달린 구두를 벗을 때 관객은 각별히 주의를 기울이기 시작한다. 그 까닭은 그때에야 비로소 "어떤 것"을 볼 수 있기 때문이다. 만일 귀부인이 될 수 있는 대로 편안하게 구두의 단추를 풀기 위해서 무심히 아무 거리낌없이 다리를 꼰다면 이 "어떤 것"은 허벅지와 자극적인 속치마 그리고 스타킹이 된다. 그 뒤를 이어서 코르셋이나 블라우스가 나온다. 그것은 관객의 에로틱한 호기심을 새롭게 고조시킨다. 왜냐하면 귀부인의 가슴이 보이기 때문이다. 그리고 관객이 가슴을 보고 싶어하는 것은 자연스러운 것이기 때문에 대개 귀부인은 우연인 것처럼 속옷 또는 코르셋으로부터 가슴을 최대한 많이 드러내기 위해서 몸을 구부려야 한다. 그리고 코르셋에 이어서 속치마, 그밖의 것들이 바닥에 떨어진다. 그 상태는 한발짝한발짝 점저 더 자극적이 되어가고 마침내

베를린의 한 여배우가 무대에서 옷 입는 과정

가장 자극이 고조된 찰나에 부인은 돌연 침대 속으로 들어가 램프를 꺼버린다. 때때로 이 역순으로도 진행되었다.

여성의 에로틱한 알몸의 과시도 그와는 또다른 인기물이 되었다. 흥행사는 아주 일찍부터, 즉 이미 1860년대에 이 트릭을 생각해냈다. 에밀 졸라는 관객에 대한 이런 트릭과 그 효과를 소설 「나나」의 제1장에서 그로테스크하고도 생생하게 묘사했다. 나는 그 제1장에서 다음 부분을 인용해보고자 한다.

　　박수부대는 무대장치에 대하여 박수를 쳤다. 그것은 에트나 산의 은광(銀鑛)의 굴이었는데 그 벽은 압형의 새 은화처럼 빛나고 있었다. 그 속 깊숙이 불카누스(Vulcanus : 불과 대장일의 신/역주)의 대장간이 저녁노을 빛을 띠고 있었다. 디아나는 제2막에서부터 불카누스와 서로 의기투합했다. 불카누스는 베누스와 마르스에게 장소를 자유롭게 쓰게 하기 위해서 여행하는 체하고 있었다. 디아나가 혼자 있게 되자 곧 베누스가 도착했다. 한 줄기 전율이 장내를 휩쓸었다. 나나는 알몸이었다. 그녀는 자기 육체의 전능을 믿어 의심치 않는 태연스럽기 그지없는 대담한 알몸이었다. 다만 망사 한 장이 몸을 감싸고 있을 뿐이었다. 둥근 어깨, 장밋빛 젖꼭지가 창처럼 우뚝 솟은 아마존의 가슴, 육감적으로 물결치고 있는 커다란 엉덩이, 통통하고 새하얀 살결의 허벅지, 그녀의 온몸이 물거품처럼 희고 가벼운 망사를 통해서 들여다보였다. 그것은 가릴 것이라고는 머리카락뿐이었던 해변의 물거품 속에서 태어난 베누스였다. 그리고 나나가 양팔을 들었을 때 조명에 겨드랑이의 금빛 털이 보였다. 그러나 박수는 없었다. 아무도 더 웃지 않았다. 진지해진 남자들은 얼굴이 긴장되고 코가 훌쭉해졌으며 바싹 마른 입술은 경련을 일으켰다. 한가닥 미풍이 남모를 위협을 간직한 채 매우 부드럽게 지나간 듯한 기분이었다. 돌연 그녀는 선량한 소녀와 같은 교태로 그녀의 성적 광기의 일격을 가하면서 미지의 정욕의 세계를 열면서 불안한 듯이 서 있었다.

이런 세련된 흥행물은 그렇게 일찍부터 시작되었기 때문에 그만큼 오랫동안 대중화되었고 오늘날에도 여전히 대중화되어 있다. 그 증거로서 여배우 보렐리가 나나와 같은 수법을 통해서 등장했다는 1907년 9월의 밀라노 시의 보고가 있다. 이 경우 ── 그것은 상당히 드문 일에 속한다 ── 관객은 그 여배우의 복장이 너무 간편한 데 대해서 분개했다. 그 보고는 다음과 같다.

이 지방의 올림피아 극장에서 며칠 전부터 그림처럼 아름다운 여배우 리다 보렐리가 "프리마 돈나"로서 빛나고 있다. 이 숙녀는 자기 육체의 아름다움을 조금도 숨기지 않을 만큼 친절하여 항상 가능한 한 노출이 심한 짧은 옷을 걸치고 프랑스풍의 광대극에 등장한다. 앞서 말한 무대의 관객은 결코 도덕군자는 아니다. 왜냐하면 그들은 이 극장이 어린 아가씨 상대의 광대극을 자신들에게 서비스하지 않는 것을 알고 있기 때문이다. 그럼에도 불구하고 아름다운 시뇨라(숙녀)는 프랑스의 광대극 「연애회사」를 상연한 최근의 첫 공연에서 자신의 숭배자들에게 "좋은 일"을 너무 지나치게 많이 했다. 보렐리 양은 제1막에서 이런 파리풍의 연극에서 최근 유행하고 있는 매우 눈에 익은 투명한 잠옷 외엔 침대에서 일어날 때 아무것도 걸치지 않았는데, 이에 대해서 기대되었던 박수 대신에 탄식하는 듯 가벼운 불평이 떠돌았다. 욕실이 나오는 제3막에서 보렐리 양은 거의 알몸이다시피 한 욕실복 차림의 동료들에게 둘러싸여 욕조 속에서 이제 막 일어서려고 했을 때 쉿쉿 하는 소리가 세차게 울려퍼졌다. 한 신사분이 협박조로 "시뇨라, 관람객을 모욕하지 마라!"라고 고함쳤다. 이 비장한 매도에 대해서 우뢰와 같은 박수가 쏟아졌다. 난처해진 여배우는 ── 이런 일은 그녀의 무대생활에서 처음 있는 일이었으리라 ── 완전히 일어섰으나 못이 박혀버린 듯 서 있을 수밖에 없었다. 그러나 각본은 주연 여배우가 이렇게 선 채 꼼짝하지 못하리란 것을 예상하지 못했기 때문에 막을 내려야만 했다. 그 탓에 관객들은 「연애회사」의 마지막 장면으로서 이 연극을 마무리짓는 무용을 보지 못하고 흩어져버렸다.

관객은 마지막에는 이미 그 정도로는 만족하지 못했다. 그들은 여성의 장딴지나 허벅지, 자극적으로 드러나는 유방 등 많은 것들을 이리저리 조합하여 보고 싶어했다. 그것은 무수한 레뷰를 탄생시켰다. 레뷰는 최근 수십 년 동안 전세계의 큰 버라이어티 무대로 퍼져나가 오늘날에는 버라이어티의 외설성이 그 절정에 달하고 있다. 왜냐하면 관객은 레뷰를 통해서 말, 성악, 댄스, 음악, 복장, 몸짓 등 모든 것에 외설을 결합시켰기 때문이다. 그것은 오늘날까지 최고의 것이며 최후의 것이다. 그러나 미래는 그에 대한 요구가 있는 한 점차 더 새롭고 고조되어갈 것이라는 사실을 증명하게 될 것이다. 그리고 사유재산제를 토대로 한 자본주의적 노동방식이 정제된 신경자극제가 되는 한, 이런 요소는 실제하고 있다. 그 때문에 국민의 모든 계층이 옛부터 이런 오락장에 출입하는 것이다.

뿐만 아니라 사교계 최정상층도 그 당시 이런 오락장을 승인했다. 나폴레옹 3세의 아내 외제니는 최초의 근대 프랑스의 스타로서 당시 이름을 떨쳤던 여가수 테레즈가 너무나 멋지게 샹송을 부른 데에 감격한 나머지 그녀를 자신의 공식적인 여자 친구로 삼았다. 마찬가지로 테레즈는 외제니의 최고위 궁내여관(宮內女官)이었던 메테르니히 후작부인의 둘도 없는 친구였다. 이 점에 대하여 아르놀트 린트부름은 다음과 같이 쓰고 있다.

따라서 우리는 팅겔탕겔 공연 때 소학교 학생이나 마찬가지인 이제 갓 어른이 된 부르주아 마나님이 가창과 나란히 앉아 있는 모습을 볼 수 있다. 그리고 이런 일은 내가 이미 말한 바와 같이 초기의 중산계급에게는 다시 나타나지 않았다. 그것에 대한 최초의 본보기는 황제의 궁정에서 이루어졌다. 궁정 사람들은 팅겔탕겔의 승격에 관한 이런저런 소문에 대해서 책임을 져야 한다. 황후와 그녀의 친구 메테르니히 후작부인은 근대적 외설, 곧 음악에 담긴 외설을 강력하게 보호한 사람들이었다.

나나는 "투 파리"의 관심의 초점이었다. 졸라는 나나의 데뷔에 대해서 다음과 같이 썼다.

파리는 거기에 있다. 문단, 재계, 환락의 파리. 많은 신문기자, 약간의 문인, 거래소의 중매인, 단정한 여자보다도 오히려 훨씬 더 많은 접대부가 있다. 온갖 천재에 의해서 만들어지고 온갖 악덕에 의해서 더럽혀진 기묘하게 뒤엉킨 세계, 거기에서는 똑같은 피로와 똑같은 열정이 모든 사람들의 얼굴 위를 스쳐지나갔다.

졸라는 「나나」에서, 관객이 무대에서 자행하는 외설을 이해하고 있으며 그것에 열광적으로 매달리게 되는 모습을 다음과 같이 묘사했다.

그들은 암시를 정확하게 이해하고 거기에 외설을 덧붙였다. 하찮은 말도 아래층 전면 관객의 환호성에 따라서 의미가 달라져버렸다. 훨씬 전부터 극장에서 관객이 이보다 더 무례하고 어처구니없는 장난 속에서 이리저리 끌려다녔던 적은 한번도 없었다. 그럼에도 불구하고 극은 이 어처구니없는 장난이 한창 벌어지고 있는 가운데 진행되었다. 온통 노란색 옷을 입고, 노란색의 장갑을 끼고, 눈에는 외눈박이 안경을 걸친 "멋진 청년"으로 분장한 불카누스는 손수건으로 머리를 싸매고 앞가슴을 드러낸 채 거기에 황금의 장식품들을 큼직큼직하게 매단 어물장수 여자로 분장하고는 마지막으로 무대에 등장한 베누스의 뒤를 줄곧 쫓아다니고 있었다. 엉덩이도 크고 잘 지껄이기도 하는 베누스로 분장한 나나는 나오자마자 장내를 압도해버렸을 정도로 너무나 희고 윤기가 넘치며, 또 너무도 자연스러웠다. 사람들은 나나로 인해서 이제 막 귀여운 목소리로 디아나의 탄식을 하소연한 아기, 버들가지로 된 두건을 쓰고 모슬린으로 지은 짧은 겉옷을 걸친 작고 귀여운 아기 로즈 미뇽을 잊어버렸다. 한편 자기 허벅지를 두드리기도 하고 꼬꼬꼬 하고 수탉과 같은 소리를 내기도 하는 이 몸집 큰 처녀가 자기 주위에 생명의 향기, 여성의 전능한 힘을 발산하자 관객은 완전 도취되어버렸다. 이 제2막부터 모든 것들, 즉 무대에서의 서투른 동작, 정확한 박자로 노래할 수 없고 기억력이 좋지 못한 것 등은 그녀에게 아무런 문제가 되지 않았다. 그녀가 관객의 브라보를 받으려고 할 때는 이쪽저쪽을 향하여 생긋 미소를 짓기만 하면 되었다. 그녀가 엉덩이를 멋지게 흔들었을 때 아래층 전면 관객석은 갑자기 들끓었다. 어떤 열기가 관람석 전체를 천정까지 휩싸고 있었다.

이렇게 난잡한 여성의 육체적 소동에 대하여 소시민계급만은 줄곧 조심스럽고 삼가는 태도를 취했다. 왜냐하면 그런 노골적인 외설은 엄격한 소시민적 모럴에 불쑥 비집고 들어갈 수 없기 때문이었다. 소시민계급은 이런 몰염치에 대해서 종종 분개하고 공공연하게 항의했다. 그들이 어쩌다가 그런 현장에서 자리를 같이했을 때 그들은 흔히 여봐란 듯이 그곳에서 퇴장했다. 앞서 인용했던 파리의 캉캉 댄서 리골보슈는 자신이 개선가를 바쳤던 관객에 대하여 특히 다음과 같이 썼다.

우리가 이런 극장에서 건실한 가족을 보게 되는 일은 극히 드뭅니다. 이런 건실한 분이 유혹에 빠져서 여기까지 들어온다면 감독인 롤랑 씨는 매우 기분이 좋아집니다. 롤랑 씨는 이런 건실한 분들은 프롤로그가 끝난 뒤 틀림없이 자기 주위에 있는 사람의 이야기를 듣고는 어쩔 수 없이 일단 돌아가게 된다는 것, 그리고는 나중에 한 번 더 표를 사서 들어온다는 것을 알고 있습니다. 덕분에 그것은 이중의 돈벌이가 되는 것입니다.

우리는 오늘날에도 여전히 이런 것을 경험할 수 있다. 소시민계급 그리고 이와 더불어 충직한 관료계급은 이들 관객에 포함되지 않는 것은 오늘날에도 마찬가지이다. 물론 모든 고급 버라이어티 극장의 입장료가 비싼 것도 장애가 된다. 이 극장은 노동자들도 명백히 배제하고 있기 때문에 그들의 특수한 지구에 있는 자그마한 음악당만이 이런 극장의 역할을 하고 있으며, 음악당 중에 입장료가 50페니히 이상인 곳도 드물긴 하지만 있기는 있다. 오늘날에는 노동자들 가운데에서도 점차 많은 관객이 몰려오고 있다.

마지막으로 팅겔탕겔과 버라이어티는 모두 똑같이 가장 번창한 매춘부 시장이라는 사실도 강조해두지 않으면 안 된다. 대개의 하급 팅겔탕겔에는 매춘을 부업으로 하는 유부녀나 아가씨가 있는데, 고급 버라이어티에는 진짜 매춘부, 즉 고급 매춘부가 연애봉사에 대하여 20마르크 이상을 시가로 요구하는 것이 보통이다. 고급 매춘부들은 의자에 걸터앉아 있거나 복도나 휴게실에서 어슬렁거리고 있다. 그리고 만일 여자들이 짙은 화장을 하고, 전신을 드러내거나 대담하게 다리를 꼬고 걸터앉아 복도를 어슬렁거리는 모든 사람에게, 우아한 비단 스타킹이 통통한 장딴지에 얼마나 자극적으로 밀착되어 있는가, 고운 복사뼈가 요염한 황금가락지에 의해서 얼마나 어여쁘게 돋보이는가를 연구하기 위한 좋은 기회를 줌으로써 약간 색다른 아름다움을 과시하기라도 한다면 그 여자들은 그 극장에 대해서 흥행의 성공을 위한 대단한 역할을 하게 되는 것이다. 많은 단골손님들이 일반적으로 이 가창들이 모여 있는 거리를 구경하기 위해서 매일 버라이어티 연극을 보러 간다. 흥행사는 그것을 분명히 알고 있으며, 그런 까닭에 상당한 미모의 고급 매춘부는 극장에 자유로이 출입할 수 있을 뿐만 아니라 자신이 권해서 손님이 마시게 되는 알코올 음료에 대해서 그 값의 일부를 자기 몫으로 받기까지 한다.

11) 카바레

버라이어티가 일상의 향락 프로그램에서 이미 빼놓을 수 없는 것이라는 사실은

세상에 널리 알려져 있다. 따라서 버라이어티를
가능한 한 고상하게 만들고, 버라이어티 대신에
더욱 고상한 형태를 전면에 내세울 필요가 있었
다. 이 시도는 일부가 카바레를 만듦으로써, 일
부는 순수한 미에 대한 동경에 의해서 고취된 최
근의 댄스 형태를 통해서 동시에 이루어졌다. 그
러나 먼저 이 두 가지 개혁은 완전히 실패하고
말았다는 지적부터 해두어야겠다. 본격적인 춘
화가 계속 성공했기 때문이다.

먼저 댄스의 개혁이 시작되었다. 보통의 발레,
발끝으로 추는 춤은 그것이 독무이건 집단무이건
비미학적이고 허구적이며, 특히 외설적이라고 호
되게 비난되었다. 그 비난에 대한 근거로 트리코

데니스의 인도 춤

로 감싼 장딴지와 허벅지의 과시는 결국 에로틱한 유혹만을 겨냥하고 있다는 주장
이 제기되었다. 이것이 부분적으로 합당하다는 것은 앞에서 이미 설명했다. 먼저
트리코로 감싼 다리 대신에 마담 이사도라 덩컨의 맨발의 댄스가 나타나고 뒤이어
서 성격 댄서(Charaktertänzerin)가 나타났다. 비젠탈 자매, 리타 사체토, 술라미
트-라후, 루스 세인트 데니스 등이 유명하다. 그녀들은 트리코를 완전히 내던져버
렸다. 덩컨은 고대 그리스, 슈트라우스, 쇼팽 등을, 후자는 이집트 댄스나 인도 댄
스를 추었다. 이로써 일련의 새로운, 부분적으로는 강렬한 미적 자극이 나타났음은
물론이다. 그러나 그들도 트리코로 감싼 다리와 망사 스커트를 몰아낼 수는 없었
다. 이런 것들은 "관객의 정신에 너무나도 강렬하고 깊숙히 파고들어 있었던" 것이
명백해졌다. 새로운 댄스의 스타는 일시적인 댄스 모드로 그치고 말았다. 한편 예
전 형태의 댄스 스타들은 등장할 때 정지(靜止)의 극을 도피처로 삼지는 않았지만
그러나 그 극은 그녀들의 매혹적인 율동에 의해서 도덕적, 미학적 모든 항의에 대
해서 전혀 흔들리지 않았던 결과 오늘날에는 그 승리가 이전과 마찬가지로 확고해
졌다. 이때 대부분의 그들의 경우에도 한층 더 위대한 예술이 승리를 거두었다는
사실이 덧붙여졌다. 이에 대하여 러시아 발레, 특히 그 댄서인 파블로바만을 상기
해보는 것으로 족하다. 이 경우 최근 세간에 발표되었듯이 망사 스커트와 트리코로

부터 해방된 최고의 형태로서의 나체 댄스도 그 개혁적 작용에서는 결과가 마음 같지 않았음은 물론이다. 꽤 까다로운 나체 댄서인 올가 데스몬드 및 빌라 빌라니가 출현했던 나체 댄스에 의해서 다시 제2의 댄스가 나타나고 확고해져야 했다. 곧 에로틱한 도발적 복장을 걸친 댄서의 육체에 비해서 아름다운 알몸의 순결과 형태를 손상시키지 않는 육체의 미를 위한 선전이 이루어져야만 했다. 우리는 이 목적의 순수성을 의심할 수 없다. 그러나 나체 댄스가 독일에서 공연되었을 때, 소위 "미의 밤"에 몰려들었던 대부분의 사람들의 순수성은 대체로 의심스럽다. 이런 모임에 관한 많은 기사들도 관객에 대한 정반대의 작용 때문에, 즉 관객이 바라는 최고의 에로틱한 감각 따위는 전혀 찾을 수 없었다는 이유 때문에 주최자측의 주장이 옳다는 것을 증명하기 위해서 이 사실을 인정하고 있다. 예컨대 독일의 「성 페테르스부르크」 신문은 1908년에 페테르스부르크에서 개최된 "미의 밤"에 관하여 특히 다음과 같이 보도하고 있다.

엄청나게 몰려온 관객은 물론 6월 27일의 "미의 밤"의 비싼 입장료(1층 관람석은 3-15루불, 특별 관람석은 60루불)에 쓰인 참으로 막대한 돈으로 미루어보면 우리는 페테르스부르크의 관객의 미적 요구가 실로 대단한 것이라고 판단하게 될 것이다. 그러나 우리의 관객 —— 관객은 오직 대부호, 귀족, 신사, 숙녀들일 뿐이다 —— 을 알고 있는 사람은 나체에 대한 감각이 미적 관념의 최고 인기물이었음을 알고 있다. 관객의 대부분은 어떤 감각, 즉 강렬한 육욕적 흥분을 기대함으로써 —— 예술적, 미학적으로 비난받지 않는 실제 증거에 의해서 실망을 하든지, 아니면 자신의 잘못된 생각을 고치게 될 것이다. 잘못된 생각을 고친다는 것은 우리가 벌거벗은 인체에 대해서 예술적으로 진지하게 제기된 이런 관점의 성과, 즉 업적으로서 손에 넣은 것으로 미에 대한 예술적, 객관적 관점의 능력에 대한 표현이다.

그럼에도 불구하고 이런 의견은 다루기 힘든 궤변이다. 확실히 우리는 나체 전체에 대해서는 에로틱한 감각을 느끼지 않는다. 왜냐하면 디테일한 부분만이 항상 에로틱하게 작용하고 일반적인 커다란 곡선은 결코 에로틱하게 작용하지 않는데, 거리(距離)라는 것은 디테일한 부분의 작용을 제거하고 커다란 곡선만을 유효하게 만들어주기 때문이다. 나체 댄스의 성적 자극은 관객으로서는 공상적 재현이라는 우회로를 통해서 비로소 생길 수 있지만 그것도 한두 번 정도이지 세번째는 생기지

베를린 주점의 전단지

않을 것이다. 거기에는 이미 상상할 것이 하나도 없기 때문이다 —— 바로 이것이 에로틱한 자극제의 최후의 비밀이다. 그리고 바로 그 때문에 관객도 시간이 지남에 따라서 오지 않게 될 것이다. 왜냐하면 실망과 함께 무관심이 나타나고 무관심과 함께, 누구나 알고 있듯이, 모든 것을 짓누르는 지루함과 따분함이 나타나기 때문이다. 그런 흥행물에 10마르크, 15마르크, 20마르크, 또는 그 이상의 돈을 지불할 수 있는 대중은 조금도 개발되기를 바라지도 않고 더 높은 미학적 수준에 오르려고 하지도 않는다. 그들은 그것과 정반대의 것을 바라고 있다. 그들은 자극적으로 즐기고 싶어한다. 그들은 신경을 자극받고 싶어한다. 그 욕망을 위해서는 아무래도 외설이 필요하기 때문에 외설만이 개가를 올리게 되는 것이다.

사람들이 카바레를 통해서 버라이어티를 고상하게 하고자 시도했던 다른 개혁도 그들이 매우 일찍부터 느꼈던 따분함에 의해서 거부되었다. 따라서 이전의 카바레 모드 가운데 오늘날에도 아직 남아 있는 슬픈 유물은 그것이 전혀 망설임 없이 가장 조잡한 외설과 동맹함으로써만이 더 한층 세력을 확장할 수가 있다는 것이다. 그 때문에 사람들이 이전에 맞서 겨루던 적은 이번에는 이편에서 열렬히 바라는 구원자가 되어버렸다.

이 사실은 소위 예술적 카바레가 발흥했던 두 나라, 즉 프랑스와 독일에도 완전히 적용된다. 독일은 확실히 이 사실에 대해서 중요한 이유를 가지고 있다. 우리는 독일에 대해서 이 이유를 대단히 좋게 써야만 하며 그것을 간과해서도 안 되는 것은 물론이다. 그것은 독일에서는 처음부터 공공도덕에 대한 경찰의 감독이 모든 것을 높이 날아오르지 못하도록 방해했다는 것이다. 그 때문에 가장 근사한 카바레도 자체가 지니고 있는 재생력을 마음껏 발전시키지 못하고 항상 중도에서 그만둘 수밖에 없었던 것이다. 그러나 이 사실로부터 다시 오랜 논리, 즉 전반적인 역사적 상황이 결정인자임이 명백해진다. 부르주아 대중 —— 여기서는 경찰을 학교 교사로서 기꺼이 지지하는 부르주아적 대중이 문제가 된다 —— 은 정신이건 육체이건 진정한 의미에서의 재생은 바라지 않는다. 진정한 의미라고 말한 이유는 경찰의 의미를 다시 인식할 때에야 비로소 진정한 것이 되기 때문이다.

12) 영화관

마지막으로 공공 흥행물의 분야에서 가장 새로운 결과인 영화에 대해서 간략하게 서술하고자 한다. 영화도 바로 외설에 의해서 만들어졌음은 명백하고도 당연한 사실이다. 영화는 프랑스와 이탈리아에서 가장 두드러지게 발전되었다. 옷 벗는 장면, 러브 신, 무수한 변화에 의한 유혹은 특히 자주 프로그램에 삽입되었다. 그리고 이들 나라에서는 이와 같은 부분이 오늘날에도 영화의 가장 강렬한 매력의 일부가 되고 있다. 그리고 실제로 연기하는 유혹의 위험은 점차 커져간다. 왜냐하면 영화는 대부분의 관객을 청춘남녀층에서 동원하고 있으며, 어두운 영화관 내에서는 그처럼 확실히 그럴싸하게 보이는 것들이 즉시 "손으로 쥘 수 있는" 현실로 옮겨질 수 있기 때문이다. 재판기록은 각국에서 무엇이 보편화되었던가를 증명했고 또 날마다 새롭게 증명하고 있다. 독일에서는 이런저런 이유에서 검열을 통해서 에로틱한 영화를 매우 일찍부터 금지시켰으나 청춘남녀의 성신경 중추를 상당히 강하게 자극하는 저질소설의 외설에 나오는 허구 투성이의 감상(感傷)은 그대로 간과되고 있다.

6. 출판과 광고

1) 신문의 발달

신문은 적어도 17세기 초에 탄생되었다. 그럼에도 불구하고 우리들은 신문을 부르주아 시대의 독특한 산물이라고 할 수 있다. 왜냐하면 부르주아 시대로 접어들면서 신문은 독특한 형태를 띠고 이제까지와 같은 뉴스 제공이라는 소박한 형태를 넘어 더욱 발전되었기 때문이다. 이제 신문은 명실공히 시대의 호흡이 되었다.

근대 부르주아 시대가 진실로 지배적인 위치에 자리잡으려고 노력한 순간부터 근대적인 의미에서의 신문도 곧바로 발전하기 시작했다. 그것은 부르주아 시대의 사상을 위한 가장 중요한 선전과 투쟁의 수단이 되었으며, 그리하여 대중을 정신적으로 결합하고 교육하고 지도하는 도구가 되었다. 그리고 오늘에 이르기까지 이 역할을 계속해서 유지하고 있는 것이다. 이것은 일반적으로 생각할 수 있는 것 중에서 가장 위대한 것이다. 신문은 각국이나 각 도시의 이익뿐만 아니라 각 개인의 이익이 일반적인 발전을 통해서 전국민 및 전세계의 이익과 점차 결합함으로써 더욱더 발전하게 되었다. 오늘날에는 아무리 작은 단체라고 하더라도 그 자체에만 의지하고 있다든가 자체에만 의지할 수 있다고 스스로 말할 수 있는 존재는 없을 정도로 대체로 모든 사람은 서로 결합하고 있다. 신문은 만인을 세계와 영속적으로 결합할 수 있게 함으로써 만인을 포괄하는 정신적인 연대를 형성하고 있다고 말할 수 있다. 신문의 이런 중요한 기능은 무엇보다도 먼저 거대한 권력을 신문에 부여했다.

선전 포스터(1889)

그런데 우리들은 어떤 종류의 신문이 어떤 전제하에 생겨났는지를 확실히 하지 않는 한 신문에 대해서 올바른 태도를 가질 수 없다. 신문의 이상적인 의무는 방금 언급했던 기능을 인류의 자유와 진보를 위해서 발휘하는 것임은 말할 나위도 없다. 그런데 대부분의 신문 발행은 어쨌든 기업행위의 하나이다. 여기서는 기업이라는 하나의 기본적인 전제만을 들어둔다. 신문사가 기업이 되면 신문에도 기업화의 특수한 법칙이 작용하게 되고 신문의 내용은 순전히 상품성을 띠게 된다. 그것은 잘 아는 바와 같이 관념의 대립물로의 전화를 의미한다. 신문 지면에는 발행인에게 가장 손쉬운 돈벌이를 보장하는 것만이 "취급되고 있다." 그런 것들은 일반적으로 인류의 커다란 과제를 다루는 사안은 아닐 것이다. 그러나 대부분의 유명한 정치신문도 역시 어느 정도까지는 이 법칙에 얽매여 있다. 왜냐하면 아무리 정치신문이라고 할지라도 발행인은 적어도 손해를 보고 싶어하지 않기 때문이다. 벌이를 무시하고 사심 없이 인류의 숭고한 이상을 드넓히기 위해서, 매수되는 일 없이 순수한 목적을 가지고 창간되고 또 유지되고 있는 신문은 지극히 드물다.

신문은 처음에 언급했던 이유에서 보면 공적 성 모럴의 테두리 내에서 중요한 요소이지만 뒤에 말한 이유에서 보면 또한 가장 유해한 것 중의 하나이다. 신문이 점점 철저하게 영리사업이 되었기 때문이다. 신문은 도덕규범을 가장 유효하게 계몽할 수 있으며 개인의 책임감을 높임으로써 일반의 도덕상태를 강력하게 향상시킬 수 있다. 한편 상상할 수도 없는 어떤 방법으로 인간의 사고력을 조직적으로 해칠 수도 있다.

우리들은 오늘날 의식적으로, 또한 진지하게 대중의 도덕교육을 중요한 임무로 삼고 있는 신문을 많이 가지고 있다. 그러나 이런 것들은 최근 약 40년간에 걸쳐서 이루어진 결과이다. 그 이전까지는 오직 속물적인 비열함만이 일간지를 지배하고 있었다. 신문은 성에 관한 모든 것들에 대해서 침묵하든가 묵살한다. 무수한 사람들의 인생에서 연애로 인해서 날마다 무자비하게 야기되는 심각한 갈등을 독자는 기껏해야 무미건조한 어투로 도덕군자연하는 보도를 통해서 알게 된다. 소위 진지한 신문은 보통 실재하지 않는 것에 대해서는 말하지 않는다는 위선적 격언에 따라서 그런 것은 이 정도까지도 거론해주지 않았다.

2) 센세이셔널한 출판

1870년대가 되자 앞에서 언급한 사정은 완전히 변해버렸다. 바로 그 무렵 이 방면에도 용감하게 관여하여 대단히 은밀한 것까지도 폭로하는 신문이 등장했다. 그러나 ── 이 경우는 가장 불쾌한 "그러나"이다 ── 이 용감한 관여는 공공도덕의 향상을 위한 것이 아니라 역시 장사를 위한 것이었다. 일반적인 상황은 점점 그런 태도를 장사를 위한 방향으로 자극할 뿐만 아니라 특별히 손쉬운 돈벌이

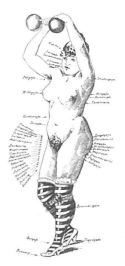

빈의 에로틱한 골계화

쪽으로 자극하게 되었다. 그리고 결국 그것은 소위 악덕신문을 번창시켰다. 이런 신문들은 여러 가지 종류의 센세이션, 그중에서도 특히 성적인 종류의 센세이션을 가장 광범위한 대중에게 제공하는 일에 열중했다. 어떤 신문은 널리 알려져 있는 모 부인이 모 씨의 특별한 총애를 받고 있다는 사실을 큼지막하게 보도했다. 어떤 신문은 혼담이 오고가다가 파혼에 이른 과정에 대하여 상세하게 보도했다. 어떤 신문은 유괴나 간통에 대하여 크고 작은 것을 하나도 빼지 않고 보도하기도 했으며 이혼재판을 언제나 큰 활자로 게재했다. 어떤 신문은 지극히 천박하고 저속하게도 특히 군주와 그 왕비의 잠자리까지도 들추어내었다. 어떤 신문은 고귀한 부인, 특히 일국의 현재 혹은 장래의 국모가 해산할 날을 이미 8개월 전부터 감지하고는 그 경사스러운 일에 대한 예상을 센세이션에 굶주려 있는 대중에게 정중하게 제공했다. 이 경우 악덕신문은 예외 없이 "마음이 바르고 애국적"이라는 말을 덧붙이기 마련이다. 대개의 악덕신문은 추잡하면 추잡할수록 그만큼 그밖의 문제에서는 더욱더 애국적이기 때문에 관청출입이 자유롭다. 오늘날 세계의 모든 대도시에 이런 악덕신문들이 많이 있다. 미국에서는 거의 모든 신문이 이런 경향에 발맞추고 있으며 가정의 비밀을 폭로하는 일이 실로 대규모로 조직화되어 있다. 이에 대한 증거로서 「런던 타임스」(1912년 1월)에 실린, 어느 미국 신문의 편집자가 한 신사에게

파리의 잡지 「르 부두아르(규방)」의 표지(1880)

보낸 다음과 같은 편지를 인용하려고 한다. 이 신사는 영국 상류가정의 집사로서 광고를 통해서 새로운 취직자리를 구하고 있었던 것이다.

뉴욕-런던의 잡지 「스탠더드」의 표지(1896)

「모닝 포스트」에 게재했던 당신의 광고건에 대한 것으로서, 1주일 중 하루나 이틀에 반 시간 정도 여유가 있는지 알려주신다면 대단히 고맙겠습니다. 당신이 자신의 이익을 위해서 그 시간을 활용해서 하실 일은 당신의 근무지에 머물고 있는 영국 사회의 명사들에 대해서 자질구레한 얘기들을 장문의 편지로 써서 저에게 보내주시는 것입니다. 저는 그것에 대해서 매월 초에 틀림없이 대가를 지불하겠습니다. 저는 두세 개의 미국 신문에 집필하고 있습니다만 이런 신문의 독자는 런던의 명사에 관한 실제 사교상의 자질구레한 얘기들을 알고 싶어합니다. 저는 정기적으로 이런 종류의 편지를 많이 구입하고 있습니다. 만약 당신이 당신의 수입을 두 배, 아니 세 배로 늘리고 싶으시다면 당신이 어느 정도의 일을 하실 수 있는지를 제가 판단할 수 있을 만한 견본 편지를 저에게 보내주십시오. 그렇게 하신다면 저는 당신에게 더욱 자세한 내용을 알려드리겠습니다. 제가 어떠한 것들을 필요로 하고 있는지 당신에게 대략이나마 알려드리겠습니다. 두 사람에 관한 모든 일은 이제부터 시작되는 명예훼손에 관한 재판을 위해서 인쇄됩니다. 그리고 마리 로이드의 이혼소송에 대비하시고 딜런 조키, 하워드 드 월든 경, 제라드 부인, 드 포리스트 남작, 토마스 립튼 경, 어네스트 카셀 경, 조지 케펠 부인, 아치볼드 에드몬드스톤 그리고 리즈 부인이 흥미 있습니다.

추신, 당신은 예컨대 터프, 화이츠, 말보로, 청년 클럽과 같은 런던의 지도적인 클럽의 사용인 중에, 혹은 일류 레스토랑, 예컨대 클래리지, 사보이, 게이어티, 월도프의 사용인 중에 친구가 있습니까?

건전한 사고를 하는 대중이 이런 읽을 거리에 대해서 얼마나 커다란 흥미를 가지고 있는가 하는 것은 유럽의 소위 건실한 신문도 그런 사건을 점점 큰 활자로 보고 하게 되었다는 사실로 증명되고 있다. 이 경우에 그런 사건들의 보도가 소위 신문 기자의 의무라고 위선적으로 서술되고 있으나 실제로는 그것을 통해서 대중의 지극히 말초적인 본능을 자극하도록 겨냥하고 있는 것이다.

여기에서는 이런 경향이 있는 영국 신문의 특수한 보도방법도 언급해야겠다. 이 방법은 가장 견고한 예의범절과 모든 종류의 방탕을 동맹시켜, 그것조차 세간의 이목에 대해서는 "존경할 만한" 것으로 보이게 하는, 즉 옛날부터 가장 어려운 문제가 되어왔던 것을 매우 교묘한 방법으로 해결했다. 신문은 공판의 객관적인 보도라는 방법을 통해서 이것에 성공했다. 법률은 어디까지나 공개적인 재판이라는 커다란 장점을 가지고 있다. 한편 대부분의 신문은 현재 진행중인 재판을 가능한 한 상세히 보도하는 것을 의무로 느끼고 있다. 그것 자체는 확실히 매우 귀중한 사실을 보여주고 있다. 영국인은 재판소가 자기들을 끊임없이 감독하고 있다는 점에서 정당한 사법권에 대한 가장 확실한 보증을 발견한다. 그러나 영국의 신문만큼 이혼재판을 크건 작건 하나도 빼지 않고 보도하는 신문은 없으며, 그 보도가 판사, 검사, 변호사, 원고, 피고, 증인의 질의응답을 사실 그대로 전해주고 있음은 매우 특징적이다. 그리고 이것은 "가장 존경할 만한" 신문에 대해서도 마찬가지라고 할 수 있다. 그래서 이런 특징을 살펴보기 위해서 한 보도를 예로 들겠다. 나는 그것이 다만 짧기 때문에 택했을 뿐이다.

그 집의 우유 짜는 일을 감독하는 여자인 엘리자 홀덴은 크레이븐 씨가 감기에 걸려 있을 때 해리스 부인이 이 목사의 머리를 식히기 위해서 그 방으로 사슴뿔이 달린 작은 병을

파리의 잡지 「라무르(사랑)」의 표지

가지고 들어가는 것을 보았는데, 그때 그녀는 옷을 벗은 채였다. 엘리자 홀덴은 또 언젠가 문이 조용히 닫히는 소리를 들었다. 그녀는 문을 열어보았다. 산뜻한 옷을 입은 부인이 목사 방에 들어가고 있었다. 홀덴은 부인의 육감적이고 비만한 육체 밑에서 침대가 삐걱거리는 소리를 들었다. 그녀가 그것을 던포트 양에게 알리기 위해서 급히 달려가 말했을 때, 던포트 양은 "오, 하느님, 당신이 보셨다면 두번 다시 그런 죄를 범하지 않게 막아주소서" 하고 말했다. 부인이 방에서 나올 때 속치마가 축축하게 젖어 있었다. 부인은 방금 진 여섯 잔을 마신 코벤트 가든 극장의 님프보다도 더욱 발개진 얼굴을 하고 있었다.

"시몬스 양이 복도에서 망을 보던 밤이 지난 뒤에 나는 해리스 부인의 요 위에서 얼룩을 보았습니다" 하고 어린 소녀(그녀는 아직 처녀였다)는 말했으며 "분명히 나는 보았습니다" 하고 마치 남녀가 함께 잔 듯이 덧붙였다.

6년째 해리스 씨의 하인으로 있는 애플턴은 부인의 첫 아이는 선량하고 성실한 주인의 아이라는 의견이었다. 그밖의 사람들의 증언이 지긋지긋할 정도로 거듭된 뒤에 애플턴은 핵심에 이르렀다. 그는 크레이븐 씨가 해리스 부인의 가슴 속에 손을 넣고 다른 손으로는 스커트 아래를 쥐고 있는 것을 보았다. 어느날 크레이븐 목사와 해리스 부인은 우편마차를 타고 남자하인은 말을 타고 갔다. 그는 계속 마차 문 쪽을 돌아다보았는데, 그때 두 사람이 산비둘기처럼 키스하고 있는 것을 보았다.

　또 어느 때인가 부인이 남자하인에게 소파를 살롱으로 끌고 가달라고 부탁했다. 그가 어떤 구실을 대고 돌아왔을 때 소파 위에 부인이 목사와 한몸이 되어 누워 있는 것을 보았다. 그는 부인의 보드라운 무릎과 장딴지까지 볼 수 있었다. 결론삼아 얘기하자면 그는 시몬스 양과 함께 달밤에 복도에 서 있었을 때에도 이와 똑같은 불가사의한 일을 목도했던 것이다.

　모든 전문가들의 의견에 따르면 신문에서 이런 부분이 가장 애독되었다는 것을 지적해둔다.

3) 남녀알선 광고

　신문의 광고란은 대부분의 경우 신문사의 대들보이다. 신문사는 구독료가 아니라 광고수입에 의해서 가장 우선적으로 수익을 올리고 있다. 따라서 모든 신문은 주로 광고라는 우회로를 통해서 매수당하는 것이다. 대실업가는 끊임없이 막대한 광고를 주문하여 기자에게는 자신에 대해서 좋은 것만을 쓰게 하거나 적어도 불리한 것은 싣지 말도록 암묵적으로 보장받고 있다. 오늘날 신문의 본질을 아는 사람들은 모두 이런 방법을 통해서 매일 신문기자가 매수당한다는 사실을 알고 있다.

　한편 대부분의 편집부는 마치 광고부와 전혀 관계가 없는 것처럼 공언하며 광고부가 신문 사주의 순수한 개인적 사업임을 보여주기 위해서 편집부와 광고부를 교묘하게 구분하는데 그것은 그 사주에게 매우 달콤한 제2의 결과, 즉 광고부가 편집부에게 기죽을 필요가 없다는 결과를 가져다주게 되었다. 신문사는 돈벌이가 되는 것이면 어떤 광고라도 채택할 수 있다. 그리고 그런 일은 과거에도 현재에도 많이 이루어지고 있다. 신문의 제1면은 일반적으로 개인이나 사회의 도덕성에 대한 분개에 의해서 제작되지만 같은 신문의 광고란에는 상상할 수 있는 온갖 죄악이 소개되고 있다. 그것은 물론 간접적인 형태이지만 관심을 가지고 있는 사람에게는 즉시 이해될 수 있는 것이다. 뚜쟁이가 남녀알선을 광고하고, 구혼광고에서는 결혼상대를 구하며 결혼상대자가 마치 갓 구워낸 흰 빵처럼 판매되고 있다. 뚜쟁이는 교묘한 방법으로 자신의 희생자를 미끼로 유인하며, 매춘부는 자신의 상품을 노골적으

빈의 술집 광고(1908)

로 판매하고 있다. 젊은 미망인은 어떤 목적을 위해서 자신에게 일정한 액수의 돈을 빌려줄 의협심 있는 친구를 구하는데, 이 "젊은"이라는 형용사로써, 그 미망인이 그 기부자의 침대에서 얼마만한 액수의 대가를 지불해야 한다는 것을 빈틈없이 계산에 넣고 있다는 사실을 누구나 알고 있다. 돈 많은 신사는 여행을 하기 위해서 시중들 여자를 구하고 있다. 그것은 단 4주일간의 결혼인 것이다. 이와 같이 온갖 악습과 변태성욕이 일정한 가격으로 판매되고 있으며 사람들은 또 이것을 구매하고 있다. 능숙한 매춘부는 숙련된 마사지라는 간판을 걸어놓고 자신을 광고하고 있다. 레즈비언은 일정한 부호를 사용한 언어를 통해서 같은 성향의 상대를 구하고 있다. 게다가 온갖 범죄도 조장되고 있다. 조산부는 월경약을 추천하고 있다 —— 그것은 낙태시킬 수 있는 약이다. 그리고 비밀을 지켜야 할 분만을 도와주겠다고 광고하고 있다. 의붓자식을 죽이는 여자는 자식 없는 부부라는 간판을 내걸고 양자를 구한다는 광고를 하고 있다. 인텔리 여성 탐정들은 자신에게 유리한 조건으로 이혼하기를 바라고 있는 귀부인이 이혼추진을 위하여 자기 남편에게 들이밀어야 하는 남편의 간통 증거를 언제라도 찾아주고 있다. 거기에는 제한이라는 것이 없다. 무수한 신문의 광고란은 그런 지독한 알선시장을 알려주고 있는데, 그 가운데는 유명한 기관이 많이 있다. 독일에서는 최근에 투기적인 "광고 식민지"로부터 그 가장 강력한 것이 경찰력에 의해서 제거되었거나 진짜 죄악에 가까운 것은 아주 교묘하게 위장하는 형태로밖에는 할 수 없게 되었기 때문에 이 방면에 약간의 개선이 두세 가지점에서 나타났지만, 한편 광고는 이런 면에 대해서는 유리한 오스트리아, 특히 헝가리에서 처녀지와 같은 장관을 보이면서 번영하고 있다. 이런 나라에서는 극단적인 파렴치함이 공공연하게 또 소박하게 제공되고 있다. 이것은 많은 프랑스 신문의자그마한 광고에도 적용된다.

4) 그림을 넣은 신문

정기적으로 간행되는, 그림을 넣은 신문은 처음부터 순수하게 성적인 것과 가장확실하게 결합하고 있다. 아니 오히려 성적인 것은 그림을 넣은 신문의 산파와 같은 것이었다. 왜냐하면 최초로 그림을 넣은 신문은 대개의 경우 모드 잡지였고 적어도 어느 정도까지는 이러한 경향이 계속되었기 때문이다. 어떤 모드의 형태를 독자의 머리에 가장 확실하게 그려주기 위해서 삽화가 곁들여졌다. 그림을 넣은 신문과 성적인 것의 관계는 발전해가는 과정에서 점차 노골적이 되어 마침내 에로틱한 모티프만으로 내용을 다루는 그림을 넣은 신문이 계속 등장하게 되자 우리가 상상할 수 있는 것 가운데에서 가장 노골적인 것이 나타나게 되었다. 그런 그림을 넣은 신문은 그 자체의 막대한 발행부수나 전체적, 또는 종종 개별적으로 드러난 보급수준을 보더라도 분명히 부르주아 시대를 위해서 존재하는 공적, 사적 모럴의 역사에서 가장 특징적인 정신적 기록이 되었다는 것을 알 수 있다. 우리는 그런 신문에서 각국의 일반 도덕관의 발달을 손바닥 보듯이 빠르게 읽을 수 있다. 뿐만 아니라 에로틱한 자극, 욕망, 모드 등의 자세한 사항은 물론이고 유치한 소시민 모럴의 순진한 "소박성"에서부터 근대 자본주의 문화의 발전을 선도했던 에로틱한 향락의참으로 엄청난 복잡한 것에 이르기까지 그 기나긴 흐름을 유추해볼 수 있다. 모든고상함과 저열함, 시대가 실현했던 모든 힘, 시대에 의해서 야기되었던 모든 불쾌한 비열성은 마치 정확한 온도계와 같이 그림을 넣은 신문을 통해서 확인할 수 있다. 그 때문에 나는 이 책의 기사에서 첨부된 삽화의 상당 부분을 이런 종류의 그림을 넣은 신문에서 따왔다.

우리들은 풍자적인 신문에서 이 특수한 발전의 시초를 찾아볼 수 있다. 게다가 이런 신문은 성적인 내용이나 상태를 풍자적으로 비판했기 때문에 좋은 의미에서의 시초라고 말해야 한다. 이 경우 성적인 것을 유머러스하고 풍자적으로 취급하는 경향이 우세했다. 정확하게 말하면 언제나 이런 형태를 통해서 성적인 것이 그림으로 묘사되었다. 게다가 그것은 극히 단순한 이유 때문이었다. 그 이유는 미술가들은, 물론 상당히 일찍부터, 이 형식을 통해서 세간에서 말하듯이 "풍속을 혼란시키는" 일이 없이도 갈 데까지 갈 수 있다는 데에 주

빈의 창부 사진(1880)

목했기 때문이다. 달리 말하면 그들은 이 형식을 취함으로써 독자층을 가능한 한 넓게 잡을 수 있었고 그 층이 협소한, 자극적인 먹이만을 구하는 사람들만을 상대하지 않아도 되었기 때문이다. 풍자적인 신문을 무대로 하여 사회비판의 분야에서 활약했던 사람들 가운데 가장 뛰어난 사람들의 일부가 차례차례 탄생했다. 지금 여기서는 뛰어난 미술가들의 이름이 적힌 긴 목록에서 소수의 사람들만을 밝혀주겠다. 우리는 특히 롤랜드슨, 드뷔쿠르, 도미에, 가바르니, 포랭, 툴루즈-로트레크, 빌레트, 비어즐리, 토마스 테오도르 하이네, 귈브랑송, 레츠니체크, 파스킨 등의 그림이 떠오른다. 그에 대응하는 신문은 파리의 「르 샤리바리」(1832년 창간), 「르 쿠리에 프랑세」, 「라시에트 오 뵈르」, 「유겐트 운트 짐플리치시무스」를 들 수 있다.

에로티시즘이 즐거운 자기목적이며 손쉬운 돈벌이를 하기 위해서 독자들을 노골적으로 유혹하는 매우 외설적인 그림을 넣은 신문은 1860년대에 처음으로 등장했다. 이후 어느 나라에서나 그런 신문이 많이 발행되었다. 프랑스, 이탈리아, 오스트리아, 독일, 영국, 미국 —— 모든 나라에서 극히 불명예스러운 그런 유혹에 오염된 곳이 예나 지금이나 있다.

두세 개의 확실한 것을 지적하기 위해서 오스트리아-헝가리 이중 제국을 예로 들겠다. 이 나라는 그 신성한 국가적 직무를 가장 방종스럽게 처리했다. 독자들은 현재 폐간되고 없는 부다페스트의 「카비아르」, 빈의 「카리카투렌」과 「프쉬트」, 독일의

「젝트」, 「다스 클라이네 비츠블라트」, 「디 아우스터」를 상기해주기 바란다. 프랑스에서는 그 수가 실로 많았지만 사람들은 적어도 그것에 대한 약간의 벌충으로서 언제라도 상당한 미술적 해결을 강구하고 있다. 이런 신문들은 어떤 점을 보더라도 앞에서 그 특징을 말한 악덕신문의 좋은 짝이다. 악덕신문은 좀스러운 비밀을 캐내는 것으로써 그림을 넣은 신문은 일반적으로 독자를 끌어모으는 그림으로 매일 그것들에 구체적인 후광을 만들어주는 악덕으로써 합법적, 비합법적 연애관계를 그 매물로 삼고 있다. 따라서 그림을 넣은 신문은 가장 심각한 방탕의 뚜쟁이다. 그리고 그것은 처음부터 끝까지 이런 내용만으로 지면을 채우고 있다. 그 광고란은 음탕이 역시 자신의 손쉬운 돈벌이 무대인 뚜쟁이의 집으로서의 역할을 훌륭하게 하고 있다는 탁월한 증명이 된다. 여기서 역시 이런 종류의 달력의 삽화 등도 빼놓을 수 없다.

또 그림을 넣은 신문은 종종 남녀의 알선을 직접 거들고 있다. 게다가 그것은 비밀을 알고 있는 사람만이 알아차릴 수 있는 안전한 방법으로 자행되고 있다. 앞에서 자주 인용한 파리의 저술가 모리스 탈메르의 다음과 같은 기사는 이 경우 어떤 종류의 그림을 넣은 신문이 문제가 되었고 어떻게 이런 신문이 직접 남녀의 알선을 거들었는가를 설명하고 있다. 이것에 대해서 탈메르는 이렇게 쓰고 있다.

여러분은 사교부인의 사진을 게재하는 신문을 알고 계시겠지요. 이런 사진의 대부분은 유명한 귀부인들의 고매함과 아름다움을 증명하기 위해서 신문에 게재되는 것입니다만, 만일 여러분이 이 점에서 정말 믿어도 좋다고 내가 생각하고 있는 뚜쟁이들을 믿어만 주신다면, 그것이 반드시 단 하나의 목적이라고는 할 수 없을 것입니다. 이러한 뚜쟁이들이 주장하는 것처럼 사교부인의 사진은 자신을 단골손님에게 소개시킬 기회를 뚜쟁이에게 줄 수 있다는 이유 하나만으로 잡지에 게재되는 것입니다.……그리고 그것이 그 귀부인의 양해하에 행해지는 것은 물론입니다. 귀부인은 아주 우연인 양 그 잡지를 보게 됩니다. 물론 그녀의 사진이 다른 사람의 사진과 나란히 실려 있는 것도 우연입니다. 이때 그 귀부인에 대해서도 그 잡지에 대해서도, 암묵적인 양해가 있었다는 것을 느낄 수 있는 것은 아무것도 없습니다. 어느 누구도 그 사진을 보고 나쁜 일을 생각할 수 없고, 잡지 역시 이 경우 자신이 나쁜 일을 하고 있다고는 전혀 생각하지 않습니다. 그러나 그 사진은 손님만을 노리고 있는 것입니다. 그리고 뚜쟁이는 그런 사진에 주의를 기울이기 마련입니다.……그 여성은 대단히 아름답고 사진도 훌륭합니다. 아아, 할 수만 있다면! 그러나 불가능하기 마련입니다! 그렇다고 하더라도 우연히……필시……모든 이를 향해……그러나, 아니……누가 알겠습니까?……그리고 그 사진을 보는 남성은 불같이 타오르게 되고, 만일의 경우를

석판화 달력(1838)

바라거나 의심하거나 뚜쟁이에게 문의하여 최후로 자신의 행운을 위해서 결심합니다. 그
러한 경우에 가격이 언제나 월등히 높고 흥정은 최상의 조건으로만 이루어져야 한다는 것
은 당연한 것입니다.

달리 말하면, 그 우아한 귀부인의 사진은 본문에 실은 그림을 넣은 광고 이외에 아무것도 아니다. 귀부인들은 차마 자신을 사주십사 하고 공공연하게 광고할 수 없으므로 성공할 가능성이 높은 이 우회적인 길을 발견했다. 왜냐하면 맨 마지막까지 물고 늘어지는 손님은 그러한 귀부인이 자신이나 자신의 동료들만을 목표로 하고, 그래서 가격에 대하여 그다지 인색하지 않다는 사실을 전혀 의식하지 못하기 때문이다. 반면에 손님 자신은 자신의 점잖음으로 인해서 저절로 유혹자와 정복자로 승

격되고, 이 자기기만 속에서 자신의 성공을 비교적 높은 값어치로 거두어들인다. 그리고 지금 관심의 대상이 되는 잡지의 출판사는 그러한 사진의 게재를 광고의 주문으로밖에 생각하고 있지 않다. 왜냐하면 그러한 귀부인들은 일반적으로 거기에 대해서 일정한 방식으로 돈을 지불해야 하기 때문이다. 귀부인들은 자신의 사진을 건네주고 인쇄의 연판 비용을 "대신 치르고" —— 그렇게 말하는 것이 듣기에 좋다 —— 또 게다가 그 호(號)의 잡지를 50부에서 100부까지 사들여야만 한다. 그것은 이러한 종류의 광고주문의 가장 오래된 암묵적인 약속이다. 그러나 최근에 이르러서 매우 원활한 흥정이 독일 도처에서도 점점 더 많이 성행하게 되었다. 자기 사진의 게재를 희망하는 사람은 직접 50마르크, 100마르크, 혹은 그 이상의 돈을 잡지사에 보낸다. 그렇게 하면, 잡지사는 즉시 사진을 실어주고 이쪽의 특별 주문에 응하여 그녀가 어디에 나가더라도 사교계의 스타가 되어 곧바로 모든 사람의 시선을 사로잡을 고귀하고 세련된 여성이며, 경마장이나 테니스장에서 이목을 가장 잘 끄는 장식으로 치장한 여기수이자 우아한 스포츠 부인이며, 또 초대신청이 끊이지 않는 여배우(주문에 따라서 낭독가나 성격 댄서)라는 최상의 칭찬을 한다.

고혹적인 사교계 부인

이러한 종류의 뚜쟁이 장사에서 거래가 발각되었다고 한들 관계자는 누구도 이렇다할 위험에 빠지지 않는다는 것은 기분좋은 일이다. 왜냐하면 우아한 독신자의 집이나 여관에서 빈번히 벌어지는 비화는 아무도 예상하지 못하며 듣지도 못하기 때문이다. 알았다고 한들 자신의 명예를 해칠 정도일 뿐이었다. 그리고 그림을 넣은 광고의 주문이 세간에 알려지게 된 것은 어떠한 경우라도 관대하게 보아줄 수 있는 허영심 덕분이다.

5) 그림을 넣은 광고

사유재산제를 토대로 한 자본주의적 생산양식이 19세기 중엽부터 내부적인 필연성을 띠고 야기한 어쩔 수 없는 경쟁에 의해서 모든 기업가는 자신이 판매할 상품을 가능한 한 두드러지게 대중의 눈앞에 두어서, 만일 대중이 그 상품을 요구하게되면 즉시 자신의 제품이 생각나도록 만드는 것을 목표로 삼았다. 이러한 상황은상당히 일찍부터 그림 간판을 성행하게 만들었고 최근에는 그림을 넣은 광고를 성행하게 만들었다. 그림이 언어에 비해서 대단한 집중력을 유도한다는 사실은 결국그림을 현대의 가장 중요한 광고수단으로 치켜세우고 말았다. 그런데 만일 회화적수단이 대중의 시선을 불가항력적으로 끌어들인다면 그런 광고는 항상 가장 철저하게 작용하기 때문에, 업자는 대담하게도 자주 에로틱한 취향에 호소했다. 왜냐하면

독일의 담배 광고

성적인 것은 모두 언제나 이목을 불가항력적으로 끌어들이기 때문이다. 그것은 대부분의 사람을 자극하는 데에 어떠한 경우라도 다른 그림에 비해서 훨씬 더 많은 관심을 끈다. 따라서 "어떤 것이 항상 끌어당긴다"라는 표현은 핵심을 찌른 것이다. 그리고 예전부터 이러한 에로티시즘과의 결합에 의해서 실로 많은 방법이 추천되었다. 내면적인 초기의 시대에는 업자는 심벌 혹은 비유의 상표 밑에 옷을 거의 걸치지 않은 여성의 모습을 그렸다. 만일 농작물의 진열을 중심으로 했을 경우에는 그것은 포모나(Pomona : 고대 로마의 과일

자동차 회사의 광고 전단

의 여신/역주)가 되었다. 피아노 광고의 경우 여성은 칠현금의 줄을 튕기고 있다. 대중은 그러한 불충분한 유인에 대해서 점차 감각이 둔해졌다. 그래서 업자는 한발 한발 더욱더 노골적으로 여러 가지 특징을 고안했다. 서커스, 버라이어티, 댄스, 가장무도회와 같은 화려한 오락장이나 그림이 삽입된 신문광고는 처음부터 대단히 강렬했다. 이 경우 광고의 에로티시즘에서 자극적인 형태들은 그리 놀라운 것이 아닐 것이다. 왜냐하면 이 경우에도 역시 광고와 같은 상품이 제공되기 때문이다. 그리고 만일 상인이 대담하게도 자신의 하찮은 상품을 광고하기 위해서 이와 같이 에로틱하게 도발적인 수단을 택한다면, 그것은 매우 교활하며 시대를 염두에 두고 보더라도 상당히 특징적이다. 그리고 그것은 시대가 흐름에 따라서 더욱더 뜨거운 방법으로 진행되었다. 여성의 육체를 자극적으로 노출하거나 스커트를 난폭하게 휘둘러대는 마녀의 연회 포스터가 쇼윈도나 시의 벽에 잇따라 붙여졌는데, 그것은 그러한 방법으로 사람들의 주의를 불가항력적으로 끌어들여 어떤 회사의 샴페인이나 담배, 옷감, 구두, 가재도구 등에 대한 기억을 그러한 광고와 결부시키는 효과를 노리고 있다. 이전투구의 경쟁에 내몰린 사업가들은 점차 모든 상품을 에로틱한 광고와 결합시켰다. 구두가게는 우아한 구두를 신은 여인의 다리를 종아리 높이까지

364

베를린의 양말 가게 광고(1912)

내보이고, 이와 마찬가지로 우아한 구두를 신은 남자의 다리 한 쌍이 여자의 종아리 쪽을 향해서 깊은 관계가 있는 것처럼 올라간다. 스타킹 가게는 우아한 다리에 신겨진 귀부인의 고급 스타킹을 보여준다. 식당이나 침실을 광고하는 가구점은 식

베를린의 한 백화점의 안내지(앞면)

당에 앉아 부드러운 눈으로 "그 다음 일"을 위해서 컵을 부딪치는 젊은 부부의 그림을 붙여놓는다. 다음으로 침실 그림에서는 그 다음 일의 제1막을 묘사하고 이 경우 이미 코르셋까지 벗어버린 젊은 부인은 남편에게서 남편이 식사중에 언약한 모든 약속을 실행할 것을 다시 한번 보증받고 있는 것이다. 뿐만 아니라 가능한 한 여러 가지 물품을 판매하는 백화점은 한걸음 더 나아가서 우아한 침실 문의 한쪽 옆에는 하녀, 다른 쪽 옆에는 남자하인이 서서, 교활한 표정으로 침실 안에서 벌어지는 일을 훔쳐보고 있는 광경을 자기 백화점 안내표지와 속표지로 택했다. 더군다나 표지에는 "상류사회에서"와 "흥미 있는 폭로"라는 글자를 박아둠으로써 안내서를 상당히 에로틱한 책과 같은 뉘앙스를 풍기게 하고 있다. 그리고 이와 같은 안내서를 받은 사람은 누구나 그것을 버리지 않고 슬쩍 주머니에 쑤셔넣기 때문에 백화점은 바라는 목적을 달성하는 것이다. 그런 교활한 광고수법은 오늘날 어느 나라에서나 행

베를린의 한 백화점 안내지(뒷면)

해지고 있다. 영국에서조차 마찬가지이다. 다만 영국에서는 어떤 출판사가 어린이의 책 선전에 그려넣었던 비어즐리의 예술적으로 빼어난 광고가 보여준 것과는 반대로 비아냥거림 속에 종종 엄숙한 분위기가 주어져 있다. 비어즐리가 대단히 외설적으로 그린 여인의 모습과 도발적인 사교소설이 결부되어 추천될 때 매우 그럴듯한 것 같다. 그러나 우리는 이런 문학 쪽이 그것과는 반대로 천진스러운 어린이의 얼굴을 그린 광고를 통해서 선전되고 있음을 발견한다.

이러한 것은 소수의 증거에 불과하다. 우리는 이 문제만을 가지고도 방대한 풍속사적 연구를 쓸 수 있을 것이다.

오늘날 이런 에로틱한 광고의 외설은 지나치게 방치되고 있다. 그러나 이런 것들은 이와 같은 방법상의 뻔뻔스러움을 조사하는 데에는 적당하지 않다. 어쨌든 점차 그런 결과로 나아간 이런 종류의 미술적 광고에 대한 막대한 비용은 많은 생산부문

독일의 가구점 광고 전단(하일레만, 데생)

에서는 충분히 보상되지 못했다. 확실히, 이윤율이 낮아지게 된 것은 이 분야에서 외설이 일시적으로 적어지게 된 가장 큰 원인이다. 그리고 그것은 대자본주의의 테두리 내에서는 당연한 관계이기 때문에 무엇보다도 이해할 수 있는 관계이다. 결국 그런 광고를 통해서 장사가 번창하고 이윤율이 높아지면서 업자는 도덕 따위를 하찮은 정도로도 생각지 않게 되어버린다. 그리고 만일 이러한 광고가 지나치게 많아졌기 때문에 이윤율이 낮아진다면 업자는 새로운 트릭, 새로운 이윤의 기회를 보장하지 않는다면 그 기회를 약속할 때까지는 즉각 미덕의 길로 돌아선다. 왜냐하면 이 세상에는 하나의 신과 한 가지 법칙, 즉 상업과 가능한 한 손쉬운 돈벌이가 있을 뿐이기 때문이다.

7. 맺음말

　나는 각 시대를 비판하기 위해서 오늘날과는 다른 도덕의 척도가 필요하기 때문에 우리들은 어떤 분야에서도, 따라서 성도덕의 분야에서도 과거를 오늘날의 척도로 재어서는 안 된다는 것을 이 작업의 출발점으로 삼았다. 그리고 그런 기본적인 인식 위에서 이 작업을 해왔다. 그러나 바로 이러한 인식 때문에 나는 오늘날에는 공적, 사적 도덕이 과거에 비교해서 훨씬 높고 고상해졌는가 하는 의문을 제기할 수 있다. 그리고 나는 이 의문을 맺음말에서 제기하여 또 한번 종합해서 그것에 대답하지 않으면 안 된다. 이 의문은 당연히 나의 지금까지의 설명의 결론이 된다. 왜냐하면 그것은 일반의 도덕적 태도에서 그 합법칙성에 대한 인식임과 동시에 성실한 독자에게 가장 흥미 있는 중심 문제이기 때문이다. 나는 의문에 대해서 당장 대답할 수 있다. 그것을 간단히 정리하면 이렇다. 즉 오늘날에는 과거의 어떤 시대와 비교해보아도 공적, 사적 도덕은 훨씬 높고 자유로운 수준에 있다는 것이다.

　나는 과거와 비교해서 본질적으로 부도덕은 변하지 않았고, 적극적인 범위에서도 적어지지 않았다는 것, 나아가 설사 "악덕"이 증가하지 않았다고 하더라도 적어도 오늘날에도 과거와 똑같은 인기를 얻고 있다는 것을 아무런 어려움 없이 증명할 수 있었다. 제IV권의 각 장에는 그 유력한 증거가 많다. 그러나 그러한 증명은 절대적으로 잘못된 결론으로 이끌 수도 있다. 그것은 제I권 "모럴의 기원과 본질"에서 이미 설명했던 것처럼 어떤 시대의 낮은 도덕 또는 높은 도덕이란 절대적인 양적 문제가 아니라 언제나 상대적인 것이라는 하나의 이유에 근거하고 있기 때문이다. 올바른 대답을 얻기 위해서는, 그 의문은 오늘날 국민 대중은 어느 범위까지 관능의 분야가 아닌 다른 분야에서도 자신의 행복의 가능성을 추구하고 있는가 하는 방법으로 제기되지 않으면 안 된다. 그리고 이 의문에 대한 올바른 대답으로부터만 이 확실한 비판이 나오게 될 것이다. 이 상관관계는 참으로 명백하다. 우리들은 개인이 소비할 수 있는 정신적, 육체적 에너지의 양은 전체로 볼 때 어느 시대에나 대체로 같다고 가정해도 좋다. 그렇기 때문에 어떤 한 곳에서 소비하는 힘의 플러스는 언제나 다른 곳에서의 힘의 마이너스에 의해서 평균화된다. 또는 이 주제를 계속하기 위해서 말한다면, 예를 들면 정치나 과학의 문제에 열중하는 사람은 높은 관심에 의해서 정신과 상상력이 방해받지 않는 사람에 비교해서 특별히 관능적인 것에 그렇게 많은 힘 —— 그것에는 시간도 포함된다 —— 을 소비할 수 없다. 한편, 현대는 대부분의 성인이 과거의 모든 시대와 확실히 달라서 뛰어난 방법으로 정치나 과학의 문제에 바쁜 나날을 보내고 있다는 것이 확실하고 그것은 당장 특별한 증명을 할 필요도 없을 정도로 자명하다. 우리들은 그것만으로도 일반의 도덕이 과거의 모든 시대와 비교해서 훨씬 높아지지 않으면 안 되고, 훨씬 높아지고 있다고 증명할 수 있다.

오늘날 대부분의 문명국의 민중이 전체 행복의 이해관계 —— 왜냐하면 그것은 정치와 과학의 일이고 또 내용이기 때문이다 —— 에 대단히 크게 관계하고 있다는 사실을 당장 증명할 필요는 없지만 무엇보다도 어떻게 해서 그렇게 되었는가를 증명하는 것은 필요하다. 왜냐하면 그 사실에 의해서 오늘날의 높은 도덕은 사람들이 만판 놀기만 하는 데에 시간이나 힘을 그다지 쏟지 않는다는 소극적인 면에만 있는 것이 아니라, 모든 분야에서 더욱 높은 이상을 위해서 시간을 가진다는 적극적인 면에도 있다고 하는, 사물의 두번째의 더욱 중요한 측면이 열리기 때문이다.

이 적극적인 현상의 원인은 역시 자본주의적 발전의 결과이다. 오늘날의 높은 도덕은 과거의 자본주의적 발전이 내부적인 필연성을 가지고 인도하지 않으면 안 되었던 사물의 변증법적 전도(轉到)이다. 이때 우선 가장 먼저 두 현상이 문제의 핵심이 된다. 왜냐하면 그 두 현상은 세계사적인 대중운동을 이끌었기 때문이다. 이 두 현상이란, 첫째는 근대 여성운동을 절정으로 하는 여성해방이고, 둘째는 근대 노동운동을 절정으로 하는 제4계급의 해방이다. 이 두 개의 세계사적 운동은 현대의 높은 도덕의 증명일 뿐만 아니라 오히려 이 높은 도덕은 일반적으로 이 두 개의 세계사적 운동의 존재 가운데 증명되고 있다. 이 세계사적 운동 덕분에 희망에 찬 미래의 일부는 이미 현실로 나타나기 시작했다.……

사유재산제의 도입에 의해서 여성을 조직적으로 억압하는 것은 어느 나라에서나 최초로 나타난 큰 억압이었다. 그 결과 여성은 제2계급의 인간으로 격하되었다. 여성의 역할은 가내노예, 단순한 분만도구, 응석을 부리는 향락도구였다. 여성의 개인적 지위는 이 대표적인 세 가지 역할에서 각각 전혀 달랐지만 남성에 대한 여성의 지위는 언제나 똑같이 낮았다. 자본주의의 발흥은 사회적 계급으로서의 여성의 억압을 조직화하고 동시에 비극적인 방향에서 억압을 증대시켰다. 그러나 그것은 결과에 지나지 않았다. 자본주의의 발흥은 여성이 가정으로부터 해방되는 기회를 만들었던 탓에 동시에 여성의 이러한 억압을 송두리째 폐지하기 위한 전제조건을 만들었다. 가사로부터의 해방과 함께 여성해방은 시작되었다. 그것은 여성해방의 최초의 형태이다. 우리들은 이미 자본주의 발전의 최초의 시대, 즉 르네상스 시대에 그러한 형태의 여성해방을 볼 수 있었다. 그러나 그 당시 그러한 해방은 부르주아지 여성에게만 한정되어 있었고 부르주아지 이외의 여성은 18세기에 들어와서도 전혀 해당되지 않았다. 그런데 18세기 말에 들어서서 사태가 변하기 시작했다. 그것은 그 당시에 시작된 자본주의 발전의 최초의 결과였다. 그때까지 부르주아지 내부에서만 이루어졌던, 즉 여성을 가사로부터 해방시키는 일은 그때 이후 자본주의 발전조건의 큰 부분이 되었다. 여성은 대중으로서 가사로부터 해방되어야만 했다. 그것은 남편의 지위에 서서 남편과 똑같이 인생을 즐기기 때문이 아니라 남편의 위치에 서서 자본주의를 위해서 일하기 때문이었다. 이미 제I권에서 설명했던 것처럼 공업의 발전은 여성의 인력을 요구했다. 그런데 그것과 함께 여성의 진정한 해방의 문제, 즉 전체로서의 여성해방이 자연스럽게 대두되었다. 자본주의 발전에 의해서 남성과 똑같이 무거운 짐을 졌던 여성들은 이 단계에서조차도 남성보다 더 낮은 자신들의 지위를 깨달았다. 여성은 이러한 지위가 결코 이른바 사물의 자연적 질서가 아니라는 것도 깨닫기 시작했다. 이제 여성은 남성과 같은 권리, 경제적으로나 정치적으로 남성과 대등한 지위를 요구했다. 그것은 문명의 역사에서 가장 중요한 날의 하나가 되었다. 왜냐하면 이 날에 비로소 여성은 인간이 되기 시작했기 때문이다. 여성해방에 의해서 비로소 단순한 남권(男權)만을 의미하지 않는 진정한 인권을 만드는 것, 지금까지의 인권의 내용을 정정하는 것이, 설사 아직 실현되지는 않았어도, 역시 조직적으로 시작되었다. 여성은 그것에 의해서 가내노예, 분만도구,

또는 향락도구의 역할로부터 스스로 벗어나게 되었다. 이것은 확실히 최초에는 관념적으로만 행해졌고 그 후 수십 년에 걸쳐서도 역시 그렇게 진행되었다. 그러나 진정한 해방이란 언제나 불만이 의식적, 조직적 저항으로까지 높아지는 날에 비로소 시작되는 것이다.

그런데 여성이 인간이 되기 시작한 덕분에, 전인류는 과거와 비교해서 더욱 풍요롭게 되었다. 그 현상과 함께 이제야 비로소 연애에 대한 인류의 가장 훌륭하고도 높은 이상이 세계에 나타났다. 이제야 비로소 연애감정의 고귀화가 진지하게 받아들여지는 프로그램이 되었다. 이제야 비로소 육욕은 개인적인 것이 강조됨으로써 인간에게 적합한 방식으로 이상화되었다. 이제야 비로소 연애와 아름다움은 서로 일치하는 개념이 될 수 있었고, 또한 그렇게 되어야만 한다는 것이 인정되었다. 마지막으로 이제야 비로소 부모라는 개념은 가족의 의무로부터 숭고한 존경의 경지로까지 높아졌다. 그리고 이 모든 것은 오늘날에야 비로소 나타날 수 있었다. 만약 인류 일반의 이상이 그러한 해방에 의지할 수밖에 없었다면, 단순한 소집단의 해방과는 다른 사회적 집단으로서의 여성해방은 절대적인 전제였다.

노동자의 해방의 결과로서 나타난 전체 도덕성의 향상은 여성의 해방작용과 같은 것이다. 자본주의적 생산방법은 대중으로부터 개인을 해방하고 대중을 과거 시대와 비교해서 정신적, 도덕적으로 더욱 향상시켰다. 이 해방은 사회의식의 각성에 의해서 행해졌다. 사회의식은 잘 알려져 있는 것처럼 공업발전의 어떤 단계에서 각국에 나타났고 오늘날에도 날마다 더욱 발전된 형태로 나타나고 있다. 이제 "짐승 같은 타락의 길에서 몸을 망친다"라는 비극적인 운명은 모든 개인에 대해서 종말을 고했다. 더구나 이 비극적인 운명은, 도덕적인 진흙탕에서 질식할 수 있는 가능성이 그때 이후 시간과 기회가 없어졌다는, 앞에서도 설명했던 이유에 의해서 종말을 고했던 것이다. 사회의식의 각성과 함께 시작된 반항의 시기는 모든 개인에게 자각을 의미했을 뿐만 아니라 정신력과 체력의 대부분을 다른 방면, 나아가 관능을 적대시하는 방면에 소비하는 것도 의미했다. 왜냐하면 관능은 개인적 체험으로서는 본질적으로 언제나 반사회적인 것이기 때문이다. 따라서 그때 이후로는 정치에 대해서 무관심한 자만이 짐승 같은 타락의 길에 자신의 모든 힘을 쏟게 되었다. 그리고 무관심주의는 오로지 이러한 분야에서 나타났다. 즉 정치적 무관심과 도덕적 열등은 그밖의 높은 정신적 관심을 알지 못하는 개인은 물론 국민에게 똑같은 의미의

사기로 만든 군상(1850)

것일 뿐만 아니라 대부분의 경우 함께 발견되는 것인 것이다.

그런데 대중의 사회의식의 각성이 이러한 순수한 기계적인 길을 통해서 도덕적 재생에 이르는 것만은 아니다. 더구나 도덕적 재생은 의식적, 계획적으로 추구되는 목표이다. 자신들의 지위가 인간답지 않다는 인식과 함께 즉시 인간적인 대우에 대한 동경과 그것에 대한 점점 강력한 욕망이 나타났다. 또 그것과 함께 자기 교육이 시작되었다. 그러나 자기 교육은, 게다가 그것이 권력을 장악하는 투쟁에서 중요한 요소라는 것이 이해됨에 따라서, 점점 계획적으로 진행되었고 또한 추구되었다. 노동자들은 신흥계급으로서, 무엇보다도 높은 도덕성을 가지기 위해서 노력했다 —— 그것은 성의 분야만이 아니라 이 분야에서도 그러했다. 이 때문에 노동자들은 자신들에게는 뒤가 켕기는 것은 하나도 없다는 청렴결백함을 자신들의 싸움을 위한 절대적인 법칙이라고 선언해야만 했다. 한편 이 신흥계급은 이 방법으로 높은 도덕성을 자신들에게 교육했을 뿐만 아니라 간접으로는 자신들이 대항하는 사람들에게도 교육시켰다. 언제나 지배계급에게 우선 처음에 나타나는 것은 위선의 발생이지만, 이것도 결국 그들 자신이 그 필요를 공공연하게 인정하는 미덕에 대한 양보에 지나지 않는다.

나는 사회의식의 각성과 공고화가 전사회의 발전에서 연출하는 역할, 즉 인류사회의 도덕적 진보 전체에 대해서 작용하는 강력한 지렛대에 대해서는 이미 제I권에서 자세하게 설명했기 때문에 여기에서는 아주 간단하게 설명했다. 그러나 특히 노동자들에게 나타난 결과를 또 한번 강조하는 것은 중요하다. 그것은 국민들 가운데 노동하는 부분의 도덕적 수준이 해방 이전에는 참으로 낮았지만 오늘날에는 참으로 높아지고 있다는 것이다.

따라서 나는 이 결과를 특별히 강조하지 않으면 안 된다. 왜냐하면 동시에 그것은 오늘날 일반의 도덕이 도대체 과거와 비교해서 훨씬 높아지고 있는가 아닌가라는, 앞에서 제기한 의문을 올바르게 비판하기 위하여 참으로 중요한 사실이기 때문이다. 바로 이 때문에, 또 특히 이 때문에 일반의 도덕수준은 훌륭하고 높다. 왜냐하면 앞에서 설명했던 것처럼 어떤 시대의 도덕성의 수위는 절대적인 양적 문제가 아니라 언제나 상대적인 양적 문제이기 때문이다. 오늘날 각 나라의 수많은 국민들이 의식적으로 또한 정력적으로 이미 한층 높은 도덕성을 추구하고 있으며 게다가 점점 높은 도덕성 위에 이룩된 경제적, 정치적인 일반적 상태를 보여주고 그것을 실현하려고 노력하고 있다는 사정에 반해서 —— 즉 이러한 사실에 반해서 설사 오늘날에도 아직 상당히 많은 사람들이 과거 시대에 대중에게 최고의 삶의 이상이었던 것, 즉 저열한 관능적인 향락에 골몰하더라도 아무튼 상관없는 것이다.

우리들은, 설사 이러한 인식에 대한 과장된 자기 의식에 의해서 현대의 도덕상태를 거리낌없이 묘사해주는 회화의 색채가 아무리 고통스러운 것이라고 하더라도 —— 위선의 색채가 은폐된 행위의 색채보다도 훨씬 고통스럽다는 것은 확실하다 —— 인간의 길은 거인의 발걸음으로 앞을 향해서, 위를 향해서 인도되고 있다고 결론지을 수 있다.

색인